国家教育部规划教材

幼儿师范学校语文教科书

阅读文选

YUEDU WENXUAN

第二册

人民教育出版社中学语文室　编著

人民教育出版社
·北京·

图书在版编目（CIP）数据

幼儿师范学校语文教科书．阅读文选．第 2 册/人民教育出版社中学语文室编著．—北京：人民教育出版社，2013.11

ISBN 978-7-107-27490-9

Ⅰ.①幼… Ⅱ.①人… Ⅲ.①汉语—阅读教学—幼儿师范学校—教材 Ⅳ.①H1

中国版本图书馆 CIP 数据核字（2013）第 265146 号

人民教育出版社出版发行
网址：http://www.pep.com.cn
人民教育出版社印刷厂印装　全国新华书店经销
2013 年 11 月第 1 版　2014 年 12 月第 2 次印刷
开本：787 毫米×1 092 毫米　1/16　印张：18.25　字数：306 千字
定价：30.50 元

著作权所有·请勿擅用本书制作各类出版物·违者必究
如发现印、装质量问题，影响阅读，请与本社出版科联系调换。
（联系地址：北京市海淀区中关村南大街 17 号院 1 号楼　邮编：100081）

说 明

《阅读文选》是与《阅读和写作》配套使用的教科书。由教师指导学生在课外阅读。

实践证明，学生要学好语文，既要搞好课内的学习，又要搞好课外的学习。课内课外结合起来，互相促进，才能更有效地提高语文能力。

《阅读文选》是《阅读和写作》的补充和延伸。《阅读和写作》供课内学习，选文比《阅读文选》更具有典范性、稳定性，一般要求精读，训练比较系统，力度也比较大；但教学时数有限，数量不能多，四册总共只有一百来篇，这显然是不够的。《阅读文选》供课外学习，选文除体现课内教学要求外，更具有时代性、多样性，数量也大得多，力求使学生读到富于生活气息、反映当前时代风貌的更多作品，读到题材更广泛、形式更多样的作品，以利于学生联系当前生活学习语文，开阔视野，拓宽思路，使课内学习《阅读和写作》所掌握的知识和能力得到迁移扩展，巩固提高。对《阅读文选》中的选文，一般要求略读，但有些也不妨精读，既可以根据训练重点阅读，又可以多角度阅读，应着眼培养自学能力，灵活掌握。

《阅读文选》共四册。每册的阅读部分，主要是作为训练材料的作品，与《阅读和写作》的单元相对应；另有少量介绍阅读方法、经验的文章。写作部分，都是介绍写作方法、经验的文章。除了阅读和写作两部分以外，还选了一组语言运用方面的知识短文。

《阅读文选》是供学生课外阅读的。教师要在课内给予适当指导（阅读部分每单元安排一课时），使课内外训练有机结合起来。

本套书主编：庄文中、谭桂声。本册编写者：庄文中、谭桂声、刘真福、冯丹；责任编辑：谭桂声；审稿：吕达、庄文中。

人民教育出版社中学语文室
2013年9月

目 录

1. 学问之趣味　梁启超　/1
2. 好的语言和坏的语言　孙犁　/4
3. 书的征服　蒋子龙　/7
4. 朋友四型　余光中　/9
5. 神奇的极光　曹冲　/11
6. 悼念乔治·桑　雨果　/15
7. 玛丽·居里　/17
8. 短文两篇　/21
　　论美　培根　/22
　　我为什么生活　罗素　/23
9. 谈筛选信息　/24

10. 雅舍　梁实秋　/27
11. 说客盈门　王蒙　/29
12. 狗儿爷涅槃（节选）　锦云　/37
13. 演讲两篇　/50
　　学做一个人　陶行知　/50
　　富有的是精神　谢冕　/52
14. 大决赛
　　——'95国际大专辩论会辩词实录　/55
15. 中华人民共和国未成年人保护法（续）　/65
16. 二十一世纪的"宇宙岛"　周俊生　/68
17. 数学与文化　齐民友　/71
18. 论语体　王德春　/80

19. 西安这座城　贾平凹　/91

20　访西安古城墙　宋晓梦　/94
21　古城墙风景　和　谷　/100
22　咬文嚼字　朱光潜　/103
23　不求甚解　马南邨　/107
24　关于《读孟尝君传》的三篇争鸣文章
　　　　一篇八十八字的名作
　　　　　　——《读孟尝君传》赏析　刘德斌　/110
　　　　名文未必无讹
　　　　　　——也谈《读孟尝君传》　王子野　/112
　　　　疑义相与析
　　　　　　——也谈《读孟尝君传》　谢纯昌　/113
25　语言的演变　吕叔湘　/116
26　"江""河"的词义是怎样扩大的　李行健　/122
27　愿化泥土　巴　金　/126
28　散文的抒情性　佘树森　/129
29　蜘蛛　方　元　/134
30　蜘蛛　哥尔斯密　/136
31　比较阅读　/140

32　春末闲谈　鲁　迅　/147
33　语言与文化（节选）　金开诚　/151
34　科学知识体系的球状结构　诸大建　/154
35　青春的门槛　刘心武　/158
36　最美的是北大荒　张抗抗　/160
37　秋天·秋天　张晓风　/163
38　论红颜薄命　赵淑侠　/166
39　蝉　法布尔　/171
40　快速高效阅读法　程汉杰　/175

41　山中与裴秀才迪书　王　维　/184
42　与元微之书　白居易　/185
43　段太尉逸事状　柳宗元　/188
44　与高司谏书　欧阳修　/193
45　黄州快哉亭记　苏　辙　/196

46　墨池记　曾巩　/198
47　赤壁之战　司马光　/200
48　入蜀记（节选）　陆游　/205
49　唐宋散文　/208
50　送东阳马生序　宋濂　/211
51　西湖游记两则　袁宏道　/213
　　　西湖　/213
　　　灵隐　/214
52　岱志（节选）　张岱　/216
53　原君　黄宗羲　/218
54　左忠毅公逸事　方苞　/221
55　梅花岭记　全祖望　/222
56　祭妹文　袁枚　/224
57　明清散文　/226

58　作文与运思　朱光潜　/228
59　神思（节选）　刘勰　/231
60　空中楼阁
　　　——创造的想象（例：王昌龄的《长信怨》）
　　　朱光潜　/234
61　想象与联想　崔道怡　/237
62　感知·想象·思维
　　　——谈作文心理的三个重要环节　杨清莲　/241
63　名家论写作技巧　/243
64　谈修改文章　何其芳　/244
65　修改　张中行　/247

66　说明文略说　张寿康　/250
67　说明文的表述形式
　　　——叙事式、散文式、诗歌式、童话式
　　　陈钟梁　/254
68　说明文写作的方法（节选）　叶苍岑　/263

69　语言运用常识（二）　/269
　　　词语的积累　/269

词语的理解　　/271

词语的选用（上）　　/273

词语的选用（下）　　/275

词语的搭配　　/277

词语的顺序　　/280

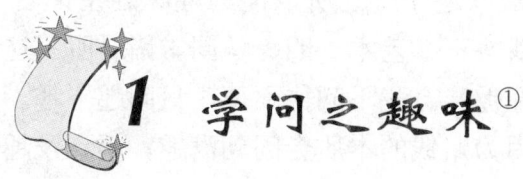

1　学问之趣味[1]

梁启超

> 我以为，凡人必常常生活于趣味之中，生活才有价值，若哭丧着脸挨过几十年，那么，生命便成沙漠，要来何用！

谈起做学问，人们大都以为很累、很难；梁启超却当作赏心乐事，孜孜不倦地玩味于其中。这不仅显示一个大学问家对学问的热忱，对人生的豁达态度，还透露他的学问得来的某种秘诀。

阅读后想一想，"趣味主义"表现在哪几个方面？本文的思路有什么特点？

我是个主张趣味主义的人，倘若用化学化分"梁启超"这件东西，把里头所含一种原素名叫"趣味"的抽出来，只怕所剩下仅有个"〇"了。我以为，凡人必常常生活于趣味之中，生活才有价值，若哭丧着脸挨过几十年，那么，生命便成沙漠，要来何用！中国人见面最喜欢用的一句话："近来作何消遣？"这句话我听着便讨厌。话里的意思，好像生活得不耐烦了，几十年日子没有法子过，勉强找些事情来消他遣他。一个人若生活于这种状态之下，我劝他不如早日投海。我觉得天下万事万物都有趣味，我只嫌二十四点钟不能扩充到四十八点，不够我享用。我一年到头不肯歇息，问我忙什么？忙的是我的趣味。我以为这便是人生最合理的生活。我常常想运动别人也学我这样生活。

凡属趣味，我一概都承认他是好的。但怎么样才算"趣味"，不能不下一个注脚。我说："凡一件事做下去不会生出和趣味相反的结果的，这件事便可以为趣味的主体。"赌钱趣味吗？输了怎么样？吃酒趣味吗？病了怎么样？做官趣味吗？没有官做的时候怎么样？……诸如此类，虽然在短时间内像有趣味，结果会闹到俗语说的，"没趣一齐来"。所以我们不能承认他是趣味。凡趣

---

[1] 选自《东方智慧》（百花洲文艺出版社 1997 年版）。梁启超（1873—1929），现代学者，其著作编为《饮冰室合集》。

味的性质，总要以趣味始以趣味终。所以能为趣味之主体者，莫如下列的几项：一、劳作。二、游戏。三、艺术。四、学问。诸君听我这段话，切勿误会以为我用道德观念来选择趣味。我不问德不德，只问趣不趣。我并不是因为赌钱不道德才排斥赌钱，因为赌钱的本质会闹到没趣；闹到没趣便破坏了我的趣味主义，所以排斥赌钱。我并不是因为学问是道德才提倡学问。因为学问的本质能够以趣味始以趣味终，最合于我的趣味主义条件，所以提倡学问。

　　学问的趣味，是怎么一回事呢？这句话我不能回答。凡趣味总要自己领略，自己未曾领略得到时，旁人没有法子告诉你。佛典说的："如人饮水，冷暖自知。"你问我这水怎样的冷，我便把所有形容词说尽，也形容不出给你听，除非你亲自喝一口。我这题目——学问之趣味，并不是要说学问如何如何的有趣味，只要如何如何便会尝得着学问的趣味。

　　诸君要尝学问的趣味吗？据我所经历过的有下列几条路应走：

　　第一，"无所为（为读去声）。"趣味主义最重要的条件是"无所为而为"。凡有所为而为的事，都是以别一件事为目的，而以这件事为手段。为达目的起见勉强用手段，目的达到时，手段便抛却。例如学生为毕业证书而做学问，著作家为版权而做学问，这种做法，便是以学问为手段，便是有所为。有所为虽然有时也可以为引起趣味的一种方便，但到趣味真发生时，必定要和"所为者"脱离关系。你问我"为什么做学问"？我便答道："不为什么。"再问，我便答道："为学问而学问。"或者答道："为我的趣味。"诸君切勿以为我这些话掉弄虚机，人类合理的生活本来如此。小孩子为什么游戏？为游戏而游戏。人为什么生活？为生活而生活。为游戏而游戏，游戏便有趣。为体操分数而游戏，游戏便无趣。

　　第二，不息。"鸦片烟怎样会上瘾？""天天吃。""上瘾"这两个字，和"天天"这两个字是离不开的。凡人类的本能，只要那部分搁久了不用，他便会麻木，会生锈。十年不跑路，两条腿一定会废了。每天跑一点钟，跑上几个月，一天不得跑时，腿便发痒。人类为理性的动物，"学问欲"原是固有本能之一种，只怕你出了学校便和学问告辞，把所有经管学问的器官一齐打落冷宫，把学问的胃弄坏了，便山珍海味摆在面前，也不愿意动筷子。诸君啊，诸君倘若现在从事教育事业或将来想从事教育事业，自然没有问题，很多机会来培养你学问胃口。若是做别的职业呢，我劝你每日除本业正当劳作之外，最少总要腾出一点钟，研究你所嗜好的学问。一点钟哪里不消耗了？千万别要错过，闹成"学问胃弱"的症候，白白自己剥夺了一种人类应享之特权啊。

第三，深入的研究。趣味总是慢慢的来，越引越多，像那吃甘蔗，越往下才越得好处。假如你虽然每天定有一点钟做学问，但不过拿来消遣消遣，不带有研究精神，趣味便引不起来。或者今天研究这样明天研究那样，趣味还是引不起来。趣味总是藏在深处，你想得着，便要入去。这个门穿一穿，那个窗户张一张，再不会看见"宗庙之美，百官之富"。如何能有趣味！我方才说："研究你所嗜好的学问。"嗜好两个字很要紧，一个人受过相当的教育之后，无论如何，总有一两门学问和自己脾胃相合。而已经懂得大概可以作加工研究之预备的，请你就选定一门作为终身正业（指从事学者生活的人说），或作为本业劳作以外的副业（指从事其他职业的人说）。不怕范围窄，越窄越便于聚精神。不怕问题难，越难越便于鼓勇气。你只要肯一层一层的往里面追，我保你一定被他引到"欲罢不能"的地步。

第四，找朋友。趣味比方电，越摩擦越出。前两段所说，是靠我本身和学问本身相摩擦，但仍恐怕我本身有时会停摆，发电力便弱了，所以常常要仰赖别人帮助。一个人总要有几位共事的朋友，同时还要有几位共学的朋友。共事的朋友，用来扶持我的职业。共学的朋友和共顽的朋友同一性质，都是用来摩擦我的趣味。这类朋友，能够和我同嗜好一种学问的自然最好，我便和他打伙研究，即或不然——他有他的嗜好，我有我的嗜好，只要彼此都有研究精神，我和他常常在一块或常常通信，便不知不觉把彼此趣味都摩擦出来了。得着一两位这种朋友，便算人生大幸福之一，我想只要你肯找，断不会找不出来。

我说的这四件事，虽然像是老生常谈，但恐怕大多数人都不曾会这样做。唉，世上人多么可怜啊！有这种不假外求不会蚀本不会出毛病的趣味世界，竟自没有几个人肯来享受。古书说的故事"野人献曝"，我是尝冬天晒太阳的滋味尝得舒服透了，不忍一人独享，特地恭恭敬敬的来告诉诸君，诸君或者会欣然采纳吧！但我还有一句话：太阳虽好，总要诸君亲自去晒，旁人却替你晒不来。

2 好的语言和坏的语言[1]

——孙 犁——

从事写作的人，应当像追求真理一样去追求语言，应当把语言大量贮积起来。

本文讲的是文学创作中的语言问题，涉及语言表达在创作中起什么作用，什么是好的语言，什么是坏的语言，如何学习和掌握好的语言等。本文是针对初学写作的人写的，就像说家常话一样，亲切、和蔼、娓娓动听，这本身就是一种语言的功夫。

阅读本文，筛选如下重要信息：

1. 好的语言、坏的语言的各自定义及特点。
2. 学习语言的几种方法。

作家想在作品里，表现一个思想，创造一个人的形象，他的最基本的工具，便是语言（文字）。

有人把文学家的语言和画家的颜色相比，画家把一个颜色盆放在面前，红的、黄的、蓝的，画家又调配着这些颜色，画出五光十色的画。鲜艳夺目的，阴沉浓重的，愉快的人，或是悲愁的景物。但不会画的人，不会调配颜色的人，便连一个常见的萝卜也画不成功。

文学上的语言工作也是这样。生活里有无数的语言，各种名词、动词、形容词等等。有人把这些语言放在自己的心里，把它们巧妙地真实地连结起来，便能表现人生、时代。也有人组织不好，语言贫乏，便连眼前一只猫捕住了老鼠的事，也说不清楚。

好书使人手不释卷，是因为里面的思想好，人物使人喜爱。但如果不是那语言把这些东西写出来，形容出来，读者也就不会为它废寝忘食了。古书上记载佛教里的和尚在禅房里讲经，讲得天花乱坠，百鸟全飞来了，猛兽也驯顺了，路上的小贩们也都放下担子来听。这不见得是佛法无边，我想还是那个和

---

[1] 选自《文艺学习》（作家出版社1964年版）。

尚在语言上有功夫，才能如此引人入胜。

小时喜欢看《西游记》，今天过一个山，明天过一个洞，全凭猴哥神通广大，变化无穷，战胜妖魔，得到西天。看这故事的时候，我们比唐僧还着急，一个山没过去，便想着下回书那个洞了，也是《西游记》的语言功夫好，能引人入胜。

也有那些书，不管里面说着一件什么稀奇古怪的事，因为作者没有语言上的功夫，弄得语言生硬起来，丑起来，使读者像夜间下着大雨走山道，绊绊磕磕，疲乏不堪，终于把书一丢，去寻好梦了。读这样的书，人们比做"嚼蜡"，是很形象的。

初学写作的同志们，练习语言，应该像缝工初学用针，木匠初学运斧，要慎重也要勇敢。

有人对初学写作的人，强调文法，结果使人捉摸不定，不敢下笔，对写作视为畏途。我们应该尊重中国的语法、语言的构造，但是不能把文法等等，离开活的语言和写作的实践，当作抽象的法则来谈论。小孩初生，只要叫他接近活人，假若不是低能，几年的工夫，普通的话也就会说了。写作也是一样，假如初学写作的人，经验了一段生活，又有他对这段生活的意见和情感，他就可以在详细观察思考以后，按照他的意见和情感写出来。这当然是对他的语言功夫的一次试练，他可能写得好，也可能写得坏。但这好这坏，是要在他写成文字以后，才有了批评的根据。一个人刚学会千把个字，便对他大谈文法，有害无益。语言的功夫，从写作的实践上修养。语言从写作实践上丰富起来。

从事写作的人，应当像追求真理一样去追求语言，应当把语言大量贮积起来。应当经常把你的语言放在纸上，放在你的心里，用纸的砧，心的锤来锤炼它们。要熟悉你的语言，像熟悉你的军队，一旦用兵，你就知道谁可以担任什么角色，连战连捷。写作，实际就是检阅你的军队，把那些无用的、在战场上不活跃的分子，当场抹去他的名字，叫能行的来代替吧。所谓要慎重，就是指的这个。

你心里有了许多话。你要描写一件事，这件事老在你的心里打转，它一切都准备好了，单等你拿语言把它送出来。那你就把它送出来吧，不要怕你的文字不"美"，言语不文。用花轿送出姑娘固然好看，初学写作好比穷人，把你的姑娘用牛车拉出去吧。只要文章的内容好，语言笨一些没关系——但记住这是说初写，你千万不要认为这就好了：我可以永远用牛车往外送姑娘了，这样下去，会弄成车上已经不是姑娘而是粪草了。因为你对语言的工作不严肃，对文学事业你也一定失败无疑。所谓勇敢，是指用心考虑以后的勇敢。不过，有很多初学写作的人，扭扭捏捏，实在没有我们常说的"丑媳妇不怕见婆婆"那种勇敢精神了。

中国的文字装进"字典"，也是很丰富的。如果一个作家把这些字，和生活结合起来，用思想连串起来，他就会翻江倒海，写下无尽休的作品，无数可歌可泣的故事。我们日常生活里的语言，是很丰富的，是写作时取之不尽的源泉。如果一个作家真正认识了这些语言，充分掌握了它们，再注意那不断产生的新的词句、语法，他就会有了写作的神通，像我们猴哥一样，能渡过写作的种种困难关口了。

根据我们的最有功绩的文学老师的说法，有如下性质的语言是文学上好的语言：（一）明确。（二）朴素。（三）简洁。（四）浮雕。（五）音乐性。（六）和现实生活有紧密联系。

相反的，这些语言是坏的语言：（一）干燥无味。（二）没有个性的。（三）不正确的方言。（四）胡乱的表现。（五）似是而非的"丰富"。（六）不和现实生活呼应。

总起来的分别是：一种是真正丰富的纯粹的语言——好的语言；一种是贫弱芜杂的语言——坏的语言。

这便是文学工作者一生的语言工作内容，这工作是继续不断的，如同一个忠实勤朴的农夫对土地的加工，种植于人生有益的禾苗，锄刈那妨碍禾苗的生长的莠草。那个农夫细心到这个地步，他经常在他的田地里视察，拔去苗陇里的每一棵莠草，把禾苗扶植得整齐茂密起来。

选择语言，选择那些明确朴素的、简洁浮雕的，也如同农民选择好的种子，那样他才有希望使禾苗丰收。

拿起笔来，就是这套工作。

3 书的征服

—— 蒋子龙 ——

移植生命，保持记忆，激发思想，传播知识，交流信息，表达灵感……

作者是一位作家，一位写书的人，同时又是一位嗜书成癖的人，一位对书有深入思考的人。他谈自己对书的理解、对书的选择，谈自己读书的方法。你能否从这些见解中受到些启发？

阅读后，概括全文的中心思想，筛选出集中表述书的作用、读书的要诀的语句，说说"征服"在文中的具体含义。

假若这个世界上没有书，会是一种什么样子呢？

精神失去了阳光，思想无法传播，知识不能保存，语言失去意义，人们的生活残缺不全，生命将变得无法忍受……

所以，书是人类一种伟大而美妙的发明。

文明的征服其实也是书的征服。

书是最聪明、最可靠的老师和朋友。

有书为伴，孤独也是一种享受，深刻而丰富；闲暇将卓有成效；幽静将变得烂漫多彩；嘈杂也可以宁静和谐。

移植生命，保持记忆，激发思想，传播知识，交流信息，表达灵感……

书有说不尽的好处。正因为如此，书才有强大的征服性和侵略性。我怕搬家就是怕搬书。所谓搬家主要就是搬书。每次搬家在家人和帮忙者的一再怂恿下都不得不扔掉一些书。逢年过节，把屋子收拾利索，长了能维持几个月，短了不消几天，屋子里又乱了，主要是书在捣乱，到处是书堆。外出总禁不住要逛书店，逛书店就不可能不买书。新书、准备要看的书、看了一半的书、写作

---

① 选自《当代中国作家随笔精选（下）》（东方出版社1996年版）。

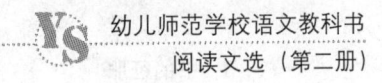

正用得着的书、有保存价值的书，占据了我房子里的绝大部分空间；而且还不断扩展，每时每刻都在蚕食供我存身的那块空间。这不是侵略是什么？我舒舒服服、自得其乐地接受这种侵略和征服。

书不仅征服时间和空间，更征服人的大脑。但是，倘若一个人只是被书征服，而没有征服书，充其量也只能算个书虫子。正如培根所说，把自己的大脑当成草地，任何人的思想如马蹄一般践踏。那样的话，再好的书也将失去其魅力和价值。

会读书的人都懂得征服书。

学生们有这样的体会：一册很厚的新书，会愈读愈薄，到期末考试的时候就剩下那么几道题了。这叫吃透了，掌握了，征服了知识。

读其他的书也一样。即便先被书征服，最后还是要反过来把它征服。

书能够给人提供多种选择：生命的选择，思想的选择，生活的选择。书里有各种各样的人生，使我们生活在自己选择的时代里。在自己的生命之外，还可以再补充别的自己所需要的人生，可以拥有多种人生经历。每看一本书就是进入那个作家的头脑之中，了解他的思想、感情、经验和智慧。

读书需要选择。如果不善选择，一生什么事都不干，光读别人的书也读不完。那又有什么意义呢？读——失去了意义，书——也失去了存在的价值。

我的办法是，翻遍所有能接触到的书，因为不亲自翻一翻就不知好坏，难以取舍；然后把那些没有什么价值的书扔掉——这种价值的评定是没有什么统一的唯一的标准的。可根据自己的需要视具体情况而定。一本书就像一根绳子，只有当它跟系着或捆着的东西发生关系时，它才有意义。同是一本书对有的人毫无价值，对另外一个人说不定就有点用处。

读书的功夫要下在需要认真阅读、仔细品味的一类书上。这类书能满足你的精神需要，激发你的才智，帮助你完善自己。你要征服的也是这样的书。多好的书也不是供香客朝拜的祀奉物。

还有一些是供你消遣、娱乐的书，可在沉闷无聊的旅途上，在紧张疲劳之后，在工作之余，以及在睡不着觉的时候去读，而不必用正规的时间。我现在才真感到时间宝贵，浪费不起。好像一天不再有 24 小时，只剩下 20 小时或 18 小时，其余的时间被电视和其他一些不用动脑子的活动占去了。我的窗台上和写字台周围书刊堆得过高了，就反省自己是不是读书的时间减少了。于是拼上几个晚上，把功课补齐。

当然，还有一部大书，每个人都需要终生不懈地精读粗读苦读喜读，它就是社会这部活书。读它不能代替读印刷的书；同样，读印刷的书也不能代替读它。

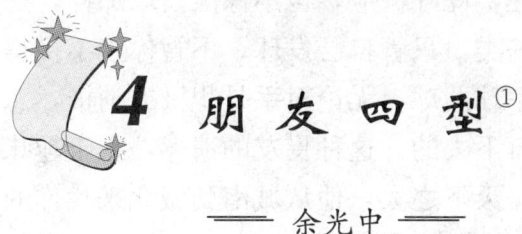

4 朋友四型

—— 余光中 ——

一个人命里不见得有太太或丈夫，但绝对不可能没有朋友。

"朋友"，似乎是人人可说可写的话题；但是要说得有趣味，有新意，既绘声绘色地描摹，又画龙点睛式地评点，实属不易。

阅读后，试述每种"朋友"的主要特点。

一个人命里不见得有太太或丈夫，但绝对不可能没有朋友。即使是荒岛上的鲁滨逊，也不免需要一个"礼拜五"。一个人不能选择父母，但是除了鲁滨逊之外，每个人都可以选择自己的朋友。照说选来的东西，应该符合自己的理想才对，但是事实又不尽然。你选别人，别人也选你。被选，是一种荣誉，但不一定是一件乐事。来按你门铃的人很多，岂能人人都令你"喜出望外"呢？大致说来，按铃的人可以分为下列四型：

第一型，高级而有趣。这种朋友理想是理想，只是可遇而不可求。世界上高级的人很多，有趣的人也很多，又高级又有趣的人却少之又少。高级的人使人尊敬，有趣的人使人欢喜，又高级又有趣的人，使人敬而不畏，亲而不狎，交接愈久，芬芳愈醇。譬如新鲜的水果，不但甘美可口，而且富于营养，可谓一举两得。朋友是自己的镜子。一个人有了这种朋友，自己的境界也低不到哪里去。东坡先生杖履所至，几曾出现过低级而无趣的俗物？

第二型，高级而无趣。这种人大概就是古人所谓的诤友，甚至畏友了。这种朋友，有的知识丰富，有的人格高超，有的呢，"品学兼优"像一个模范生，

---

① 选自《余光中散文》（浙江文艺出版社1997年版）。余光中，1928年生，福建省永春县人，台湾诗人。

可惜美中不足，都缺乏那么一点儿幽默感，活泼不起来。你总觉得，他身上有那么一个窍没有打通，因此无法豁然恍然，具备充分的现实感。跟他交谈，既不像打球那样，你来我往，此呼彼应，也不像滚雪球那样，把一个有趣的话题愈滚愈大。精力过人的一类，只管自己发球，不管你接不接得住。消极的一类则以逸待劳，难得接你一球两球。无论对手是积极或消极，总之该你捡球，你不捡球，这场球是别想打下去的。这种畏友的遗憾，在于趣味太窄，所以跟你的"接触面"广不起来。天下之大，他从城南到城北来找你的目的，只在讨论"死亡在法国现代小说中的特殊意义"，或是"爱斯基摩①人对于性生活的态度"。为这种畏友捡一晚上的球，疲劳是可以想见的。这样的友谊有点像吃药，太苦了一点。

　　第三型，低级而有趣。这种朋友极富娱乐价值，说笑话，他最黄；说故事，他最像；消息，他最灵通；关系，他最广阔；好去处，他都去过；坏主意，他都打过。世界上任何话题他都接得下去，至于怎么接法，就不用你操心了。他的全部学问，就在不让外行人听出他没有学问。至于内行人，世界上有多少内行人呢？所以他的马脚在许多客厅和餐厅里跑来跑去，并不怎么露眼。这种人最会说话，餐桌上有了他，一定宾主尽欢，大家喝进去的美酒还不如听进去的美言那么"沁人心脾"。会议上有了他，再空洞的会议也会显得主题正确，内容充沛，没有白开。如果说，第二型的朋友拥有世界上全部的学问，独缺常识，这一型的朋友则恰恰相反，拥有世界上全部的常识，独缺学问。照说低级的人而有趣味，岂非低级趣味，你竟能与他同乐，岂非也有低级趣味之嫌？不过人性是广阔的，谁能保证自己毫无此种不良的成分呢？如果要你做鲁滨逊，你会选第三型还是第二型的朋友做"礼拜五"呢？

　　第四型，低级而无趣。这种朋友，跟第一型的朋友一样少，或然率相当之低。这种人当然自有一套价值标准，非但不会承认自己低级而无趣。恐怕还自以为又高级又有趣呢？然则，余不欲与之同乐矣。

1972年5月

---

　　①〔爱斯基摩人〕今称"因纽特人"。居住在亚欧大陆和美洲的北极地区的土著民族。属蒙古人种。

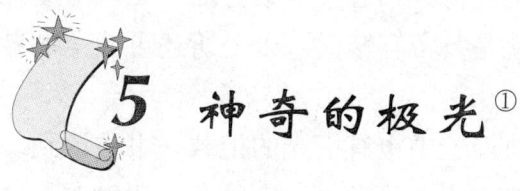

5 神奇的极光[①]

——曹冲——

……在大熊星座中，飘洒出一缕彩虹般的神奇光带，如烟似雾，摇曳不定，时动时静，像行云流水，最后化成一个硕大无比的光环，萦绕在北斗星的周围。

极光是自然界最美丽的奇观之一，古人曾为它编造许多神话传说。本文以优美的文笔，描绘神话传说中极光的美丽景象，又以现代科学考察为依据，为我们揭开它的神秘面纱。

从文章中筛选以下信息：
1. 极光、极光卵、极盖区、磁层的简明定义；
2. 极光的分布区域；
3. 极光形成的主要原因。

最古老的神话传说

相传公元前两千多年的一天，夜来临了。随着夕阳西沉，夜已将它黑色的翅膀张开在神州大地上，把远山、近树、河流和土丘，以及所有的一切全都掩盖起来。一个名叫扶朴的年轻女子独自坐在旷野上，她眼眉下的一湾秋水闪耀着火一般的激情，显然是被这清幽的夜晚深深地吸引住了。夜空像无边无际的大海，显得广阔、安详而又神秘。天幕上，群星闪闪烁烁，静静地俯瞰着黑魆魆的地面，突然，在大熊星座中，飘洒出一缕彩虹般的神奇光带，如烟似雾，摇曳不定，时动时静，像行云流水，最后化成一个硕大无比的光环，萦绕在北斗星的周围。其时，环的亮度急剧增强，宛如皓月悬挂当空，向大地泻下一片淡银色的光华，映亮了整个原野。四下里万物都清晰分明，形影可见，一切都

[①] 选自《极光的故事》（华岳出版社1989年版）。

成为活生生的了。扶朴见此情景，心中不禁为之一动。由此便身怀六甲，分娩时生下个儿子。这男孩就是黄帝轩辕氏。以上所述可能是世界上关于极光的最古老的神话传说之一。

在我国的古书《山海经》中也有极光的记载。书中谈到北方有个神仙，形貌如一条红色的蛇，在夜空中闪闪发光，它的名字叫触龙。关于触龙有如下一段描述："人面蛇身，赤色，身长千里，钟山之神也。"这里所指的触龙，实际上就是极光。

极光是天空中一种特殊的光，是人们能用肉眼看得见的唯一的高空大气现象，它常常出现在南北半球的高纬地区，主要是在南极区和北极区。这种光的美丽显示，是由高空大气中的放电辐射造成的。出现在北半球的叫做北极光，出现在南半球的叫做南极光；南北极光泛称极光。在我国所能见到的当然是北极光。在古代，我国没有极光这个词，所以是根据极光不同的形状差异分别加以称谓，如叫作"天狗，刀星，蚩尤旗，天开眼，星陨如雨"等等，它们大部分散落在史书的星象、妖星、异星、流星、祥气的记载中。

极光这一术语来源于拉丁文伊欧斯①一词。传说伊欧斯是希腊神话中"黎明"（其实，指的是晨曦和朝霞）的化身，是希腊神泰坦②的女儿，是太阳神和月亮女神的妹妹，她又是北风等多种风和黄昏星等多颗星的母亲。极光还曾被说成是猎户星座的妻子。在艺术作品中，伊欧斯被说成是一个年轻的女人，她不是手挽个年轻的小伙子快走如飞地赶路，便是乘着飞马驾挽的四轮车，从海中腾空而起；有时她还被描绘成这样一个女神，手持大水罐，伸展双翅，向世上施舍朝露，如同我国神话故事中的观音菩萨，普洒甘露到人间。

极 光 一 瞥

极光被视为自然界中最漂亮的奇观之一。如果我们乘着宇宙飞船，越过地球的南北极上空，从遥远的太空向地球望去，会见到围绕地球磁极存在一个闪闪发亮的光环，这个环就叫作极光卵。由于它们向太阳的一边有点被压扁，而背太阳的一边却稍稍被拉伸，因而呈现出卵一样的形状。极光卵处在连续不断

---

①〔伊欧斯〕一般译作"奥罗拉"（Aurora），是古罗马神话中的黎明女神，在希腊神话中称为"厄俄斯（Eos）"。　②〔泰坦〕一般译作"提坦"，这里指提坦许佩里翁，伊欧斯之父，天神乌剌诺斯和地神盖亚的儿子。

的变化之中，时明时暗，时而向赤道方向伸展，时而又向极点方向收缩。处在午夜部分的光环显得最宽最明亮。长期观测统计结果表明，极光最经常出现的地方是在南北磁纬度67度附近的两个环带状区域内，分别称作为南极光区和北极光区。在极光区内差不多每天都会发生极光活动。在极光卵所包围的内部区域，通常叫作极盖区，在该区域内，极光出现的机会反而要比纬度较低的极光区来得少。在中低纬地区，尤其是近赤道区域，很少出现极光，但并不是说压根儿观测不到极光，不过是数十年难遇的事。1958年2月10日夜间的一次特大极光，在热带都能见到，而且显示出鲜艳的红色。这类极光往往与特大的太阳耀斑爆发和强烈的地磁暴有关。

　　在寒冷的极区，人们举目瞭望夜空，常常见到五光十色，千姿百态，各种各样形状不同的极光。毫不夸大地说，在世界上简直找不出两个一模一样的极光形体来，从科学研究的角度，人们将极光按其形态特征分成五种：一是底边整齐微微弯曲的圆弧状的极光弧；二是有弯扭折皱的飘带状的极光带；三是如云朵一般的片朵状的极光片；四是面纱一样均匀的帐幔状的极光幔；五是沿磁力线方向的射线状的极光芒。

　　极光形体的亮度变化也是很大的，从刚刚能看得见的银河星云般的亮度，一直亮到满月时的月亮亮度。在强极光出现时，地面上物体的轮廓都能被照见，甚至会照出物体的影子来。最为动人的当然是极光运动所造成的瞬息万变的奇妙景象。我们形容事物变得快时常说："眼睛一眨，老母鸡变鸭。"极光可真是这样，名副其实的翻手为云，覆手为雨，变化莫测，而这一切又往往发生在几秒钟或数分钟之内。极光的运动变化，是自然界这个魔术大师，以天空为舞台上演的一出光的活剧，上下纵横成百上千公里，甚至还存在近万公里长的极光带。这种宏伟壮观的自然景象，好像沾了一点仙气似的，颇具神秘色彩。令人叹为观止的则是极光的色彩，早已不能用五颜六色去描绘。说到底，其本色不外乎是红、绿、紫、蓝、白、黄，可是大自然这一超级画家用出神入化的手法，将深浅浓淡，隐显明暗一搭配、一组合，好家伙，一下子变成了万花筒啦。根据不完全的统计，目前能分辨清楚的极光色调已达一百六十余种。

　　极光这般多姿多彩，如此变化万千，又是在这样辽阔无垠的穹窿中、漆黑寂静的寒夜里和荒无人烟的极区，此情此景，此时此地，面对五彩缤纷的极光图形，亲爱的读者，你说能不令人心醉，不叫人神往吗？无怪乎在许许多多的极区探险者和旅行家的笔记中，描写极光时往往显得语竭词穷，只好说些"无法以言语形容"，"再也找不出合适的词句加以描绘"之类的话作为遁辞。是的，普通的美丽、壮观、奇妙等字眼在极光面前均显得异常的苍白无力，可以说，即使有生花妙笔也难述说极光的神彩、气势、秉性脾气于万一。

极光的来龙去脉

长期以来，极光的成因机理未能得到满意的解释。在相当长一段时间内，人们一直认为极光可能是由以下三种原因形成的。一种看法认为极光是地球外面燃起的大火，因为北极区临近地球的边缘，所以能看到这种大火。另一种看法认为，极光是红日西沉以后，透射反照出来的辉光。还有一种看法认为，极地冰雪丰富，它们在白天吸收阳光，贮存起来，到夜晚释放出来，便成了极光。总之，众说纷纭，无一定论。直到本世纪60年代，将地面观测结果与卫星和火箭探测到的资料结合起来研究，才逐步形成了极光的物理性描述。

现在人们认识到，极光一方面与地球高空大气和地磁场的大规模相互作用有关，另一方面又与太阳喷发出来的高速带电粒子流有关，这种粒子流通常称为太阳风。由此可见，形成极光必不可少的条件是大气、磁场和太阳风，缺一不可。具备这三个条件的太阳系其他行星，如木星和水星周围，也会产生极光，这已被实验观察的事实所证明。

地磁场分布在地球周围，被太阳风包裹着，形成一个棒槌状的腔体，它的科学名称叫做磁层。为了更形象化，我们打这样一个比方。可以把磁层看成是一个巨大无比的电视显像管，它将进入高空大气的太阳风粒子流汇聚成束，聚焦到地磁的极区，极区大气就是显像管的荧光屏，极光则是电视屏幕上移动的图像。但是，这里的电视屏幕却不是18英寸或24英寸，而是直径为4 000公里的极区高空大气。通常，地面上的观众，在某个地方只能见到画面的1/50。在电视显像管中，电子束击中电视屏幕，因为屏上涂有发光物质，会发射出光，显示成图像。同样，来自空间的电子束，打入极区高空大气层时，会激励大气中的分子和原子，导致发光，人们便见到了极光的图像显示。在电视显像管中，是一对电极和一个电磁铁作用于电子束，产生并形成一种活动的图像。在极光发生时，极光的显示和运动则是由于粒子束受到磁层中电场和磁场变化的调制造成的。

极光不仅是个光学现象，而且是个无线电现象，可以用雷达进行探测研究，它还会辐射出某些无线电波。有人还说，极光能发出各种各样的声音。极光不仅是科学研究的重要课题，它还直接影响到无线电通讯，长电缆通讯，以及长的管道和电力传送线等许多实用工程项目。极光还可以影响到气候，影响生物学过程。当然，极光也还有许许多多没有解开的谜。

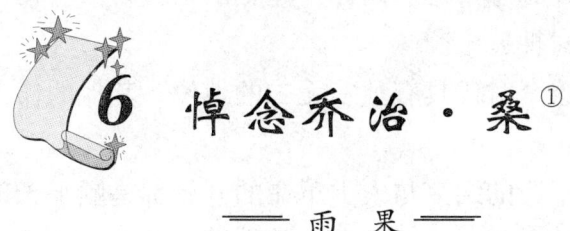

6 悼念乔治·桑①

——雨果——

"感谢您，您的灵魂是如此伟大。"

乔治·桑（1804—1876），法国著名女作家。她的作品批判不合理的社会制度，表达对下层人民尤其是下层妇女的同情。她逝世的噩耗传来，雨果悲痛不已，写下这篇悼词，托人带到葬礼上宣读。悼词对这位伟大的女性表达了深厚的敬意和热忱的赞颂，对她的逝世表示了沉痛的哀悼。

阅读本文，想一想，雨果对乔治·桑作了哪些热忱的赞颂，这些赞颂通过哪些语句表现出来。文中有许多诗一样的语句，认真品味，最好记诵下来。

我为一位死者哭泣，我向这位不朽者致敬。

昔日我曾爱慕过她，钦佩过她，崇敬过她，而后，在死神带来的庄严肃穆之中，我出神地凝视着她。

我祝贺她，因为她所做的是伟大的；我感激她，因为她所做的是美好的。我记得，曾经有一天，我给她写过这样的话："感谢您，您的灵魂是如此伟大。"

难道说我们真的失去她了吗？

不。

那些高大的身影虽然与世长辞，然而他们并未真正消失。远非如此，人们甚至可以说他们已经自我完成。他们在某种形式下消失了，但是在另一种形式

---

① 选自《世界散文精华·欧洲卷（上册）》（江苏文艺出版社1994年版）。姚远译。雨果（1802—1885），19世纪法国浪漫主义文学的杰出代表，主要作品有长篇小说《巴黎圣母院》《悲惨世界》《九三年》等。

中犹然可见。这真是崇高的变容。

人类的躯体乃是一种遮掩。它能将神化的真正面貌——思想——遮掩起来。乔治·桑就是一种思想，她从肉体中超脱出来，自由自在，虽死犹生，永垂不朽。啊，自由的女神！

乔治·桑在我们这个时代具有独一无二的地位。其他的伟人都是男子，唯独她是伟大的女性。

在本世纪，法国革命的结束与人类革命的开始都是顺乎天理的，男女平等作为人与人之间平等的一部分。一个伟大的女性是必不可少的。妇女应该显示出，她们不仅保持天使般的禀性，而且还具有我们男子的才华。她们不仅应有强韧的力量，也要不失其温柔的禀性。乔治·桑就是这类女性的典范。

当法兰西遭到人们的凌辱时，完全需要有人挺身而出，为她争光载誉。乔治·桑永远是本世纪的光荣，永远是我们法兰西的骄傲。这位荣誉等身的女性是完美无缺的。她像巴贝斯[①]一样有着一颗伟大的心；她像巴尔扎克一样有着伟大的精神；她像拉马丁一样有着伟大的灵魂。在她身上不乏诗才。在加里波第[②]曾创造过奇迹的时代里，乔治·桑留下了无数杰作佳品。

列举她的杰作显然是毫无必要的，重复大众的记忆又有何益？她的那些杰作的伟力概括起来就是"善良"二字。乔治·桑确实是善良的，当然她也招来某些人的仇视。崇敬总是有它的对立面的，这就是仇恨。有人狂热崇拜，也有人恶意辱骂。仇恨与辱骂正好表现人们的反对，或者不妨说它表明了人们的赞同——反对者的叫骂往往会被后人视为一种赞美之辞。谁戴桂冠谁就招打，这是一条规律，咒骂的低劣正衬出欢呼的高尚。

像乔治·桑这样的人物，可谓公开的行善者，他们离别了我们，而几乎是在离逝的同时，人们在他们留下的似乎空荡荡的位子上发现新的进步已经出现。

每当人间的伟人逝世之时，我们都听到强大的振翅搏击的响声。一种事物消灭了，另一种事物降临了。

大地与苍穹都有阴晴圆缺。但是，这人间与那天上一样，消失之后就是再现。一个像火炬那样的男人或女子，在这种形式下熄灭了，在思想的形式下又复燃了。于是人们发现，曾经被认为是熄灭了的，其实是永远不会熄灭。这火

[①〔巴贝斯（1809—1870）〕法国著名政治家，曾参加过1848年的二月革命，被选为制宪会议议员。
[②〔加里波第（1807—1882）〕意大利民族解放运动的领袖，为意大利的统一奋斗了一生。

炬燃得比以往任何时候更加光彩夺目，从此它组成文明的一部分，从而屹立在人类无限的光明之列，并将增添文明的光芒。健康的革命之风吹动着这支火炬，并使它成为燎原之势，越烧越旺，那神秘的吹拂熄灭了虚假的光亮，却增添了真正的光明。

劳动者离去了，但他的劳动成果留了下来。

埃德加·基内①逝世了，但是他的高深的哲学却越出了他的坟墓，居高临下劝告着人们。米谢莱②去世了，可在他的身后，记载着未来的史册却在高高耸起。乔治·桑虽然与我们永别了，但她留给我们以女权，充分显示出妇女有着不可抹煞的天才。正由于这样，革命才得以完全。让我们为死者哭泣吧，但是我们要看到他们的业绩。具有决定性意义的伟业，得益于颇可引以为骄傲的先驱者的英灵精神，必定会随之而来。一切真理、一切正义正在向我们走来。这就是我们听到的振翅搏击的响声。

让我们接受这些卓绝的死者在离别我们时所遗赠的一切！让我们去迎接未来！让我们在静静的沉思中，向那些伟大的离别者为我们预言将要到来的伟大女性致敬！

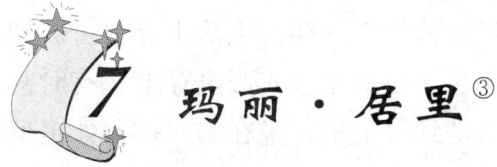

7 玛丽·居里③

正如爱因斯坦所说："在我认识的所有著名人物中，居里夫人是唯一不为荣誉所颠倒的人。"

这是一篇人物传记。它不但描写居里夫人一生中一些重要事迹，而且表现一个伟大科学家的光辉思想和崇高品德。

阅读后想想，是什么精神力量促使居里夫人成为伟大的科学家的，她具有哪些优秀品德。将本文与爱因斯坦的《悼念玛丽·居里》对比阅读，看看爱因斯坦提到的居里夫人的那些优秀品德在本文是怎样体现的。

---

①〔埃德加·基内（1803—1874）〕法国哲学家。　②〔米谢莱（1798—1874）〕法国著名历史学家，著有《法国史》《法国革命史》等。　③选自束炳如等编《物理学家传》（湖南教育出版社1985年版）。

玛丽·居里是法籍波兰人，1867年11月7日，出生于波兰华沙的一个知识分子家庭。她原名玛丽·斯克罗多夫斯卡。父亲是圣彼得堡大学的毕业生，后来在华沙一所中学教数学和物理。由于家中人口众多，特别是在沙皇的统治下①，波兰本国的知识分子受到歧视，收入低微，全家的生活相当清贫。

玛丽从小酷爱学习，深受父母和老师的喜爱。中学毕业后，由于大姐和母亲相继去世，家境变得更困难了，她只能辍学在家，操持家务。

为了从经济上支持二姐去法国学医，玛丽到一个偏僻的地方，做了五年家庭教师，然后回到华沙，在一个工厂主的家里又当了一年教师。在教书的同时，她到一个亲戚领导的工业和农业博物馆里，从事自然科学的实验。她总是那样成功地重复着教科书中叙述的物理学和化学实验。这些实验加深了她对自然科学的热爱，并对她以后职业的选择，有着直接而重要的影响。

玛丽的父母都是具有爱国主义思想的知识分子。她在父母的影响下，青少年时期就同秘密的爱国运动保持了联系。她自豪的置身于受压迫的人民的行列中。她热爱祖国高于一切。

二姐毕业当了医生后，1891年，玛丽辞别了父母，考进了巴黎大学理学院，开始了深造。

在巴黎，玛丽像许多穷苦学生一样，生活十分清苦。到了冬天，在冷得实在无法入睡时，就干脆爬起来把所有的衣服全穿上，有时甚至用椅子压在被子上来御寒。上课时，她总是到得最早，坐在第一排，如饥似渴地学习着。她在回顾这段生活时写道："如果说我有时也感觉孤单的话，那么我通常仍然是平静的和满怀着内心的喜悦的。我把我的全部精力都集中在学习上了。"在物理考试中她得了第一名，在下一年的数学考试中又名列第二。由于玛丽的出色成绩，在国内的朋友们得以为她争得了波兰留学生奖学金。奖学金使她有可能在巴黎再待一年，以便继续进行实验工作和准备博士论文。

作为一个年轻的、获得了毕业证书的物理学家，她从一个科学协会那里得到了测定各种金属磁性②的委托书。为了寻找一间条件较好的实验室，她在1894年初认识了皮埃尔。1895年，他俩幸福的结合了，婚后生了两个女儿。

---

① 〔在沙皇的统治下〕1772年、1793年、1795年，俄、普、奥曾三次瓜分波兰；1815年维也纳会议再次瓜分，沙皇掠得原波兰领土十分之九，建立了波兰王国，沙皇亚历山大一世兼任波兰国王。
② 〔测定各种金属磁性〕磁性是指某些物体具有能吸引铁、镍、钴等物质的一种属性。某种金属是否有磁性以及磁性的强弱，可以用科学方法测定。

1903年,她和丈夫由于发现放射性①而获得了诺贝尔物理奖②。正当她和丈夫在科学的征途中携手共进的时候,1906年4月19日,皮埃尔不幸死于车祸,玛丽从此失去了她最心爱的人和最亲密的战友。这一突如其来的打击使她极度悲痛。

但玛丽毕竟是一个坚强的人,她很快抑制了悲痛,用加倍的工作来寄托对亲人的哀思,她勇敢地挑起了全部工作和生活的重担。丈夫去世不久,她就接替了丈夫在巴黎大学的职务,成为这个大学的第一个女教授。她除了教学和研究工作外,还要抚育两个女儿和照料七十九岁的公公。在她的日程表上,没有节假日,只有教学、研究、学习和家务。

玛丽顽强地战斗着。她决心"不虚度一生"。她写了许多著名论文,完成了由镭盐分析出金属镭③的精细实验。1907年,她提炼出纯氯化镭④,精确地测定了它的原子量。1910年,她提炼出纯镭元素,并测出镭元素的各种特性,完成了她的名著《论放射性》一书,正是由于这些杰出的贡献,1911年,她再次荣获了诺贝尔奖,这次是化学奖。

一个人两次荣获诺贝尔奖金,这无论是在当时,还是后来,都是不多见的。她赢得了全世界的威名。然而她不慕荣誉,不迷恋金钱。当一位新闻记者试图详细打听玛丽的私生活时,玛丽回答说:"在科学中,我们应该关心的是事物,而不是个人。"她一生中接受了七个国家二十四次奖金和奖章,获得了二十五个国家的科学团体的荣誉称号。她把一生中获得的奖金几乎全部都用于资助波兰革命、资助穷人或为别的科学家创造工作条件。一个美国记者惊诧的问玛丽,为什么不申请专利?玛丽微笑着回答说:"镭是一种元素,它属于世界所有!"她把自己和皮埃尔一起提炼的一克镭,献给了巴黎大学镭学院。另外,她曾于1921年、1929年两次去美国访问,美国妇女界先后两次赠给玛丽价值二十万美元的两克镭,她把一克转赠给巴黎镭研究所,另一克转赠给华沙镭研究所。

正如爱因斯坦所说:"在我认识的所有著名人物中,居里夫人是唯一不为

---

①〔放射性〕1896年,法国物理学家贝克勒尔发现,铀和含铀的矿物能发射出某种看不见的射线,可以穿透黑纸使照相底片感光。物质放射这种射线的性质,叫"放射性"。 ②〔诺贝尔物理奖〕诺贝尔(1833—1896),著名的瑞典化学家和发明家。1895年,他在巴黎写下遗嘱,把遗产捐作基金,并将基金年息授予化学、物理和其他各种科学艺术,以及在保持和促进和平事业上对人类造福最大的人。 ③〔由镭盐分析出金属镭〕用化学方法分析出镭盐(镭盐是由镭元素和酸根组成的化合物)中所含的金属镭元素。 ④〔纯氯化镭〕物质可分为纯净物和混合物。纯氯化镭就是指纯净的(基本上不含杂质的)氯化镭。

荣誉所颠倒的人。"

当听到华沙要筹建镭实验室的时候，玛丽感到十分高兴。1913年，在实验室动工的前夕，她来到了华沙，在挤得水泄不通的礼堂里，她第一次用波兰本族语言作了科学报告。这次旅行深深地激发了她的爱国主义感情。

1914年，巴黎建立了镭研究所。除了物理部以外，还有医学—生物实验室。物理部由玛丽领导，用于进一步研究放射性物质。医学—生物实验室用于探究放射性物质的生物作用和治疗作用。

不久，第一次世界大战爆发了，自幼就痛恨侵略者的玛丽，英勇地投入了反侵略的战斗。1915年初，她在给法国物理学家朗之万的信中写道："我决定把自己的一切力量贡献出来，为我的第二个祖国①服务。"在她的领导下，建立了二百个固定式的伦琴射线②装置，并装备了二十台移动式的伦琴射线机交给军队，供战地医院使用。除了组织放射医疗所和装备伦琴射线室以外，玛丽的功劳还在于培训人员。她同女儿伊丽芙在自己的实验室里组织短期训练班，训练出一批批会独立使用伦琴射线机的人员。

她在发展伦琴射线运用于医疗中的贡献得到了人们的公认。1922年，她被选为巴黎医学科学院的第一位女院士。

战争结束后，玛丽立刻恢复了她在镭研究所的研究工作。她的《放射学和战争》一书成了她在战争时期应用和进一步发展伦琴射线技术和镭辐射的经验总结。

玛丽密切关注着自己不曾工作过的那些物理学领域中科学研究的发展。当爱因斯坦于1922年在巴黎宣读有关相对论③的报告时，她也是讨论的参加者。她还定期参加历次的索尔维会议④。

在爱因斯坦的建议下，她参加了国际联盟科学合作委员会。作为副主席的玛丽从事于图书文献方面的国际合作，以便于各国科学家了解其专业方面的文献。她关心科学术语的简化和科学出版物规格的统一。

1932年5月，玛丽出席了华沙镭研究所的开幕式，最后一次访问了自己

---

①〔第二个祖国〕这里指法国。　②〔伦琴射线〕也称"X线"，通称"爱克斯光"。这是一种波长很短的电磁辐射。德国物理学家伦琴在1895年首先发现。　③〔相对论〕19世纪末至20世纪初，人们对物质世界的研究深入到原子内部，发现电子、质子、中子等微观粒子，它们的运动规律一般不能用牛顿运动定律来说明。爱因斯坦提出了狭义相对论，成为现代物理的开端。　④〔索尔维会议〕指索尔维国际化学会、物理学会等组织的定期会议。这类国际性组织，是由比利时工业化学家索尔维（1838—1922）发起的，因此以他的名字命名。

的祖国。

1933年，玛丽在马德里①国际会议上发言时说："我属于那样的人，他们认为：科学——是壮观的美。科学家在自己的实验室里不只是技师，而且还是面对着神话故事般的自然现象的小孩。我们不应当允许人们那样想，似乎科学的进步归结于机械、机器、力的传动装置，尽管在它们之中也有自己的美……我还不认为：勇于创造的进取精神正在冒着从我们的世界上消失的危险。如果说我看到自己周围环境里的某种活生生的东西的话，那么，这正好是勇于创造的进取精神，而且这种进取精神是根深蒂固的，是同求知欲密切相关的。"

从1914年到1934年，巴黎镭研究所，这座有许多国家的科学家进行过合作的、辉煌的放射性学校，共发表了约五百种科学著作。其中三十多种出自玛丽的手笔；在其余的著作中，玛丽作为顾问参与过意见，或亲自修改过。她的第二部论述放射性的书，篇幅浩大，于1935年作为她遗著的一部分出版。

1934年7月4日，玛丽因病在法国阿尔卑斯山疗养院逝世，终年六十七岁。医生们认为她患的是恶性贫血症，这是放射性物质多年作用的结果。这位女研究者的双手被镭烧伤了，遍布了许多伤疤。危险的射线也侵入了她的骨髓，引起了血液中的病变。玛丽成了她发现的化学元素的牺牲者。

在纽约举行的悼念居里夫人的会上，爱因斯坦致悼词说："她性格刚强，她思念纯正，她严以律己，她处事客观和廉洁——所有这些品质很少在一个人身上兼而有之。她每时每刻都感到自己是在为社会服务，而她伟大的谦虚不曾给她留下自我欣赏的余地……"

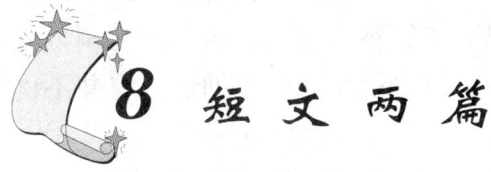

8 短文两篇

仔细考究起来，形体之美要胜于颜色之美，而优雅行为之美又胜于形体之美。

三种单纯然而极其强烈的激情支配着我的一生，那就是对于爱情的渴望，对于知识的寻求，以及对于人类苦难痛彻肺腑的怜悯。

---

①〔马德里〕西班牙首都。

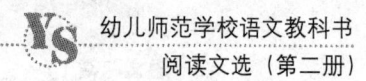

《论美》题目很大，但论述很集中。想想作者集中论述了哪些方面的美，赞扬了哪一方面的美。

《我为什么生活》是作者对辛劳、痛苦而欢乐的一生的回顾与总结，表白了支配和鼓舞作者一生奋斗不息的三大精神力量。细细品读，能从字里行间感受到作者澎湃的激情，窥见一个大学者的宽广而高尚的胸怀。

两篇短文名言警句很多，筛选出来，认真品味并记诵。

论　美①

——培　根——

美德好比宝石，它在朴素背景的衬托下反而更华丽。同样，一个打扮并不华贵却端庄严肃而有美德的人是令人肃然起敬的。

美貌的人并不都有其他方面的才能。因为造物是吝啬的，他给了此就不再予彼。所以许多容颜俊秀的人却一无作为，他们过于追求外形美而放弃了内在美。但这话也不全对，因为奥古斯都、菲斯帕斯、腓力普王、爱德华四世、阿尔西巴底斯、伊斯梅尔等②，都既是大丈夫，又是美男子。

仔细考究起来，形体之美要胜于颜色之美，而优雅行为之美又胜于形体之美。最高的美是画家所无法表现的，因为它是难于直观的。这是一种奇妙的美。曾经有两位画家——阿皮雷斯和丢勒③滑稽地认为，可以按照几何比例，或者通过摄取不同人身上最美的特点，用画合成一张最完美的人像。其实像这样画出来的美人，恐怕只有画家本人喜欢。美是不能制订规范的，创造它的常常是机遇，而不是公式。有许多脸型，就它的部分看并不优美，但作为整体却非常动人。

有些老人显得很可爱，因为他们的作风优雅而美。拉丁谚语说过："晚秋的秋色是最美好的。"而尽管有的年轻人具有美貌，却由于缺乏优美的修养而不配得到赞美。

---

①选自《培根论人生》（上海人民出版社1983年版），何新译。培根（1561—1626），英国哲学家。马克思称赞他是"英国唯物主义的真正始祖"。　②〔奥古斯都……伊斯梅尔等〕奥古斯都和菲斯帕斯都是古罗马著名皇帝；腓力普王，法国国王，1285—1314年在位；爱德华四世，英格兰国王，1461—1483年在位；阿尔西巴底斯，古希腊著名美男子；伊斯梅尔，波斯国王。　③〔阿皮雷斯和丢勒〕前者为古希腊画家，后者为德国画家、雕刻家。

美犹如盛夏的水果，是容易腐烂而难保持的。世上有许多美人，他们有过放荡的青春，却迎受着愧悔的晚年。因此，把美的形貌与美的德行结合起来吧。只有这样，美才会放射出真正的光辉。

我为什么生活①

— 罗素 —

三种单纯然而极其强烈的激情支配着我的一生，那就是对于爱情的渴望，对于知识的寻求，以及对于人类苦难痛彻肺腑的怜悯。这些激情犹如狂风，把我伸展到绝望边缘的深深的苦海上东抛西掷，使我的生活没有定向。我追求爱情，首先因为它叫我销魂，爱情令人销魂的魅力使我常常乐意为了几小时这样的快乐而牺牲生活中的其他一切。我追求爱情，又因为它减轻孤独感——那种一个颤抖的灵魂望着世界边缘之外冰冷而无生命的无底深渊时所感到的可怕的孤独。

我追求爱情，还因为爱的结合使我在一种神秘的缩影中提前看到了圣者和诗人曾经想象过的天堂。这就是我所追求的，尽管人的生活似乎还不配享有它，但它毕竟是我终于找到的东西。

我以同样的热情追求知识。我想理解人类的心灵。我想了解星辰为何灿烂。我还试图弄懂毕达哥拉斯学说的力量，是这种力量使我在无常之上高踞主宰地位。我在这方面略有成就，但不多。

爱情和知识只要存在，总是向上导往天堂。但是，怜悯又总是把我带回人间。痛苦的呼喊在我心中反响、回荡。孩子们受饥荒煎熬，无辜者被压迫者折磨，孤弱无助的老人在自己的儿子眼中变成可恶的累赘，以及世上触目皆是的孤独、贫困和痛苦——这些都是对人类应该过的生活的嘲弄。我渴望能减少罪恶，可我做不到，于是我也感到痛苦。

这就是我的一生。我觉得这一生是值得活的。如果真有可能再给我一次机会，我将欣然重活一次。

---

① 选自《世界名人散文经典》（延边人民出版社1998年版）。罗素（1872—1970），英国数学家、哲学家，1950年获诺贝尔文学奖。

# 9 谈筛选信息

筛选信息,就是根据一定的阅读要求,从语言文字材料中准确而迅速地筛选出所需要的信息。筛选,就是辨析、选择、提取。我们平时处理语言文字材料,没必要也不可能巨细无遗地吸收所有的信息,这就要求经过辨析、选择、提取,有取有舍。所以,筛选信息既是提取有用信息的过程,也是舍弃无用信息、干扰信息的过程。

如何筛选信息呢?

一、明确要求

筛选信息,首先要准确地把握要求:筛选什么信息?是汲取观点,还是搜集论据?是理解思想内容,还是感受文章情感?是积累语言材料,还是获得写作技巧?是整篇的信息,还是句段的信息?不论筛选什么信息,都要把握所筛选信息的质和量。

例如,爱因斯坦的《悼念玛丽·居里》的结尾有这样一段话:"居里夫人的品德力量和热忱,哪怕只要有一小部分存在于欧洲的知识分子中间,欧洲就会面临一个比较光明的未来。"要求筛选这句话的主要意思(观点)。这句话涉及"欧洲的知识分子",涉及欧洲的"比较光明的未来"。根据阅读要求,可以筛选出这句话的主要信息:居里夫人的品德力量和热忱对欧洲文明发展有重要意义。如果要求筛选整篇文章的主要信息,那就要筛选出居里夫人的主要贡献、高贵品德、人格力量等信息。要求不同,筛选信息的质和量不同,当然筛选出的语句也不同了。

二、扫视目标语句

目标语句是指表示适合要求的有用信息的语句,它不一定就是文章的段落或全篇的核心语句或精警语句。从筛选信息的要求角度看,文章包含的各种信息中,适合阅读要求的有用信息只是一部分,其余的是无用的信息。要有所取,必先有所舍。遇到无用信息时采用"眼跳"法,遇到有用信息时采用"眼定"法。也只有重视有用信息,舍弃无用信息,才能准确、快速筛选信息。

例如,达尔文的《〈物种起源〉导言》有这样的话:"如果认识到我们对于生活在我们四周的许多生物的相互关系还有很多不了解的,那么,关于物种或变种的起源问题,我们即使有很多地方不能解释,也就不足为奇了。为什么某种生物的分布广泛而繁多,而它的邻种却分布得狭小而稀少呢?谁能解释这个问题呢?然而这些关系,实在是非常重要,因为我相信,这是决定地球上每一生物的现在和将来的命运,以及变异的趋向的。对于生活在过去的地质时代的无数生物的相互关系,我们所知道的就更少了。"提问是:作者认为,关于物种起源,还有许多需要弄清的问题。这段话从哪两个方面归纳了这些问题?

提问中有两组关键词语要牢记："还有许多需要弄清的问题"，"两个方面"。经过筛选可以发现，原文"还有很多不了解的""所知道的就更少了"与"还有许多需要弄清的问题"意义相关，刚好是两处，应"眼定"于此。应该筛选的信息是：1. 我们对于生活在我们四周的许多生物的相互关系还有很多不了解的；2. 对于生活在过去的地质时代的无数生物的相互关系，我们所知道的就更少了。这就是我们需要的信息，或曰有用信息。

三、运用相关技能

筛选信息还要运用整体感知、理清思路、概括要点等相关技能。

1. 整体感知

目标信息通常是文章的局部信息，局部信息只有在整体信息或核心信息的统摄下，才能显出的自身的意义和价值。整体感知是指整体感知文章大概内容，即了解文章大致表达了什么总体信息，总体信息之下大致分布着哪几方面的局部信息。整体感知是宏观的把握，筛选信息通常是微观的搜寻。宏观的把握可以帮助微观的搜寻迅速定位。

例如，《〈物种起源〉导言》有这样的阅读要求：速读全文，筛选出关于物种起源理论的两个主要观点。题目已经提示筛选要顾及全篇。文章内容丰富，涉及作者科学考察的经过和《物种起源》成书的经过，作者对该书的介绍和评价，对一般博物学家工作的评价，作者自己的工作方法、研究思路的陈述，以及对创造论的批判和对物种起源新说的声明。批判创造论和宣布物种起源新说是全文的核心信息，是在多方面的情况介绍之后，在文章结尾出现的。行文至此，论题越来越集中，论点越来越鲜明，语气越来越坚定，最终响亮地宣布关于物种起源的新思想："我深信生物的种不是不变的；所谓同属的种，都是其他大概已经灭亡的种所传来的直系后代，而现在认为同种的各项变种，都是这同种的后代。我又确信自然选择作用，它虽然不是物种变异的唯一条件，也该是最重要的条件。"因此，在对文章整体和局部信息了然于心之后，筛选信息就不但准确而无遗漏，而且十分快捷了。

2. 理清思路

理清文章思路，不但可以把握行文脉络，还可以更准确地把握全篇或段落的信息，并透析这些信息之间的关系。有时从信息之间的关系上给目标信息定位，比用别的方法来得更容易，来得更快。

例如，《把握未来科技发展趋势》有这样的话："**转基因技术将引起一场农业革命。转基因技术能使动植物具有原来所没有的全新的特性，达到改良食品特性、扩充食品内容、使食品更有利于人体健康的目标，并可以预测收成，提高水的利用率，以及减少合成杀虫剂的用量等等。**"阅读要求是：从文章中筛选出有关"转基因技术"的核心信息，并用一句话给这个名称下定义。

从这些文字中，不能筛选出有定义模样的语句。引文是一句话，如果粗略地将这一句话作为"大定义"，又太烦琐，不符合筛选"核心信息"的要求。但是可以探析其中的思路。先筛选所有词语，其中"全新的特性"是概括性最强的词语，代表了所谓"核心信息"；其他词语，"改良食品特性""扩充食品内容""人体健康的目标""预测收成""提高水的利用率""减少合成杀虫剂的用量"等，都是彼此并列的，其概括性低于"全新的特性"，可以说是"全新的特性"的具体说明。因此，这段文字在思路上属于"总说——分说"的类型。分析至此，可以下定义了：转基因技术是使动植物具有原来所没有的全新特性的技术。

3. 概括要点

概括要点是具有广泛适应性的阅读技能，可以迁移或渗透到筛选信息的阅读训练中。

例如1996年全国高考语文试题有《贝多芬之谜》一文，其中有这样一段："贝多芬所做的，是把音乐完全用作表现心情的手段，完全不把设计乐式本身作为目的①。也正是这一点，使得某些与他同时的伟人不得不把他当作一个疯人②。不错，他一生非常保守地使用旧的乐式，但是他给它们注入惊人的活力和激情，包括产生于一定思想、信念的那种最高的激情，结果不仅打乱了旧乐式的对称，而且常常使人听不出在感情的风暴下竟还有什么乐式存在了③。他的《英雄交响乐》一开始使用了一个乐式（这是从莫扎特幼年的一个前奏曲里借来的），跟着又使用了几个漂亮的乐式；这些乐式被赋予了巨大的内在力量，所以到了乐章的中段，这些乐式就全被不客气的打散了④。于是，在只追求乐式的音乐家看来，贝多芬是发了疯了⑤。他这么做，只是因为他觉得非如此不可，而且还要求你也觉得非如此不可呢⑥。"阅读要求是：筛选出这段话的核心信息。

第一句话从两个方面概括"贝多芬所做的"：表现心情为目的，不重视设计乐式；第二句话说的是由此而来的结果；第三句话说的是两者的具体表现和两者之间的因果关系；第四句话是例证，更具体的论述；第五句话说的是也是由此而来的结果；第六句话则是表明贝多芬自己的态度。综观全段，第一句话是概括性最强的句子，其他各句都是该句的阐释或引申。所以，找到这个概括性的句子，就找到了这段话的核心信息：贝多芬所做的，是把音乐完全用作表现心情的手段，完全不把设计乐式本身作为目的。

10 雅舍[①]

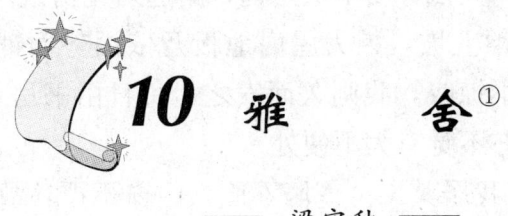

— 梁实秋 —

纵然不能蔽风雨,"雅舍"还是自有它的个性。

抗日战争爆发后,梁实秋南下入川,寓居在所谓"雅舍"。"雅舍"明明是陋室,有诸多不便,作者却偏要称其"雅",挖掘出它的许多可爱之处。想一想,这样写"雅舍",表现了作者怎样的生活和心境。此外,还要注意品味本文自然、生动、幽默风趣的语言特点。

到四川来,觉得此地人建造房屋最是经济。火烧过的砖,常常用来做柱子,孤零零的砌起四根砖柱,上面盖上一个木头架子,看上去瘦骨嶙嶙,单薄得可怜;但是顶上铺了瓦,四面编了竹篦墙,墙上敷了泥灰,远远的看过去,没有人能说不像是座房子。我现在住的"雅舍"正是这样一座典型的房子。不消说,这房子有砖柱,有竹篦墙,一切特点都应有尽有。讲到住房,我的经验不算少,什么"上支下摘""前廊后厦""一楼一底""三上三下""亭子间""茆[②]草棚""琼楼玉宇"和"摩天大厦",各式各样,我都尝试过。我不论住在哪里,只要住得稍久,便对那房子发生感情,非不得已我还舍不得搬。这"雅舍",我初来时仅求其能蔽风雨,并不敢存奢望,现在住了两个多月,我的好感油然而生,虽然我已渐渐感觉它并不能蔽风雨,因为有窗而无玻璃,风来则洞若凉亭,有瓦而空隙不少,雨来则渗如滴漏。纵然不能蔽风雨,"雅舍"还是自有它的个性。

"雅舍"的位置在半山腰,下距马路约有七八十层的土阶。前面是阡陌螺旋的稻田。再远望过去是几抹葱翠的远山,旁边有高粱地,有竹林,有水池,有粪坑,后面是荒僻的榛莽[③]未除的土山坡。若说地点荒凉,则月明之夕,或

[①]选自《梁实秋抒情散文》(文化艺术出版社1991年版)。梁实秋(1903—1987),现代作家、批评家、翻译家。　[②]〔茆〕同"茅"。　[③]〔榛(zhēn)莽〕茂密丛生的草木。

风雨之日，亦常有客到，大抵好友不嫌路远，路远乃见情谊。客来则先爬几十级的土阶，进得屋来仍须上坡，因为屋内地板乃依山势而铺，一面高，一面低，坡度甚大，客来无不惊叹，我则久而安之，每日由书房走到饭厅是上坡，饭后鼓腹而出是下坡，亦不觉有大不便处。

"雅舍"共是六间，我居其二。篦墙不固，门窗不严，故我与邻人彼此均可互通声息。邻人轰饮作乐，咿唔①诗章，喁喁细语，以及鼾声，喷嚏声，吮汤声，撕纸声，脱皮鞋声，均随时由门窗户壁的隙处荡漾而来，破我岑寂②。入夜则鼠子瞰灯，才一合眼，鼠子便自由行动，或搬核桃在地板上顺坡而下，或吸灯油而推翻烛台，或攀援而上帐顶，或在门框桌脚上磨牙，使得人不得安枕。但是对于鼠子，我很惭愧的承认，我"没有法子"。"没有法子"一语是被外国人常常引用着的，以为这话最足代表中国人的懒惰隐忍的态度。其实我的对付鼠子并不懒惰。窗上糊纸，纸一戳就破；门户关紧，而相鼠有牙，一阵咬便是一个洞洞。试问还有什么法子？洋鬼子住到"雅舍"里，不也是"没有法子"？比鼠子更骚扰的是蚊子。"雅舍"的蚊风之盛，是我前所未见的。"聚蚊成雷"真有其事！每当黄昏的时候，满屋里磕头碰脑的全是蚊子，又黑又大，骨骼都像是硬的。在别处蚊子早已肃清的时候，在"雅舍"则格外猖獗，来客偶不留心，则两腿伤处累累隆起玉蜀黍，但是我仍安之。冬天一到，蚊子自然绝迹，明年夏天——谁知道我还是否住在"雅舍"！

"雅舍"最宜月夜——地势较高，得月较先。看山头吐月，红盘乍涌，一霎间，清光四射，天空皎洁，四野无声，微闻犬吠，坐客无不悄然！舍前有两株梨树，等到月升中天，清光从树间筛洒而下，地上阴影斑斓，此时尤为幽绝。直到兴阑人散，归房就寝，月光仍然逼进窗来，助我凄凉。细雨蒙蒙之际，"雅舍"亦复有趣。推窗展望，俨然米氏③章法，若云若雾，一片弥漫，但若大雨滂沱，我就又惶悚不安了，屋顶湿印到处都有，起初如碗大，俄而扩大如盆，继则滴水乃不绝，终乃屋顶灰泥突然崩裂，如奇葩初绽，砉然一声而泥水下注，此刻满室狼藉，抢救无及。此种经验，已数见不鲜。

"雅舍"之陈设，只当得简朴二字，但洒扫拂拭，不使有纤尘。我非显要，故名公巨卿之照片不得入我室；我非牙医，故无博士文凭张挂壁间；我不业理发，故丝织西湖十景以及电影明星之照片亦均不能张我四壁。我有一几一椅一

---

①〔咿唔〕拟声词，读书声。　②〔岑寂〕寂静，寂寞。　③〔米氏〕指米芾（fú）（1051—1107），宋代书法家。

榻，酣睡写读，均已有着，我亦不复他求。但是陈设虽简，我却喜欢翻新布置。西人常常讥笑妇人喜欢变更桌椅位置，以为这是妇人天性喜变之一征。诬否且不论，我是喜欢改变的。中国旧式家庭，陈设千篇一律，正厅上是一条案，前面一张八仙桌，一边一把靠椅，两旁是两把靠椅夹一只茶几。我以为陈设宜求疏落参差之致，最忌排偶。"雅舍"所有，毫无新奇，但一物一事之安排布置俱不从俗。人入我室，即知此是我室。笠翁①《闲情偶寄》之所论，正合我意。

"雅舍"非我所有，我仅是房客之一。但思"天地者万物之逆旅②"，人生本来如寄，我住"雅舍"一日，"雅舍"即一日为我所有。即使此一日亦不能算是我有，至少此一日"雅舍"所能给予之苦辣酸甜，我实躬受亲尝。刘克庄③词："客里似家家似寄。"我此时此刻卜居④"雅舍"，"雅舍"即似我家。其实似家似寄，我亦分辨不清。

长日无俚⑤，写作自遣，随想随写，不拘篇章，冠以"雅舍小品"四字，以示写作所在，且志因缘。

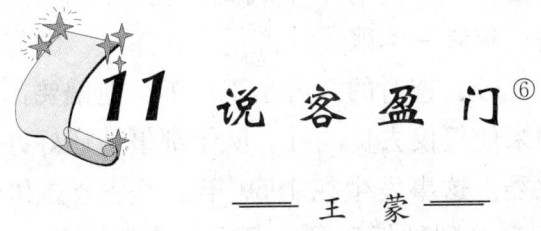

11 说客盈门⑥

王 蒙

丁一拒绝了所有这些说项。这种态度激怒了来客的百分之八十五。

这篇小说所展示的，既像一幅幅漫画，又像一组用蒙太奇组合起来的人物特写镜头，将形形色色的说客——他们身份不同，动机不同，说辞不同，表情动作也不相同——一一展示在读者面前。作者以讽刺和幽默为武器，通过近乎荒诞的夸张，揭露以说客为代表的社会生活中的某些不正之风，同时也寄寓着自己对生活的热情和希望。阅读这篇小说，要着重欣赏作者的夸张和讽刺艺术。

---

①〔笠翁〕李渔（1611—约1679），明末清初戏曲作家、戏曲理论家。湖上笠翁是他的号。　②〔天地者万物之逆旅〕见李白《春夜宴从弟桃花园序》。逆旅，客舍。　③〔刘克庄（1187—1269）〕南宋诗人、词人、诗论家。　④〔卜居〕择地居住。　⑤〔无俚〕无所寄托。　⑥选自《王蒙文集》第四卷（华艺出版社1993年版）。王蒙，当代作家。

一、他 是 谁

他崇尚俭朴，连姓名也简单到了姥姥家。1946年他到达解放区以后，更名为丁一。他起这个名字的时候，还没有时兴按姓氏笔划为顺序排列主席团名单。再说，除了在"史无前例"的那些年表演那种时髦的腰背屈俯柔软操以外，他也没上过主席台。

他的身材、相貌、嗓音是那样平常，又总是数十年如一日地穿着那身国家标准的6—乙号蓝华达呢干部服。以致多感的人犯愁：假如他进城去百货大楼，汇合在熙熙攘攘的人流中，会不会搞得即便他老婆亲临也难以把他辨认出来呢？

幸好他还有两个细微的特点——看来完全消除一个人的特点也实在不易。一是后脑勺大一些。一是常皱着眉头。"上纲家"曾经分析：那后脑勺是魏延①遗传下来的反骨②，而眉之皱，乃是阴暗心理的外露。

他心眼儿死。农村工作，曾经有个不成文的规矩：年初一本账——计划、指标、保证、豪言壮语；年终一本账——产量、入库量、缴售量、产值。这两本账是不兴放在一块儿比较、查对的。可是丁一不，他偏要比、偏要对、偏要查、偏要刨根问底。如果他仅仅去责问社、队干部事情还好办，他竟然带着各种账本去追究县委和地委。这事发生在1959年。于是全县和全专区的阶级斗争形势一下子就紧张起来，到处抓激烈、复杂、尖锐的阶级斗争动向。他挨批、被打上"右"字黑印不说，连各村的戴帽地、富及其子子孙孙，连省直机关下放到这里劳动改造的右派分子们也都逐一表态、检查、交代，被帮助、被训诫，被灵灵地一抓再抓。于是，不仅左派们对他义愤填膺——一个女同志批判他的时候结合忆苦思甜，当场晕了过去，就连那些急于摘帽的划错了的和没有划错的"右派"们也发自肝肺地对他恨之入骨，认为没有他的话形势就会缓和，他们就会更快地回到人民队伍。就连当时是永无摘帽希望的地、富分子，也觉得他实在是背兴，既非委任也非荐任，谁让他代理我们的？光代理地、富不算，他还要代理反、坏、右和帝、修、反呢！你那个德性，代得过来吗？

---

①〔魏延（？—234）〕三国义阳（现在河南省桐柏县）人。字文长。初以部曲随刘备入蜀，以勇猛闻名，累迁为征西大将军。诸葛亮死，他与长史杨仪争权，率兵击仪，兵败被杀。　②〔反骨〕迷信称人有反叛的骨相。《三国演义》记载："吴太后曰：'尝闻先帝有言：孔明识魏延脑后有反骨，每欲斩之。'"

从此，丁一每况愈下，因而每下愈况，于是乎愈下而愈况，愈况而愈下，不知伊于胡底了。

总算，万事都有个了，有个收。1979年1月，丁一落实到政策上去了。6月，参加革命三十余年、年逾五十的丁一，恢复了党籍，被任命为县属玫瑰香牌浆糊厂的厂长。

许多人向他道贺，他皱着眉说："贺什么？"更多的人为他不平，认为给他安排的官儿小了，他不等人家说完就转过了脸，只给人家一个后脑勺。有人说他"又翘尾巴了"，也有人说他的尾巴就像孙悟空的那根旗杆一样，压根儿没有夹起来过。

他白天黑夜地在那个小小的浆糊厂里转，常常是满身的浆糊嘎巴，发出一种颇不类于玫瑰香的气味。老伴骂他贱骨头，他倒笑了。

所以他家一向客人不多。

二、被他摸了屁股的并不是老虎

他上任之后就发现了两大问题。这里用"发现"一词不当，因为这两个问题是秃子脑袋上的虱子——明摆着的。不如说是两个问题天天戳碰着他的眉心和后脑勺。一、做浆糊的副产品——面筋管理不善，明拿暗揣，私分私卖，拉关系，搞交换，瘴气乌烟。二、劳动纪律十分松弛，有人上班时间睡大觉，绊倒了没睡觉的检验工。于是，他与各方反复研究，做出有关规定和奖惩细则，公布施行。其实，也无非是一些人所共知的老话儿。

一个月过去了，5月份，该厂的一个合同工，叫做龚鼎的，被他抓了典型。因为这龚鼎，一、连续四个月不请假不上班。二、大模大样地到工厂要面筋，不给就大吵大闹，打管理员。三、拒不到厂，拒不接受教育。于是，丁一要求党支部、团支部、领导小组、核心小组、工会、劳动组、政宣组、人保组、物资组、警卫组……讨论龚鼎的问题。虽然他一日三催，还是用了四十多天的时间。各种机构都同意了他的关于执行纪律的建议。6月21日厂里贴出布告：按照有关规定和细则，解除合同，将该龚鼎除名。

有几个人知道龚鼎是县委第一把手的表侄，觉得这样处理不妥，但又不好张口。但毕竟只是表侄，所以终于公布了决定。

三、一场自发的心理战

　　上述布告公布三个小时以后，开始有人来找丁一。先是县委办公室的老刘。老刘五十七岁，一脸的和善之气，自称"广结善缘"，"到处烧香"，善搞"微笑外交"。他笑容可掬地一只手搭在丁一的肩头，"老丁，你听我说。你抓厂子抓得不错呀！可这个龚鼎……"他放低了声音，说明了龚某人与县委书记的关系，然后说："当然罗，这与我们如何处理他是毫不相干的，你的处理是对头的罗，李书记如果知道，他也会感谢你的罗。我只是为你想。还是不要除名吧！除了名还不是在中国，在咱们县？我们还不是要管他，他还不是要去找李书记？算了算了，改成个警告吧……"诸如此类，诚恳耐心，说得丁一心眼儿真有点活动了。这时，县工业局周局长来了电话。声大气粗的周局长单刀直入：

　　"你怎么搞的？你搞的是什么名堂？找谁开刀不行，专找县委领导的亲戚，这是什么意思？叫别人怎么想？怎么说？快改变决定！"

　　"不能改！"丁一大声说，挂上了电话。他板起脸，向老刘说："岂有此理！"

　　于是，说客陆续来访。傍晚，县革委会主任老赵来了。老赵是从打土改时就在本县工作的，在县里是一个最有根基也最有影响的人物。他矜持地、无力地和丁一握了一下手，然后踱着步子，并不正眼看丁一一下，开始做指示。他指示说：

　　"要慎重，不要简单化。现在人们都很敏感，对于龚鼎的处理，将会引起各方面的注意。鉴于这一切，还是不除名比较有利。"

　　他没有再多说一个字。他认为这种书面批语式的指示已经够丁一用一个相当长的历史时期了。他悠悠地踱着步子，嗑着牙花子，慢吞吞地吐着每一个字。好像是在掂每一个字的分量；又像是在咂每一个字的滋味。是的，他的话语就像五香牛肉干，浓缩、醇厚。

　　天黑了，回到家，老婆也干预起"朝政"来了，当然，是带着打是疼、骂是爱的温情：

　　"你这个死老汉！现在的事情你难道还看不清楚吗，莫非说整天和浆糊打交道，你自己也变成了一摊糊涂浆子？你坚持原则？怎么没见选你当政治局委员？66年你挨了打，屎都拉到裤里，这就是你的原则？你的原则就是你找倒霉不说，还让我们娘儿几个跟上受罪……"

老婆的话酸甜苦辣俱全。老婆还掉了泪，更是闪光的语言。丁一叹了口气，刚想解劝解劝，又来了新的说客。来客小萧，是被"踏上一只脚"时期老丁的知己。小萧本是北大哲学系学生，上学期间就入了右册，不知怎的混到本县交电公司，最近"改正"以后高升为采购员。他小矮个儿，大鼻子，奇丑。历次运动，越整越喜笑，越整越机伶，越整越可爱。他声称他的人生哲学是人家打你的左脸你便伸过去右脸，右脸不挨打就决不还手。他还有个数字，说是用伸脸法处世，成功率高达百分之七十七。

小萧一进门就带来了笑声、快乐。他先把丁一老两口因为心绪不佳而未能消受的饺子全部歼灭。然后周到地问候了丁一全家所有的有关成员，赞道："亲戚多，也是有福气啊！"然后，他宣称，不久就可把他们盼望已久的物美价廉的九英寸电视机买好、送来。接着，他讲起了县内外、省内外、国内外的各种趣事。逗得老丁一家老小笑得前仰后合。"喂，你怎么不去说相声？"丁一问。"我得照顾侯宝林啊！谁让侯宝林是我表大爷呢！"一句话又是哄堂大笑。于是小萧抓住有利的战机，展开了冲锋。他说：

"你瞧你瞧，有一件小事差点让我给忘了。就是姓龚的那个小子。真他妈的不是玩艺儿！哪天见着，我非赏他两耳茄子！可是老丁，你也别太激进了啊！咱们在县里工作，一无地位，二无后台，三无物资，全靠的是关系。大人物靠权，小人物靠关系。大人物有了权就有了一切，小人物有了关系也能什么都有点，你再别那么死心眼儿了吧，几十年的教育，别的没学会，还没学会转弯子吗？……对，对，你甭解释了。通过了呀，公布了呀，可以改哟！宪法也可以改，毛主席写了文章也可以改，你丁厂长就比毛主席还厉害？就比宪法还厉害？去，去！把龚小子给我收回来，我说明白，这可不是他表大爷让我来的，是我自己要来的。我首先是为了你，其次，才是受龚小子之托，我说没问题，包在我身上，这点面子老丁还能不给吗？哈哈哈……"

如此这般，天上地下，冠冕堂皇外加庸俗低级，真真假假，拉拉打打，笑笑骂骂……

丁一事先并不知道龚鼎的表大爷是县委领导。对龚鼎的处理也不能说就毫无讨论的余地。但是接二连三的说客使他警觉起来：如果不是县委书记的表侄，能有这么多人劝他"慎重"、"不要简单化"、"考虑后果"……吗？这个问题出现在他那个魏延式的脑骨之间，变成了大脑皮层上的兴奋灶，其他的讨论反而被抑制住了。

他来了气,把小萧轰走了。

又过了两天,6月23日。是夏至刚过的一个炎热、夜短、多蚊、睡眠不足、食欲不振的星期天。头一个客人清晨四时半就搭便车来了,这个人是丁一的大舅子,高个儿,戴眼镜,秃顶,50年代曾在高级党校——那时叫马列学院学习,现在是专区党校的理论教员。是全专区最有水平、最有威望的理论工作者。听他讲辅导课,基层干部都变成了啄米的鸡,不住地点头。连同前两天累计,这是第十七位客人了。一进门,他就从理论的高度谈起:

"社会主义是一个过渡时期。这个社会的身上,还存在着资本主义的,乃至是前资本主义的瘢痕。这是不可避免的、不以人们的意志为转移的。它是最为优越的,却又是还不那么成熟,不那么完善的。它是一个过程……"经过这么一番严密而又抽象的推衍以后,他说:

"所以说,领导人的权力、好恶、印象,是至关重要的,是不能漫不经心的,是可能起决定作用的。我们是现实主义者,我们不是欧文、傅立叶式的空想社会主义者",(丁一想:我是空想社会主义吗?这个帽子倒还轻松、舒适、戴上怪飘的)"我们不是小孩子,我们不是迂夫子。我们的社会主义是建立在我们脚下的这块虽然美好、却还相当贫穷落后、不发展的地面上的",(丁一想:我什么时候想上天了呢?)"所以我们做事情的时候要考虑各种因素,用代数式来说,就是 N 种因素,而不是一种因素。世界愈复杂,N 的数值愈大……所以,兄弟,你对于龚鼎的处理是太冒失了,你的脑子里少了几根弦",(丁一想:你脑子里弦多,嘴巴上词更多!)"千万不要铸成大错。要有政治家的风度,要收回成命,把龚鼎请回厂里来……"

说到这里,丁一的老伴连忙答腔:"是啊,是啊!"并且喜形于色。丁一明白了,这位理论家,是他老伴搬来的救兵,为了说服他的。

听啊,听啊,丁一胸口像被塞了一团猪毛,而脸上的表情呢,好像正在吞咽一条蚯蚓。他洗耳恭听了整整一节——四十五分钟课,最后,他只问了一句:

"你刚才讲的这些个理论,在党校课堂上讲过吗?"

还好。猪毛仍然堵着,蚯蚓却回敬给大舅子了。

从此位理论家开始,到深夜1点49分,整整二十一个小时多,来的人就没断过。有的口若悬河,转动着起死回生之巧舌。有的正颜厉色,流露着吞天吐地之威势。有的点头哈腰,春风杨柳,妩媚多姿。有的胸有成竹,慢条斯理,一分钟挤出一两个字来,但神态上透露着一种不达目的决不罢休,不达目的宁可抱着丁一去跳山崖，决不允许丁一一家踏踏实实活下去的顽强劲儿。有的带着礼物：从盆花到臭豆腐。有的带着许诺：从三间北房到一辆凤凰—18锰钢自行车。有的带着威胁——从说丁一自我孤立到说丁一绝无好下场。有的从维护党的威信——第一把手的面子出发。有的从忧虑丁一的安全、前途和家属的命运出发。有的从促进全县全区全省全国的安定团结出发。有的从保障工人的人权、民主、自由出发。有老同事，有老同学；有老上级，有老部下；有战友、病友、难友、酒肉朋友，还有已故老友的家属后人。有年高德劭的，有年轻有为的。本厂有些在处理龚鼎的问题上投过赞成票的人们也纷纷前来，表示自己经过慎重考虑，改变了主意。所有这些人动机不同，调子不同，用词不同，但都有一个共同的观点：不能把龚鼎除名。

丁一简直想不到自己竟认识这么多人，或者竟有这么多人认识自己。丁一想不通都这么关心龚鼎是因为吃了什么药。丁一无法相信一个合同工、一个小二流子、一个七拐八弯的表侄的处理竟然引起了六级地震，他简直快成了社会公敌。他无法吃饭，无法休息，无法搞家务，无法度星期天。他想喊叫，他想打人，他想摔东西，他甚至想抄起一把菜刀。但他咬紧牙关，不动声色地听着，听着，告诫着自己："不发神经，就是胜利！"

来客中有丁一儿时最崇拜的一颗明星。这是一位女客，四十年前，她是这个省的最红的戏曲演员。在丁一十六七的时候，有那么几天他为这位比自己大十三岁的女演员神魂颠倒，浮想联翩。当然，他们连姓名都不曾通过。丁一也从未对任何人讲过他少年时期的浪漫谛克的奇想。感谢史无前例的横扫，丁一才有幸在牛棚中与这位早已退休、现下体重超过八十公斤大关的老太太相识。出于一种东方式的古道热肠，丁一始终对这位老太太抱有一种特殊的、不为人知的亲切爱慕之情。谁想到，就在6月23日这一天，这位昔日的皇后也搭着毛驴车来了。她斜靠在丁一家的床上，哼哼唧唧，用缺牙透风的嘴磨叨道：

"我早该来看看小丁了。看看我，老得快成了妖怪了吧？我不明白，怎么一下子我就老成了这个样子了呢？万事还没开头，怎么就要结束了呢？好像唱戏，妆还没上好，怎么散场的唢呐就吹起呜哇来了呢？唉！唉！"

她的这一番哀人生之须臾的永恒的叹息使丁一的眼圈湿润了。他相信，这一天，只有这一位客人才是出于一种人类的纯洁无疵的情感，出于一种优美的、难免或显软弱的友谊来看望他的。但她后来的几句话使丁一嘀咕了起来。她说：

"听说你这位厂长还满厉害呢。别那么厉害！厉害不得人心！还不就是那么回事？与人方便，自己方便。半生的跌滚爬蹭，半生的酸甜苦辣，还不高抬贵手?!"

无论如何，丁一还是感谢她——呵，少年！呵，梦！她是这一天的客人中，唯一没有提到玫瑰香浆糊厂，没有提到龚鼎和他的表大爷的人。

四、统计数字

请读者原谅我跟小说做法开个小小的玩笑，在这里公布一批千真万确而又听来难置信的数字。

在6月21日至7月2日这十二天中，为龚鼎的事找丁一说情的：一百九十九点五人次。（前女演员没有点名，但有此意，以点五计算之。）来电话说项①人次：三十三。来信说项人次：二十七。确实是爱护丁一、怕他捅娄子而来的：五十三，占百分之二十七。受龚鼎委托而来的：二十，占百分之十。直接受李书记委托而来的：一，占百分之零点五。受李书记委托的人的委托而来的，或间接受委托而来的：六十三，占百分之三十二。受丁一的老婆委托来劝"死老汉"的：八，占百分之四。未受任何人的委托，也与丁一素无来往甚至不大相识，但听说了此事，自动为李书记效劳而来的：四十六，占百分之二十三。其他百分之四属于情况不明者。

丁一拒绝了所有这些说项。这种态度激怒了来客的百分之八十五，他们纷纷向周围的人们进行宣传，说丁一愚蠢。说丁一当了弼马温就忘乎所以，说丁一不近人情，一意孤行，脱离了群众。说丁一沽名钓誉、别有用心、以此来发泄他对县委没给他更大的官做的不满。还有的说丁一有神经病、一贯反动。还有的说起用丁一这样的人是右了。按每人向十个人进行宣传的最低数额计算，共有一千七百人听到了这种议论。难怪一阵子舆论如此之大，颇有点皆曰可杀的意思。丁一的老伴犯了病，几经抢救才转危为安。管氧气瓶的那位护士，也趁机为龚鼎向丁一进言。

这一类的事起来得快，散得也快。就好像早点铺里的长队，炸糕、面茶一来，长队立刻形成，浩浩荡荡。等到早点卖完，队伍立即散光，不论没吃到炸糕的人有多么恼火。此事到了8月份就不再有人提，9月份已经烟消云散。同

---

①〔说项〕指替人说好话，求情。唐代杨敬之对项斯十分器重，写过这样的诗句："平生不解藏人善，到处逢人说项斯"。

时，浆糊厂的生产愈搞愈好。10月份，浆糊厂大治。人们闲谈中渐渐竖起了大拇哥："丁一这个老小子还真有两下子！"

12月，浆糊厂的名声果真如玫瑰之芬芳了。它成了全省地、小、群企业的标兵。玫瑰香浆糊被轻工业局命名为"信得过"产品。丁一到省城开会，人们让他介绍经验。他上了台，憋红了脸，说了一句：

"共产党员是钢，不是浆子……"

台下哄堂。丁一又说：

"不来真格的，会亡国！"

丁一哽咽住了，而且掉下大颗的眼泪。

全场愕然、肃然，静默了一分钟。

掌声如雷。

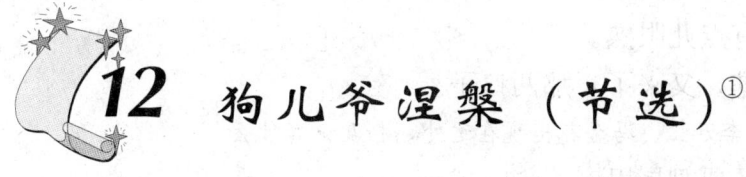

12　狗儿爷涅槃（节选）①

锦　云

满台大火。巍巍门楼被火焰吞没。

人声、马达轰鸣声，雄浑地交织在一起，直响到终了。

在整部剧本中，狗儿爷始终处于矛盾冲突的中心，这种冲突在节选的部分达到了高潮。狗儿爷的一个巴掌、一声怒斥和一把大火，无法挡住推土机滚滚的车轮。这象征着历史潮流的不可阻挡。

剧本大量使用口语词汇，适当使用方言土语，较多地吸收了俗语和口头流传的形象性

---

① 选自《锦云剧作选》。《狗儿爷涅槃》是当代多场喜剧。全剧共16场，这里节选的是13—16场。剧本主要围绕狗儿爷一生的坎坷来写。解放了，狗儿爷分上了土地，住进了他梦寐以求的地主祁永年的那座高高的门楼，娶了个如花似玉的媳妇，还买了一匹好马"菊花青"，拴上了大车。但是好景不长，合作化以后，"除了烟袋和媳妇，都归了大堆儿"，狗儿爷一夜之间变得两手空空。他疯了，疯得连自己的媳妇都不认识了。20年过去了，党的政策使他得到了新生，好日子又在召唤他。但是他无法适应时代的发展：在对待象征千年封建积淀的门楼的拆留问题上，他和年轻的一代之间发生激烈的冲突，使全剧达到高潮。涅槃（pán），佛教用语，指所幻想的超脱生死的境界，这里含有新生、永生的意思。

说法，句子简短，灵活多变。可以说，它是经过加工的艺术化了的对话。自读本文，要注意体会语言上的这些特点。

陈大虎　狗儿爷的儿子。
祁小梦　陈大虎的妻子，祁永年的女儿。
祁永年　地主，在课文中作幻影（幽灵）出现。

13

　　〔狗儿爷痴痴望着。
　　〔祁永年幻影出现。
祁永年　认得吗？
狗儿爷　有点儿眼熟。
祁永年　瞧，又来了，那两口子。
　　〔李万江、冯金花出现在远处，相互说着什么。
狗儿爷　还要割尾巴？
祁永年　过去几年的事就别提了。这回，兴许是美事儿。
狗儿爷　这一阵儿云彩，一阵儿雨的。
祁永年　冷够了就回暖。
狗儿爷　走。
祁永年　聊会儿。
狗儿爷　没工夫。
　　〔二人隐去。
冯金花　（又一遍叮咛）牵上菊花青。
李万江　忘不了——我为啥去的？
冯金花　槽头买马望母仔——这匹小菊花青跟那老菊花青一模一样，脱个影似的。酒呢？
李万江　提上了。
冯金花　把那两个老腌儿鸡子儿带上，他顶爱吃这个。
李万江　带上了。
冯金花　别这么丧荡游魂的，高兴点儿。
李万江　高兴，高兴，二十多年了，我又把马给人牵回去，我都干了些个什么呀？

冯金花　我的爷爷，想开点儿吧，你可别有个好歹的，要再疯一个，我可就没法儿了。你把马送到风水坡，哥儿俩喝一顿，他心口一热，气儿一顺，阿弥陀佛，也许能明白过来呢！

李万江　那敢情好，我也省心了，连马带你，我一块儿还给他。

冯金花　我抽你！你当我也是这匹马呢——女人就这么不值钱？

〔一阵马嘶，灯光暗去。复明，狗儿爷、李万江同坐风水坡。

李万江　喝，满满儿一壶。

狗儿爷　难得，先搊①一口。说吧，兄弟，你要一片红，狗儿哥决不当黑膏药。

李万江　不说这个。先吃——

狗儿爷　老腌儿？难得。（品味）嗯，是味儿，哪儿来的？

李万江　腌的。

狗儿爷　谁腌的？

李万江　我媳妇儿。

狗儿爷　嗯，老娘们儿都会这个，喝！

李万江　喝！老哥，你这会儿明白吗？

狗儿爷　老弟，我什么时候糊涂过？

李万江　那是我糊涂。你说，这人世上的事儿，有时候几十年一个老模样儿，可有时候呢，一个早起就变了，还越变越邪乎，越变越没边儿。

狗儿爷　都是属孙猴儿的。可阎王爷说啦，再怎么变，那高门楼也姓陈，也不能把他变回来……

〔祁永年幻影出现。

狗儿爷　哟，他还真来了。

祁永年　荒郊野外的，孤得慌，来蹭口酒喝。

狗儿爷　去！

祁永年　咱们可是儿女亲家，你陈家娶了我闺女。

狗儿爷　那不假，不光娶了，我孙子都有了。可有一宗，咱这亲戚不走动。

李万江　（愕然）狗儿哥，你怎么了？

---

①〔搊（zhōu）〕方言，这里是喝的意思。

狗儿爷　喝咱的，甭理他。

李万江　谁呀？

狗儿爷　祁永年。

李万江　我要说的就是他。

祁永年　你看看。

狗儿爷　你少插嘴！——怎么，你说？

李万江　你真要是还……嗨，这么说吧，他真要能来了，也和咱平起平坐啦！

祁永年　你看看。（一屁股坐下）

狗儿爷　去，去，我怕脏了这块土。

李万江　你这观点不时兴了，这不行。

狗儿爷　怎么行？把你的酒给他喝？

李万江　按眼时下的令儿，给就给。

祁永年　你看看。（伸手接杯）

狗儿爷　（接李万江手中酒杯，冲祁永年泼去）给你，我叫你喝，叫你喝！你要平起平坐，休想！你想认亲家，没门儿！

〔二人撕扯成一团。

李万江　你这是怎么了？狗儿哥，狗儿哥，（拉也拉不住，大喝）陈贺祥——我给你送马来啦！

狗儿爷　马？（痴笑）嘿嘿……你又哄我：楼上楼下，电灯电话……

李万江　不是哄你，是板上钉钉。菊花青，我给你牵来啦！

狗儿爷　我不要。等哪天，你再拿一壶酒来喝喝，又牵去了。

李万江　不会啦！

狗儿爷　要会呢？

李万江　我保险。

狗儿爷　谁保你的险？

祁永年　死榆木头！

狗儿爷　你少插嘴。

李万江　谁要再来那套浑不讲理的，我也豁啦，再就不种地了，饿死他！噢，还有地，"宝葫芦嘴儿"，也归你种了。

狗儿爷　真的？

李万江　蒙你——天打雷劈！

〔一阵马嘶。

狗儿爷　菊花青？我的菊花青，乖乖，你在哪儿？

李万江　凉水泉儿，橡子树上拴着呢。

祁永年　凉水泉儿，橡子树上拴着呢，橡子树上拴着呢……

狗儿爷　滚，一万年我也不理你！

〔祁永年隐去。

狗儿爷　我得先饮饮它，叫它美美儿喝个够，清粼粼的长流水，喝个够……（兴冲冲下）

〔山谷间回响着一声呐喊："我有马啦——"李万江百感交集地追过去。

〔有顷。狗儿爷双手捧水罐，凝视着自己倒映在罐内清水面上的容颜，缓缓走上。李万江随其后。

狗儿爷　（低唤着）狗儿爷，陈贺祥，老伙计，一根儿黑头发也没啦！这一脑瓜子白雪花花儿，换了点儿什么呀？万江兄弟，这是你？脸像个核桃皮。你——四十几啦？

李万江　（苦笑）唉，六十整。

狗儿爷　你六十？我比你大一轮，那我就七十二？老天爷呀……

李万江　老天爷不管这个。

狗儿爷　噢，阎王爷……

李万江　收起你的阎王爷吧！那小学生的书本子上说，这是规律，大自然的。

狗儿爷　自然大老爷呀，你再让我倒退三十年，不，二十年，我要攒上全身的力气，攥断它十根锄把子，不赛倒他祁永年，不把他那小匣匣儿①拿到手，不挂上千顷牌，我就在这凉水泉儿里头一头浸死！

李万江　还是不大明白。（大声）老哥，这也不晚！

狗儿爷　有你这么一说，咱还有儿子，还有孙子呢。耕、耩、锄、耪、筛、簸、扬、拿，都学到手，才算一个庄稼人。我要手把壶儿地调教他们。骡子马不调教还不能入辕儿呢。

李万江　是时候了，白露早，寒露迟——

狗儿爷　秋分种麦正当时。

---

①〔小匣匣儿〕指祁永年装印章的盒子。

李万江　　早种一天——

狗儿爷　　早熟十天。

李万江　　牵上菊花青，驮上铺盖卷儿，儿子媳妇和孙子都等着急啦，回家吧，我的老哥。

狗儿爷　　（一时自得地）走！儿子、媳妇、孙子、菊花青、高门楼……（回忆、思忖）虎儿的妈，俺虎儿的妈呢？赶集①？（摇头）不对……万江兄弟！

李万江　　怎么？

狗儿爷　　快回村！我得找金花去，找俺的金花去，找俺的金花去！不管是死，还是活，她跟俺受苦受累半辈子，俺得好好儿补付补付她！

李万江　　你……没忘了她？

狗儿爷　　忘不了，那是媳妇儿。

李万江　　回村——我告诉你。

14

〔随着一阵阵的马嘶声，微光照亮那座门楼——它愈显破旧了。

〔一阵煞车声。陈大虎、祁小梦上。他俩兴致很好。

陈大虎　　（回身招呼）师傅，谢谢啦！

祁小梦　　这趟城逛的，累死了。

陈大虎　　祁家大小姐，别那么娇嫩啦！快去看看儿子吧。

祁小梦　　就知道疼你那宝贝儿子。

〔苏连玉匆匆跑来。

苏连玉　　这班车一到，就知道你们公母俩②回来了，可把我等急啦！侄媳妇放心，你们龙龙在俺们家玩得可好啦，小子真聪明，扳着手指头数数儿，能数到五百了……

祁小梦　　真麻烦大婶。

陈大虎　　大叔，推土机怎么样？

苏连玉　　明天就到。销货合同呢？

---

①〔赶集〕狗儿爷疯后，冯金花改嫁，人们哄他，说金花赶集去了。　　②〔公母俩〕北方方言。指夫妻。

陈大虎　敲定了，三千吨。
苏连玉　这年头，张嘴就成千上万。三千吨，三对三，三三见九……这一泡儿下来，钱可不老少！
陈大虎　小意思，比起人家大王庄的白云石厂来，差远去了。
苏连玉　我早就说过，你小子不是善茬子，心气儿高着呢！
陈大虎　万江大叔可是还半信半疑呢。
苏连玉　他呀，怎么说呢，村里孩子都给他编成曲儿了：李万江，老一套，认准受穷一条道儿，塞他一个大元宝，他抱着元宝去上吊！连你爹都算上，你苏大叔比他们强就强在这心眼儿稍微活泛①这么一点儿。
祁小梦　要不您怎么老不吃亏呢！
苏连玉　侄媳妇别寒碜我了，咱这是自私自利。这回可说出大天来也跟你们摽②在一块儿，干定了，咱也弄个小万元户当当。得，我这就去乡政府，把咱白云石厂的营业执照取回来。
陈大虎　苏大叔，等您回来喝酒，咱顺便商量明天开工的事。
苏连玉　误不了。（下）
陈大虎　（温存地）歇歇吧！
祁小梦　嘻……
陈大虎　笑啥？
祁小梦　笑城里那丫头，穿的那小衣裳儿，光胳膊露腿，也不错，又省布又凉快。
陈大虎　这就叫进步，赶明儿你也来它一件穿穿。
祁小梦　在村里？妈哟，我怕吓死两口子。
陈大虎　管他们呢，我爱瞅就行呗！
祁小梦　去你的！
陈大虎　你没见人家明出大迈的，就这么拉着扯着——
　　　　（搂住祁小梦的肩膀）
祁小梦　这么甜哥哥蜜姐姐儿的，俺可不惯。
陈大虎　老封建……
　　　　〔冯金花踌躇地走上。

---

①〔活泛（huó·fan）〕能随机应变，比较灵活。　　②〔摽（biào）〕凑，合。

冯金花　（怯怯地）小虎……

陈大虎　（不知如何是好）……大婶！

祁小梦　（热情地）大婶，您屋里坐。

冯金花　不啦。你们俩在家？门楼旧多了，你们——没有修修它？

陈大虎　不用了，明天就拆。

冯金花　拆？

陈大虎　砖头都酥了，不拆也得塌。

〔祁小梦给这位"稀客"端来一盘红枣。

祁小梦　大婶，您吃枣儿。

冯金花　（喃喃地）大枣大枣，谁见谁拢……

陈大虎　大婶，您来……？

冯金花　我来看看你爸爸。

陈大虎　您知道，爸爸他在风水坡呢，几年不回家了。

冯金花　你万江大叔给他送马去了。

陈大虎　多余。

祁小梦　（制止）大虎！

陈大虎　本来就是多余，肚子疼上眼药，管屁用！

冯金花　怎么这么说话？马是他的家业，满盘子满碗的指望，见了马，兴许能明白过来。

陈大虎　还是别明白，明白了，我这儿不好办，您也……

冯金花　孩子，别这么说。这些年，他不容易，活过来就不容易。我愿意让他明明白白地再过几年，让他明明白白地再看看这个家，看看这座门楼，看看你们，也让他明明白白地再看我一眼……小虎，我对不起你们爷儿俩呀！

陈大虎　您别说啦……妈！

祁小梦　（恸哭）我爸爸……要能活到这晚儿，就好啦……

陈大虎　姑奶奶，你就别凑热闹啦！

〔马嘶声。狗儿爷步履硬朗地走上。

狗儿爷　马来啦！

祁小梦　（热情向前）爸爸！

狗儿爷　（高声答应）哎，好闺女，快把东间屋拾掇出来，安上木槽，俺俩先住一块儿——

〔冯金花躲之不及，欲言又止。

狗儿爷　（一眼瞥见她，神态大变）虎儿，你妈，她赶集去，还没回来？
陈大虎　没有。
冯金花　（稍稍定心，十分尴尬地）你，身子骨好……
狗儿爷　你是……万江弟妹？多亏你呀，多亏你呀……走吧，万江兄弟回家啦。
冯金花　让我，跟小梦姑娘，给……马，再拾掇一回屋子吧！
狗儿爷　不。梦，你过来。早先，你们家这院子的格局，你还记得吗？
祁小梦　不记得。听我爸爸念叨过，说进这门楼往里是屏门，过了屏门往里走，一边是丁香树，一边是荷花缸……
狗儿爷　对，对！
祁小梦　正面是大厅，东西是配房。
狗儿爷　（神往地）对，对呀！后来分到手的户都把房子拆走另盖去了，咱落下这个门楼。门楼是脸面，有了门楼就不愁院子。虎儿，眼时手里头活泛①吗？
陈大虎　您要干什么？
狗儿爷　干什么？他祁家人能盖个院子，咱陈家人就是白吃饭的？
陈大虎　没有，一个子儿也没有。大白天的说梦话！
冯金花　小虎，有话跟你爸爸好好说。
〔苏连玉抱镶入镜框的营业执照上。
苏连玉　哟，这老子回来啦！
狗儿爷　（没好气地）等着买你的地呢！
苏连玉　还不大明白。
冯金花　老苏。
苏连玉　您……也来了？
冯金花　知道他回来，过来看看。想不到还这么油糊心似的，不认人。
苏连玉　（放心了）那咱可就明说了。营业执照拿到手啦，等厂子办起来，你们小公母俩就是正副经理，你苏大叔顶损也得弄个第二副经理当当吧？等推土机一到，咱就拆门楼，破土动工。
狗儿爷　（暴跳）什么？你们要拆门楼？这乌烟瘴气的，你们——你们是

---

①〔活泛〕这里指经济宽裕，手头有钱。

要拆门楼？

苏连玉　（蒙哄）是这么回事儿，这门楼子老了，想想，你老它能不老？拆了它，等俺金花嫂子赶集回来……

狗儿爷　（神态骤变，悲怆地）她回不来了！刚才我在枣树上拴马的时候，东街坊侉①二奶奶告诉我啦。老苏哇，你一辈子蒙②我呀？

〔李万江上。

李万江　老哥呀，到我家去吧，咱俩心碰心地说说！（见冯金花，惊）你也来了？

狗儿爷　万江兄弟，领弟妹回家吧。俺那金花，虎儿他妈，不回来了。是神，我给她修座庙，是鬼，我给她修座坟，就在我心里头。可你们，你们不能斩尽杀绝呀，我的一村之长！你不能眼瞅着有人串通一气，拆我的门楼，摘我的心哪！

陈大虎　爸爸——

狗儿爷　谁是你爸爸？你早就忘了祖宗！

陈大虎　俺没忘。太爷爷俺没听说过；爷爷为二亩地，生吃一条狗，死了；爹想地想疯了。不就是为发家吗？这家您儿子发定了！

狗儿爷　你发家？呸！俺年轻的时候，大年五更还提着围灯去捡粪呢——你有这点出息？好好的院子，叫你糟踏得破狼破虎，我问你，门口那块下马石呢？

陈大虎　盖厂房，垫地基了。

狗儿爷　厂房，厂房，厂房是你亲爹？你安的什么花花儿肠子，中的什么邪？不一扑纳心③地种地，忘了黄土生金，抓多少钱也是打河漂儿！这个理儿，你小兔崽子懂吗？

陈大虎　（耐心开导地）爸爸，您看咱这地方有多好！前面临马路，后面贴白云坡，瞧那白花花的，一水儿的白云石。这东西是宝贝，外国人盖洋楼都用上这个，出多少都有销路。费不了多少事，加工加工，石头打滚就变钱。不能光瞅着这破门楼子，土里刨食儿啦！

祁小梦　是呀，那几亩地您手捋胡子就种了。您不种也不要紧，咱花钱请人帮工。等门楼一推，厂房盖起来，就在大门口盖间小屋，春冬两闲，您就在这儿看看传达室，养养花，养养鸟，接接电话。给

---

①〔侉〕念kuǎ。　②〔蒙（mēng）〕欺骗，哄骗。　③〔一扑纳心〕方言，指一心一意。

	您开双份工资，按月拿奖金。
狗儿爷	嘿，真是不是一家人，不进一家门，好个枣木棒槌——一对儿！你们这是要把我扫地出门哪！好儿子哎，你爹顶着枪子儿抢芝麻，外搭你妈一条命①，为的谁呀？早知道你是这么个孽种，出娘儿胎我就把你摔死了！还有你，善眉善眼的闺女，敢情也这么阴毒！到了儿还是没改你们祁家的门风儿。（大声）祁永年——

〔祁永年幻影出现。

祁永年	有。
狗儿爷	这可是你闺女！
祁永年	龙生龙，凤生凤——
狗儿爷	你这坏事种！
苏连玉	得，又迷心啦。
狗儿爷	（对幻影）这是你的圈套！明的不行，你来暗的，把你的丫头派来毁我的家呀！这是我一把血一把汗挣的，是新社会给的。李万江你给作证——还有你，（对苏连玉）剃头的——还有你，（对冯金花）这位大嫂——你们都给作证，俺这份家业来得容易吗？不能叫这败家子儿们由着性儿糟践！
陈大虎	（决断地）爸爸，这门楼卖了！
狗儿爷	（愕然）卖了？
陈大虎	您病着，打针、吃药，拉下一屁股两肋的饥荒②，卖钱还账。
狗儿爷	卖给谁了？
苏连玉	卖给我啦！
狗儿爷	（摇头顿足）苏连玉，你可真是俺的喝一个井里水长大的好兄弟哎！当初你卖给俺地③，今儿你买我的门楼……多少钱？
苏连玉	（随口而出）三石芝麻！啊，不——价钱另议，明天一准过户儿，明天。
狗儿爷	明天？
陈大虎	明天。

---

①〔你爹顶着……一条命〕解放战争时，地主祁永年跑了。狗儿爷去抢收地主地里的芝麻，他妻子被炮弹炸死了。　②〔饥荒〕指债。　③〔当初你卖给俺地〕解放后，苏连玉走乡串户，从别的乡村知道土地政策要变，赶紧把三亩地便宜地卖给了狗儿爷。后来搞合作化运动，土地充公。

狗儿爷　（求救）老村长，我问你管不管，管不管？

李万江　我管，我管，我管不了！老哥刚回村，你还不知道，眼时下的一大特点，就是谁也不听谁的。全村几百口子都是能人，就我一人是笨蛋。兄弟一百个对不起你，别的单说，唯独这拆门楼的事，我不敢管，不能管，也管不了。那什么——你找乡长去吧！

狗儿爷　你当官儿不作主？

李万江　明儿我就下台。

狗儿爷　孩子哭，给妈抱了去？

李万江　乡长比咱官儿大，想必主意高。

狗儿爷　去就去，找到大乡长，连你们大伙儿一齐告！

苏连玉　狗儿哥哎，您去也白去，我刚从乡里回来，听说来了两个日本客人，乡长正陪着喝酒呢！

狗儿爷　什么什么？乡长也当汉奸！完了，完了……

陈大虎　爸爸，您就歇歇心吧！

狗儿爷　我人死心也不能歇！

陈大虎　我们供您吃，供您喝，样样儿由您的性儿，伺候您，孝顺您，把您当老神仙供着，还不行吗？

狗儿爷　你要当孝子？

陈大虎　当孝子。

狗儿爷　孝顺我？

陈大虎　孝顺你。

狗儿爷　这门楼，不拆啦？

陈大虎　破车碍好道，挪挪窝儿，理所当然的。

狗儿爷　（狠狠一掌打过去）反叛！

〔众人各以不同的姿态愣住。

〔暗。

15

〔门楼。祁小梦的咯咯咯的笑声。陈大虎的嗬嗬嗬的笑声。

〔狗儿爷和祁永年——第一场时的情状。沉默有顷，开始动作。

狗儿爷　（收拾着，点燃火把）明天，明天，你们有你们的明天，我有我的

	明天……
祁永年	我可没有我的明天——好好，有我闺女的明天。
狗儿爷	（发现他还在身旁）滚，我永远不想见你！
祁永年	（叨念着）过了今天是明天，明天明天好热闹……（隐去）
狗儿爷	明天——好热闹，好热闹……（狂呼）门楼——我的门楼！（掷出火把）

〔一束强光，照着跪伏在门楼前的狗儿爷。

16

〔满台大火。巍巍门楼被火焰吞没。

〔人声、马达轰鸣声，雄浑地交织在一起，直响到终了。

〔有人喊：

"推土机来啦！"

"快救火呀！"

〔陈大虎、祁小梦上。二人的神色像是刚刚从火里钻出来。

陈大虎	老爷子呢？
祁小梦	走了。
陈大虎	菊花青？
祁小梦	牵去了。
陈大虎	快——你和连玉大叔张罗救火，收拾利落，天亮推土机就要来了，一分钟也耽误不得。
祁小梦	你呢？
陈大虎	找爹去！（快步跑下）
祁小梦	去哪儿——

〔传来陈大虎的声音："风水坡——"

〔火渐熄。

〔马达声大作。推土机隆隆开入。

——幕落·全剧终

1985 秋

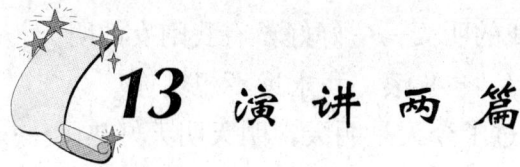

13 演讲两篇

要做一个整个的人,别做一个不完全的人。

在精神方面,北大是富有的,是强者,北大的这种富有,足以抵抗那物质的贫乏而引以自豪。

《学做一个人》是1925年底,作者应南开中学之邀,对中学生朋友做的一篇演讲。演讲虽短,但把抽象的道理说得具体而形象,使听者对应做一个怎样的人和怎样的人才是一个"整个的人"有了明确而清醒的认识。演讲有设问、有引用,有文、有诗,于平淡朴实的语言中蕴含深义,自读时要认真体会。

《富有的是精神》是作者在北京大学中文系1997年迎新会上的演讲。作者说北大历史,述北大精神,从切身实际出发,向青年学子提出了要求和期望。演讲以对面说话的口吻,循循诱导,语重心长,给人鼓舞,又耐人寻味。自读本文,可结合自己的情况,谈谈读后的感受。

学做一个人①

——— 陶行知 ———

我要讲的题目是:"学做一个人"。要做一个整个的人,别做一个不完全的人。中国虽然有四万万人,试问有几个是整个的人?诸君,试想一想:"我自己是不是一个整个的人?"

《抱朴子》上有几句话:"全生为上;亏生次之;死又次之;不生为下。"

但是何种人算不是整个的人呢?依我看来,约有五种:

(一)残废的——他的身体有了欠缺,他当然不能算是整个的人。

(二)依靠他人的——他的生活不是独立的,他的生活只能算是他人生活

---

①选自《中国演讲辞珍品赏析》(湖南出版社1997年版)。最初发表于1926年2月《生活》周刊。

的一部分。

（三）为他人当做工具用的——这种人的性命，为他人所支配，没有自己独立的人格。

（四）被他人买卖的——被贩卖人口者所贩卖的人，就是猪仔；或是受金钱的贿赂，卖身的议员，就是代表者。

（五）一身兼管数事的——人的一分精神，只能专做一件事业，一个人兼了十几个差使，精神难以兼顾，他的事业即难以成功。结果是只拿钱不做事。

我希望诸君至少要做一个人；至多也只做一个人，一个整个的人。做一个整个的人，有三种要素：

（一）要有健康的身体——身体好，我们可以在物质的环境里站个稳固。诸君，要做一个八十岁的青年，可以担负很重的责任，别做一个十八岁的老翁。

（二）要有独立的思想——要虚心，要思想透彻，有判断是非的能力。

（三）要有独立的职业——要有独立的职业，为的是要生利。生利的人，自然可以得到社会的报酬。

我觉得中学生有一个大问题，即是"择业问题"，我以为择业时要根据个人的才干和兴趣。做事要有快乐，所以我们要根据个人的兴趣来择业。但是我们若要做事成功，我们必要有那样的才干。

我曾作了一首白话诗，论人要有独立的职业：

滴自己的汗，吃自己的饭。

自己的事，自己干。

靠人，靠天，靠祖先，都不算好汉。

现在我们当讲"学"和"做"二个字，要一面学，一面做。"学"和"做"要连起来。英语 Learn by doing，也就是这个意思。我们要用学理来指导生活，同时再以生活来印证学理。

将来诸君有的升学，有的就业，但是为学的方法全要研究。学农的人要有科学的脑筋和农夫的手；学工的人，也要有科学的脑筋和工人的手。这样他才可以学得好。

我希望到会的个人，是四万万人中的一个人。诸君还要时常想：

中国有几个整个的人？

我是不是一个整个的人？

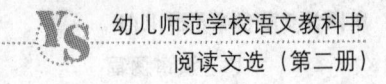

富有的是精神[①]

—— 谢 冕 ——

热烈祝贺你们来到北大。你们将在这里度过20世纪仅剩的最后几年。在这几年中，你们无疑将接受本世纪全部伟大的精神财富，以及这一世纪无边无际的民族忧患的洗礼。你们将以此为营养，充实并塑造自己，并以你们的聪明才智在这里迎接21世纪的第一线曙光。你们是名副其实的跨世纪的一代人。你们要珍惜这百年不遇的机会。

发生在距今99年前的戊戌变法是失败了，但京师大学堂却奇迹般地被保留了下来，成为那次失败的变法仅存的成果。你们正是在这个流产的变法失败100年、也是京师大学堂成立100年的前夕来到这里的。当你们来到这到处都在建筑和整修的学校时，百年的沧桑，百年的奋斗，百年的期待，一下子也都拥到了你们的面前，我设想此时此刻的你们，一定是在巨大的欢欣之中感到了某种沉重。

你们是未来世纪中国的建设者。你们将在未来的岁月中做出平凡的或是杰出的贡献，你们中有的人可能还会成为未来世纪非常出色的人物。但不论如何，1997年9月的今天，对于你们中的每一个人，都是决定自己一生命运的、不可替代的、非常重要的日子。那就是因为你们的名字和这所伟大的学校产生了联系。中国有12亿人，你们的同龄人也应该以千万为单位来计算，但只有极少数的人有幸能把自己的名字与这所学校联系起来。同学们，请以负重感来代替你们高考胜利的欢欣吧！

你们从各地来到北大，从现在开始，你们已结束了中学学习的阶段，开始了大学学习的阶段，在人的一生中，这是非常重要的时刻。虽然都是学习，中学只是普通教育，大学则是专业教育，这才是真正打基础的阶段，你们将来为社会服务的许多本事，是在这个阶段学到的。

去年也是这个时候，我在欢迎本系博士生和硕士生的迎新会上，也发表过一个讲话。那时我讲北大是做学问的地方，但是就重要性讲，还是做人第一、做学问第二。做人的问题很复杂，但也很简单，就是在人的质量和品德方面有

[①] 选自1997年11月5日《光明日报》。谢冕，文学评论家，北京大学教授。

高的标准和要求。只有人做好了，学问才能自好的发挥。

北大这所学校出过许多学者，也出过许多革命者。这些学者中的出色的人物，往往是人的品行高洁，而学问也是前瞻和开创的。如李大钊，他最早把马克思主义引到中国来，他呼唤并参与了中国青春的创造；又如鲁迅——北大校徽的设计者，他在这里的身份只是讲师，但却是中国文化的伟人。不论是李大钊，还是鲁迅，他们都是伟大的爱国者。所以，在这里，我想强调的是，做人和做学问的统一，爱国和敬业精神的统一。

一个人成就有大小，水平有高低，决定这一切的因素很多，但最根本的，是学习。学习是不能偷巧的，一靠积累，二靠思考，综合起来，才有了创造。但是第一步是积累。积累说白了，就是抓紧时间读书，一边读书，一边思考，让自己的大脑活跃起来。用前人的经验来充实自己，先学习前人，而后发展前人，而后才有自己的发现和创造。

但无论怎么说，首先是学习，抓紧一切时间学习。我的经验是，不要抱怨，更不要拒绝老师提供的那一串长长的书单，那里边有的道理，你们现在并不理解，但是要接受它，按照那个参考书目或必读书目，一本一本地读，古今中外都读，分门别类地读。有的书要反复读，细读；有的书可以走马观花，快读；但是一定要读。这叫机不可失，时不再来。

我想告诉大家，我现在从事的工作，应付着方方面面工作的，不论是写文章、说话、论证、做判断，靠的就是北大本科几年的读书的积累。那时还有很多的政治运动，用到学习上的时间并不多，但也就是那些有限的时间里读到的那些中国文学、外国文学、历史、哲学、语言学等方面的积累，支撑着我现时的繁重的工作。虽然时感知识不足，所知者少，但使我有能力去应付那千头万绪的局面的，还是北大当学生那几年打下的基础。

事实上，人一旦走上了工作岗位，现在这样专注的、系统的、全力以赴的学习机会也就随之失去了。等到工作临头，你发现罗曼·罗兰①没有读过，高尔基没有读过，《离骚》没有读过，《故事新编》没有读过，但丁②和普希金③也没有读过，那时工作逼着你发言，你只好手忙脚乱地临时乱翻。那是应急，不是学习。匆忙中谁能把《约翰·克利斯朵夫》一口吞了下来？即使吞了下

---

①〔罗曼·罗兰（1866—1944）〕法国作家，小说代表作有《约翰·克利斯朵夫》等。　②〔但丁（1265—1321）〕意大利诗人，代表作《神曲》。　③〔普希金（1799—1837）〕俄国诗人，代表作有《叶甫盖尼·奥涅金》等。

来，你又能发表出什么意见呢？离开了大学，可以说，你基本上失去了大学学习的条件，那时想起那一串长长的书单，你真是悔之莫及了。

所以，你们到北大来，我第一要劝你们的，是做书呆子。只有先做呆子，然后才能做聪明人。一开始就想做聪明人，什么都没有，而要装天才，做神童，那才是真正的呆子。聪明绝顶，目空一切，这是北大学生容易犯的毛病。我们要杜绝这种小聪明，争取将来的大智慧。

此外，要学好语言。不仅本国语言要学好，外国语也要学好。那种认为中文系学生不必学好外语的观念，是一种短见，是很浅薄的。现在国门开放，不是闭关锁国的时代了，中国要了解世界，世界也要了解中国，要靠语言这座桥梁。

除了外国语，还有本国语。现代汉语要掌握好，写文章要用语法，不要写错别字，文字要漂亮。更重要的，是要掌握好古代汉语，中文系学生不会直接阅读古文，是耻辱。不要读白话《史记》或《论语》今译之类的书，不是那些书不好，而是中文系学生应当掌握好古汉语，直接和庄子和李白用他们当年的语言对话。还有，也许已超出了教学大纲的范围了，但是我还要讲，那就是中文系学生应当学毛笔字，还要识别繁体字。以上所说，对别人可能是苛求，而对中文系学生而言，则是必要的和起码的。

因为文学是你们的专业，所以我还要谈谈文学，在我的心目中，文学是非常神圣的。我们讲敬业，就是要对文学怀有敬畏之心。文学，有人说起源于劳动，有人说起源于游戏。在文学的功能中，是有游戏的成分，有让人愉快让人轻松的作用。但文学从根本上说不能等同于游戏，因此，我们不能游戏文学。

文学中的优秀部分，最有价值的部分，是人类崇高精神的诗化。文学是一种让人变得高雅、变得充实、变得聪明、变得有情趣的精神劳作。我们学习文学，是要把文学当做事业去创造、去发展、去发扬光大，而不是把它当做手中的玩物。我讲这些话不是无的放矢，而是有感于当前文学的某种缺陷和某种失落。

号称全国最高学府的北大，物质条件很差，有的方面如学生宿舍则是超乎寻常的差。物质的贫乏并不等于精神的贫乏。在精神方面，北大是富有的，是强者，北大的这种富有，足以抵抗那物质的贫乏而引以自豪。走在我们前面的，有我们一代又一代的老师，他们一介布衣，终生清贫，但却是我们永远敬重的精神的强者。

14 大 决 赛

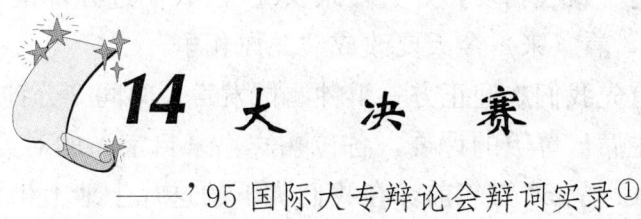

——'95国际大专辩论会辩词实录①

> 既然是辩论，就总有胜负之分，所以今天坐在场上的两支队伍都是"过关斩将，志在必得"。

本文是1995年国际大专辩论会南京大学（正方）和辅仁大学（反方）之间的决赛，辩题是：正方，知难行易；反方，知易行难。辩论的一般程序是：正反方一辩，各3分钟，从理论和事实等方面阐述本方的观点；正反方二辩和三辩，时间各3分钟，回应一辩、二辩，进一步补充或论证本方的观点，也可另辟蹊径，从另一个角度进一步申说；正反两方自由辩证，各5分钟，针锋相对，自由说明观点，反驳对方；正反方四辩，各4分钟，做总结性陈述。受篇幅限制，本文只节选了其中的一辩、自由辩论和四辩，虽然不完整，但双方的观点、辩论的语言特点都比较清晰。

（掌声）

主　席：欢迎收看中国中央电视台和新加坡电视机构共同主办的'95国际大专辩论会。今天将要进行的是人们期待已久的大决赛，也可谓本届辩论会的高潮。

在过去的6天当中，8支辩论队伍分别进行了四场初赛和两场半决赛，各队都有出色的表现，可谓精彩纷呈。

从表面上来看，辩论赛仿佛是一种高级的智力游戏，然而它所引发出来的知识与智慧，特别是辩手们表现出来的个性的风采和整体的青春魅力，我认为都超越了辩论本身。当然，既然是辩论，就总有胜负之分，所以今天坐在场上的两支队伍都是"过关斩将，志在必得"。双方只要稍一留意就会发现这中间有一个很有趣的巧合，从我这个角度来说，正好是男左女右，一边是"长袖善舞，巾帼不让须眉"，另

---

①选自《唇枪舌剑——'95国际大专辩论会全景扫描》（华龄出版社1995年出版）。有删节。

一边是"豪气勃发,好男要跟女斗"。我们过去都说"龙虎斗"、"龙虎斗",看(来)今天要改成"龙凤相争"了。

首先我们欢迎正方一辩钟婳婳发言,时间3分钟。

正方一:谢谢主席!尊敬的评委,各位嘉宾,来自宝岛的对方辩友,大家好!洪荒久远的50万年前,在我们脚下的这片土地上生活着我们的祖先北京猿人。沧海桑田,斗转星移,告别了茹毛饮血的过去,他们学会了钻木取火。火的运用是跨时代的大发现。然而直到一百多年前,科学家才揭开了机械能转化为热能规律,从而科学地说明了钻木取火的真正奥秘。这就无可辩驳的证明了我方立场:知难行易。所谓"行"是人对外界事物作用的过程,包括对"知"的运用;所谓"知"是指对"行"的认识,解决做什么,为什么做和怎样做的问题。知既是一个过程,又是一个结果。所谓"知难行易",是说求知得知难,行动使用易。知难行易与说说容易做起来难的言行观"风马牛不相及",切不可混为一谈。我方主张知难行易,理由如下:首先,认识发生学告诉我们,行先知后,知难行易。人一生下来便会行,所谓:"手之,舞之,足之,蹈之。"但要成为像对方辩友那样才学渊博的翩翩君子,寒窗十年苦,谈何容易。个人求知无穷尽,人类探索亦无止境,"钻之弥深,仰之弥坚。"① 孔子他老人家到了晚年还坚持学习《易传》,纬编三绝。可见求知难哪!其次,辩证法告诉我们知行密切相关。人类的行为是一个不断进步的过程,其中,知是关键。无知之行只是简单重复。有了知,才有了自觉行为;有了知,才有了开拓引进。知作为行的认识、概括和总结,是行路明灯,是行动指南。掌握了行的知识和方法才会有成就。知,只有长期艰苦探索才会小有所成,因而知比行显得更难。再次,日常经验告诉我们,行之不易,归根到底是不知或知之不足。俗语说得好:"会者不难,难者不会。"说的就是这个道理。一旦掌握了行的知识和方法,行起来必然如庖丁解牛般游刃有余。总而言之,知行相比,知难行易。谢谢各位!(掌声)

主 席:好,各位观众,现在我们来听听反方是如何破题立论的。请反方一辩顾振豪同学发言,时间3分钟。请!

反方一:主席,各位评委,大家好!题目把知、行两个东西分开来,就是要我

---

① 语见《论语·子罕》:"颜渊喟然叹曰:'仰之弥高,钻之弥坚,瞻之在前,忽焉在后。'"

们讨论其中的难易程度。如果把纯粹的认知与行动弄得混淆不清，那么难易从何产生？对方辩友所犯的第一个矛盾就是把知包含在行的过程。那么就请问对方辩友，这时候还有讨论行的必要吗？任何一个时代都需要知行的配合，但不同时代则需要不同的知行学说。大体而言，知只有两种，一方面是道德伦理的良知，一方面是科学经验的所谓知识。接下来让我方从这两方面，分别论述"知"和"行"之间的关系。第一，环顾当今社会，教育、科技日渐普及，但是人们的道德行为却是日益堕落。所谓吃、喝、嫖、赌、抽，坑、蒙、拐、骗、偷，社会不安的秩序才是我们所应当面临的问题。这时我们不禁怀疑，真的是知难行易吗？难道是知识教育文化不够？难道问题不是出在具体的落实与实践方面吗？我们难道不知道所谓的仁义礼智？我们难道不知道所谓一般的公民道德吗？传统儒家告诉我们什么，所谓："人性之善也，犹水之就下也。人无有不善，水无有不下。"① 孟子不也说"仁、义、礼、智"是人之四端②吗？王阳明先生更告诉了我们，今天所谓的良知是本心所固有的，是生而有之的。因此对于为人处世的一些基本道理，对于所谓一般的佛理道德，这些都是我们本来就知道的，良知更是我们本心所拥有的。这难道不是很清楚很简单的吗？难在哪里呢？难在"行"啊！难在具体的实践方面。由于人心的懈怠，由于外在环境种种的限制以及变数，所以说行难更甚于知难啊！从第二个方面——科学经验方面来说，也是知易行难。顶夸克在物理学上早就能够论证出所谓顶夸克粒子的存在，但是还必须等到加速器产生，我们才能确切真实掌握住这样的概念。爱因斯坦发明相对论之后，人们却要经过一段长时间的艰辛过程才能创造出原子弹。综上所述，我们可以发现，一般的通病是什么？一般的通病就是：说是一回事，做又是另外一回事。所以我方才要在这里解析什么是知难行易，什么是知易行难。唯有认清知易行难的情况，才能够认清什么情况你不是不知道，你只是不愿意去做。所以，知不单只是知，行也不单只是行，知行必须相互配合。所以明白了知易行难的道理之后，我们就要对症下药，希望能够药到病除！谢谢大家！（掌声）

---

①语见《孟子·告子》。　②语见《孟子·公孙丑》："恻隐之心，仁之端也；羞恶之心，义之端也；辞让之心，礼之端也；是非之心，智之端也。人之有是四端也，犹其有四体也。"

……

主　席：好，谢谢刘伯彦同学！从刚才几位辩手的发言中，大家可以看出这的确是一场势均力敌的辩论，一边是纵横古今，一边是旁征博引。在接下来的自由辩论这个阶段，我们更要看看双方的辩手是如何针锋相对的。各方发言的时间都是 5 分钟，必须交替发言。先从正方开始。请。

正方二：说一说就等于知得深，悟得透吗？那知了在树上成天还叫"知了""知了"，对方辩友，你认为这知了"知了"什么呢？

反方四：我们要请教对方辩友，今天基本上任何一个中国人或者任何一个种族的人都知道杀人者死，或者都知道杀人是不对的概念，知是如此容易，那么为什么还是有那么多人无法克制自己内心的欲望而去杀人呢？（掌声）所以说"行难"啊！（掌声）

正方三：对啊，那些人正是因为上了刑场死到临头，知道法律的威力，法律的尊严，可谓"知难"哪，对方辩友！（掌声）

反方三：对方辩友，早就告诉您："知之为知之，不知为不知。"不要模糊了知的含义。照您这么说，台下来自六个地方的朋友们，他们不能打进决赛，如果我们拿不到冠军，您岂不说他们不懂辩论吗？（掌声）

正方四：对方同学刚才跟我们说"知就是道德良知"，那么孔子说得好，圣人是"生而知之"[①] 的，我们可都是凡人，我们要"学而知之"[②]，这难不难呢？

反方一：对方辩友不要再逃避问题了。回到前面的问题，难道知法犯法——知道法律却还去犯罪，这不就突出了所谓知易行难吗？

正方一：那我们想请问对方辩友，从法律诞生一直到现在为止，这位同学，你知道真正杜绝知法犯法的办法是什么呢？对方同学刚才就说，我方是知行合一，知的过程中也会有某些行的方式，那这本质还是知啊！我在看书的时候也会翻书，那对方同学说我是在翻书而不是在看书吗？（掌声）

反方二：对方辩友，这里我举个例子来告诉大家，如果今天法官贪污、律师枉法的话，那么谁能够比律师、法官更知道法律呢？这不就是知法犯法最好的例子吗？（掌声）

[①][②] 语见《论语·季氏》。

正方二：对方辩友搞错了。那恰恰反映的是这些法官和律师不知道我们法律的威严，不知道我们法律的真谛呀！"法网恢恢，疏而不漏。"这个古训他们不知啊！我想请问对方辩友，你们说知很容易，那么请您轻轻松松解释给大家听，到底是"鸡生蛋"呢，还是"蛋生鸡"呢？为什么人类探讨了这么久，还是没有一个正确的答案呢？（掌声）

反方四：对方辩友，按照您方的说法，一定要错误出现了之后才会知道，那么每一个抽烟的人都知道吸烟有害健康，因为他光看烟盒就知道。按对方辩友的说法的话，一定要有人抽烟抽死之后，他才知道，他才真的是知道，不然的话，他没死之前他都不知道。（笑声，掌声）

正方三：对方辩友看来您还是对吸烟的人知之不深啊！他们更知道"饭后一支烟，赛过活神仙"哪！（掌声）

反方三：那么就对方辩友而言，求得真知是一连串的艰苦奋斗的历程，这个历程难道不是"行"吗？

正方四：这求知的过程当然也是知了。我们说知就是求知、得知嘛！行才是行动之义。对方同学说知很容易，那么请您告诉扎伊尔的人民如何去防治那个可怕的埃博拉病毒，那可是比艾滋病还要可怕啊！

反方四：对方辩友说得好。如果像对方辩友所说，把知的过程也界定成知的话，那么我们就会发现，今天基本上知是无所不在。然而不是！今天，我去求知是一个行为，如果像对方辩友所说有任何困难的话，那就是——求知的行为难，而不是知识本身难哪，对方辩友！（掌声）

正方一：我们讲知行相比，当然（是）就知、行两个过程相比喽，对方同学把知压缩成一个结果，而把行扩展为一个过程，那么一个结果一个过程如何比较难易呢？（掌声）

反方一：如果按照对方所说的知难行易，原则出现后那接下来的步骤应该是很简单的。那么，两千年前柏拉图告诉我们一个"理想国"的境界到今天为什么还没有出现？

正方二：对方辩友，那是因为我们还没有找到达到理想国的正确的方法和途径，还是知之不深呀！对方辩友刚刚又说，知识很容易学，那么我们又请问对方辩友了，这世上有没有外星人呢？我们怎么样和外星人做交流去做朋友呢？

反方三：对方说（实现）"理想国"是没有方法，那马克思早就说过建设共产主义的理想和实行步骤，为什么仍然需要毛泽东、邓小平先生的致力

改革？中国为什么现在还处于"社会主义的初级阶段"？"行"难道不比"知"还要难吗？（掌声）

正方三： 对方辩友，难道您没有看到吗？在我们提出改革的正确策略和方法后，中国17年的改革可是取得了巨大的成就哇！我想请问对方辩友的是，大观园里的林妹妹喝了那么多参汤补药，也治不好她的肺病，可是今天痨病能治，绝症不绝，请问这不是知的功劳，难道还是"行"的功劳吗？（掌声）

反方四： 对方辩友不要跳出了讨论的论题之外。今天知是一种静态的认同和了解。任何一个具有中学程度以上的学生都知道爱因斯坦的伟大公式——"物质所能散发的能量等于物质的质量乘以光速的平方"，也都知道原子弹是根据这个公式制造出来的。那么想请问在座的各位，你没有看过任何一个高中毕业生做出原子弹嘛！（掌声）

正方四： 对方同学记不记得这句名言呢？法国的蒙田说："背得烂熟还不等于掌握知识。"对方同学说死记硬背就等于完全掌握知识了吗？（掌声）

反方二： 那么换句话说，对方辩友，今天如果有一个专治胃溃疡的医生，而他自己又得了胃溃疡，难道你要说他不懂如何去治疗？不懂如何去保养吗？

正方一： 这个医生就要去找一个更能精通治疗胃溃疡的医生来治疗他的病啊！对方同学刚才说来说去无非是说，学习也不是求知，苦读也不是求知，只有那一张文凭的结果才是知了，那我们干嘛还从小学读起，干脆直接读大四拿文凭好了。（掌声）

反方四： 对方辩友，我们都知道人都会犯错，按照您的说法，只要犯错就是不知，那么我们有两个问题请您正面回答。第一，如果只要会犯错就是不知，"人非圣贤，孰能无过。"这个世界上有谁知道道理？第二，如果按照您所说，一直保持正确的观念才是知的话，那么真知，您的知，要在哪一个世纪——是不是人类灭亡的时候才会出现？（掌声）

正方一： 对方同学说的好。宋朝的陆九渊就说过："真知非则必能去，真知过则必能改。"如果他真知道道理的话，怎么不改正错误呢？

反方二： 那么也就是说，在对方辩友的架构之下真知不知道什么时候才会出现，可能要等到地球灭亡的时候才会出现，所以"吾爱吾师，吾更爱真理"应该改成"吾爱吾师，吾更爱不知"啊！（掌声）

正方二： 我们说知是一个过程，是一个一点一滴积累的过程。对方辩友，我们在求知的过程中无时无刻不在积累一下真知，怎么会说真知要到地球灭亡的时候才有呢？那么说你们四位辩友坐在这儿都是"无知"的人吗？（掌声）

反方四：对方辩友说得好。对方辩友你也承认了真知是经由行动的不断检验而发生的，那么难的应当是行动的过程，困难重重，当行动的过程克服了困难之后，真知就自然产生了，这也就是今天的"格物致知"① 的真义呀，对方辩友！（掌声）

正方三：对方辩友说知从行中来，所以知易行难。那么我们知道，人也是由猿猴进化来的，按照对方辩友的观点，是不是说做猴子是苦不堪言，难上加难，而做人倒是"轻轻松松过一生"啊！

反方一：对方辩友，请你不要套用王阳明先生所谓的知行合一那个知的定义了。对方辩友是不是告诉我们说，木炭必须经过压缩的过程、压力的过程才会变成钻石，那么其实木炭就是钻石，对方辩友可以这样解释吗？

正方二：对方辩友搞错了，把知行合一的恰恰是对方辩友。我们一再说求知的过程就是知，我们的行就是运用实践这个知，怎么能说我们是知行合一呢？

反方三：对方辩友口口声声告诉我们说不断检验出错误的时候，得出来才知，按照对方辩友这样的逻辑的话，那么我不断知行，知行，难道这不叫"知行合一"吗？！

正方二：难道这一个人在不断地由知然后再指导行，然后再由行再得出知，这就是说，知行都是"知就是行，行就是知"吗？那么对方辩友，你们今天坐在这儿到底是来知呢，还是在行呢？你们是知行一体吗？

反方四：对方辩友，这也就是所谓的"致良知"嘛！您所说今天要用一切的努力去把知发现出来，这一切的努力就是行为。今天行有两种意义：一种是探求真理，一种是实践真理。您怎么能够说实践真理才是行，探求真理就不是行呢？对方辩友，请正面回答。（掌声）

正方二：我们说探求真理当然是一个求知的过程了。我要请问对方辩友的是，你们说行难，你们想不想要把行难变成行易呢？

反方四：对方辩友，今天我们辩论的是一种理论的现象，一种真理的所在。

---

①语见《礼记·大学》。

（我们在这里讨论）"行难"跟我们要不要去勉励人们去做是两回事。今天就算辩得出行难，我们还可去勉励人做，怕就怕今天您主张知难，是不是在告诉人们说难的东西你先不要去管呢？

正方三：不是说不要去管，而是要化行难为行易。怎么办？就要去解决知的问题呀！对方辩友，辅仁大学社会学系王书礼副教授也说，近年来台湾地区犯罪问题严重，而要寻找到有效的策略则是难上加难。请问对方辩友，您是不是也深有同感呢？（掌声）

反方二：所以大家都知道不应该有犯罪，不应该有暴力，不应该有坏的事情，但是这些事情层出不断，难道这不是他不去做吗……（哨声终了提示）

正方二：对方辩友说得好，正是因为对方辩友知道不应该去犯罪，知道不应该去犯错，所以我们看到四位同学是翩翩君子啊！

主　席：请正方继续发言。

正方二：对方辩友说，现在向好人学习都很难，要谈道德也很难，那么对于这种现象，我们要进行道德反思，知其所以然，请问是不是更难呢？

正方四："人非生而知之者。"所以孔子说："学而不已，阖棺乃止。"孔子又说："学而不厌，诲而不倦。"请问对方同学，这是知易吗？

正方一：对方同学刚刚举了很多（关于）辛苦的例子，但是辛苦流汗就是艰难吗？对方同学是认为在操场跑两圈难呢……（哨声终了提示）

主　席：对不起！时间到。（掌声）好，各位观众，刚才这段自由辩论可谓非常的精彩，而各方的第四位辩手所将要作的总结性陈述，往往更是举足轻重。我们先从反方四辩林正疆同学开始，时间4分钟。请。

反方四：大家好！中国人真是了不起！怎么说？因为中国人能用一个字象征很多种含义。怎么说呢？今天对方辩友所说的"知"，实际上是一种知跟行结合出来的产物。今天所谓的真知是要经过不断地行动作出来的"知"，那个中间"行的过程"，指的是"知的过程"，那不是"行"。然而，各位，让我们来想想看，究竟为什么我们要讨论这样的题目？讨论这样的题目的真谛应该是让大家站在同样一个立足点来比较纯粹的认知跟实际的行动两个哪一个比较难。对方辩友却想要用颠倒的方式告诉我们说，追求真理的过程叫做"知的过程"，不叫做"行的过程"。然而，请问各位，爱迪生发明电灯用了好几种金属的过程，难道不是一种行的实践吗？他目的是为了印证他的理论，不是吗？我们想告诉对方辩友，任何理论存在的目的都在于它要能够解释世界。然而，我方一开始所强调的道德良知的知确实是知易行难哪！今天，难道大家能够说去杀人的人那一瞬间他不知道他是不应该杀人吗？不，他知道。只是那一瞬间，他被他的欲望以及冲动给冲昏头了，他忘了不能去杀人。而对方辩友的说法是：只要你在犯错误，你就不知道噢！只要你做错了，你就不是真知噢！那我们就不晓得了，一个人如果要获得真知恐怕真的是所谓盖棺论定，到他死的那一刹那去检验他的过去历史，哪一件事情是他从来没做过的，他才是真知。这样，是公平的吗？（掌声）再者，我们就科学知识上的知来讨论，到底是知易行难，还是知难行易？在座各位，谁不知道圆形是什么形状，然而现在给你一支笔，你能够用手画出正圆形吗？（掌声）这就是标准的"知易行难"哪！即便给你的是圆规，也会因为颜料的深浅、线条的粗细不同而画不出科学上的正圆形。这难道不是"知难行易"[①] 的最佳写照吗？诚如今天我们在刚刚的辩论过程中所告诉大家的，如果对方辩友以有没有犯错误来对知不知作为概念的话，那么，今天抽烟的人是不是要到死的那一刹那，他真的流下了最后一滴泪珠的时候，对方辩友才要说"他真的知道了"。（掌声）然而当他拿到烟盒的时候，看到"吸烟有害健康"的时候，他其实不知道，他是视而不见，听而不闻。这样合乎在座的各位（的）经验法则吗？我们希望告诉大家的是，孔子曾经说过："名不正则言不顺，言不顺则事不成。"今天我们把纯粹心灵上的体验与认知跟实际上的行动之间的难易比较出来后证实了知易行难的命题。然后我们下一步要做的是：正因为行比较难，所以坐而言不如起而行，大家一起来实践。如果像对方辩友所说行易的概念的话，大家其实不必去探讨行的法门，大家只要去蛮干就好了，因为行是那么容易嘛！道理之间应该如何小心谨慎不用去管它了嘛！因此，综上所述，我们发现，第一，对方辩友在知跟行的概念之间没有办法准确地划分。对方辩友还想要告诉大家追求知的过程，那是"知"，那不是"行动"，纵使你拼命在做，那叫"知"，那不叫"行动"。第二，用知易行难的方法较能够解释世界，用知难行易的方法就能够给人类较多启示。因此我们要告诉大家，这样的观念出现是

[①] 应改用"知易行难"。

理所当然且势在必行的。谢谢在座各位！谢谢大家！（掌声）

主　席： 谢谢林正疆同学！现在我们请正方四辩杨蔚同学为正方作总结性陈述，时间也是4分钟。请。

正方四： 谢谢主席！尊敬的评委，各位嘉宾，大家好！刚才我们和对方辩友在知与行孰难孰易的哲学命题中探讨了这么久，求知的过程实在是艰难啊！对方辩友雄辩的口才、诚恳的风度确实非常感人，但细细想来，这似乎并没有遮盖住他们立论上的某些偏误。第一，对方同学知行不分，把知的功劳都记在行的账簿上。知行比较应该是两个过程的比较，而对方同学把知看作一个静止的结果，把行看作一个动态的过程。请问这二者如何可比呢？第二，概念不清。对方一味说知有两种，一个是"科学之知"，一个是"道德之知"，可对方同学说来说去，都是大谈道德，我们今天就不要科学了吗？道德之知是什么，对方说是良知，那么这良知是"天上掉下来的林妹妹"吗？人们轻而易举的就能知道了吗？第三，偷换辩题。对方同学举了大量事例都是在论证言行关系。但我们今天讨论的是知行关系，言绝不等于知啊！下面我进一步总结我方观点。

第一，行先知后。能行未必能知，能知却必定能行，所以知难行易。第二，行动中也可能会遇到些障碍，这归根到底是因为知之不足或者知之甚少，而要化阻力为动力，人要依靠智慧的指引，所以知难行易。第三，个人探索求知已历尽艰难，而要众人达成共识则难上加难。我们和对方辩友刚才辩论得如此辛苦，不就是因为我们大家不能统一思想达成共识吗？但是只要众人知了，便能众心齐；众心齐了，便能泰山移。所以还是知难行易。今天，我们站在世纪之交的地平线上，聆听21世纪文明的涛声，我们思考的绝不仅仅是知与行的难易问题，而是人类如何继往开来的命运抉择。回首往事，"知之非艰，行之惟艰"的古训，令我中华步履沉重。几千年来中国人的目光只停留在人伦道德的狭小天地，只相信天经地义，天命难违，而科学则被斥责为奇技淫巧。知易行难的传统观念使人们轻知怯行；而轻知就要落后，落后就要挨打。难怪中山先生激愤地说："中国近代积弱不振，实为此说之误也。"立足现代，值得庆幸的是，中国人已经摆脱了传统礼教的束缚，知难行易的观念正在深入人心。当今中国，科技兴国、发展教育已是基本国策；环顾宇内，尊重知识、尊重人才真是蔚然成风。"知识就是力量。"新的科技革命的号角已经奏响,只有知难而上,才能跟上时代的步伐。展望未来,人类仍须孜孜不倦地求知,我们的未知领域还很多。如何永葆和平,让那口衔橄榄枝的白鸽自由飞翔,我们尚无良策;如何更好地保护生态,让人与自然和谐相处,我们还知之不足;如何从根本上抑制人性的贪婪与自私,让真善美的甘露遍洒心田,我们仍在探求。求知是艰难的伟业,求知更是永恒的挑战。让我们记住阿基米德的名言吧:"给我杠杆和支点,我将撑起地球!"谢谢各位!(掌声)

主　席:谢谢杨蔚同学!刚才这半个多小时的辩论,让我们看出双方的确是辩论得难解难分。但是我想,无论这场辩论谁胜谁负,作为观众都是受益匪浅的,因为八位辩手的发言为我们进一步思考这一问题提供了更多的丰富的素材。在此我建议我们用掌声对八位辩友表示感谢!(掌声)好,现在我们请评判团退席。观众朋友,我们稍后见。

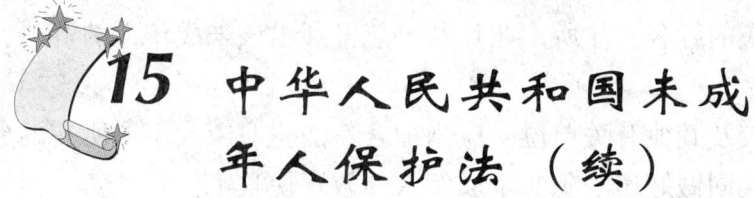

15　中华人民共和国未成年人保护法(续)

　　本文是《中华人民共和国未成年人保护法》的第五章、第六章、第七章,应该与教材中节选的前四章配合阅读。可根据事务语体的主要特点自读本文,并对这种语体的格式有大致的了解。

第五章　司法保护

第三十八条

　　对违法犯罪的未成年人,"实行教育、感化、挽救的方针,坚持教育为主、惩罚为辅的原则。

第三十九条

　　已满十四周岁的未成年人犯罪,因不满十六周岁不予刑事处罚的,责令其家长或者其他监护人加以管教;必要时,也可以由政府收容教养。

第四十条

公安机关、人民检察院、人民法院办理未成年人犯罪的案件,应当照顾未成年人的身心特点,并可以根据需要设立专门机构或者指定专人办理。

公安机关、人民检察院、人民法院和少年犯管教所,应当尊重违法犯罪的未成年人的人格尊严,保障他们的合法权益。

第四十一条

公安机关、人民检察院、人民法院对审前羁押的未成年人,应当与羁押的成年人分别看管。

对经人民法院判决服刑的未成年人,应当与服刑的成年人分别关押、管理。

第四十二条

十四周岁以上不满十六周岁的未成年人犯罪的案件,一律不公开审理。十六周岁以上不满十八周岁的未成年人犯罪的案件,一般也不公开审理。

对未成年人犯罪案件,在判决前,新闻报道、影视节目、公开出版物不得披露该未成年人的姓名、住所、照片及可能推断出该未成年人的资料。

第四十三条

家庭和学校及其他有关单位,应当配合违法犯罪未成年人所在的少年犯管教所等单位,共同做好违法犯罪未成年人的教育挽救工作。

第四十四条

人民检察院免予起诉、人民法院免除刑事处罚或者宣告缓刑以及被解除收容教养或者服刑期满释放的未成年人,复学、升学、就业不受歧视。

第四十五条

人民法院审理继承案件,应当依法保护未成年人的继承权。

人民法院审理离婚案件,离婚双方因抚养未成年子女发生争执,不能达成协议时,应当根据保障子女权益的原则和双方具体情况判决。

第六章 法律责任

第四十六条

未成年人的合法权益受到侵害的,被侵害人或者其监护人有权要求有关主管部门处理,或者依法向人民法院提起诉讼。

第四十七条

　　侵害未成年人的合法权益，对其造成财产损失或者其他损失、损害的，应当依法赔偿或者承担其他民事责任。

第四十八条

　　学校、幼儿园、托儿所的教职员对未成年学生和儿童实施体罚或者变相体罚，情节严重的，由其所在单位或者上级机关给予行政处分。

第四十九条

　　企业事业组织、个体工商户非法招用未满十六周岁的未成年人的，由劳动部门责令改正，处以罚款；情节严重的，由工商行政管理部门吊销营业执照。

第五十条

　　营业性舞厅等不适宜未成年人活动的场所允许未成年人进入的，由有关主管部门责令改正，可以处以罚款。

第五十一条

　　向未成年人出售、出租或者以其他方式传播淫秽的图书、报刊、音像制品等出版物的，依法从重处罚。

第五十二条

　　侵犯未成年人的人身权利或者其他合法权利，构成犯罪的，依法追究刑事责任。

　　虐待未成年的家庭成员，情节恶劣的，依照刑法第一百八十二条的规定追究刑事责任。

　　司法工作人员违反监管法规，对被监管的未成年人实行体罚虐待的，依照刑法第一百八十九条的规定追究刑事责任。

　　对未成年人负有抚养义务而拒绝抚养，情节恶劣的，依照刑法第一百八十三条的规定追究刑事责任。

　　溺婴的，依照刑法第一百三十二条的规定追究刑事责任。

　　明知校舍有倒塌的危险而不采取措施，致使校舍倒塌，造成伤亡的，依照刑法第一百八十七条的规定追究刑事责任。

第五十三条

　　教唆未成年人违法犯罪的，依法从重处罚。

　　引诱、教唆或者强迫未成年人吸食、注射毒品或者卖淫的，依法从重处罚。

第五十四条

　　当事人对依照本法作出的行政处罚决定不服的，可以先向上一级行政机关或者有关法律、法规规定的行政机关申请复议，对复议决定不服的，再向人民法院提起诉讼；也可以直接向人民法院提起诉讼。有关法律、法规规定应当先向行政机关申请复议，对复议决定不服再向人民法院提起诉讼的，依照有关法律、法规的规定办理。

当事人对行政处罚决定在法定期限内不申请复议，也不向人民法院提起诉讼，又不履行的，作出处罚决定的机关可以申请人民法院强制执行，或者依法强制执行。

第七章　附　　则

第五十五条

国务院有关部门可以根据本法制定有关条例，报国务院批准施行。

省、自治区、直辖市的人民代表大会常务委员会可以根据本法制定实施办法。

第五十六条

本法自 1992 年 1 月 1 日起施行。

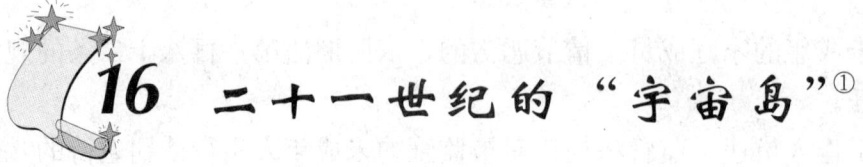

16　二十一世纪的"宇宙岛"①

— 周俊生 —

到宇宙中生活，是地球人长期以来梦寐以求的愿望。对此，科学家们提出了许多令人神往的设想。

本文是一篇科技说明文，主要介绍"宇宙岛"的设想、规划和研究情况，给我们展示了一个神奇的宇宙空间。自读本文，可以筛选出自己感兴趣的信息，作为资料积累起来，同时要体会文章通俗、准确、平实的语言特点。

---

① 选自《自然与人》1988 年第 5 期。

16 二十一世纪的"宇宙岛"

到宇宙中生活,是地球人长期以来梦寐以求的愿望。对此,科学家们提出了许多令人神往的设想。其中,美国宇航局设计的几类宇宙岛方案,勾画出一幅幅充满可行性的美妙前景。

科学家们以地球为蓝本,最初设想"宇宙岛一号"。这是一个直径为500米的中空巨球。球的内壁有住宅区、树林、河流等。这个人造太空球每分钟自转两周,在"赤道"处产生几乎与地球引力相等的离心力,这样生活在其中的人就会感觉像在地球上一样。不过,"宇宙岛一号"的离心力会随"纬度"增大而减小。在"南北纬"60度处,引力只有地球上的一半,体重为60公斤的人便只有30公斤;到"南北纬"75度处引力将更小,60公斤重的人仅有15公斤了;而到了"两极"引力等于零,人将处于失重状态。为了解决失重问题,设计者们在不同"纬度"的地方安置了各种设施。例如,在75度处造个芭蕾舞剧场,舞蹈演员便能轻松自如地跳到五六米高,然后轻轻地飘落下来,使优雅的芭蕾舞姿更为迷人。

宇宙岛的"两极"可以办滑翔机俱乐部,这是一个完全失重的地区,由于人和滑翔机几乎没有重量,飞机能长时间地在空中自由"散步"。能给人类带来莫大好处的是,在"高纬度"地区建造一系列医院和疗养院,可以使那些腿脚不方便和腰痛的病人,在引力减小的情况下随意行走。此外,失重还有助于心脏把下半身血液吸上来,大大减轻心肌的负担。

总而言之,在"宇宙岛一号"上可以做出许许多多地球上行不通的奇迹。那里的气候能任意调节,需要什么气候最后将依据"岛"民的投票来决定。太空的人工圆球中自然不会有天然雨,但设在200米高空的管子里会有雨水根据需要降临。当然,降雨的时间也由"岛"民投票决定,一旦决定之后,电视和无线电将播出通知:"7点钟开始,降雨15分钟。"

这是一个十分出色的设想,就目前的科学水平而言,完全有可能制造这样的"宇宙岛"。设计专家们说,每一个太空圆球可以容纳一万居民。这对几十亿地球人来说,显然是太小了。于是人们又设想建造一种极为巨大的宇宙岛。它的模样像圆筒,筒内直径6.5公里,长32公里。圆筒每两分钟自转一周,内壁有住房、河流等,"陆地"的面积约270平方公里,比日本的大阪市还要大,可居住几百万人。这里有天然的云和雨,也有人为控制的一年四季,如果需要的话,还能把雨变成纷飞的瑞雪。

这个带有神话色彩的"宇宙岛计划",最初是由美国普林斯顿大学教授奥尼罗博士提出的。1969年,当美国宇宙飞行员第一次登月成功时,专攻高能粒子物理学的奥尼罗博士便开始构思太空移民的计划。1980年，该计划正式发表后，美国宇航局给予高度评价，并拨出预算援助这项研究工作。为了探讨"宇宙岛计划"的必要性和可行性，美国许多科技人员、社会学者、政府和企业的专家进行了多次专题讨论。

　　1984年，所有的讨论结果被汇集成《宇宙殖民地》的书面报告。奥尼罗博士为了让人们更广泛地了解太空移民的意义和内容，动手将这份书面报告改写为一本通俗易懂的书。他在书中阐明"宇宙岛计划"的必要性时指出，据联合国估计，即使不发达国家很好地控制人口增长，到公元2000年，地球上也有65亿人口，到2020年将达到85亿，进入2035年后，全世界人口甚至会突破100亿大关，这是多么令人不安的数字。现在，占全世界30%的人口能充分获得医疗、教育、粮食、物资，但到2000年，这个比例将降至22%，也就是说，未来将比现在更贫穷。正是为了摆脱这种局面，奥尼罗提出了"宇宙岛计划"。人们一旦进入宇宙空间，便可以一天24小时不停地充分利用太阳能发电、栽种农作物等。在宇宙空间生活，除了水的原料需要从地球上运去外，其余所有的材料月球上都有，可从那里得到。关于宇宙岛停留的地点，专家小组进行了大量的计算研究，最后认为，选择离地球和月球384 000公里的地方最为恰当。在那里，地球和月球对宇宙岛的引力相等，"岛"就不至于发生"漂流"。

　　在讨论太空中建造宇宙岛的规划时，有些人提出不同看法。他们认为，与其在宇宙空间花大量财力物力建造一个岛，不如干脆移居到月球、火星等行星上更方便。为此，奥尼罗博士回答说："首先，那些行星表面积小，把月球和火星的表面积全加在一起还不及地球陆地面积大；而且月球和火星上没有大气，引力也对人不利；更重要的不利之处是，月球的昼夜14天一换，人生活在月球上，得连续过两个星期的黑夜才行。当然，金星是比较大的星球，但它的表面温度高得足以熔化金属，人类要想在金星上居住，就必须把它大大改造一番，而根据目前的科学技术水平，这是一项无力完成的工程。相比之下，在宇宙空间造人工岛则容易得多。"

　　如果宇宙岛设计建造完毕，接踵而来的主要事情就是如何解决物资运送问题，也就是说要有特殊的交通工具，即宇宙联络船。这种联络船不像阿波罗宇宙飞船那样只能使用一次，而更像能反复使用的普通飞机，宇宙飞行结束后，它可以展开翅膀，像滑翔机一样滑回地球，修整两星期后再进行宇宙飞行，设计上要使它具备来回飞行100次以上的能力。设计中的宇宙联络船，除机长、驾驶员、飞行技师外,还可乘 4 个科学工作者,并能运载长 18 米、直径 5 米、重 29 吨的货物。

有了宇宙联络船之后,便能把圆筒形的宇宙舱一只只地运入宇宙空间,并在空中安装成中型的宇宙站。最后,人们将以宇宙站为立脚点,开始正式着手"宇宙岛一号"的建设。虽然目前美国政府还未将"宇宙岛计划"正式列入国家计划,但奥尼罗博士充满自信地说:"到宇宙联络船开始每星期飞向宇宙一次的时候,这项人类事业中最神奇伟大的工程自然就会列入国家计划。"

也许有人会说,以上这些仅仅是美妙的空想,它究竟什么时候能得以实现呢?根据奥尼罗估计,2000 年后"宇宙岛一号"定可实现。届时就会有第一批(约 1 万人)地球人迁居太空,他们将使用太阳能和月球上运去的材料,并进行更为规模宏大的"宇宙岛二号""宇宙岛三号"的建设。以后,随着不断增加的宇宙"移民",新的人工岛将不断出现。如果一切顺利的话,从"宇宙岛一号"完成的时候算起,10 年后宇宙人口将有 29 万,15 年后达 150 万,20 年后达 920 万,25 年后达 6 800 万,30 年后达 6 亿,35 年后也许会突破 72 亿。这就是说,到 21 世纪的早期,地球的人口压力将会大大减轻,人们的生活将会变得更为富裕和美满。在描绘这幅光明前景时,奥尼罗博士强调说:"以上数字并非胡乱编造,而是有确切的技术依据的。按照理论上的计算,假如宇宙殖民岛的生产每年以 2.5% 的比例上升,就能达到上述太空移民的迁移速率。即使增长率低于 2.5%,最多不过延迟 5 年便能完成。当宇宙殖民岛有 30 年的建造历史后,其规模之大,每年便足以造出一个容纳 2 亿人口的新陆地来。"

今天,许多美国人在虔诚地等待着,希望在下个世纪开始的时候作为首批宇宙岛的移民,奔向太空开始崭新的生活。

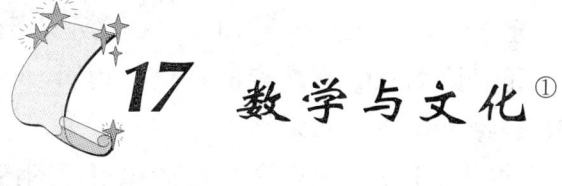

17 数学与文化①

——齐民友——

数学是一株参天大树,它向天空伸出自己的枝叶,吸收阳光。它不断扩展自己的领

---

① 选自《数学与文化》(湖南教育出版社出版)。有删节。

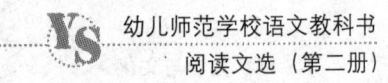

地，在它的树干上有越来越多的鸟巢，它为越来越多的学科提供支持，也从越来越多的学科中吸取营养。

本文是《数学与文化》一书的绪言，也是全书的总论。文章论述了数学作为"现代科学技术的语言和工具"的重要地位，分析了数学能够影响人类生活的几个特点，即它的确定性、简单性、深刻性、抽象性和自我完善性，高度评价了数学在促进人类思想解放、使人类摆脱宗教迷信等方面的历史功绩，认为它最根本的特征是"表达了一种探索精神"，并把数学提高到文化兴亡、民族盛衰的高度来认识。文章大量使用科技术语，语言平实，说理严密，观点新颖，能使读者对数学有更深的理解。

讨论文化问题，固然可以列举文化的各个部门：科学、文学、艺术、政治、宗教、伦理……，请注意，数学也是文化的一部分，我们可以讨论数学对其他文化部门的影响。但是在我看来更根本的是宁可去思索一下人类的精神生活以及数学对它的影响。我愿这样来看待文化问题。

数学和任何其他学科不同，它几乎是任何科学所不可缺少的。没有任何一门科学能像它那样泽被天下。它是现代科学技术的语言和工具，这一点大概没有什么人会怀疑了。它的思想是许多物理学说的核心，并为它们的出现开辟了道路，了解这一点的人就比较少了。它曾经是科学革命的旗帜，现代科学之所以成为现代科学，第一个决定性的步骤是使自己数学化。为什么会这样？因为数学在人类理性思维活动中有一些特点。这些特点的形成离不开各个时代的总的文化背景，同时又是数学影响人类文化最突出之点。我这里并不想概括什么是数学文化，而只是就它对人类精神生活影响最突出之处提出一些看法。诚然，其他的学科也可能有这些特点，但大抵是与受数学的影响分不开的。

首先，它追求一种完全确定、完全可靠的知识。在这本小书里可以看到许多被吸引到数学中来的人正是因为数学有这样的特点。例如，欧几里德平面上的三角形内角和为180°，这绝不是说"在某种条件下"，"绝大部分"三角形的内角和"在某种误差范围内"为180°。而是在命题的规定范围内，一切三角形的内角和不多不少为180°。产生这个特点的原因可以由其对象和方法两个方面来说明。从希腊的文化背景中形成了数学的对象并不只是具体问题，数学所探讨的不是转瞬即逝的知识，不是服务于某种具体物质需要的问题，而是某种永恒不变的东西。所以，数学的对象必须有明确无误的概念，而且其方法必须由明确无误的命题开始，并服从明确无误的推理规则，借以达到正确的结论。通过纯粹的思维竟能在认识宇宙上达到如此确定无疑的地步，当然会给一切需要思维的人以极大的启发。人们自然会要求在一切领域中这样去做。一切事物的概念都应该明确无误，绝对不允许偷换概念，作为推理出发点的一组命题又必须清晰而判然，推理过程的每一步骤都不容许有丝毫含混，整个认识和理论必须前后一贯而不允许自相矛盾。正是因为这样，而且也仅仅因为这样，数学方法既成为人类认识方法的一个典范，也成为人在认识宇宙和人类自己时必须持有的客观态度的一个标准。就数学本身而言，达到数学真理的途径既有逻辑的方面也有直觉的方面，但就其与其他科学比较而言，就其影响人类文化的其他部门而言，它的逻辑方法是最突出的。这个方法发展成为人们常说的公理方法。迄今为止，人类知识还没有哪一个部门应用公理方法得到如数学那样大的成功。当然，我们也看不出为什么其他的知识部门需要这样高标准的公理化。但是，如果到今天某个知识部门还只是只有论断而没有论据，只是一堆相互没有逻辑联系的命题，前后又无一贯性，恐怕是不会有人接受了。每个论点都必须有根据，都必须持之有理。除了逻辑的要求和实践的检验以外，无论是几千年的习俗、宗教的权威、皇帝的敕令、流行的风尚统统是没有用的。这样一种求真的态度，倾毕生之力用理性的思维去解开那伟大而永恒的谜——宇宙和人类的真面目是什么？——是人类文化发展到高度的标志。这个伟大的理性探索是数学发展必不可少的文化背景，反过来也是数学贡献于文化最突出的功绩之一。

数学作为人类文化组成部分的另一个特点是它不断追求最简单的、最深层次的、超出人类感官所及的宇宙的根本。所有这些研究都是在极抽象的形式下进行的。这是一种化繁为简以求统一的过程。从古希腊起，人们就有一个信念，冥冥之中最深处宇宙有一个伟大的、统一的、而且简单的设计图，这是一个数学设计图。在一切比较深入的科学研究后面，必定有一种信念驱使我们。这个信念就是：世界是合理的、简单的、因而是可以理解的。对于数学研究则还要加上一点：这个世界的合理性，首先在于它可以用数学来描述。在古代，这个信念有些神秘色彩。可是一直到现代，科学经过了多次伟大的综合。多少随意地列举一些：欧几里德的综合，牛顿的综合，麦克斯韦的综合，爱因斯坦的综合，量子物理的综合，计算机的出现，哪一次不是或多或少遵循这个信念？也许有例外：达尔文和孟德尔①。但是今天已经开始，人们在用数学去讨论物种的进化与竞争，讨论遗传的规律。人们会又一次看见宇宙的根本规律表

---

① 〔孟德尔〕(1822—1884)，奥地利遗传学家，遗传学的奠基人。

现为一种抽象的、至少是数学味很重的设计图。这不是幻想而是现实。为什么DNA的双螺旋结构是在卡文迪什实验室①完成，受了研究分子结构的X射线衍射方法②那么多好处？难道看不出这也是一种把生命归结为最简单成分的不同位置、不同形式、不同数量而成的数学味很重的结构吗？这种深层次的研究是能破除迷信的，它鼓励人们按照最深刻的内在规律来考虑事物。我们为世界图景的精巧和合理而欣喜而惊异。这种感情正是人类文化精神的结晶。数学正是在这样的文化气氛中成长的，而反过来推动这种文化气氛的发展。现在应该提出的问题是，对这样一种信念应该怎样去估价。是否还应该同时也看到它的不足的一面。从科学史来看，一直存在一种"还原"的倾向：把复杂的现象归结为一些最简单的最原始的因素的作用。物体分成了"质点""电荷"；分成了分子、原子、亚原子的粒子；生物分成了细胞，然后又是细胞核、细胞质、染色体、基因、核酸、……丰富无比、千差万别的世界的多样性似乎越来越被归纳为这些基本的成分或称为宇宙的砖石在数量上、形状上、结构上的差别，这当然是数学发挥作用的大好场所。同时也就产生了一种越来越深刻的疑问：大千世界真是这些最简单的成分叠加的吗？难道线性的叠加原理竟是宇宙的最根本法则吗？由一堆砖石固然可以建成宏伟的纪念碑，却也可以搭起一座马棚，它们的区别究竟何在？可是，每一个从事数学研究的人仍然抱有下面说的信念：想解决这个更深刻的问题——我把它称为综合，而把那种还原的倾向称为分析——仍然要靠数学，当代数学的发展将越来越证实这一点。

数学的再一个特点是它不仅研究宇宙的规律，而且也研究它自己。在发挥自己力量的同时又研究自己的局限性，从不担心否定自己，而是不断反思、不断批判自己，并且以此开辟自己前进的道路。它不断致力于分析自己的概念，分析自己的逻辑结构（例如希腊人把一切几何图形都分解为点、线、面，把所有几何命题的相互关系分解为公理、公设、定义、定理）。它不断地反思：自己的概念、自己的方法能走多远？从希腊时代起，毕达哥拉斯认为宇宙即数

---

①〔卡文迪什实验室〕即英国剑桥大学的物理系，筹建于1871年，是世界上最有声望的物理学研究和教育中心之一，前后培养出诺贝尔奖金获得者26人。这所实验室是为纪念英国物理学家和化学家卡文迪什（1731—1810）而命名的。　②〔X射线衍射方法〕X射线照射到分子整齐排列的晶体上时，会产生一系列衍射点。从这些衍射点的空间排列规律及强度，可以推算出分子在晶体中的排列情况和原子在分子中的立体排列情况。利用这一原理测定分子立体结构的方法称为X射线衍射方法。美国遗传学家沃森和英国物理学家克里克根据英国晶体衍射专家维尔金斯对脱氧核糖核酸（DNA）的X射线衍射资料，提出了DNA的双螺旋结构模型。

（他是指自然数），可是遇到了无理数，后来的希腊人只好采用不可公度理论①，因为弄不清，就干脆不讲无理数，而讨论一般的线段长。希腊人甚至不讲数，使希腊数学与其他民族——例如中国——相比呈现了缺点。但即令如此，也要保持高度严整，而不允许采取折衷主义的态度。历史终于证明，正是希腊人开辟了研究无理数系的道路。他们研究数学，却同时考虑数学研究的对象是否存在。希腊人考虑数学对象的存在问题，把存在归结为可构造，然后就问："用直尺与圆规经有限步骤去三等分任意角可能吗？"因为弄不清是否可能，即没有构造的方法以证明三等分角的存在，他们的几何学中干脆不讲一个角的三分之一，只讲平分线，从不讲角三分线。越向后面发展，数学就出现了越来越多的"不可能性"：$x^2+1=0$ 不可能在实数域中求解，五次以上的方程不能用根式求解，平行线公理能不能证明？到 20 世纪初才知道是既不能证明又不能否证。大家都说，数学最需要严格性，数学家就要问什么叫严格性？大家都说，数学在证明一串串的定理，数学家就要问什么叫证明？数学越发展，取得的成就越大，数学家就越要问自己的基础是不是巩固。越是在表面上看来没有问题的地方，越要找出问题来。乘法明明是可以交换的，偏偏要研究不可交换的乘法。孟子自嘲地说："予岂好辩哉，予不得已也！"数学家只需要换一个字："予岂好'变'哉，予不得已也！"当然，任何科学要发展就要变。但是只是在与实际存在的事物、现象或实验的结果发生矛盾时才变。惟有数学，时常是在理性思维感到有了问题时就要变。而且，其他科学中"变"的倾向时常是由数学中的"变"直接或间接引起的。当然，数学中许多重要的变是由于直觉地感到有变的必要，感到只有变才能直视宇宙的真面目。但无论如何，是先从思维的王国里开始变，即否定自己。这种变的结果时常是"从一无所有之中创造了新的宇宙"。

到了最后，数学开始怀疑起自己的整体，考虑自己的力量界限何在。大概是到了 19 世纪末年，数学向自己提出的问题是："我真是一个没有矛盾的体系吗？我真正提供了完全可靠、确定无疑的知识吗？我自认为是在追求真理，可是'真'究竟是指什么？我证明了某些对象的存在，或者说我无矛盾地创造了自己的研究对象，可是它们确实存在吗？如果我不能真正地把这些东西构造出来，又怎么知道它

---

①〔不可公度理论〕古希腊毕达哥拉斯学派把那些能用整数之比表达的比称作可公度比，而把那些不能用整数之比表达的比称作不可公度比。他们认为不可公度就意味着不和谐完美，所以不去研究它。

是存在的呢？我是不是一张空头支票，一张没有银行的支票呢？"

总之，数学是一株参天大树，它向天空伸出自己的枝叶，吸收阳光。它不断扩展自己的领地，在它的树干上有越来越多的鸟巢，它为越来越多的学科提供支持，也从越来越多的学科中吸取营养。它又把自己的根伸向越来越深的理性思维的土地中，使它越来越牢固地站立。从这个意义上来讲，数学是人类理性发展最高的成就（或者再加上"之一"二字更好一些？）。

数学深刻地影响人类精神生活，可以概括为一句话，就是它大大地促进了人的思想解放，提高与丰富了人类的整个精神水平。从这个意义上讲，数学使人成为更完全、更丰富、更有力量的人。爱因斯坦说的"得到解放"，其实正是这个意思。数学的上述这些特点当然都是在历史上逐渐形成的而且不是一成不变的。这些特点到19世纪末以至20世纪表现得越来越突出。那么，我们要问，在今后会不会有变化呢？这是完全可能的。但是总的看起来，数学文化发展的过去、现在和将来都会不断促进人类的思想解放，使人成为更完全、更丰富、更有力量的人，这是不会变的。从这个意义上讲，人类无论在物质生活上与精神生活上得益于数学实在太多。我们也可以十分肯定地强调，不论今后数学怎么发展，它的永恒的主题一定还是"认识宇宙，也认识人类自己。"

下面我们再概括地谈一下数学怎样促进了人类的思想解放。

从历史上看，数学促进人类思想解放大约有两个阶段。第一个阶段从数学开始成为一门科学直到以牛顿为最高峰的第一次科学技术革命。不妨说，在这个时期中，数学帮助人类从宗教和迷信的束缚下解放出来，从物质上、精神上进入了现代世界。这一阶段开始于人类文化开始萌芽的时期。在那时，尽管不少民族都有了一定的数学知识的积累，数学还没有形成一门科学。数学的作用主要是为解决人类的物质生活的具体问题服务的。人类刚从蒙昧中觉醒出来，迷信、原始宗教还控制着人类的精神世界。三大宗教的出现还是比较晚的事了。在远古的一些民族中，数学对人类的精神生活的影响还只表现在卜卦、占星上，成为"神"与人之间沟通的工具。一直到了希腊文化的出现，开始有了我们现在所理解的数学科学，其突出的成就就是欧几里德几何学。它的意义是：在当时的哲学理论的影响与推动下，第一次提出了认识宇宙的数学设计图的使命，第一次提出了人的理性思维应该遵循的典范。由于当时世界各部分相对地比较隔绝，这个数学文化影响所及大抵还只是地中海沿岸。希腊衰落，罗马人取而代之，这个文化的影响也逐渐转向东罗马和阿拉伯人的地区。欧洲逐渐进入黑暗的中世纪。到新的生产关系开始出现，人类需要一种新文化以与当时占统治地位的天主教相对抗，希腊文化又被复活了起来，形成所谓"文艺复兴"（这当然不会是原来的希腊文化）。数学直接继承了希腊数学成就，终于成了当时科学技术革命的旗帜。它的主题仍然是"认识宇宙，也认识人类自己"。它与宗教的矛盾日益深刻，尽管有宗教裁判所和它的酷刑，上帝的地位还是逐渐被贬低了。到了牛顿时代，当时的科学技术革命达到了顶峰，而上帝的地位也下降到了低谷。牛顿的自然神论离彻底的无神论只有一步之遥。人的地位上升了。他凭借着理性旗帜要求成为大自然的统治者。当时的技术革命，其科学基础是牛顿力学，而从文化思想上说，其实是机械师和工匠的革命。人对大自然的"统治"，也只是一个工匠认识了一部大机器，开动了这一部大机器，并且局部地模仿与复制这部大机器。但是这个工匠仍时而打着上帝的旗号。人尽管要求以自己的理性来重新安排人类自己的生活，但人对自己的看法，以拉美特利（1709—1751，法国机械唯物论哲学家）的口号为标志，也就是"人是机器"。机械唯物论的决定论，是当时的科学技术革命的指导思想，而数学是它的最主要的武器。当时数学的发展以微积分的出现为其最高峰，在这个时期确实取得了极其辉煌的胜利。由希腊起源的这个文化，现在从地域上说已成了全世界的文化。这是因为资本主义把我们的地球变成了一个世界，而资本主义的文化也日益成了全世界的文化。作为它的一个重要组成部分的数学也就不再只是希腊的数学，而成为全人类的数学文化。其他民族例如中国，尽管在数学上有过灿烂的成就，现在其影响和作用比这个新的、全人类的数学，也就瞠乎其后，不能相比了。有一些民族的成就被吸收到这个新的全人类的数学中，甚至起了极其重要的作用，特别是印度和阿拉伯的数学是如此；有一些就成了历史的陈迹了。对于中国人来说，重要的不是在历史的丰碑面前凭吊怀古，而是奋起直追。明末清初，先进的中国人开始理解这一点。徐光启[①]开始翻译欧几里德的《几何原本》，康熙皇帝亲自主编过堪称为中国的《几何原本》的《数理精蕴》，都表明中国人正在开始脚踏实地地学习直接由希腊数学发源的新的全人类的数学。总之，这是一次伟大的思想解放运动。从当时世界范围来看，是人类逐渐从宗教的统治下解放出来。从中国来看，尽管由于历史的、社会的原因，宗教的思想统治不如当时欧洲之烈，但到了 17 世纪，资本主义萌芽已经在中国出现，中国人也要求一种新的生产关系及其文化。特别是鸦片战争以

[①]〔徐光启（1562—1633）〕字子先，上海人，明代科学家，在农学、天文学方面有突出成就，著有《农政全书》，并以学习和介绍西方科学知识著称。

后，中国人更要求反抗帝国主义的侵略，这样，自然也要求新的文化。17世纪以后，现代的数学传入了中国，开始为中国人所接受，并与中国固有的文化相抗衡，成为中国人求解放求富强的思想武器，正是这个历史潮流的反映。

第二阶段由18世纪末算起。到了那时，数学化的物理学、力学、天文学已经取得了惊人的进展。可是人们越来越要求从完全的决定论下解放出来。这里面有社会、政治的原因，也有文艺、哲学上的反映，我们都不去讨论了。但是有一点很明显，数学的重要性已经不如前一个阶段。当时科学发展的最重大的问题是要求用一个发展的观点，把世界看作一个发展的、进化的、各部分相互联系的整体。黑格尔哲学提出唯心主义的辩证法，以一种扭曲的形式回答了这个问题。他认为"绝对观念"是宇宙的本质，"绝对观念"在发展过程中"外化"为物质，并且按照由低级到高级的方向，由无机物发展到有机体，有了生命，然后从低级生物发展到高级生物，然后成为人。最后，"绝对观念"又在人的意识的发展中复归为自身。黑格尔的自然哲学是他的哲学体系中最薄弱的一环，其原因之一在于当时自然科学的发展提供的基础所限。马克思、恩格斯的功绩就是在唯物主义的基础上改造了辩证法，成了辩证唯物主义。这一个发展除了社会的、历史的背景以外，还有自然科学的基础。能量的守恒与转化（与热机、热力学的发展相关）、细胞的发现，特别是达尔文的进化论，就是最突出的几件大事。这样，数学自然从人们的视野中后退。数学家倒没有因此而失望，因为他们仍然继续在为人类作出重大的贡献，而其意义甚至是他们自己也未曾预料到的。数学家这个时期的工作，一方面是继续扩展已有的成就，另一方面是向深处进军。这里最突出的事例一是非欧几何①的发现，二是关于无限的研究。前者根本改变了我们对空间的本性的认识。后者是由微积分的基础研究开始的，也说明从希腊时代的芝诺悖论②（庄子"天下篇"中讲的惠施十辩③中的"飞鸟之景，未尝动也④"和芝诺悖论几乎是完全一样。可惜

---

①〔非欧几何〕一种不同于欧几里德几何学的几何体系的简称，一般指罗巴切夫斯基的双曲几何和黎曼的椭圆几何。它们与欧氏几何的最主要区别在于公理体系中采用了不同的平行公理。
②〔芝诺悖论〕古希腊哲学家芝诺用两论相反的方法提出的论证，称"芝诺悖论"。著名的有两分法（运动着的物体永远不能达到终点，因为它永远要先走完路途的一半）、阿基里与龟（全希腊跑得最快的人永远追不上一只慢慢爬行的乌龟，因为他要追上乌龟，首先要达到乌龟无数个爬行的出发点）、飞矢不动（飞着的箭在不同时刻处于不同位置，所以它是不动的）等。　③〔惠施十辩〕惠施是战国时代的哲学家，宋国人，以博学善辩著称。《庄子·天下》中记载了惠施学派的十个辩题。　④〔飞鸟之景，未尝动也〕飞鸟的影子是不曾动的。景，影。

的是，这些思想一直停留在抽象的思辨上而没有具体展开。这当然与数学没有在中国很好发展有关）所揭示的有限与无限的矛盾是何等深刻。特别是非欧几何的出现是人类思想一次大革命。它仍然是一种思想解放：这一次是从人自己的定见下解放出来。数学的对象越来越多的是"人类悟性的自由创造物"。这件事引起了多少人对数学的误解和指责，实际上是人类的一大进步。人在自己的成长中发现，单纯凭着直接的经验去认识宇宙是多么不够。人既然在物质上创造出了自然界中本来没有的东西——一切工具、仪器等等——来认识和创造世界，为什么不能在思维中创造出种种超越直接经验的数学结构来表现自然界的本来面目呢？数学的这一进步在当时并没有超出牛顿力学的决定世界观，但非欧几何的确从根本上动摇了牛顿的时空观，为相对论的出现开辟了道路。对数学本身更有深远意义的是，这两件大事（非欧几何的出现和关于无限的研究）导致了对数学基础的研究，使人类第一次十分具体而严格地提出了理性思维能力的界限何在的问题。

现在是否又到了一个新的阶段？我们暂时不必去回答。但是十分明显的是，数学的发展确实给人类的生活开辟了新天地。这不但是指文化思想上，而且也是指物质上。相对论的意义大概谁也不能低估了，如果再加上量子物理（同样，没有第二阶段的数学的发展以及伴之而来的种种人类悟性的自由创造物，就不可能有量子物理），则现代的物理科学构成当代各种新技术的科学基础，这是谁也不能否认的事。人们都说下一个世纪将是计算机的世纪，其特征是人能够或多或少地模仿或复制人的思维。可是也只是因为数学发展到今天的高度，计算机才可能成为现实。

至此，我们稍作一些概括。数学作为文化的一部分，其最根本的特征是它表达了一种探索精神。数学的出现，确实是为了满足人类的物质生活需要。可是，离开了这种探索精神，数学是无法满足人的物质需要的。"风调雨顺"是人类的物质生活不可少的。可是"巫师"的"祈雨"不也是满足需要的"手段"之一吗？人总有一个信念：宇宙是有秩序的。数学家更进一步相信，这个秩序是可以用数学表达的。因此人应该去探索这种深层的内在的秩序，以此来满足人的物质需要。因此，数学作为文化的一部分，其永恒的主题是"认识宇宙，也认识人类自己"。在这个探索过程中，数学把理性思维的力量发挥得淋漓尽致。它提供了一种思维的方法与模式，提供了一种最有力的工具，提供了一种思维合理性的标准，给人类的思想解放打开了道路。现在人人都知道实验方法的重要性，但是任何科学实验，离开了一定的逻辑思维，将是没有意义的。在伽利略的时代就是这样，他的许多实验都是所谓理想实验。在近代就更是这样。在不同的时代有不同的文化，不同的民族有不同的文化。但是，数学在文化中的这一地位是不可移易的，而只有日益加强。有人认为数学是现代文化的核心或基石，始终处于中心地位，而影响到人类知识的一切部门。似乎没有必要去争这个"中心"或"核心"的地位，但是历史已经证明，而且将继续证明，一种没有相当发达的数学的文化是注定要衰落的，一个不掌握数学作为一种文化的民族也是注定要衰落的。

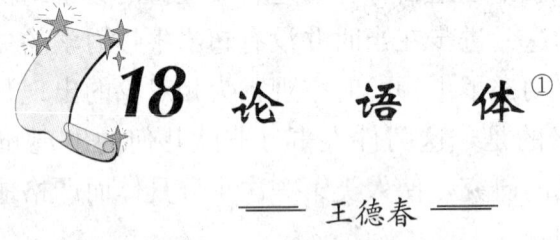

18 论 语 体①

—— 王德春 ——

一、什么叫语体

语言是人类最重要的交际工具。使用语言的人每次都是在特定的环境，即在特定的场合，就特定的范围，为特定的目的，同特定的对象进行交际。这特定的环境对语言的使用提出了特定的要求。例如，一个几千人集会上的讲演在使用语言材料上的特点就不同于几个亲人间谈家常；一篇科学论文和一首诗歌，在用词造句上必然也有差异。由于人类社会生活的复杂性，在不同的社会活动领域内进行交际时，由于不同的交际环境，就各自形成了一系列运用语言材料的特点，这就是言语的功能变体——语体。

语体首先是社会交际需要的结果。一种语体的形成和存在是为了一定的交际需要。例如，人们不能在正式的外交场合使用谈家常所要求的语体，反过来，也不能在亲人促膝交谈中使用外交辞令，即使我们在这些交际行为中并不违背全民语言的一般规范。又如，人们的社会活动范围是极其广泛的。在交际中牵涉到的问题有的是属于政治思想上的，有的是属于科学技术上的，有的是属于文化艺术上的，有的是属于行政事务上的，也有的是属于日常生活上的。由于交际的范围和交际的领域不同，就要求形成不同的语体。

语体又是使用全民语言材料特点的综合。在一种全民共同语的内部，并存着很多同义的、功能上不同的语言材料，这些语言材料是语体存在的物质基础。离开了实际的语言材

---

①选自王德春著《修辞学探索》（北京出版社1983年出版）。有删节。

料，语体就会变得不可捉摸。例如，在词汇方面，不同的语体就根据本身的使命选择最合适的词和熟语（如古词语与新词语，方言词语与标准词语，普通用词与科学术语，日常生活用语与书卷用语，带感情色彩的词语与中性词语，带语体色彩的词语与不带语体色彩的词语，等等）。其次，在句法方面，每一种语体选择适合本身特点的句子类型（如长句与短句，完整句与不完整句，简单句与复合句，带连词的复合句与不带连词的复合句，等等）。最后，在词法与语音方面也会存在一些语体的特征。如某一类型的构词法或某一种发音方法可能适合于某一语体而不适合于另一语体（例如，汉语中儿化的名词与叠音后缀的形容词经常出现在谈话语体与艺术语体中，却不被科学语体、事务语体所采用。日常谈话中可以用前缀"老""小"加在姓上称呼同志，表示亲昵的感情，在科学语体、事务语体中就没有这种用法。在语音上，日常谈话语体中有时允许个别音素的脱落，较多同化、异化等现象，而书卷语体口语形式却要求有清晰的标准发音）。

所以，人类社会交际的多方面的需要是语体存在的社会基础；语言材料在功能上的分化是语体存在的物质基础。研究语体必须首先从社会功能的分析出发，不然就不能认识语体为什么会存在；但同时也必须重视语言材料的分析，不然就不能知道究竟存在哪些独立的语体，它们之间究竟有什么区别和联系。

语体是客观存在的，任何使用语言的人都受到它的约束。一个人在使用语言进行交际和斗争时，不仅要遵守这种语言在语音、语义、词汇和语法上的一般规范，而且要在具体的交际和斗争场合中，善于使用各种相应的语体。否则，我们说的话或写的文章就会在语言的使用上与交际环境形成某种不协调，影响使用语言的交际效果。

二、谈话语体和书卷语体

无论在现代汉语、现代俄语、现代英语或其他的现代民族语言中，首先可以划分出两大类性质不同的语体，那就是日常谈话语体和公众书卷语体。为了叙述方便，前者简称为谈话语体，后者简称为书卷语体。

谈话语体适用于日常生活的领域，书卷语体适用于社会集体活动的领域。它们互相对立，同时也互相制约，互相影响，从而不断发展变化。

谈话语体是人们之间日常的、随意的、非专门性的交谈中构成的，它活在人们口头上。虽然它也存在书面语形式，但口语形式对它来说是典型的。① 它的特征可以描述如下：

---

① 谈话体和书卷体不同于口语与书面语。人类的语言从来就是有声语言。在社会发展的一定阶段上，出现了文字，交际活动便有了两种形式：依靠声音——口语，依靠文字——书面语。任何语体都可能具有两种形式。以公众书卷语体为例，做科学报告是口头形式，发表科学论文是书面形式。因此，必要时我们还可以把语体分为"口头谈话语""书面谈话语""口头书卷语"和"书面书卷语"。

（1）由于日常谈话可以涉及生活的各个方面，范围是无限广阔的，因此谈话语体的特征之一就是容纳各种语词，其中包括全民通用词，各种具有表情色彩的词，大量谚语、俗语、歇后语和口头成语，以及谈话语体特有的口语词、粗俗词等。但是，谈话语体排斥古语词和专门术语，这两种词带着明显的书卷语体色彩。

毛泽东告诉我们："人民的语汇是很丰富的，生动活泼的，表现实际生活的。"就用词的情况来看，谈话语体正是如此。

（2）在交谈者直接接触的情况下，谈话是生动的，自由的，感情很自然。因此，大量使用具有鲜明表情色彩和描绘色彩的语言材料，成为谈话语体的另一个特征。除了丰富的语调外，感叹句、疑问句、倒装句的出现率很大。这些句型或句式的使用都和加强言语的感情有关。在汉语里，叹词、语气词、象声词、儿化的名词、带迭音后缀的形容词、动词形容词的重迭形式，种种词汇和语法体系中的表情成分都被充分地利用。

（3）谈话参加者的言语互相影响、互相衔接，每一个言语片断对于当时当地的言语环境有很大的依存性。由于有谈话的生动情景的补充（手势、表情、特定环境、谈话双方的共同理解），省略很多。往往有些语句只在特定的场合、特定的上下文，对特定的对象才是可理解的。如果孤零零地把这个句子从谈话的长链条中抽出来，就会变得语义隐晦甚至不可理解了。书卷语体中不能有这样的省略。

（4）对话的句子结构总比较简单，这是适合于交换简短思想的言语形式。即使有时要表达比较复杂的意念组合，也竭力不用长结构，而改用几句短句子。语句所表示的意义间的联系和依赖关系，很少用介词、连词之类的语法成分来关联，而用语调、重音来强调。

（5）由于交谈往往是即兴的、临时引起的，很容易从一个话题转到另一个话题。有时一方引起的话题，另一方可能是没有准备的。在这种情况下，谈话语体可能存在语气不连贯、用词不确切、重复、停顿等现象。因而，就可能存在一些偶然的、含糊的、与全民语言不符合的成分。但这不是主要的。谈话语体的主要特征是生动活泼、亲切朴素，它是文学语言的源泉。

这儿应该指出，并非所有的谈话都构成谈话语体。谈话语体首先是指活在人们口头上的谈话。有些知识分子的谈话，往往带有浓厚的书卷气；而某些专门性的谈话，使用的还可能纯粹是书卷语体的口语形式。

熟悉一种语言的谈话语体，对于学习该语言具有重大意义。谈话语体是书卷语体的基础。当然，书卷语体的发展反过来又推动了谈话语体的发展，使之更加丰富。但任何书卷语体的发展都不能离开谈话语体，一旦离开了谈话语体，它就将失去生动的源泉而陷于枯竭的境地。毛泽东十分反对"学生腔"，他说："如果一篇文章，一个演说，颠来倒去，总是那几个名词，一套'学生腔'，没有一点生动活泼的语言，这岂不是语言无味，面目可憎，像个瘪三吗？"毛泽东指出，有些宣传工作者"连三句老百姓的话也讲不来"，有些文艺工作者"对于人民群众的丰富的生动活泼的语言，缺乏充分的知识"，"因此他们的作品不但显得语言无味，而且里面常常夹着一些生造出来的和人民的语言相对立的不三不四的词句"。这样的人，是做不好宣传家、文艺家的。毛泽东号召我们"认真学习群众的语言"，"言语必须接近民众"。

由此可见，谈话语体对其他语体有很大作用，学习和掌握谈话语体有重要意义。

书卷语体是一种比较复杂的现象，包含着几个不同的部分，它们以各自具有的用词造句上的特点相互区别开来。这些组成部分是：科学语体，艺术语体，政论语体，事务语体。

三、科学语体

科学语体的作用或功能，是准确而系统地叙述自然、社会和思维的现象，论证这些现象的规律性。它服务于科学技术领域和生产领域。科学语体的特征可以描述如下：

（1）科学语体的特殊任务，要求它在用词上严格保证精确性。在概括现实现象、揭示概念内涵、论证事物规律性时，科学语体要运用意义精确而单一的专门术语，排斥意义未经精确规定的、多义的日常生活用语。这些专门术语有很大的语体局限性，一般地说，不大适用于其他语体。例如"连动结构""紧缩句""音位""语体""电离""同温层""光子""质子""甲状腺""大脑皮层""剩余价值"等。在这些专门术语中，一部分具有国际性质，例如"安培""欧姆""淋巴""休克""图腾""沙文主义""托拉斯""康拜因"等。此外，科学语体还避免使用带有感情色彩的词语。例如，在文学作品中可用"花儿""鸟儿"等词，在生物学著作中，花就是花，鸟就是鸟。

（2）由于论述的逻辑性的要求，科学语体的句法特点是叙述的完整性、扩展性和一贯性。同谈话语体相反，科学语体的句子力求完整，不作任意的省略。同时，充分利用各种复杂的句法结构，利用扩展的句子成分和从属句网，组织层次繁复的思想，力图在一句话内讲出有关的事实以及相应的结论。这种支脉繁多的句子，其内部各个成分间的复杂关系，经常是借助介词、连词等语法成分表示出来的。例如：

依社会运动来说，真正的革命的指导者，不但在于当自己的思想、理论、计划、方案有错误时须得善于改正，如同上面已经说到的，而且在于当某一客观过程已经从某一发展阶段向另一发展阶段推移转变的时候，须得善于使自己和参加革命的一切人员在主观认识上也跟着推移转变，即是要使新的革命任务和新的工作方案的提出，适合于新的情况的变化。（毛泽东：《实践论》）

不能认为科学语体全部地、纯粹地是由长结构和复合句构成的。科学语体也可以有简单句和短句。但是，就科学语体的句法现象来说，句子成分的扩展和带连词的多重复句的大量运用，是典型的。

（3）科学语体的作用主要是论述自然现象、社会现象和人类思维的规律性，而不是激发读者的感情。因而，它一般不需要运用夸张、拟人、借代、比喻等修辞方法，也不需要抒情。当科学家为专业人员写书时，极力做到客观、冷静，首先是精确地表达自己的思想

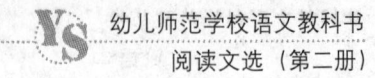

和阐明事实。在科学书籍里,感情和情调是没有重要地位的。科学语体的这个特征,与谈话语体正好相反。

下面是科学语体的例子:

奥洛夫根据力学和物理学的最新成就而完成了彗星形状的现代理论,他考虑到彗星的光度测量和分光研究的结果,而创造了彗星的物理理论。……假如从彗核一下就飞出来了许多种大小不同的固体质点(尘粒),也就是说发生了爆发,那末这种同时被抛掷出来的质点群在继续运动之际应该对观测者而言延长为一条曲线,位于曲线一端的应该是受到最大排斥加速度的质点,而位于另一端的是受到最小加速度的质点。这种曲线叫做等时线……(《普通天文学教程》,И. Ф. ПОЛАК 著,戴文赛等译,272页)

在这段引文中我们可以看到长结构、复句以及大量科学术语(力学、物理学、光度测量、分光研究、固体质点、质点群、曲线、加速度、等时线等),对于科学语体来说,这是典型的语言现象。

在科学语体里存在着一种分体,那就是科学通俗语体。科学通俗语体的作用是向非专门人员深入浅出地解释各种科学问题,把科学知识普及到广大群众中去。严格的科学语体是适应于对专门家说话的,科学通俗语体是适用于对一般人说话的。因此,后者在用词造句的特征上,比前者通俗。

首先,科学通俗语体尽可能少用过于狭窄的专门术语,而且在使用一般的科学术语时也往往给以通俗的解释。其次,句子的结构尽可能地简短,避免结构过于繁复的长句。再次,允许使用比喻、拟人等修辞手段,而这在严格的科学语体里一般是避免采用的。科学通俗语体的例子如下:

除去恒星、行星、卫星以外,在天空中还有两种比较奇怪的星星:一种常常像一溜火光似的出现在天空,一会儿就不见了,那叫做"流星";另一种的样子非常有趣,当它出现的时候,后面总拖着一条长长的尾巴,和一条扫帚差不多,那叫作"彗星",也就是俗话所说的"扫帚星"。(孙寿荫《天上的星星》,《谈天说地》第6页)

四、艺术语体

艺术语体的功能,是通过艺术形象反映客观世界。它的本质特征是言语的形象性,体现在对艺术作品人物的描写以及和人物有密切联系的周围环境、客观事件的细节描写上。为了达到形象性的要求,艺术语体使用的语言材料非常广泛。这种使用语言材料的广泛性,是与文艺作品所反映的社会面的广阔性相适应的。先就用词的情况来看,艺术语体除了具有一批特有的"艺术辞藻"(如:晶莹、荡漾、苍茫、绮丽、飞翔……)外,还从其他语体,首先是谈话语体中,吸收所需要的词汇材料。谈话语体为艺术语体提供大量的词汇素材,它的每一个成分(如常用口语词、带表情色彩的词、谚语、歇后语、口头成语、粗俗词、甚至不合规范的词语）几乎都能进入艺术语体。科学语体、政论语体、事务语体中的专门术语，在功能上经过改造以后，也能够为艺术语体所容纳。古语词、外来语词、方言土语等成分，都被用来塑造形象和创造气氛。此外，在文艺作品里，还经常出现作家新词和词语的新用法。再就句法现象看，在艺术语体中也是变化多端的。语调的变化，句子成分的省略，词序的特殊安排，长短句的互相转换，模拟口语的跳脱和重复，一切句法上的同义形式和特殊的表达方式，都被作家用来作为艺术表现的手段。

但是，有必要指出，在艺术语体的广泛的语言材料中，有很多不是日常交际所必需的东西。例如，鲁迅在《孔乙己》里使用了"窃""君子固穷""多乎哉？不多也"等古语词，在《理水》里使用了"古貌林（Good morning）""好杜有图（How do you do）""O.K"等外语词，在《离婚》里使用了"逃生子""贱胎""娘杀"等方言粗俗词，在《阿Q正传》里使用了"柿油党"（指自由党）这样在发音和意义上都歪曲了的"词"，都是适应一定的艺术要求的。使用这些词语，或者是为了表现某种特定的生活，或者是为了显示某些独特的地方色彩，或者是为了刻画性格，塑造形象。但是，这些被作者作为艺术表现手段的语言材料，显然不是日常交际所必需的。

艺术语体从谈话语体、科学语体、政论语体甚至事务语体中吸收语言材料。但是，任何其他语体的词汇或语法成分进入文艺作品都不是无条件的，而是在功能上经过改造，在使用上服从于形象性的要求的。

举例来说，尽管艺术语体可以使用一些科学术语，但科学术语在这里不起判断、推理、论证等作用，而仅服务于形象的描写。尽管艺术语体把谈话语体作为词汇材料的主要来源，但是在艺术语体中并不是自然主义地重复日常生活用语，而是按照塑造形象的要求，对日常生活用语进行了艺术的加工。这些词语只是在经过作家的运用以后，才获得了艺术语体特有的色彩。请看下面的诗句：

　　……把宇宙从冬眠的床上叫醒，

　　寒冷被踏死了，

　　到处是东风的脚踪……（臧克家《春鸟》）

"床上""叫醒""踏死""东风"都是谈话语体中常用的词语，"宇宙""冬眠"是由科学术语转化成的通用词，但一经作家运用，这些词就表现出了谈话语体、科学语体所没有的特殊的色彩。

大量运用各种形象的修辞手法以加强作品的感染力，也是艺术语体的一个特征。比喻、拟人、夸张、对偶、排比、反复等等描绘手段和表情手段，正是作家在用词造句上适应艺术要求的表现。

艺术语体内部可以分出三个分体：散文体、诗歌体和对白体。这三个分体除了具有共性之外，还各具特色。例如，诗歌体的主要特征就是具有韵律和节奏，而韵律和节奏的配置经常地、大量地影响到选词和造句，使诗歌体在用词和造句上具有和散文体不同的特点。如由于用韵和表达强烈感情的需要，诗歌中常常打乱词与词、句与句之间的正常排列顺序，使用各种形式的倒装句式，这在散文体中是比较少的。诗歌的韵，也在诗行与诗行间起着联想和组织的作用。正如马雅可夫斯基说的："韵脚可以使你回到前一行，使你联想起它，使讲述一个思想的几行诗结成一体。"韵脚的这种作用可以帮助诗人表露思想感情的急遽变化和想象的大胆飞跃，使诗歌体允许有比散文体更多的省略。散文体与诗歌体各举一例如下：

（1）散文体

　　严寒笼罩着高山大岭，朔风凛冽，地冻三尺。但是，在这六百公里长的运河工地上，却是春意盎然，到处盛开着技术革命的鲜花，万紫千红，琳琅满目，简直是一座技术革命百花怒放的花园。（李季《在高山运河工地上》）

（2）诗歌体

……春风。
　　　　秋雨。
晨雾。
　　夕阳……
……轰轰的
　　车轮声。
踏踏的
　　脚步响。……
呵！"人代会决议"，
　　　和新中国地图
　　　　在我手中，
党员介绍信，
　　紧贴着
　　　我的胸膛。
——我走进农村。
　　我走进工厂。
我走向黄河。
　　我走向长江……
五月——
　　麦浪。
　　八月——
　　　海浪。
桃花——
　　南方。
雪花——

　　　　　　北方。
　　　呵！我走遍了
　　　　　我广大祖国的
　　　　　　每一个地方，——
　　　呵呵！每一个地方的
　　　　　我的
　　　　　　每一个
　　　　　　　故乡！（贺敬之《放声歌唱》）

　　对白体的特点，是口语化和个性化。较之散文体和诗歌体更接近于谈话体。对白体也没有韵律，这是和散文体相同的。但散文体的典型形式是书面语形式，而对白体的典型形式是口语形式。散文体容许较长的句子，有时候使用层次较多的修饰语，句子结构倾向于比较严整，很少用口语词；对白体的句子一般较短，没有长修饰语，句子结构比较灵活多变，多用口语词。下面举一个对白体的例子：

（3）对白体
　　宋爷爷　哎！都坐下，坐下！茶随便喝，谁喝谁自己倒！玉娥，都考上了吗？
　　宋玉娥　您猜呢？爷爷！
　　宋爷爷　（一一地看她们）一看你们的神气，我就得说，你们都考上了！对吧？
　　余志芳　爷爷您的眼力不错！
　　宋爷爷　快八十岁了，还能没点眼力吗？姑娘们，自从咱们街上有了电车、汽车女司机呀，我就对自己说：行啦！我的玉娥行啦！她一定不会像她奶奶、妈妈那么委委屈屈地活着，窝窝囊囊地死去！姑娘们，你们算是遇上好时候了！是呀！谁知道你们会干出什么惊天动地的事啊！我老头子简直不敢说，怕说的太小，委屈了你们哪！（老舍《女店员》）

五、政论语体

　　政论语体的功能，是通过对社会政治生活各种问题的阐述，动员广大群众，为本阶级的利益积极地进行斗争。政论语体，是一种宣传鼓动的语体。它和其他语体比较起来，更直接地服务于政治斗争。

　　政论语体的修辞特征比较复杂。一方面，为了要阐述各种社会政治问题，要求广泛地运用各种科学术语（在不同的政论文里，依不同的内容为转移，可以使用政治学的、经济学的、哲学的、科学技术的、文艺学的、历史学的种种领域内的术语）。同时，它也要求以透辟的分析，严谨的论证，诉诸听众和读者的理智，竭力从逻辑上使人们信服某种观点的正确性。这就使政论语体和科学语体有一定程度的接近。另一方面，为了要动员广大群众参加革命斗争，它也要求言语生动、活泼，常常使用各种描绘手段和表情手段，力求打动人们的感情。这就使政论语体和艺术语体有一定程度的接近。

政论语体具有科学语体和艺术语体的优点,但是绝不可以由此得出结论说,政论语体是科学语体和艺术语体的机械结合物。政论语体在现代汉语、现代俄语、现代英语等现代语言中都独立存在,而且有着高度的发展。在政论语体中使用接近于科学语体或艺术语体的表达方式,都是服从于政论语体本身的功能的。

毛主席对于现代汉语政论语体的丰富和发展有深刻的影响。毛主席的文章和讲话,是现代政论文的典范。它们的内容深刻,气势磅礴,说理透辟,言语生动,对于宣传和捍卫马克思列宁主义真理、揭露和抨击国内外敌人、教育和动员广大人民参加革命斗争,发挥了无比巨大的作用。毛主席竭力反对政论语体的党八股倾向,提出写文章做演说要有内容,要靠真理,要看对象,要负责任,要具备准确性、鲜明性、生动性。在毛主席的政论文中,一切可以利用的古语成分、口语成分,种种有效的艺术表现手段,如比喻、映衬、对偶、排比、婉曲、反语、设问、精警等,都被用来作为宣传真理、打击敌人、教育群众的武器。在毛主席的政论文中,还反映了现代汉语词汇和语法的发展。单以用词来说,就创造了许多新的政治用语(如新民主主义、知识化、劳动化、务虚、务实等),创造了许多熟语(如一穷二白,有的放矢,鼓足干劲,虚心使人进步,骄傲使人落后,两条腿走路等),发展了词语的新义(如东风、西风、香花、毒草、上游、中游、下游等)。

下面我们举一下政论语体的例子并作一些分析:

四、我们要善于经常清除自己身上的灰尘,在执政条件下永葆革命青春。

我们党是一个有三千九百万党员的大党,并且处于执政地位,这很容易使一些同志滋长骄傲自满情绪,沾染官僚主义习气。在我们面前,新情况、新问题很多,工作中难免发生缺点错误。在我们社会中,阶级斗争在一定范围内仍然存在,各种剥削阶级和其他非无产阶级的思想影响仍然存在,加上国际交往中的复杂情况,资本主义、封建主义和小生产习气的灰尘天天都向我们脸上扑来。党内无产阶级思想和非无产阶级思想之间的矛盾,正确思想同错误思想之间的矛盾,要求我们更好地运用批评和自我批评这个共产党人自我改造的最好武器。

共产党人在原则问题上应当坚持真理,旗帜鲜明。对于关系党和人民利益的是非问题,每个党员都应当坚持党性,明确地表明自己的态度,表明自己赞成什么,反对什么。那种不讲原则,"你好我好,一团和气"的腐朽庸俗作风,是同我们党的无产阶级性质不相容的。

我们党的批评和自我批评的好传统,在过去一段时间里受到了严重的破坏,现在正在恢复和发扬,并且积累了一些新的好经验。批评或者自我批评,都要从实际出来,是什么错误就纠正什么错误,既不掩盖矛盾,又不夸大矛盾。批评应当充分说理,富有教育意义,有利于帮助同志提高觉悟,而不应当主观臆断,以势压人。要启发犯错误的同志自觉检查改正,不要牵强附会和"上挂下联"。犯了错误的同志,只要有了认识,自愿改正,就要鼓励他们大胆工作。过去我们主要的错误是过火斗争,结果走向反面，导致人们既不愿自我批评，也不敢开展批评。我们要把这种不健康的风气纠正过来。

共产党人所以需要批评和自我批评，是为了使我们党更加团结，更有战斗力，而不是相反。毫无疑问，只要我们把批评和自我批评的优良传统完全恢复并发扬光大起来，我们党的肌体就一定能够充满青春的活力，而不会衰朽。（胡耀邦《在庆祝中国共产党成立六十周年大会上的讲话》）

在这段话里，既可看到胡耀邦同志对客观情况实事求是的分析，又可看到他对共产党永葆革命青春的信心。读者读了这段讲话，既对他关于批评与自我批评的论证表示信服，又为他洋溢着的革命热情和革命乐观精神所感动。政论文的这种特点体现在语言材料上就是：一方面广泛运用政治术语和其他科学术语，如"执政""官僚主义""阶级斗争""剥削阶级""资本主义""封建主义""无产阶级""共产党人""矛盾""觉悟"等等；另一方面普遍引申词义，运用比喻手法，以便通过各种形象激发人们的思想感情，如"我们要善于经常清除自己身上的灰尘，在执政条件下永葆革命青春"，"资本主义、封建主义和小生产习气的灰尘天天都向我们脸上扑来"，"我们党的肌体就一定能够充满青春的活力，而不会衰朽"等。这样形象的语句，在严格的科学语体中是避免使用的。另外，在句法结构上，一方面可以看到为保证论证逻辑性的层次分明的复合句，如"在我们社会中，……天天都向我们脸上扑来"；另一方面又可看到为人民喜闻乐见的排比对偶，如"滋长骄傲自满情绪，沾染官僚主义习气"，"既不掩盖矛盾，又不夸大矛盾"；以及加强效果的用语"你好我好，一团和气"，"不要牵强附会和'上挂下联'"，等等。

这样看来，政论语体在运用语言材料上的准确性、严密性同生动性、形象性是密切地联系在一起的。正因为如此，政论语体就作为一种丰富的语体而独立地存在于现代语言中。

六、事务语体

事务语体的功能是在国家机关、社会团体和其他一切社会上层建筑的行政事务工作中起联系、传达（上达、下达）、周知的作用。事务语体的运用是极其普遍频繁的，如：命令、通知、布告、公函、合同、简章等等。为便于公文事务处理者撰写和审阅，事务语体按照应用场合形成了若干固定的格式。程式化，这是事务语体区别于其他语体的第一个特点。除此之外，在用词造句上事务语体还有下列特点：

（1）措词力求准确，不宜用口语词、歧义词和生僻的简称。有一些专门用语，其中不少惯用语和句式还保留了古语成分。例如：

　　欣逢　值此……之际　为……由　……为要（为荷）
　　此致　此令　此布　兹……　查……　据……　责成　所属　鉴于
　　希即　予以　特此通知　查照办理

(2) 句法要求完整严谨，不常用感叹语气和省略句式，在书面语形式中不常用感叹号、省略号①。

(3) 事务语体的主要任务是向读者传达一定的内容，不一定要激发人们的情感。因此，不宜使用夸张、拟人等修辞手法。

---

① 契诃夫短篇小说《惊叹号》，描写一个老官员别列克拉金书记，这个人无论如何也想不出在公文里什么地方应该打惊叹号："真是想不到的事，写字写了四十年，一个惊叹号也没有打过……哼！……这个长家伙什么时候才可以打呢？"谢德林在作品中曾描写一个年轻官员在公文上打了一个省略号，结果受到上司的指责："年青人，你这儿干么打起省略号来啦？省略号是表示感情激动的，公文上哪里有什么感情激动呀？"

它区别于别的城市，是无言的上帝把中国文化的大印放在西安，西安永远是中国文化魂魄的所在地了。

而今，脚下这段凝固的历史，仿佛在向人们昭示：大凡圈定且封闭的东西，便不易发展，而且会使自己的生存空间紧蹙窄小。同样值得后人记取的是：有形如此，无形亦然。

我看惯了古城墙的风景，那西城垛的日落与东城垛的日出都好看，古城墙多像"方舟"。

以下三篇散文都是写古城西安的。

《西安这座城》以浓墨重彩描绘曾为十三朝首都的西安所充盈的文化气息，极力赞美这座古城的文化，洋溢着作者对中国文化和历史传统的痴迷和自豪。

《访西安古城墙》立足于中国改革开放的现实，进行历史的反思，批评古城墙所象征的封闭保守的历史传统，歌颂改革开放带来的历史转机。

《古城墙风景》在富于意境的风景描述中，凝聚了作者对古城墙的内涵及其风景的审美意义的思忖，抒发了对历史变迁的感慨。

阅读这三篇文章，试比较它们的立意、选材和写法有什么不同。

这三篇文章与课文《废墟的呼唤》《废墟》，都就古都的遗迹表达作者对中国的历史和传统文化的认识，也可以做多方面的比较。

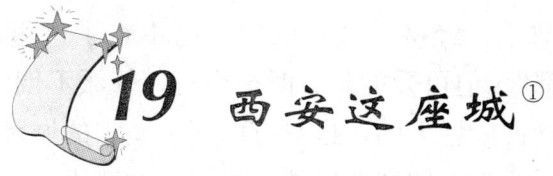

19 西安这座城①

— 贾平凹 —

我住在西安城里已经是 20 年了，我不敢说这个城就是我的，或我给了这个城什么，但 20 年前我还在陕南的乡下，确实是做过一个梦的，梦见了一棵不高大的却很老的树，树上有一个洞。在现实的生活里，老家是有满山的林子，但我没有觅寻到这样的树，而在初作城里人的那年，于街头却发现了，真的，和梦境中的树丝毫不差。这棵树现在还长着，年年我总是看它一次，死去的枝柯变得僵硬，新生的梢条软和如柳。我就常常盯着还趴在树杆上的裂着背

---

① 选自《北京文学》1992 年第 11 期。

已去了实质的蝉壳，发许久的迷瞪，不知道这蝉是蜕了几多回壳，生命在如此转换，真的是无生无灭，可那飞来的蝉又始于何时，又该终于何地呢？于是在近晚的夕阳中驻脚南城楼下，听岁月腐蚀得并不完整的砖块缝里，一群蟋蟀在唱着一部繁乐，恍惚里就觉得哪一块砖是我吧，或者，我是蟋蟀的一只，夜夜在望着万里的长空，迎接着每一次新来的明月而欢歌了。

我庆幸这座城在中国的西部，在苍茫的关中平原上，其实只能在中国西部的关中平原上才会有这样的城，我忍不住就唱起关于这个地方的一段民谣：

　　八百里秦川黄土飞扬，三千万人民吼叫秦腔①，
　　调一碗黏面喜气洋洋，没有辣子嘟嘟囔囔。

这样的民谣，描绘的或许缺乏现代气息，但落后并不等于愚昧，它所透发的一种气势，没有矫情和虚浮，是冷的幽默，是对旧的生存状态的自审。我唱着它的时候，唱不出声的却常常是想到了夸父逐日②渴死在去海的路上的悲壮。正是这样，数年前南方的几个城市来人，以优越异常的生活待遇招募我去，我谢绝了，我不去，我爱陕西，我爱西安这座城。我生不在此，死却必定在此，当百年之后躯体焚烧于火葬场，我的灵魂随同黑烟爬出了高高的烟囱，我也会变成一朵云游荡在这座城的上空的。

当世界上的新型城市愈来愈变成了一堆水泥，我该怎样来叙说西安这座城呢？是的，没必要夸耀曾经是13个王朝国都的历史，也不自得八水环绕的地理风水，承认中国的政治、经济、文化的中心已不在了这里，对于显赫的汉唐，它只能称为"废都"。但可爱的是，时至今日，气派不倒的，风范依存的，在全世界的范围内最具古城魅力的，也只有西安了。它的城墙赫然完整，独身站定在护城河上的吊板桥上，仰观那城楼、角楼、女墙垛口，再怯弱的人也要豪情长啸了。大街小巷方正对称，排列有序的四合院和四合院砖雕门楼下已经黢黑如铁的花石门墩，让你可以立即坠入了古昔里高头大马驾驶了木制的大车喤喤喤开过来的境界里去。如果有机会收集一下全城的数千个街巷名称，贡院门，书院门，竹笆市，琉璃市，教场门，端履门，炭市街，麦苋街，车巷，油巷……你突然感到历史并不遥远，以至眼前飞过一只并不卫生的苍蝇，也忍不住怀疑这苍蝇的身上有着汉时的模样或是有唐时的标记。现代的艺术在大型的

---

①〔秦腔〕流行于西北各省的地方戏曲剧种，由陕西、甘肃一带的民歌发展而成，是梆子腔的一种。
②〔夸父逐日〕这是《山海经·海外北经》中的神话。夸父立志追赶太阳，赶到太阳入口处，感到焦渴，便喝干了黄河、渭水两河的水，仍感不足，终于渴死。他遗留下的杖化成了一片树林，叫做邓林。后来用"夸父逐日"比喻决心大或不自量力。

豪华的剧院、影院、歌舞厅日夜上演着，但爬满青苔的如古钱一样的城墙根下，总是有人在观赏着中国最古老的属于这个地方的秦腔，或者皮影木偶。这不是正规的演艺人，他们是工余后的娱乐，有人演，就有人看，演和看都宣泄的是一种自豪，生命里涌动的是一种历史的追忆，所以你也便明白了街头饭馆里的餐具，碗是那么粗的瓷，大得称之为海碗。逢年过节，你见过哪里的城市的街巷表演着社戏，踩起了高跷，扛着杏黄色的幡旗放火铳，敲纯粹的鼓乐？最是那土得掉渣的土话里，如果依音笔写出来，竟然是文言文中的极典雅的词语，抱孩子不说抱，说"携"，口中没味不说没味，说"寡"，即使骂人滚开也不说滚，说"避"。你随便走进一条巷的一户人家中吧，是艺术家或者是工人、小职员、个体的商贩，他们的客厅是必悬挂了装裱考究的字画，桌柜上必是摆设了几件古陶旧瓷。对于书法绘画的理解，对于文物古董的珍存，成为他们生活的基本要求。男人们崇尚的是黑与白的色调，女人们则喜欢穿大红大绿的衣裳，质朴大方，悲喜分明。他们少以言辞，多以行动，喜欢沉默，善于思考，崇拜的是智慧，鄙夷的是油滑，有整体雄浑，无琐碎甜腻。西安的科技人才云集，产生了众多的全球也著名的数学家、物理学家，但民间却大量涌现着《易经》的研究家，观天象，识地理，搞预测，作遥控。你不敢轻视了静坐于酒馆一角独饮的老翁或巷头鸡皮鹤首的老妪，他们说不定就是身怀绝技的奇才异人。清晨的菜市场上，你会见到手托着豆腐，三个两个地立在那里谈论着国内的新闻。在公共厕所蹲坑，你也会听到最及时的关于联合国的一次会议的内容。关心国事，放眼全球，似乎对于他们是一种多余，但他们就有这种古都赋予的秉性。"杞人忧天①"从来不是他们讥笑的名词，甚至有人庄严的提议，在城中造一尊巨大的杞人雕塑，与那巍然竖立的丝绸之路的开创人张骞②塑像相映成辉，成为一种城标。整个西安城，充溢着中国历史的古意，表现的是一种东方的神秘，囫囵囵是一个旧的文物，又鲜活活是一个新的象征。

所以，我数次搬家，却总乐意在靠近城墙的地方住。现在我居住在叫甜水井的方位，井已经被覆盖了，但数个四合院内还保留着古老的井台。古往千百年来，全城的食用水靠这一带甜水供应，老一代的邻居还说得清最后一届水局的模样，抱出匣子来让我瞧那手摸汗浸而光滑如铜的骨片水牌，耳畔里就隐约

---

①〔杞人忧天〕这是《列子·天瑞》里的一则寓言。传说杞国有个人怕天塌下来，为此吃饭睡觉都感到不安。后来用这个成语比喻不必要的忧虑。　②〔张骞（qiān）〕西汉人，曾奉汉武帝之命两次出使西域，促进了中原和西域各少数民族的经济文化的交流和发展。

响起了驮着水桶的驴子叩击青石板街的节奏。星期日,去那嚣声腾浮的鸟市、虫市和狗市,或是赶那黎明开张、日出消散的露水集场,去城河沿上看那练习导引吐纳之术的汉子,去旧古书店书摊购买几本线装的古籍,去寺院里拜访参禅①的老僧和高古的道长,去楼房的建筑工地的土坑里捡一堆称之为垃圾文物的碎瓷残片,分辨其字画属于汉的海风之格或属于唐的山骨之度,一切都在与历史对话,调整我的时空存在,圆满我的生命状态。所以,在我的居室里接待了全中国各地来的客人乃至海外的朋友,我送他们的常常是汉瓦当的一个拓片②,秦砖自刻的一方砚台,或是陪他们听一段已无弦索的古琴的无声的韶音③。我说,你信步在城里走走吧,钟楼已没钟,晨时你能听见的是天音,鼓楼已没鼓,暮时你能听见的是地声,再倘若你是搞政治的,你往城东去看秦兵马俑,你是搞艺术的,你往城西去看霍去病④墓前石雕。我不知疲劳地,一定要带领了客人朋友爬土城墙,指点那城南的大雁塔和曲江池,说,看见那大雁塔吗?那就是一枚印石;看见那曲江池吧,那就是一盒印泥。记住,历史当然翻开了新的一页,现代的西安当然不仅仅是个保留着过去的城,它有着其他城市所具有的最现代的东西。但是,它区别于别的城市,是无言的上帝把中国文化的大印放置在西安,西安永远是中国文化魂魄的所在地了。

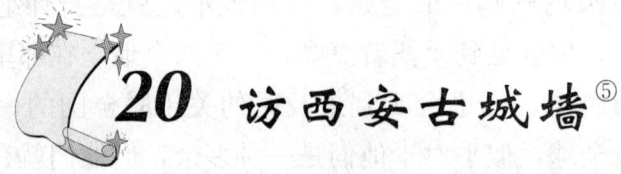

20 访西安古城墙⑤

—— 宋晓梦 ——

据说一位外国建筑学家曾经把北京古城墙比作环绕在北京城脖颈上的一串绿色的项链。可惜那景致在我出生前就已不复存在。如今,只在德胜门、西便门、前门等几处城墙遗址上修复了短短的几段,供过往的人们去发思古之幽情。

---

①〔参禅〕佛教徒静坐冥想领会佛理叫参禅。　②〔拓(tà)片〕把碑刻、铜器等文物的形状和上面的文字、图像拓下来的纸片。　③〔韶音〕韶,传说是舜所作的乐曲名。《论语》里说孔子在齐国听了韶这种曲子后,"三月不知肉味"。这里用来指美妙的音乐。　④〔霍去病(前140—前117)〕西汉名将。他前后六次出击匈奴,解除了西汉初年以来匈奴对汉王朝的威胁。　⑤选自《当代》1993年3期。

然而，今年秋天，我却在古城西安看到了这一景观。那城墙上没有青草，没有杂树，青灰古朴，凝重庄严。

那天一出西安火车站，迎面扑入我眼帘的，便是这古城墙。一种深沉悠远，令人肃然的历史感，一下子便将我笼罩其中。一个在潜意识中埋藏了许久的念头瞬间清晰起来：是了，我要找的，就是这样一个地方。

"长安自古帝王州。"这座黄土高原上的历史名城，浓缩了人类在这方土地上几千年的风风雨雨，凝聚着华夏民族在世界之林中出类拔萃的智慧：兵马俑之气势，大雁塔之风雅，碑林之隽永，法门寺之深邃……无不令人在历史的时空交错中感慨万千。尽管如此，我探访的第一个对象，还是那一下火车，第一眼便叫我心灵震颤的古城墙。

一、城　　墙

那是一个雨后初晴的早晨，我从南门拾级而上，城墙只有 12 米高，三两分钟功夫便登上了顶面。眼前是一条宽 14 米，平平展展，青砖漫地的空中大道，两旁 5 984 个垛口以几字形图案为它近 14 公里长的周边镶嵌了花边，东、西、南、北四面墙体组成的严谨的长方形格局，令人立刻联想到"天圆地方"的古代天体观。如果说，从山海关到嘉峪关的长城是条驰骋的巨蟒，那么西安古城墙则是一具静卧的盘龙。

我在空中大道上徜徉。秋日的苍穹以其蔚蓝的明澈向我敞开胸怀，然而脚下这长长的黑色躯体却把那蕴蓄了 600 多年的情愫深深埋进青石与黄土铸成的心田。我明白，要与这位沉默寡言的老人进行情感的交流，必须赶在那些欢闹的游人大批到来之前。喧哗固然会使人感到生机蓬勃的欢愉，然而想从老人那里分得一点历史积淀下来的智慧与理性，却需要沉静与深思。

于是我放慢了脚步，在静静的晨曦中潜心体味着每一座箭楼、每一处马面（古代守城军队射击的位置）、每一堵墙垛、每一块青砖以及城墙上每一面龙旃①给我的感受。

在推翻元朝、建立大明的过程中，朱元璋实现了他"驱逐胡虏，恢复中华"的伟业。为了防御那些善于马背上夺天下的元朝后裔卷土重来，他成了中国历史上最热衷于"高筑墙"的皇帝。今天大中小城市还能见到的城墙和一些

---

①〔旃（qí）〕古代的一种旗子。

人们往往记在秦始皇账上的长城，大都是这位老兄的"遗产"。虽然明初的政治中心已转移到南京，但朱元璋重视西安在西北军事重镇的地位，因此不惜人力财力，历时4年，修筑了这座具有城壕①、吊桥、敌台、正楼、箭楼、闸楼等严密防御工程体系的西安城墙。

靠"高筑墙"来御敌于国门之外，从当时的作战能力、武器装备水平来看不能说没有道理，遗憾的是，朱元璋忘记了或者根本就没有想到过，那城墙也会不攻自破。

于是这位从前率领人民打击元朝统治者的"红军大帅"，做皇帝后，立刻命人删掉了《孟子》中"民为贵，社稷次之，君为轻"，"桀、纣之失天下也，失其民也。失其民者，失其心也"等所有强调民之重要的言论。从此，在他的统治实践中，也彻底删去了和他共打天下的人民的利益。"较为正式之文字狱，自当数及明初。"史家也有认为应该上溯至宋的。但文字狱规模之巨大、处罚之残忍、"理由"之荒谬、历时之长，数明为最，恐怕是没有什么异议的。当清兵打进关内，一夜之间那么多明朝知识分子投降清廷，除他们个人的气节问题之外，明朝长期以来对读书人的政策，恐怕也是帮了清廷大忙的。更不用说为了独揽大权，短短几年，在胡蓝党案及一系列冤案中，朝中功显权重之臣、军中勇武刚强之将差不多杀了个干净。真可谓自毁长城！

居高环顾古城墙，你会觉得，凡是能用一种有形圈牢、划定的东西，总会给人一种强烈的局限感。你看，当年城墙划出的地盘是那么小，还不到今天西安市的九分之一。这种圈定，体现了统治者的基本国策。其实，大明王朝建立之际，正是西方资本主义崛起时期，但是在明初人的眼光中除了亚洲以外，其他各大洲的国家似乎都是不存在或不认识的。这位新皇帝更是抱定"中国中国，中心之国"的信念，对西方"诸夷"的世界不屑一顾。

而今，脚下这段凝固的历史，仿佛在向人们昭示：大凡圈定且封闭的东西，便不易发展，而且会使自己的生存空间紧蹙②窄小。同样值得后人记取的是：有形如此，无形亦然。

二、城　　门

据说汉代时长安城曾有过12个城门。那条东起渭水流域，西经河西走廊、

---

①〔城壕（háo）〕护城河。　②〔蹙（cù）〕紧迫。

地中海东岸转达罗马各地的丝绸之路，使这些城门成为华夏民族与欧亚非各国进行经济、文化交流的窗口。"西京所处地势，广路通门"，城内"街衢洞达，闾阎且千，九市开场，货别隧分，人不得顾，车不得旋……"

盛唐时代，那些洞开的城门更是八面来风，各国使臣、商人、僧侣、留学生、艺术家们高冠华盖，往来如云。此时的长安被史家称为"亚洲最繁荣的国际都市"。

可惜，"安史"之乱后，唐末统治者认为长安城大，不易防守，便放弃了外郭城和宫城，关闭了除玄武门之外的所有城门，如蚕做茧般钻进小小的皇城，闭关自守。

"行人若问当年事，故国东来渭水流。"渭水载去了当年的繁盛，留下的只有一代又一代诗家赋家的慨叹！

从明至清，脚下这座在唐长安皇城基础上建筑起来的西安古城墙都是四座城门。东曰"长乐"，西曰"安定"，南曰"永宁"，北曰"安远"。古代作为城防工事的城墙，其护国安邦之意，在四座城门的名称中尽得体现。既是"非深沟高垒不能为安"，城门便不再是八面来风的窗口，而成了森严壁垒的咽喉①。"戎衣何日定，歌舞入长安。"假如城门有灵，面对秦川父老这望眼欲穿的期盼，岂不要愧煞么？

民国年间，为了满足交通发展的需要，在四座墙体上又开出了四座城门。西曰玉祥门，东曰中山门，北曰中正门，南曰勿幕门。城门吞吐岁月，城门目睹兴衰，只要他们肯开口，每一座城门都会为你讲出一肚子的故事。

据陕西省地方志编纂委员会资料记载：1936年12月9日，欲赴临潼向蒋介石请愿的西安学生，在几座城门均被国民党关闭的情况下，于中正门（今解放门）向军警发动了强大的宣传攻势，终于感动守城军官及门卫，打开铁锁。学生们冲出城门，奏响了震惊世界的"西安事变"的序曲。

在那民族危亡的岁月，张学良将军创办的、由参加过"一二·九"爱国运动的北平大中学生及其他北方流亡学生组成的学兵队，就设在西安东城门楼上。这些国破家亡的热血青年，当年就在这古老的城门楼上，把自己年青的生命，交给了苦难深重的民族。这批学员日后大都成为东北军的中层将领及新中国的中高级领导人。

岁月的风尘写下了一部城门荣辱史。城门缄默，城门欲言：靠紧闭城门

---

①〔咽喉〕比喻形势险要的交通要道。

"护国安邦"的国策最终要受到历史的嘲弄,以进步的民族之魂筑起的长城才能辉煌地载入史册。

光阴荏苒,岁月如梭,如今,八座城门已无法满足改革开放后带来的交通、经济的迅猛发展的需要,于是四面墙体上又开出了许多豁口。站在古城墙上,俯视这些车流奔涌、人流湍急的"江河入海口",遥想千百年前逝去的八方来客,广路通门,人不得顾车不得旋的盛况,我再一次感受到历史螺旋式的前进运动。

即将跨入21世纪的西安古城,城墙是坚固的,城门却是敞开的。

三、城 墙 根 儿

假如把西安古城墙比作戴在西安古城脖颈上的一串铁胆石项链,那么沿城根那条林带就是系在这黑亮的项链周围的一条绿色的纱巾。

古代作为城防工事、军事设施的城墙周围,别说植树,百米之内都要求寸草不生,为的是不让敌人有任何隐蔽之可能。在古城墙的修复中,从专家到市民人人希望严格遵循旧制,复原历史风貌。可有谁总愿意生活在寸草不生的古战场上呢?所以,在编织这条绿色的纱巾时,西安人表现出了极大的灵活与"宽容"。

漫步在从城墙根到护城河这二十来米宽、近三十公里长的林带中,绿荫蔽日,小路羊肠,枝叶连柯①的缝隙中,青灰色的城墙时隐时现。每走上两三里,便会遇到一处亭台楼阁、小桥流水、假山回廊的小花园。那是镶嵌在这条绿色的纱巾上的十几颗璀璨②的宝石。其中最有特色的是南门以东的吉备真备园。它以唐代一位日本留学生的名字命名。这位日本青年把中国围棋带到了日本。他的家乡,日本冈山县人民为了纪念这位中日友好的使者、传播文化的先驱,在这里投资建园。园内有一座造型别致的纪念碑:下面是鹅卵石,代表棋子,碑座是一座围棋棋盘的造型,棋盘的巨石上是吉备真备的浮雕像,背后刻有他的简历。

可惜,像吉备真备园这种独具文化意蕴③,能够与其他城市的街头公园相区别的花园,在十几颗珍珠的比例中尚嫌少了一些;否则,它们将与古城的风

---

①〔枝叶连柯(kē)〕枝叶相连,形容枝叶很茂盛。柯,草木的枝茎。　②〔璀璨(cuǐcàn)〕形容珠玉等光彩鲜明。　③〔意蕴〕内在的意义,含义。

格更加和谐，并为古城更添特色！

又是一个有朝霞的清晨，我怀着探访的渴求踅①进长乐门城根附近的小巷。老人们告诉我，民国十七年间，大批河南逃荒来的难民在城墙根下支起一大片蘑菇似的破泥篷，风雪肆虐，瘟疫流行，饿殍②遍地，荒冢成群的悲惨景象，刺痛了担任陕西省政府主席的冯玉祥。"思国之安者必积其德义。"古训与良知使他在城墙根附近盖起了贫民一所、贫民二所，让灾民免费居住。每条小巷12个院，一个院里9间房，两条巷子共计216间房。解放后，贫民一所、贫民二所改为新中一巷、新中二巷。旧址上已建起了不少新楼，不过仍有几个院子，几经修葺，还能辨出当年那简朴、规整的原样。

望着城根下那一排排每间12平方米土木结构的平房，遥想当年这一虽是杯水车薪③却也雪中送炭的义举，不禁令人感慨中生：像冯玉祥这样一位良心未泯的军阀，尚且知道顾及民生，我们又岂能再让百姓因长期缺乏住房而在古城墙上打洞栖身呢？所幸，共和国的历史上古城墙下这本不该有的一页，已被改革的巨手翻了过去，但愿它永远成为过去。

亲爱的读者，我没有亲眼看见过1983年修复前的西安古城墙。据说逃荒的灾民、躲避日本飞机的难民以及解放后住房困难的市民在四面墙体上总共打了2 100多个洞。小洞十几平方米，大洞上下相通，洞洞相连，几可仿照"地道战"打场"墙道战"。我没有亲眼看见过那断壁残垣④、荒草没城的景象，只听城墙下的老住户们说：先前，城墙上天天有人打柴禾挖菜，遛马放羊。所以，我手中的笔难以充分表达古城墙修复工程的艰巨浩繁和西安人民保护我国古代文化遗产的巨大热情，只听说当年西安人18岁以上者，无论职位高低，无论有无职业，没有一人未参加过修复古城墙的义务劳动，把一个封闭的象征，一变而为开放的手段；把一个拒人于千里之外的形象，一变而为吸引世界、广交朋友的媒介。今天，当我站在古城墙上游目驰怀，才猛然悟到：西安人民完成的，岂止是对古城墙的修复，他们分明是在创造，创造着古城墙新的内涵，创造着古城新的形象，并在这创造中重塑了自己。

---

①〔踅（xué）〕来回走。　②〔饿殍（piǎo）〕饿死的人。　③〔杯水车薪〕用一杯水去救一车着了火的柴，比喻无济于事。　④〔断壁残垣（yuán）〕也作"残垣断壁"，指残缺不全的墙壁。形容房屋遭受破坏后的凄凉景象。

21 古城墙风景①

——和 谷——

每天出入城内,无管择哪一条道走,城门洞总是躲不开的必经之路,因此说,这多年间,我看惯了古城墙的风景。

我憾于不曾登临八达岭的长城,只是在三边与榆林的黄沙原上寻访过边墙的古梦,那雄浑的烽火墩,那沉浮于瀚海里的残垣,简直像艰难跋涉着的驼群。其风景,令人感怆万端,悲壮中不乏哀楚之思。

如果说,万里长城乃我四千年文明古国的标志,那么这西安古城墙,何以不属于这个大都市的某种值得珍重的精神!它是这座文化古城的脊梁,帝王之都的一枕悠悠远梦,也可以被视为西安的现实骨骼或者框架。它结构了汉字一般方正的街市,有颇规矩的布局,呈示着俨然稳固如磬的体魄。但事到如今,古城墙又究竟象征着怎样一层意味的屏障呢?

是呵,古城墙的内涵及其风景的审美意义,总不易猜得透它。它所包容的用黄土、石灰和糯米汁以及血肉混合夯打的层面,像一本难以掀开的坚硬的史书,是足够人们审度和消受的了。

忆念之中的一个秋天,古城墙曾陪伴过我多思而迷茫的年华。我踽踽踩蹀②于残垣上,或仰卧于苍黄的秋草里,感触着它太阳下的风景。老人在欣赏着勾头于蒿莱里的羊只,直到那白色的团块浸入一片霜露中去。而我,是放牧悲凉之诗的书生,一任失落的性灵被萧索的古意所吞没。

古城墙,被这个大都市遗忘了,抑或将它当作碍人手脚的废物却又困惑于无法处置它。秋夜里归去,见得一钩残月坠于护城河的污水里,沿河边是洗涤油垢棉纱和破烂布片的老妪与少女,一声声杂乱的棒槌声便从这儿那儿响起,击打得如诉如泣,似乎在借这捣衣声作歌,撞击着西安的背脊。

我便久久地记住了那城头荒草里的老人与羊只,心的磁带也不可抹去地录

---

①选自《中华少儿阅读全书·中学卷》(香港文化教育出版社有限公司1996年版)。 ②〔踽踽(jǔjǔ)踩蹀(diéxiè)〕独自往来徘徊。

下了那城河边的捣衣声，追随历史老人的脚步，窥视着古城墙的生命之光。残垣的裂痕，象征着裂变的历史，在我的幻觉中，似乎有一只黄绒绒的充满活力的小鸡在啄开蛋壳脱颖而出。它仿佛是一颗新鲜的太阳，更如同岁月中某种隐形的瑰宝，在孕育着，生长着，给这一块古老的土地以诱惑与希望。

是的，这座于明初在唐长安城的皇城基础上新建筑起来的城墙，曾无愧于中世纪后期中国历史上最著名的城垣建筑之一，是有过一番好风景的。尽管，此城堡比起规模宏大、豪华壮丽的唐长安城来是要逊色得多了，却依然有它的名胜所在。"汉冢唐塔朱打圈"的俗语，说明朱元璋时代的筑城风气非常盛行。它的构筑与布局，完全围绕于一个防御战略的基点上，四道城门、瓮城、角楼、"马面"以及垛墙上的方孔，无一不是出自防御战争的需要而设置的。历史则无情地淘汰了它的实用价值，将它冠以文物的名义留给了当今时代。

于是它生出绿苔的残梦断魂般的眸子，窥探着岁月流逝的秘密。它怅望这个世纪的特殊年月的人们，是怎么拦腰砍杀它，是怎么剥它的皮抽它的筋剐它的肉的。它头顶上荒草的白发便萧瑟一片，而空对余照悲叹秋风了。

长相思，在长安。当今时代的这座都市何啻"天长路远魂飞苦，梦魂不到关山难"！它凭借古城墙触摸着有形的历史，也同样是带着这个沉重的框架走向未来的。也许，有人以为古城墙是一个累赘，曾主张推倒它，填平城河，好造新景。也有人觉得任其自然的好，多一点古风，多一点残缺的美抑或是颓废的美更有意思。有远见卓识的西安的主人们，于 80 年代初，则终于绘出了一幅宏大而艰窘的修复古城墙的风景画。

这便有了再生的古城墙，城墙上有了元宵的社火灯会，城墙间有了四通八达而八面来风的门洞，有了内外环城路上的林阴与花坛，有了城河上使此岸与彼岸相接的雄奇而典雅的拱桥。历史，古老而崭新了。现实的古都也显得鲜美而富有。它以雄沉厚重的气势，稳实大度的神韵，含蓄多情的灵性，迎迓①着远朋佳宾，倾诉着关于西安这座城市的童话，昨天、今天和明天的梦。

又一度"长安一片月"的意境，我去拜望古城墙，却没有觅到诗中忆念中的捣衣声。城河岸上，有对对情人在缠绵私语，月光的氛围使其如诗如画，可惜少了波光和水声，等黑河里的那一汪清流引来，将是多么好的景致！扭头朝城墙一瞥，夜空下的墙头，又即刻使我陷入异常忧思而神妙的古意中去了。

或许，未来人将能够在远距离时间内触摸到西安的这个时代的背脊。尽管

---

① 迎迓（yà）：迎接。

古城将淹没于现代高层建筑的海中，但换一个角度，它又显然将一切遮在了背后。它不是战争的屏障了，也不是古玩摆设，更不是时间和空间的隔阂或者枷锁。它应该是什么呢？

我看惯了古城墙的风景，那西城垛的日落与东城垛的日出都好看，古城墙多像"方舟"！

咬文嚼字，在表面上像只是斟酌文字的分量，在实际上就是调整思想和感情。

可见这不求甚解四字的含义，有两层：一是表示虚心，目的在于劝戒学者不要骄傲自负，以为什么书一读就懂，实际上不一定真正体会得了书中的真意，还是老老实实承认自己只是不求甚解为好；二是说明读书的方法，不要固执一点，咬文嚼字，而要前后贯通，了解大意。

"咬文嚼字"和"不求甚解"是两个带贬义的成语，《咬文嚼字》和《不求甚解》两篇文章却破除陈见，分别赋予它们崭新的内涵。这两个成语的字面意思是矛盾的，但把两篇文章联系起来看，它们又是统一的。

阅读这两篇文章，分别理清作者思路，找出文章的基本观点和说明观点的依据，想想它们的观点是针对什么说的，有没有道理；再全面准确把握这两个成语在课文中的意思，看看它们之间有什么联系，能够给人们什么启迪。

通过两篇文章的比较，我们可以了解内容是如何决定形式的。两篇文章都是专题论述，但由于内容重点、主旨和目的不同，写法也各异。《咬文嚼字》主要从写作角度谈，也兼及阅读，属于文艺理论的探讨，故用典型事例，作深入细致的分析，可以使人感受到作者艺术鉴赏的深厚造诣；《不求甚解》则单从阅读角度谈，属于一般阅读方法的指导，故论证具体，反复申说，可以令人体会到作者对读书方法的真知灼见。

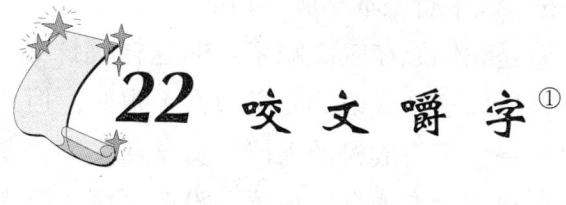

22 咬文嚼字①

—— 朱光潜 ——

郭沫若先生的剧本《屈原》里婵娟骂宋玉说："你是没有骨气的文人！"上演时他自己在台下听，嫌这话不够味，想在"没有骨气的"下面加"无耻的"三个字。一位演员提醒他把"是"改为"这"，"你这没有骨气的文人！"就够味了。他觉得这字改得很恰当，他研究这两种语法的强弱不同，以为"你是什么"只是单纯的叙述语，没有更多的意义，有时或许竟会"不是"；"你这什么"便是坚决的判断，而且还必须有附带语省略去了。根据这种见解，他把另

---

① 选自《艺文杂谈》（安徽人民出版社 1982 年版）。

一文里"你有革命家的风度"一句话改为"你这革命家的风度"(见《文学创作》第四期郭沫若《札记四则》)。

这是炼字的好例。我们不妨借此把炼字的道理研究一番。那位演员把"是"改为"这",确是改得好,不过郭先生如果记得《水浒》,就会明白一般民众骂人,都用"你这什么"式语法。石秀骂梁中书说:"你这与奴才做奴才的奴才!"杨雄醉骂潘巧云说:"你这贱人!你这淫妇!你这你这大虫口里流涎!你这你这……"一口气就骂了六个"你这"。看这些实例,"你这什么!"倒不仅是"坚决的判断",而是带有极端憎恶的惊叹语,表现着强烈的情感。"你是什么"便只是不带情感的判断,纵有情感也不能在文字本身上见出。不过它也不一定就是"单纯的叙述语,没有更多的含义"。《红楼梦》里茗烟骂金荣说:"你是个好小子,出来动一动你茗大爷!"这里"你是"含有假定语气,也带"你不是"一点讥刺的意味,如果改成"你这好小子!"神情就完全不对了。从此可知"你这"式语法,并非在任何情形之下都比"你是"式语法都来得更有力。其次,郭先生援例把"你有革命家的风度"改为"你这革命家的风度",似乎改得并不很妥。一、"你这"式语法大半表示深恶痛绝,在赞美时便不适宜。二、"是"在逻辑上是联接词(copula),相当于等号;"有"的性质全不同。在"你有革命家的风度"一句中"风度"是动词的宾词;在"你这革命家的风度"中"风度"便变成主词,和"你(的)"平行根本不成一句话。

这番话不免啰嗦,但是我们原在咬文嚼字,非这样锱铢必较①不可。咬文嚼字有时是一个坏习惯,所以这个成语的涵义通常不很好。但是在文学,无论阅读或写作,我们必须有一字不肯放松的谨严。文学藉文字表现思想情感;文字上面有含糊,就显得思想还没有透彻,情感还没有凝练。咬文嚼字,在表面上像只是斟酌文字的分量,在实际上就是调整思想和情感。从来没有一句话换一个说法而意味仍完全不变。例如《史记》李广射虎一段:

  李广见草中石,以为虎而射之,中石没镞,视之,石也。因更复射,终不能入石矣。

这本是一段好文章,王若虚②在《史记辨惑》里说它"凡多三石字",当改为:

  以为虎而射之,没镞,既知其为石,因更复射,终不能入。

或改为:

---

①〔锱铢(zīzhū)必较〕形容斤斤计较。锱、铢都是古代很小的重量单位。 ②〔王若虚(1174—1243)〕金代文学家。

　　　　尝见草中有虎，射之，没镞。视之，石也。

在表面上改的似乎简洁些，却实在远不如原文。见"草中石，以为虎"并非"见草中有虎"。原文"视之，石也"有发见错误而惊讶的意味。改为"既知其为石"便失去这意味。原文"终不能复入石矣"有失望而放弃得很斩截的意味，改为"终不能入"便觉索然无味。这种分别稍有文字敏感的人细心玩索一番，自会明白。

　　一般人根本不了解文字和思想情感的密切关系，以为更改一两个字不过是要文字顺畅些或是漂亮些。其实更动了文字，就同时更动了思想情感，内容和形式是相随而变的。姑举一个人人皆知的实例。韩愈在月夜里听见贾岛吟诗①，有"鸟宿池边树，僧推月下门"两句，劝他把"推"字改成"敲"字。这段文字因缘古今传为美谈，于今人要把咬文嚼字的意思说得好听一点，都说"推敲"。古今人也都赞赏"敲"字比"推"字下得好。其实这不仅是文字上的分别，同时也是意境上的分别。"推"固然显得鲁莽一点，但是它表示孤僧步月归寺，门原来是他自己掩的，于今他"推"。他须自掩自推，足见寺里只有他孤零零的一个和尚。在这冷寂的场合，他有兴致出来步月，兴尽而返，独往独来，自在无碍，他也自有一副胸襟气度。"敲"就显得他拘礼些，也就显得寺里有人应门。他仿佛是乘月夜访友，他自己不甘寂寞，那寺里如果不是热闹场合，至少也有一些温暖的人情。比较起来，"敲"的空气没有"推"的那么冷寂。就上句"鸟宿池边树"看来，"推"似乎比"敲"要调和些。"推"可以无声，"敲"就不免剥啄有声，惊起了宿鸟，打破了岑寂，也似乎平添了搅扰。所以我很怀疑韩愈的修改是否真如古今所称赏的那么妥当。究竟哪一种意境是贾岛当时在心里玩索而要表现的，只有他自己知道。如果他想到"推"而下"敲"字，或是想到"敲"而下"推"字，我认为那是不可能的事。所以问题不在"推"字和"敲"字哪一个比较恰当，而在哪一种境界是他当时所要说的而且与全诗调和的。在文字上推敲，骨子里实在是在思想情感上"推敲"。

　　无论是阅读或写作，字的难处在意义的确定与控制。字有直指的意义，有联想的意义。比如说"烟"，它的直指的意义，凡见过燃烧体冒烟的人都会明白，只是它的联想的意义迷离不易捉摸，它可联想到燃烧弹，鸦片烟榻，庙里

---

①〔韩愈在月夜里听见贾岛吟诗〕胡仔《苕溪渔隐丛话前集》卷十九引《刘公嘉话》中说，贾岛是在一次去京城路上，于驴上吟得这两句诗的。当时沉吟之时撞上韩愈出巡的马队，韩愈问其中缘由，立马良久，对贾岛建议说"敲"字比"推"字好。

焚香,"一川烟水","杨柳万条烟","烟光凝而暮山紫","蓝田日暖玉生烟"……种种境界。直指的意义载在字典,有如月轮,明显而确实;联想的意义是文字在历史过程上所累积的种种关系,有如轮外圆晕,晕外霞光,其浓淡大小随人随时随地而各各不同,变化莫测。科学的文字愈限于直指的意义就愈精确,文学的文字有时却必须顾到联想的意义,尤其是在诗方面。直指的意义易用,联想的意义却难用,因为前者是固定的,后者是游离的;前者偏于类型,后者偏于个性。既是游离的,个别的,它就不易控制,而且它可以使意蕴丰富,也可以使意思含糊甚至于支离。比如说苏东坡的《惠山烹小龙团》诗里三、四两句"独携天上小团月,来试人间第二泉","天上小团月"是由"小龙团"茶联想起来的,如果你不知道这个关联,原文就简直不通;如果你不了解明月照着泉水和清茶泡在泉水里那一点共同的清沁肺腑的意味,也就失去原文的妙处。这两句诗的妙处就在不即不离、若隐若约之中。它比用"惠山泉水泡小龙团茶"一句话来得较丰富,也来得较含混有蕴藉①。难处就在于含混中显得丰富。由"独携小龙团,来试惠山泉"变成"独携天上小团月,来试人间第二泉",这是点铁成金②。文学之所以为文学,就在这一点生发上面。

这是一个善用联想意义的例子。联想意义也最易误用而生流弊。联想起于习惯,习惯老是欢喜走熟路。熟路抵抗力最低,引诱性最大,一人走过,人人就都跟着走,愈走就愈平滑俗滥,没有一点新奇的意味。字被人用的太滥,也是如此。从前做诗文的人都倚靠《文料触机》《幼学琼林》《事类统编》之类书籍,要找词藻典故,都到那里去乞灵。美人都是"柳腰桃面""王嫱、西施",才子都是"学富五车,才高八斗";谈风景必是"春花秋月",叙离别不离"柳岸灞桥";做买卖都有"端木遗风",到现在用铅字排印书籍还是"付梓""杀青"。像这样的例子举不胜举,它们是从前人所谓"套语",我们所谓"滥调"。一件事物发生时立即使你联想到一些套语滥调,而你也就安于套语滥调,毫不斟酌地使用它们,并且自鸣得意。这就是近代文艺心理学家们所说的"套板反应"(stock response)。一个人的心理习惯如果老是倾向"套板反应",他就根本与文艺无缘,因为就作者说,"套板反应"和创造的动机是仇敌,就读者说,它引不起新鲜而真切的情趣。一个作者在用字用词上面离不掉"套板反应",在运思布局上面,甚至于在整个人生态度方面也就难免如此。不过习惯力量的

---

①〔蕴藉〕(言语、文字、神情等)含蓄而不显露。 ②〔点铁成金〕神仙故事中传说仙人用手指一点使铁变成金子,比喻把本来不太好的作品改成好的作品。

深广非我们意料所及,沿着习惯的去做,总比新创较省力,人生来有惰性,常使我们不知不觉地一滑就滑倒"套板反应"里去。你如果随便在报章杂志或是尺牍宣言里面挑一段文章来分析,你就会发见那里面的思想情感和语言,大半都由"套板反应"起来的。韩愈谈他自己做古文,"惟陈言之务去"。这是一句最紧要的教训。语言跟着思想情感走,你不肯用俗滥的语言,自然也就不肯用俗滥的思想情感,你遇事就会朝深一层去想,你的文章也就真正是"作"出来的,不至落入下乘。

以上只是随便举几个实例,说明咬文嚼字的道理。例子举不尽,道理也说不完。我希望读者从这粗枝大叶的讨论中,可以领略运用文字所应有的谨严精神。本着这个精神,他随处留心玩索,无论是阅读或写作,就会逐渐养成创作和欣赏都必需的好习惯。他不能懒,不能粗心,不能受一时兴会所生的幻觉迷惑而轻易自满。文学是艰苦的事,只有刻苦自励,推陈翻新,时时求思想情感和语言的精练与吻合,他才会逐渐达到艺术的完美。

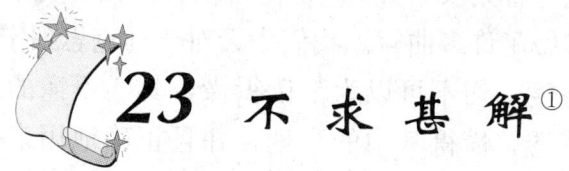

23 不求甚解①

── 马南邨 ──

一般人常常以为,对任何问题不求甚解都是不好的。其实也不尽然。我们虽然不必提倡不求甚解的态度,但是,盲目地反对不求甚解的态度同样没有充分的理由。

不求甚解这句话最早是陶渊明说的。他在《五柳先生传》这篇短文中写道:"好读书,不求甚解;每有会意,便欣然忘食。"人们往往只抓住他说的前一句话,而丢了他说的后一句话,因此,就对陶渊明的读书态度很不满意,这是何苦来呢?他说的前后两句话紧紧相连,交互阐明,意思非常清楚。这是古人读书的正确态度,我们应该虚心学习,完全不应该对他滥加粗暴的不讲道理的非议。

应该承认,好读书这个习惯的养成是很重要的。如果根本不读书或者不喜

---

① 选自《燕山夜话》。

欢读书，那么，无论说什么求甚解或不求甚解就都毫无意义了。因为不读书就不了解什么知识，不喜欢读也就不能用心去了解书中的道理。一定要好读书，这才有起码的发言权。真正把书读进去了，越读越有兴趣，自然就会慢慢了解书中的道理。一下子想完全读懂所有的书，特别是完全读懂重要的经典著作，那除了狂妄自大的人以外，谁也不敢这样自信。而读书的要诀，全在于会意。对于这一点，陶渊明尤其有独到的见解。所以，他每每遇到真正会意的时候，就高兴得连饭都忘记吃了。

这样说来，陶渊明主张读书要会意，而真正的会意又很不容易，所以只好说不求甚解了。可见这不求甚解四字的含义，有两层：一是表示虚心，目的在于劝戒学者不要骄傲自负，以为什么书一读就懂，实际上不一定真正体会得了书中的真意，还是老老实实承认自己只是不求甚解为好；二是说明读书的方法，不要固执一点，咬文嚼字，而要前后贯通，了解大意。这两层意思都很重要，值得我们好好体会。

列宁就曾经多次批评普列汉诺夫①，说他自以为熟读马克思的著作，而实际上对马克思的著作却做了许多曲解。我们今天对于马克思列宁主义的经典著作，也应该抱虚心的态度，切不可以为都读得懂，其实不懂的地方还多得很哩！要想把经典著作读透，懂得其中的真理，并且正确地用来指导我们的工作，还必须不断努力学习。要学习得好，就不能死读，而必须活读，就是说，不能只记住经典著作的一些字句，而必须理解经典著作的精神实质。

在这一方面，古人的确有许多成功的经验。诸葛亮就是这样读书的。据王粲的《英雄记钞》②说，诸葛亮与徐庶、石广元、孟公威等人一道游学读书，"三人务于精熟，而亮独观其大略"。看来诸葛亮比徐庶等人确实要高明得多，因为观其大略的人，往往知识更广泛，了解问题更全面。

当然，这也不是说，读书可以马马虎虎，很不认真。绝对不应该这样。观其大略同样需要认真读书，只是不死抠一字一句，不因小失大，不为某一局部而放弃了整体。

宋代理学家陆象山的语录中说："读书且平平读，未晓处且放过，不必太滞。"这也是不因小失大的意思。所谓未晓处且放过，与不求甚解的提法很相

---

①〔普列汉诺夫（1856—1918）〕俄国最早的马克思主义传播者，俄国社会民主工党孟什维克派的领袖之一。　②〔王粲的《英雄记钞》〕王粲（177—217），东汉末文学家，字仲宣，山阳高平（现在山东邹县东南）人。史书无王粲作《英雄记钞》的记载。本文所引《英雄记钞》中语，与《三国志》裴松之注所引鱼豢《魏略》中语，文字悉同。

似。放过是暂时的，最后仍然会了解它的意思。

　　经验证明，有许多书看一遍两遍还不懂得，读三遍四遍就懂得了；或者一本书读了前面有许多不懂的地方，读到后面才豁然贯通；有的书昨天看不懂，过些日子再看才懂得；也有的似乎已经看懂了，其实不大懂，后来有了一些实际知识，才真正懂得它的意思。因此，重要的书必须常常反复阅读，每读一次都会觉得开卷有益。

《读孟尝君传》这篇文章之所以能成为"千秋绝调",为历代文学爱好者传诵、欣赏,就是因为它文极短而气极长,就是因为它在如何看待"孟尝君能得士"的问题上,王安石有务出新意、发人深思的脱俗看法。

在这篇文章中王安石一点儿科学精神也没有,我们绝不能跟他学。

《读孟尝君传》不愧为名家名作,其立论的精当,论据的典型,论证的精辟,"足以为后世法",值得我们学习借鉴。

王安石的《读孟尝君传》,篇幅极短而文笔曲折、立意新颖而文思严密,因此历来被誉为驳文中的"千秋绝调"。针对这一评价,以下三篇文章各自发表了看法。试分析三篇文章的论点和论据的异同,并提出你自己的看法。

24 关于《读孟尝君传》的三篇争鸣文章

一篇八十八字的名作[①]
——《读孟尝君传》赏析

刘德斌

王安石的论说文《读孟尝君传》,全篇只有四句话、八十八字。它议论脱俗,结构严谨,用词简练,气势轩昂,被历代文论家誉为"文短气长"的典范。一生立志革新变法的王安石,十分强调文章要有利于"治教",要有益于社会进步。他曾说:"治教政令,圣人之所谓文也。"又说:"且所谓文者,务为有补于世而已。"《读孟尝君传》这篇论说文,就是为"有补于世"而作的。

[①]选自《名作欣赏》1981年第5期。

很明显，抨击了"孟尝君能得士"的传统看法，自然就会使读者认识到，不能像孟尝君那样，徒有"好养士"的虚名，而没有济世兴邦的才能，应该脚踏实地为振兴国家作出具体贡献。《读孟尝君传》这篇文章所以能成为"千秋绝调"，为历代文学爱好者传诵、欣赏，就是因为它文极短而气极长，就是因为在如何看待"孟尝君能得士"的问题上，王安石有务出新意、发人深思的脱俗看法。

孟尝君，姓田，名文，是战国时齐国的公子，封于薛（今山东滕县南）。他与当时赵国的平原君，楚国的春申君，魏国的信陵君，都以"好养士"出名，称为"战国四公子"。孟尝君当时有食客数千，可谓宾客盈门、谋士云集了。但是，王安石却不以为然。他认为"士"必须具有经邦济世的雄才大略，而那些"鸡鸣狗盗"之徒是根本不配"士"这个高贵称号的。孟尝君如果真能得"士"，也就可以"南面而制秦"，又何必赖"鸡鸣狗盗"之力而灰溜溜地从秦国逃归齐国呢？被世人赞为"孟尝君能得士"的例证"鸡鸣狗盗"故事，正是孟尝君"不能得士"的有力佐证。因此，孟尝君只不过是一个"鸡鸣狗盗之雄耳"。王安石采取以子之矛攻子之盾的论证手法，一反"孟尝君能得士"的传统看法，无可辩驳地把孟尝君推到"鸡鸣狗盗"之徒的行列，使人耳目一新。真是寥寥数语，曲尽其妙，淡淡几笔，气势纵横，细细玩味，有很丰富的政治内容。

《读孟尝君传》作为一篇翻案性的论说文，并没有冗长的引证，长篇的议论，仅用四句话八十八个字，就完成了立论、论证、结论的全过程。

"世皆称孟尝君能得士，士以故归之，而卒赖其力，以脱于虎豹之秦"为一立，开门见山提出议论的中心问题，即孟尝君能不能得士？"嗟呼！孟尝君特鸡鸣狗盗之雄耳，岂足以言得士？"为一劈，陡然一转，否定了"孟尝君能得士"的传统看法，提出了作者对孟尝君的评价，即孟尝君仅仅是个"鸡鸣狗盗之雄"，实在劈得精巧，劈得有力。"不然，擅齐之强，得一士焉，宜可以南面而制秦，尚取鸡鸣狗盗之力哉！"为一驳，驳"孟尝君能得士"，驳孟尝君"卒赖其力，以脱于虎豹之秦"，紧扣主旨，用事实驳斥了孟尝君能得士的表面性、片面性的看法，十分有力地证明，孟尝君是不能得士的。"鸡鸣狗盗之出其门，此士之所以不至也"，为一断，断"士以故归之"，断然肯定真正的士是不会跟孟尝君走的，这一断，如斩钉截铁，铿锵有力，字字警策，不容置辩。全篇紧紧围绕"孟尝君不能得士"的主旨，一立，一劈，一驳，一断，一波三折，严谨自然，完整统一，强劲峭拔，极有气势。

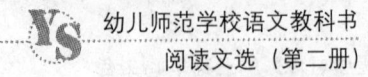

王安石非常反对华而不实的文风,反对过于雕镂的文辞,主张"意惟求多,字惟求少"。他给祖择之书云:"所谓辞者,犹器之有刻镂绘画也。诚使巧且华,不必适用;诚使适用,亦不必巧且华。要之以适用为本,以刻镂绘画为之容已。"《读孟尝君传》这篇论说文,谋篇布局严谨自然,遣词造句也极其简练,文简意深,完全符合其"要之以适用为本"的行文用词原则。

孟尝君自秦国逃归齐国,《史记·孟尝君列传》有较详细生动的描述,是历史上一个情节曲折令人爱读的故事。但是,王安石在《读孟尝君传》这篇文章中,没有引用孟尝君自秦逃归齐国故事中的任何情节,而是抓住最本质的内容,从大家所熟悉的"鸡鸣狗盗"成语着笔,这样,就省去了许多笔墨。"鸡鸣狗盗"这一成语,在文中共用了三次。第一次"特鸡鸣狗盗之雄耳",是为破"孟尝君能得士"而用;第二次"尚取鸡鸣狗盗之力哉",是为破"卒赖其力,以脱于虎豹之秦"而用;第三次"鸡鸣狗盗之出其门",是为破"士以故归之"而用。三次所用,各在其位,各有其非用不可的重要作用,所以,读来并不使人感到重复累赘,反觉抑扬顿挫,琅琅上口,津津有味。可见王安石用词的精妙真是达到炉火纯青的地步了。

名文未必无疵[①]
——也谈《读孟尝君传》

王子野

王安石的《读孟尝君传》全文不满百字,被历代文论家评为"千秋绝调",誉为"文短气长"的典范。最近一期(1981年5期)的《名作欣赏》上刊登了刘德斌的赏析,也完全赞同这个传统的看法。我倒有点不同的意见,未必正确,提出来讨论讨论。

王安石是唐宋八大家之一,留下不少诗文名作,这是人所共知的。但是名人的名作未必篇篇都是白璧无瑕,所以对名文不要迷信。他的这篇《读孟尝君传》就不是好作品。不管你怎么吹捧它"结构严谨,用词简练,气势轩昂",也不管你怎么赞扬它"一波三折,严谨自然,完整统一,强劲峭拔,极有气势",这些看法全是表面的、形式的。问题的实质是这篇翻案文章论证不稳,

---

[①] 选自《名作欣赏》1982年第2期。

站不住脚。主要缺点在两方面：翻案没有事实根据，推论又不合逻辑。

孟尝君门下食客数千，什么样的人都有，既有鸡鸣狗盗之徒，又有士，如冯骓（冯谖）之类的人物，这在《战国策》和《史记》上都有详细记载。如果要翻案就必须拿出新的材料来驳倒以上两部书的记载，否则这个案是翻不掉的。这正是问题的实质所在，避开它而翻案，只好想当然妄发议论："嗟呼！孟尝君特鸡鸣狗盗之雄耳，岂足以言得士？"刘德斌对这种没有事实根据的议论不去批评反而赞扬作者不引《史记》记载"省去了许多笔墨"，抓住了"最本质的内容"。

读历史书不为习俗之见所束缚，敢于以怀疑的眼光去探索问题，这种精神是可取的。王安石这篇文章可取之处仅此而已。但是他不依据事实去翻案就大错特错了。科学的态度要求实事求是，在这篇文章中王安石一点儿科学精神也没有，我们决不能跟他学。

证论问题当然离不开推论，但推论的大前提必须牢靠、稳固才行。"擅齐之强，得一士焉，宜可以南面而制秦，尚取鸡鸣狗盗之力哉！"得士就不要靠鸡鸣狗盗之力这个大前提是站不住的。因此"鸡鸣狗盗之出其门，此士之所以不至也"的论据完全是主观臆断。刘德斌却认为这个断语"如斩钉截铁，铿锵有力，字字警策，不容置辩"。对不合理的论断为什么不可以辩一辩呢？

疑义相与析[①]

——也谈《读孟尝君传》

谢纯昌

北宋著名政治家、文学家王安石的名作《读孟尝君传》，言简意深，历代传颂。对此，王子野同志在《名文未必无讹》一文中提出批评。他说："在这篇文章中王安石一点儿科学精神也没有。"他的理由是："孟尝君门下食客数千，什么样的人都有，既有鸡鸣狗盗之徒，又有士，如冯骓之类的人物，这在《战国策》和《史记》上都有详细记载。如果要翻案就必须拿出新的材料来驳倒以上两部书的记载。"（引自《名作欣赏》1982 年 2 期）笔者不揣冒昧，斗胆来"翻上一翻"。

[①]选自《名作欣赏》1982 年第 5 期。

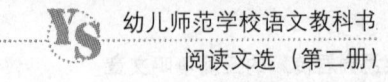

"鸡鸣狗盗之徒"不算"士",王子野同志和笔者的意见一致,因而不再赘论。

问题是"冯谖之类的人物"算不算"士"。根据《战国策》和《史记》的记载,冯骥(又作冯煖、冯谖)确实是个很有才能的人物:他"矫诏以债赐诸民",为孟尝君"市义",使孟尝君罢相回薛时受到老百姓的热烈欢迎;他替孟尝君经营"三窟",使孟尝君重返相位,而且"为相数十年无纤介之祸"——但也仅此而已。孟尝君为相数十年,在治国安民方面有多少政绩呢?冯骥作为孟尝君的主要谋士,在治国安民方面给孟尝君出了多少主意呢?除了"以债赐诸民"在客观上减轻了薛地人民的负担外,还有什么值得大书特书的呢?而且"市义"也好,"三窟"也好,并不是为了国富民强,而是为了巩固孟尝君在齐国的地位;至于三次弹唱"长铗归来乎?"更不是为了富国强民,而只是为了冯骥自己生活上的满足。——正是根据冯骥的所作所为,王安石把"冯骥之类"逐出了"士"的范畴,而归之于"鸡鸣狗盗之徒"。在王安石看来,冯骥和"鸡鸣狗盗之徒"是同类,他们之间的差别,不过是"五十步与百步"而已。当孟尝君满足了冯骥"食鱼""乘车"的要求后,冯骥向自己的朋友炫耀:"孟尝君客我!"——这不是一个追名逐利之徒的形象么?

《读孟尝君传》指出:"擅齐之强,得一士焉,宜可以南面而制秦。"可见,王安石所说的"士",不是仅仅"为知己死"的人,而是指目光远大、为国为民的人。在王安石心目中,能为国立功、为民谋利的人才算"士",而为自己或为某一个人谋利的人并不算"士"。这从他的《答司马谏议书》可以看出。他说:"举先王之政,以兴利除弊,不为生事;为天下理财,不为征利","如君实责我以在位久,未能助上大有为,以膏泽斯民,则某知罪矣"。可见,王安石所谓"士",是像他那样能为国兴利、膏泽百姓的人。在王安石看来,单纯为主子的个人安危荣誉出谋划策奔波效劳的人,如冯骥之流是不能列入士林的。因此,他不必"拿出新的材料来驳倒"《战国策》和《史记》记载的史实,便合乎逻辑地否定了孟尝君善养士的说法。

总之,《读孟尝君传》不愧为名家名作。其立论的精当,论据的典型,论证的精辟,"足以为后世法",值得我们学习借鉴。

笔者才疏学浅,仅以上述一孔之见求教于王子野同志及海内方家。

附

读孟尝君传

王安石

　　世皆称孟尝君能得士,士以故归之,而卒赖其力以脱于虎豹之秦。嗟乎!孟尝君特鸡鸣狗盗之雄耳,岂足以言得士?不然,擅齐之强,得一士焉,宜可以南面而制秦,尚何取鸡鸣狗盗之力哉?夫鸡鸣狗盗之出其门,此士之所以不至也。

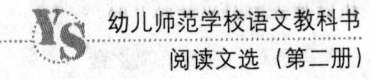

世界上万事万物都在那儿运动、变化、发展，语言也是这样。

"江""河"最初为专称，指的是"长江""黄河"。历经千百年的使用，词义发生了变化，成了河流的通称。

这里选用《语言的演变》和《"江""河"的词义是怎样扩大的》作比较阅读。前文第二部分和后文全篇都是介绍词汇变化的有关知识的。因此，阅读前文时，在整体把握全文的前提下，重点研读第二部分，再考察第二部分与后文的同中之异。从内容上看，前者重在介绍词汇变化的几种类型，后者重在介绍词义扩大（词汇变化之一种形式）的基本规律；如果说前者回答了"怎么样"的问题，那么后者回答的则是"为什么"的问题；如果说前者着眼于"面"（词汇变化）的系统性，那么后者则是着眼于"点"（词义的扩大）的深入性。从思路上看，前者由一般到个别，即常常是先说出词汇变化的一条规律，然后作演绎，举典型例子以帮助理解；后者是由个别求一般，即通过解剖两个典型例子，探求词义扩大的一般规律。

阅读这两篇文章，可以分别概括要点、理清思路，然后进行比较。

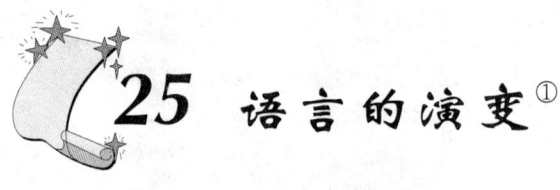

25 语言的演变①

—— 吕叔湘 ——

一

世界上万事万物都永远在那儿运动、变化、发展，语言也是这样。语言的变化，短时间内不容易觉察，日子长了就显出来了。比如宋朝的朱熹，他曾经给《论语》做过注解，可是假如当孔子正在跟颜回、子路他们谈话的时候，朱熹闯了进去，管保他们在讲什么，他是一句也听不懂的。不光是古代的话后世

---

①选自《语文常谈》（生活·读书·新知三联书店出版社 1980 年版）。原标题为《古今言殊》。选入课本时，作者作了删改。

的人听不懂，同一种语言在不同的地方经历着不同的变化，久而久之也会这个地方的人听不懂那个地方的话，形成许许多多方言。

古代人说的话是无法听见的了，幸而留传下来一些古代的文字。文字虽然不是语言的如实记录，但是它必得拿语言做基础，其中有些是离语言不太远的，通过这些我们可以对古代语言获得一定的认识。为了具体说明古代和现代汉语的差别，最好拿一段古代作品来看看。下面是大家都很熟悉的《战国策》里的《邹忌讽齐王纳谏》这一篇的头上一段：

> 邹忌修八尺有余，而形貌昳丽。朝服衣冠，窥镜，谓其妻曰："我孰与城北徐公美？"其妻曰："君美甚，徐公何能及君也？"城北徐公，齐国之美丽者也。忌不自信……旦日，客从外来，与坐谈，问之："吾与徐公孰美？"客曰："徐公不若君之美也。"

把这一段用现代话来说一遍，就会发现有很大的差别。不能光看字形。光看字形，现代不用的字只有四个：昳、曰、孰、吾。可是联系字的意义和用法来看，真正古今一致的，除人名、地名外，也只有十二个字：八、我、能、城、国、不、客、从、来、坐、谈、问。大多数的字，不是意义有所不同，就是用法有些两样。大致说来，有三种情形。

第一种情形是意义没有改变，但是现在不能单用，只能作为复音词或者成语的一个成分。有的构词的能力还比较强，如：形、貌、衣、镜、北、何、自、信、日、外；有的只在极少数词语里出现，如：丽（美丽、壮丽）、朝（朝霞、朝气、朝发夕至）、窥（窥探、窥测）、妻（夫妻、妻子）、甚（欺人太甚）。

第二种情形是意义没有改变，可是使用受很大限制。例如：作为连词的"而""与"，只见于一定的文体；表示从属关系的"之"只用于"百分之几""原因之一"等等；起指代作用的"者"只用于"作者、读者"等等；"美"现在不大用于人，尤其不用于男人（"美男子"口语不说，也不能拆开）；"有余"现在能懂，但不大用，"八尺有余"现在说"八尺多"。

第三种情形是这里所用的意义现代已经不用，尽管别的意义还用。例如：修（长）、服（穿、戴）、谓（对……说）、其（他的；"其余、其中、其一"里的"其"是"那"的意思）、公（尊称）、及（比得上）、君（尊称）、也（助词；现代的"啊"只部分地与"也"相当）、旦（"旦日"，"明日"，这里作"次日"讲）、之（他）、若（比得上）。还有一个"尺"字，似乎应该属于古今通用的一类，可是这里说邹忌身长八尺有余，显然比现在的尺小，严格说，

"尺"的意义也已经改变了（汉朝的一尺大约合现在七寸半，这里的尺大概跟汉朝的差不多）。

在语法方面，也有不少差别。例如"我孰与城北徐公美？"就是古代特有的句法，底下"吾与徐公孰美？"才跟现代句法相同。"君美甚"现在说"漂亮得很"，当中必须用个"得"字。"忌不自信"也是古代的句法，现代的说法是"邹忌不相信自己（比徐公美）"，不能把"自己"搁在动词前边，搁在前边就是"亲自"的意思（如"自己动手"），不是动作对象的意思（"自救、自治、自杀"等，是古代句法结构遗留在现代语里的合成词）。"客从外来"现在说"有一位客人从外边来"，"客人"前边得加个"一位"，头里还要来个"有"字，否则就得改变词序，说成"从外边来了一位客人"。"与坐谈"也是古代语法，现在不能光说"和"，不说出和谁，也不能愣说"坐谈"，得说成"坐下来说话"。"不若君之美"的"之"字，按照现代语法也是多余的。

这短短的一段古代的文字，大多数的字都是现在还用的，可是仔细一分析，跟现代汉语的差别就有这么大。

二

语言的变化涉及语音、语法、语汇三方面。语汇联系人们的生活最为紧密，因而变化也最快，最显著。有些字眼儿随着旧事物、旧概念的消失而消失。例如《诗经·鲁颂》的《駉①》这一首诗里提到马的名称就有十六种："骄②"（身子黑而胯下白的），"皇"（黄白相间的），"骊"（纯黑色的），"黄"（黄而杂红的），"骓③"（青白杂的），"駓④"（黄白杂的），"骍⑤"（红黄色的），"骐⑥"（青黑成纹像棋道的），"駝⑦"（青黑色而有斑像鱼鳞的），"骆"（白马黑鬃），"骝⑧"（红马黑鬃），"雒⑨"（黑马白骝），"駰⑩"（灰色有杂毛的），"騢⑪"（红白杂毛的），"驔⑫"（小腿长白毛的），"鱼"（两眼旁边毛色白的）。全部《诗经》里的马的名称还有好些，再加上别的书里的，名堂就更多了。这是因为马在古代人的生活里占重要位置，特别是那些贵族很讲究养马。这些字绝大多数后来都不用了。别说《诗经》时代，清朝末年离现在才几

---

① 〔駉〕念 jiōng。　② 〔骄〕念 yù。　③ 〔骓〕念 zhuī。　④ 〔駓〕念 pī。　⑤ 〔骍〕念 xīng。
⑥ 〔骐〕念 qí。　⑦ 〔駝〕念 tuó。　⑧ 〔骝〕念 liú。　⑨ 〔雒〕念 luò。　⑩ 〔駰〕念 yīn。
⑪ 〔騢〕念 xiá。　⑫ 〔驔〕念 diàn。

十年，翻开那时候的小说像《官场现形记》之类来看看，已经有很多词语非加注不可了。

有些字眼随着新事物、新概念的出现而出现。古代席地而坐，没有专门供人坐的家具，后来生活方式改变了，坐具产生了，"椅子""凳子"等字眼也就产生了。椅子有靠背，最初就用"倚"字，后来才写做"椅"。凳子最初借用"橙"字，后来才写做"凳"。桌子也是后来才有的，古代只有"几""案"，都是很矮的，适应席地而坐的习惯，后来坐高了，几案也不得不加高，于是有了新的名称，最初就叫"卓子"（"卓"是高而直立的意思），后来才把"卓"写做"桌"。

外来的事物带来了外来语。虽然汉语对于外来语以意译为主，音译词（包括部分译音的）比重较小，但是数目也还是可观的。比较早的有葡萄、苜蓿、茉莉、苹果、菠菜等等，近代的像咖啡、可可、柠檬、雪茄、巧克力、冰淇淋、白兰地、啤酒、卡片、沙发、扑克、哔叽、尼龙、法兰绒、道林纸、芭蕾舞等等，都是极常见的。由现代科学和技术带来的外来语就更多了，像化学元素的名称就有一大半是译音的新造字，此外像摩托车、马达、引擎、水泵、卡车、吉普车、拖拉机、雷达、爱克斯光、淋巴、阿米巴、休克、奎宁、吗啡、尼古丁、凡士林、来苏尔、滴滴涕、逻辑、米（米突）、克（克兰姆）、吨、瓦（瓦特）、卡（卡路里）等等，都已经进入一般语汇了。

随着社会的发展，生活的改变，许多字眼的意义也起了变化。比如有了桌子之后，"几"就只用于"茶几"，连炕上摆的跟古代的"几"十分相似的东西也叫做"炕桌儿"，不叫做"几"了。又如"床"，古代本是坐卧两用的，所以最早的坐具，类似现在的马扎的东西，叫做"胡床"，后来演变成了椅子，床就只指专供睡觉用的家具了。连"坐"字的意义，古代和现代也不完全一样①：古代席地而坐，两膝着席，跟跪差不多，所以《战国策》里说伍子胥"坐行蒲服，乞食于吴市"，坐行就是膝行（蒲服即匍匐）；要是按现代的坐的姿势来理解，又是坐着又是走，那是绝对不可能的。

再举两个名称不变而实质已变的例子。"钟"本是古代的乐器，后来一早一晚用钟和鼓报时，到了西洋的时钟传入中国，因为它是按时敲打的，尽管形

---

① 〔连"坐"字的意义，古代和现代也不完全一样〕前面把"坐"算在意义古今一致的字里边，这里又说古今也不完全一样，是因为："坐"作为身体动作的一种状态，区别于"立""卧"等等，古今一致；但"坐"的方式或姿势则古今不同。字义方面这种情形是常见的，例如"书"，古今样式不同，但作为供人阅读的文字记载是古今一致的。

状不同，也管它叫钟，慢慢地时钟不再敲打了，可是钟的名称不变，这就跟古代的乐器全不相干了。"肥皂"的名称出于皂角树，从前把它的荚果捣烂搓成丸子，用来洗脸洗澡洗衣服，现在用的肥皂是用油脂和碱制成的，跟皂角树无关。肥皂在北方又叫"胰子"，胰子原来也是一种化妆用品，是用猪的胰脏制成的，现在也是名同实异了。

也有一些字眼的意义变化或者事物的名称改变，跟人们的生活不一定有多大关系。比如"江"原来专指长江，"河"原来专指黄河，后来都由专名变成通名了。又如"菜"，原来只指蔬菜，后来连肉类也包括进去，到菜市场去买菜或者在饭店里叫菜，都是荤素全在内。这都是词义扩大的例子。跟"菜"相反，"肉"原来指禽兽的肉，现在在大多数地区如果不加限制词就专指猪肉，这是词义缩小的例子（"肉"最初不用于人体，后来也用了，在这方面是词义扩大了）。"谷"原来是谷类的总名，现在北方的"谷子"专指小米，南方的"谷子"专指稻子，这也是词义缩小的例子。

词义也可以转移。比如"涕"，原来指眼泪，《庄子》里说："哭泣无涕，中心不戚"。可是到汉朝已经指鼻涕了，王褒①《僮约》里说："目泪下，鼻涕长一尺"。又如"信"，古代只指送信的人，现在的信古代叫"书"，《世说新语》："俄而谢玄淮上信至，〔谢安〕看书竟，默默无言。""信"和"书"的区别是很清楚的。后来"信"由音信的意思转指书信，而信使的意思必得和"使"字连用，单用就没有这个意思了。

词义也会弱化。比如"很"，原来就是凶狠的"狠"，表示程度很高，可是现在已经一点也不狠了，例如"今天很冷"不一定比"今天冷"更冷些，除非"很"字说得特别重。又如"普遍"，本来是无例外的意思，可是现在常听见说"很普遍"，也就是说例外不多，并不是毫无例外。

如果我们换一个角度来看事物怎样改变了名称，那么首先引起我们注意的是，像前边分析《战国策》那一段文字的时候已经讲过的，很多古代的单音词现代都多音化了。这里再举几个人体方面的例子："耳"成了"耳朵"，"眉"成了"眉毛"，"鼻"成了"鼻子"，"发"成了"头发"。有的是一个单音词换了另外一个单音词，例如"首"变成"头"（原来同义），"口"变成"嘴"（原来指鸟类的嘴），"面"变成"脸"（原来指颊），"足"变成"脚"（原来指小腿）。有些方言里管头叫"脑袋、脑壳"，管嘴叫"嘴巴"，管脸叫"面孔"，管

---

①〔王褒〕西汉辞赋家。字子渊，蜀资中（现在四川省资阳县北）人。汉宣帝时为谏议大夫。

脚叫"脚板、脚丫子",这又是多音化了。

　　动词的例子：古代说"食",现代说"吃"；古代说"服"或"衣",现代说"穿"；古代说"居",现代说"住"；古代说"行",现代说"走"。形容词的例子：古代的"善",现代叫"好"；古代的"恶",现代叫"坏"；古代的"甘",现代叫"甜"；古代的"辛",现代叫"辣"。

　　字眼的变换有时候是由于忌讳：或者因为恐惧、厌恶,或者因为觉得说出来难听。管老虎叫"大虫",管蛇叫"长虫",管老鼠叫"老虫"或"耗子",是前者的例子。后者的例子如"大便""小便""解手""出恭"(明朝考场里防止考生随便进出,凡是上厕所的都要领块小牌子,牌子上写着"出恭入敬")。

三

　　语法方面,有些古代特有的语序,像"吾谁欺？""不我知","夜以继日",现代不用了。有些现代常用的格式,像"把书看完"这种"把"字式,"看得仔细"这种"得"字式,是古代没有的。可是总起来看,如果把虚词除外,古今语法的变化不如词汇的变化那么大。

　　语音,因为汉字不是标音为主,光看文字看不出古今的变化。现代的人可以用现代字音来读古代的书,这就掩盖了语音变化的真相。其实古今的差别是很大的,从几件事情上可以看出来。第一,旧诗都是押韵的,可是有许多诗现在念起来不押韵了。例如白居易的诗："离离原上草,一岁一枯荣(róng)。野火烧不尽,春风吹又生(shēng)。远芳侵古道,晴翠接荒城(chéng)。又送王孙去,萋萋满别情①(qíng)。"这还是唐朝的诗,比这更早一千多年的《诗经》里的用韵跟现代的差别就更大了。其次,旧诗里边的"近体诗"非常讲究诗句内部的平仄,可是许多诗句按现代音来读是"平仄不调"的。例如李白的诗："青山横北郭,白水绕东城。此地一为别,孤蓬万里征②……","郭""白""一""别"四个字原来都是入声,归入仄声,可是现在"郭""一"是阴平,"白""别"是阳平,于是这四句诗就成为"平平平仄平,平仄仄平平,仄仄平平仄,平平仄仄平"了。又其次,汉字的造字法里用得最多的是形声法,常常是甲字从乙字得声,可是有许多这样的字按现代的读音来看是不可理解的。例如"江"

---

①〔离离原上草……萋萋满别情〕这首诗是《赋得古原草送别》。　②〔青山横北郭……孤蓬万里征〕这首诗是《送友人》。下面还有四句是："浮云游子意,落日故人情。挥手自兹去,萧萧班马鸣。"

从"工"得声,"潘"从"番"得声,"泣"从"立"得声,"提"从"是"得声,"通"从"甬"得声,"路"从"各"得声,"庞"从"龙"得声,"移"从"多"得声,"谅"从"京"得声,"悔"从"每"得声,等等。从上面这些事例看来,汉字的读音,无论是声母、韵母、声调,都已经有了很大的变化了。

26 "江""河"的词义是怎样扩大的[①]

—— 李行健 ——

"江""河"最初为专称,指的是"长江""黄河"。历经千百年的使用,词义发生了变化,成了河流的通称。

"江""河"词义的扩大,同其他词义的扩大,既有共同性,又有自己的特殊性。自然,这种特殊性往往也是共同性的一种独特的体现。

词义是人类抽象思维的成果,只有当人类对客观事物具有初步概括能力之后,才能产生词义。词义正是用语音巩固下来的思维概括的成果。随着社会中人的思维能力的提高,人在各种实践活动中对客观事物的反复认识,就有可能逐步深化对事物的认识,对事物的特征才能分辨出本质和非本质的不同。对事物认识的概括性越高,它所包含的次要特征就越少。表现在词义上就是外延逐步扩大,而内涵则逐步缩小。"江""河"就是舍弃了原来作为专称所包含的"长江"和"黄河"的具体特征,而保留其作为河流的最本质的特征,逐步由专称变为通称的。这就是在人类思维能力日益提高,对客观事物认识逐步深化的推动下,语言中的词义发生扩大变化的原因。但是,这只是词义发生扩大变化的一种可能性。具体到某一个词词义是否发生扩大(也可能缩小或转移)变化,关键取决于社会交际的需要,取决于使用语言的社会特定历史条件。

"江""河"词义发生扩大变化,是因为社会在交际中经常列举它们去代表所有的河流。这是因为它们是我国南北的两条大川,完全具有代表各种河流的资格。当人们在交际中需要表示所有的河流这种意思时,既无必要也不可能遍

[①] 节选自《词语学习与使用述要》一书中的《也说"江""河"》。略有改动。

举所有的河流，最简便的办法常常就是举其中最富有特征的部分作代表。这种用法既具有抽象的概括作用，又富有形象的特征。这是比用"水"或"川"要新鲜而优越的地方。这个任务很自然地落到了"江""河"的身上。最初用"江""河"指代一切河流，然后成为河流的通称，即由临时指代发展为词的指代义（固定的义项）。这是语言发展中常见的现象。用专名指代通名，开始大多是修辞上的需要，是语言表达上力求更形象生动而临时采用的一种换名手法，因此必须借助于一定的语言环境才能明确其指代对象。它的指代义是依附于专名的，但这种用法反复出现，久而久之，可以形成为固定的指代义而获得独立运用的能力。比如用"诸葛亮"这个专名指代诸葛亮式的有智慧的人（"不要当事后诸葛亮"）就是这样。诸葛亮即由专名变成了通名。它同江河发展不同的是，作专名的诸葛亮没有别的词代替它，所以它还既有原来专名的意义，又有新的通名的意义。在汉语发展中，"江""河"专名的意义为"长江""黄河"所代替，所以现在"江""河"就只有河流通名的意义，再没有原来专名的意义了。从下面的例句可以看到，当时"江河"还用作临时代指，到先秦以后，泛指河流才逐步成为固定的指代义。所以春秋战国是"江河"词义扩大的萌芽阶段。

《荀子·劝学》："假舟楫者，非能水也，而绝江河。"

《庄子·秋水》："春秋不变，水旱不知，此其过江河之流，不可为量数。"

《庄子·天下》："昔禹之堙①洪水，决江河而通四夷②九州也。名山三百，支川三千，小者无数。"

《孟子·尽心上》："及其一闻善言，见一善行，若决江河，沛然莫之能御也。"

《战国策·楚策四》："夫雀其小者也，黄鹄因是以。游于江海，淹乎大沼……故昼游于江河，夕调乎鼎鼐③。"

《吕氏春秋·论威》："虽有江河之险则凌之，虽有大山之塞则陷之。"

以上各例，有的"江河"代指河流意义非常明显，也就是专指性少，代指性多。如《荀子·劝学》，显然是用"江河"代指河流来作比喻的。《战国策·楚策四》中的"江河"代指和专指都十分明显。因为上句用"江海"，下句用"江河"，"江河"的泛指性就十分清楚了。正因如此，所以"江河"不仅可以换"江海"，还可以换成"河海"。《孟子·公孙丑上》："麒麟之于走兽，凤凰之于飞鸟，太行之于丘垤④，河海之于行潦⑤，类也。""江河"还可以换成

---

①〔堙（yīn）〕堵塞。　②〔四夷〕四方蛮荒之地。　③〔鼐（nài）〕大鼎。　④〔垤（dié）〕小土堆。　⑤〔行潦（lǎo）〕（地上）流淌的雨水。

"江湖"。《庄子·大宗师》:"不如相忘于江湖。"有的例句代指性可能差一些,而专指性强一些,如上引《庄子·秋水》的例句。但应该说,这些例句中的"江""河"都有两重性,即既有专指性又有代指性,而代指性正来自专指性。如果我们忽略这一特点,把它们单纯理解为"长江"和"黄河",或简单地理解作河流,都有一定的片面性,似乎都没有准确地把握住这些词的含义。

"江""河"并举不仅可以专指兼代指,"江""河"也可同"山"一起,表示专指兼代指的作用。这里的"山"常常就是泛指,与之处于同等位置的"江""河",也是以专称来代通称用的。就"江""河"而言,代指的仍是河流。《庄子·山木》:"彼其道远而险,又有江山。"这里的"江"就代指路上的河流,"山"也泛指路上的高山。但"江"仍有专指"长江"的意义。因为这里讲的是从鲁国去南越,中间正要渡过长江。所以这里不能换成"河山"。《战国策·魏策一》:"魏武侯与诸大夫浮于西河,称曰:'河山之险,岂不亦信固哉!'"从"西河"可知"河"指黄河。这里是用"黄河"代河流,因而不能换成"江山"。但由于这种结合并不固定,所以还可以说成"山河"。《左传·僖公二十八年》:"若其不捷,表里山河,必无害也。"这里的"山河"还包含有太行山、中条山和黄河的意思,即既是专称又是代称。到西汉时,随着"江""河"词义的扩大明显化,"江""河"同"山"一起,结构渐趋固定成为一个整体,表示引申义"国土""疆土"了。这标志着"江""河"的词义发生了大的变化。

汉贾谊《过秦论上》:"因利乘便,宰割天下,分裂河山,强国请服,弱国入朝。"

南朝鲍照《拟青青陵上柏》诗:"渭滨富皇居,鳞馆匝河山。"

这里的"河"已是十足的普通名词了。它在"河山"中同"山"一起作为两个相关的语素构成一个新的复词,但由于处于起始阶段词素并不固定,词素相互的顺序也可变换,所以也可用"江山""江河"或"山河"。魏钟士季《檄蜀文》:"然而江山之外,异政殊俗,率土齐民,未蒙王化。"这里的"江山"指的是疆土,同前举的《庄子·山木》中的"江山"意义就完全不同了。《晋书·王导传》:"过江人士,每至暇日,相邀出新亭饮宴。周𫖮①中坐而叹曰:'风景不殊,举目有江河之异。'"《世说新语·言语》记载同一事实,却是"风景不殊,正自有山河之异"。这些例中的"河山""江山""江河"同先秦的

---

① 〔𫖮〕念yǐ。

相比，都已成为一个复词，引申出新的意义了。

　　"江""河"词义能扩大，除了上述原因外，它们本身内在还具有可扩大的因素。"江""河"可以分流，一分为三，甚至一分为九。因此有"三江""九河"之说。"九河"并非有九条黄河，而是黄河在今华北平原分流为九条支派，每一条都是黄河的一部分，所以才有"禹疏①九河"之说。长江因其长，还可以分段或分派，也就有"三江""九江"之说。《山海经·海内东经》所说的"三江"就是"大江、中江、北江"。《汉书·地理志》注："岷江为大江，至九江为中江，至徐陵为北江。"这种把"江"分段指称的办法，犹如今天的"金沙江""扬子江""荆江"类似，各指江的一部分，合起来就有几江了。专称前冠以数词限制，似乎就否定了专称，但由于这里的数词指的是整体的各个部分，并非指相同的几个整体，所以虽有数量限制修饰，实仍为一整体。"江""河"这种独特的情况，对它词义扩大为泛指河流是有一定影响的。专称前加数量修饰限制，就大大削弱了它专称的特点。同时，更由于为了区别分出的支派，还可以在支派前加新的专称限制词，如"九河""九江"各有专名，就给"江河"扩大为泛称提供了条件。

　　"江""河"真正扩大为泛指"河流"，只有在它们本身不再包括"长江"和"黄河"的含义后，也就是在它的前面可以随意而不限于它原来的支派冠以修饰限制词之后，如"××江"、"××河"。后来北方河流一般叫"××河"，南方河流一般叫"××江"，这大概就是"江""河"的初义仅存的一点儿历史残迹了。

---

①〔疏〕疏通。

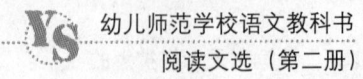

我家乡的泥土,我祖国的土地,我永远同你们一起接受阳光雨露,与花、禾苗一同生长。

人们通常之所以习惯把散文称作"抒情散文",那实在是因为"情"乃散文之命脉、之灵魂。

这里选取散文《愿化泥土》和议论文《散文的抒情性》作比较阅读。

《愿化泥土》以生动的笔墨,把我们领入了一个如《散文的抒情性》所说的"旨在写情,情中见性,情亦见时"的形象的美文天地,使我们为文之情所感染,人之性所感动,还为其透露出的时代精神所振奋。《散文的抒情性》则以敏锐的笔触把我们引进了如何分析研究散文的理性世界,使我们不禁联想起学过的许多散文,会产生原来如此的顿悟。下面两个纵行是分别归纳两篇文章的内容要素的,请同学们读完后用线把左右两边相关的项连接起来。

我的唯一心愿是:化作泥土,留在人们温暖的脚印里。	写情中见时代
正真,诚实,善良;热爱生活,热爱祖国,热爱人民。	散文旨在写情
中国人民经历了无数的苦难,尤其是十年动乱的灾难,更增强了爱国心和使命感。	写情中见个性

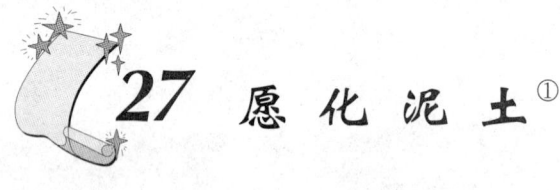

27 愿化泥土①

——巴 金——

最近听到一首歌,我听见人唱了两次:《那就是我》。歌声像湖上的微风吹过我的心上,我的心随着它回到了我的童年,回到了我的家乡。近年来我非常

---

① 选自《现代作家》1984年1月号。

想念家乡，大概是到了叶落归根①的时候吧。有一件事深深地印在我的脑子里，三年半了。我访问巴黎，在一位新认识的朋友家中吃晚饭。朋友是法籍华人，同法国小姐结了婚，家庭生活很幸福。他本人有成就，有名望，也有很高的地位。我们在他家谈得畅快，过得愉快。可是告辞出门，坐在车上，我却摆脱不了这样一种想法：长期住在国外是不幸的事。一直到今天我还是这样想。我也知道这种想法不一定对，甚至不对。但这是我的真实思想。几十年来有一根绳子牢牢地拴住我的心。1927年1月在上海上船去法国的时候，我在《海行杂记》中写道："再见吧，我不幸的乡土哟！"1979年4月再访巴黎，住在凯旋门②附近一家四星旅馆的四楼，早饭前我静静地坐在窗前扶手椅上，透过白纱窗帷看窗下安静的小巷，在这里我看到的不是巴黎的街景，却是北京的长安街和上海的淮海路、杭州的西湖和广东的乡村，还有成都的街口有双眼井的那条小街……到8点钟有人来敲门，我站起来，我又离开了"亲爱的祖国和人民"。每天早晨都是这样，好像我每天回国一次去寻求养料。这是很自然的事，我仿佛仍然生活在我的同胞中间，在想象中我重见那些景象，我觉得有一种力量在支持我。于是我感到精神充实，心情舒畅，全身暖和。

我经常提到人民，他们是我所熟悉的数不清的平凡而善良的人。我就是在这些人中间成长的。我的正义、公道、平等的观念也是在门房和马房里培养起来的。我从许多被生活亏待了的人那里学到热爱生活、懂得生命的意义。越是不宽裕的人越慷慨，越是富足的人越吝啬。然而人类正是靠这种连续不断的慷慨的贡献而存在、而发展的。

近来我常常怀念六七十年前的往事。成都老公馆里马房和门房的景象，时时在我眼前出现。一盏烟灯，一床破席，讲不完的被损害、受侮辱的生活故事，忘不了的永远不变的结论："人要忠心。"住在马房里的轿夫向着我这个地主的少爷打开了他们的心。老周感慨地说过："我不光是抬轿子。只要对人有好处，就让大家踏着我走过去。"我躲在这个阴湿的没有马的马房里度过多少个夏日的夜晚和秋天的黄昏。

门房里听差的生活可能比轿夫的好一些，但好得也有限。在他们中间我感到舒畅、自然。后来回想，我接触到通过受苦而净化了的心灵就是从门房和马

---

①〔叶落归根〕树叶枯萎后必定会落在树根周围，比喻不忘本源。现在常用来说久居异乡，到了晚年，想要返回家乡，以便最终安息于故土。　②〔凯旋门〕古罗马奴隶制统治者及以后的欧洲封建帝王为炫耀对外侵略战绩而建的一种纪念性建筑。这里指的是1806至1836年法国拿破仑一世建的"军队光荣"凯旋门。

房里开始的。只有在十年动乱的"文革"期间，我才懂得了通过受苦净化心灵的意义。我的心常常回到门房里爱"清水"恨"浑水"的赵大爷和老文、马房里轿夫老周和老任的身边。人已经不存在了，房屋也拆干净了。可是过去的发过光的东西，仍然在我心里发光。我看见人们受苦，看见人们怎样通过受苦来消除私心杂念。在"文革"期间我想得多，回忆得多。有个时期我也想用受苦来"赎罪"，努力干活。我只是为了自己，盼望早日得到解放。私心杂念不曾消除，因此心灵没有得到净化。

现在我明白了。受苦是考验，是磨炼，是咬紧牙关挖掉自己心灵上的污点。它不是形式，不是装模作样。主要的是严肃地、认真地接受痛苦。"让一切都来吧，我能够忍受。"

我没有想到自己还要经受一次考验。我摔断了左腿，又受到所谓"最保守、最保险"方法的治疗。考验并未结束，我也没有能好好地过关。在病床上，在噩梦中，我一直为私心杂念所苦恼。以后怎样活下去？我不能回答这个问题。

漫长的不眠之夜仿佛一片茫茫的雾海，我多么想抓住一块木板浮到岸边。忽然我看见了透过浓雾射出来的亮光：那就是我回到了老公馆的马房和门房，我又看到了老周的黄瘦脸和赵大爷的大胡子。我发觉自己在私心杂念的包围中，无法净化自己的心灵。门房里的瓦油灯和马房里的烟灯救了我，使我的心没有在雾海中沉下去。我终于记起来，那些"老师"教我的正是去掉私心和忘掉自己。被生活薄待的人会那样地热爱生活，跟他们比起来，我算得什么呢？我几百万字的著作还不及轿夫老周的四个字"人要忠心"。（有一次他们煮饭做菜，我帮忙烧火，火不旺，他教我"人要忠心，火要空心"）想到在马房里过的那些黄昏，想到在门房里过的那些夜晚，我仿佛回到了自己的童年。

我多么想再见到我童年时期的脚迹！我多么想回到我出生的故乡，摸一下我念念不忘的马房的泥土。可是我像一只给剪掉了翅膀的鸟，失去了飞翔的希望。我的脚不能动，我的心不能飞。我的思想……但是我的思想会冲破一切的阻碍，会闯过一切难关，会到我怀念的一切地方，他们会像一股烈火把我的心烧成灰，使我的私心杂念化成灰烬。

我家乡的泥土，我祖国的土地，我永远同你们在一起接受阳光雨露，与花树、禾苗一同生长。

我唯一的心愿是：化作泥土，留在人们温暖的脚印里。

1983年6月29日

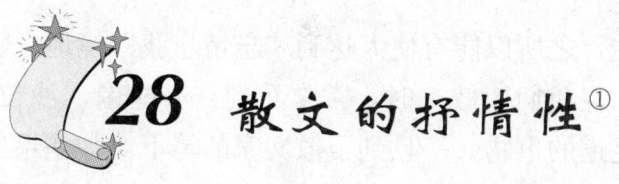

28 散文的抒情性[1]

—— 佘树森 ——

人们通常之所以习惯把散文称作"抒情散文",那实在是因为"情"乃散文之命脉、之灵魂。散文之叙事、记人、说理,亦无不是旨在写作者主观之情,处处渗透着感情的分子,更何况,思想实乃理性化了的情感;道理,乃规范化了的情感,皆非与情绝缘也。

《老残游记》的作者,认为"灵性生感情,感情生哭泣",《离骚》《庄子》《史记》《草堂诗集》《西厢记》《红楼梦》,乃至李后主的词、八大山人的画,皆为作者之"哭泣"。在这里,刘鹗把一切文学艺术的本质,看作一个"情"字。

当然,一切文学艺术都离不开一个"情"字。但是,我以为其情之最真、最痴、最自然者,莫过于散文之"情"。读一篇好散文,总给人以"开缄论心"之感,仿佛走进了作者那敞开的心灵,听他倾诉衷情,那么纯真如痴,朴素自然。所以说它是"情种"的艺术,是知其"三昧[2]"切中要害的。

散文旨在写情

散文所表现的,主要是作者的感受——或感物之情,或所感之物,都离不开"感受"二字。感受,即情也。写景、写人、写事,其目的还是在于抒写自己的主观感情;发挥思想、议论道理,也是抒情的一法,归根结蒂,思想、道理也是"情",只不过是一种"理智"化、"规范"化、"条理"化了的"情"。至于纪实类散文,作者似乎只是一个"笔述者",然而那文字之中,也无不浸润着"感情的分子"。下面请看郁达夫的写作经验之谈:

> 散记清淡易为,并且包含很广,人间天上,草木虫鱼,无不可谈,平生最爱读这一类书,而自己试来一写,觉得总要把热情渗入,不能达到忘

---

[1] 选自《中国现当代散文研究》(北京大学出版社 1993 年版)。佘树森(1937—1993),北京大学教授。
[2] 〔三昧〕佛教用语,意思是心神平静,杂念止息,是佛教的重要修行方法之一。今借指事物的诀要。

情忘我的境地①。

的确，好的散文，之所以能有使人达到"忘情忘我"境地之魅力，其关键全在一个"情"字。在我们读散文时，常常看到：一些像"沙粒"一般普通、平凡、细小、微不足道的事物，一旦到了散文家的笔下，却熠熠生辉，妙不可言，仿佛带着我们也"从最破最旧最平凡的处所，走进极乐世界②"。就以朱自清的《桨声灯影里的秦淮河》为例。这是一篇不朽的现代美文，作者笔下的那卷画舫凌波、灯月交辉、人影幢幢、歌声扰扰的秦淮夜游图，曾魔伏③过多少读者。那么，自然的秦淮河又是怎样的呢？据朱自清夫人陈竹隐同志回忆说，有一次她和朱自清来到秦淮河边，望着荒寒、污浊的一道绿水，陈竹隐道，这就是《桨声灯影里的秦淮河》里所说的秦淮河？没想到在文人笔下写得那么美！朱自清风趣地说，你不要讥笑人啊，那是我写的。陈竹隐回答说："我看文章，从来不注意作者的名字。④"这件事正说明一个问题：为什么看似一条普普通通的河（尽管十年前，即朱自清和俞平伯同游时，它还风韵残存），在作者写来，却是那样绚丽美妙、如幻似梦呢？其关键全在于主观情感的渗入。你看：在作者笔下，那浑浊的绿水，却是"碧阴阴的，看起来厚而不腻，或者是六朝金粉所凝么？"那些唱着"因袭的言词，从生涩的歌喉里机械的发出来的"歌声，"经了夏夜的微风的吹漾和水波的摇沸"，"袅娜着"传到作者耳边的时候，"已经不单是她们的歌声，而混着微风和河水的密语了"。那古旧的"大中桥"和桥上破旧的木壁房子，又使作者幻想出昔日的富丽和繁华。……在这里作者让我们清清楚楚地看到了：他是怎样渗入他的热情，使平凡、破旧，甚至丑陋的事物，变得瑰奇、新异和美好。所以有人将散文称作"美丽的谎⑤"。可以说：如若没有一个"情"字——而且还要是真挚、湛醇的至情，便没有情绪的冲动、灵感的闪烁，也没有写作的好材料，因此，也就没有散文创作活动的发生。

写情自然见性

有人说："小品文作家的妙处，便是在乎以自我为中心，不断地提起他本身。⑥"

---

①见《达夫自选集》序言。　②见亚历山大·史密斯《小品文作法论》。译文见《人间世选集》卷三。　③〔魔伏〕使人像着魔一样地陶醉。　④这是据陈竹隐同志的口头回忆所写。　⑤引自苏雪林《我写作的动机和经过》，见《青鸟集》。　⑥见史密斯《小品文作法论》。

尽管对于这个"自我"中心说,一直存在着疑义和争论;但是,有一点却是人所共见的事实,那就是:在散文里,作者的人格、个性的表现,不仅要求也像抒情诗那样的浓厚、鲜明——比如有人说散文这一文体,"是将诗歌中的抒情诗,行以散文的东西①";而且还要求比抒情诗更加朴实、自然。作者不论是抒情、叙事、说理,亦不论使用的是第一人称,还是第二、第三人称,其实质,无不是在抒我之情,表我之意,言我之志,"处处皆有'我'在"。作者将他的"人格的动静描画在这里面","人格的声音歌奏在这里面","人格的色彩渲染在这里面",并且还是"深刻的描画着,锐利的歌奏着,浓厚的渲染着",使读者一读其文,便能够"洞见作者是怎样一个人②"。

写散文贵在"处处皆有'我'在";但又最忌故意"表现自我"。如前所说,散文中的"我",就是"我之情""我之意""我之志"——"我"之思想感受。如果这一切是亲感至诚的,坦白自然的,那么,自能从中见到作者人格、个性的真面目;反之,如果作者缺乏这种"至诚"和"坦白",一心只想着"表现自我",将"我"极力夸张,矫揉造作,装腔作势,那就不仅不能给人以真诚、亲切之感,引起人们的关注与同情,反而会使人生厌。所以说,散文中的这个"我",应该是诚实而又谦逊的。他既有不溢美隐恶的坦诚,又有不伤及他人的自重。他有强烈的爱憎,鲜明的是非观念,发表意见,抒发情感,从来是坦率而尖锐的;然而,他又始终以平等的态度对待读者,将读者视为知己,向读者交出他那颗火热的心。

所以,读者是经常将散文当作作者的"自叙传"和"内心独白"来读的。从那里,我们可以窥知作者的人格、个性、思想、习惯、嗜好,以及生活经历。据说,法国散文家蒙泰纽(Montaigne),晚年曾叮嘱人们,说他的散文"涉及家事和私事。目的是要给朋友亲戚们用的;那么,在我死以后——我快要死了——他们可以从其中一窥我旧日的声容和幽默;由此,他们对于我的记忆,会更完全,更栩栩如生③"。的确,许多优秀的散文家,虽然已经故去了,但是,他们的纯真美好的心灵,却永远跳动在他们的作品里。比如我们读鲁迅的《野草》,至今犹能触摸到那一颗坚韧战斗、痛苦求索、忧愤深广的心;读徐志摩的散文,作者那坦率、天真,常常乍喜乍愁、暴跳狂叫的个性,却宛然在目前;从朱自清的散文里,你时时都能感受到他那心地的善良、纯正、沉思和隐忧;从梁遇春的散文里,我们分明看到一位看穿人世,却不悲观厌世的青

---

① 见厨川白村《出了象牙之塔·Essay》。　②见胡梦华《絮语散文》。　③见史密斯《小品文作法论》。

年,在倾诉着他对人生的奇思妙想……。作者没有什么可以掩蔽和造作,他甚至于不惜自我"暴露"和"解剖"。正是从这个意义上着眼,有人认为散文这一文体,又是"个人"的、"自我"的。

"见性"亦见"时代"

我们说,散文既是"个人"的,但同时又是"时代"的。"一切皆从作者的主观感受出发"和"处处皆有我在",此乃是散文表现生活,反映时代的一种独特方式,正是像梁遇春所说的:"小品文的妙处也全在于我们能够从一个具有美好的性格的作者眼睛里去看一看人生①。"瞿秋白曾经将作者的心灵、个性比作"镜面"和"钟身"。其作品,便是时代潮流、生活现象在此"镜面""钟身"之上所留下的"影"与"响"。由于"镜面之大小,钟身之厚薄"的差异,所产生的"影"与"响",自然也就有大与小、强与弱、清晰与模糊,乃至如实与变形之不同②。散文作者,身为社会之一员,只要他不是"彻底"的隐士,完全忘情现实人生,那么,他的心灵的"镜面"和"钟身"上面,就不能不或多或少地留下时代的"影"与"响"。比如,同样是处在"五四"运动"落潮"期的时代背景之下,鲁迅的《野草》,寄托深沉,暗示丰富,在反映一代知识分子苦闷、彷徨、求索、渴望的时代精神上,是十分深刻、有力的。而许地山的《空山灵雨》,对于当时时代精神的反映,比之《野草》来,显然是模糊、淡弱得多,故有人评它说:"你要在落华生的作品中间找现代社会的缩影,一定找不到③。"但是,如果我们去仔细聆听,依然能够听到"五四"落潮时期知识分子的苦闷、孤独、烦忧的心声。

在散文创作里,我们还看到:即使在同一个"镜面""钟身"上,同一时代中的不同事物,反射上去所发生的"影"与"响"也是不相同的。试以朱自清的《执政府大屠杀记》和《荷塘月色》为例。在1926年3月18日震惊世界的"三·一八"惨案发生后的第五天,朱自清以其身历亲见,写下了《执政府大屠杀记》一文。题材本身,是属"时代强音"。因而,它在作者心灵上发出的"影"与"响",比之他的其他题材的散文,也就相对的强劲和深刻。正如有人在评述这篇散文时所说:

朱自清并不是张牙舞爪的作家,是中国传统读书人的典型,可是在这

---

① 见梁遇春《〈小品文选〉序》。 ② 见瞿秋白《〈赤都心史〉序》。 ③ 见茅盾《落华生论》。

一篇文章里，却毫无保留地表现了非常激动的情绪。①

然而，朱自清毕竟是朱自清，尽管他悲愤填膺，激动不已，但是，他依然不是"空喊口号"，"没有咒骂"，"更不曾失态"，他从一件件真实的事情上落笔，虽不曾流露"滚滚热血"，也不曾表现"慷慨激昂"，但却"感人至深"。

同《执政府大屠杀记》对比鲜明的是《荷塘月色》。作者所描写的不是所谓"重大题材"，不是时代的"强音""重音"。因而它在作者心灵的"镜面""钟身"上所留下的"影"与"响"，也自然不像《执政府大屠杀记》那样的深刻和强劲。作者呈现给我们的，仅是一幅清美幽妙的图画：曲曲折折的荷塘，密密田田的荷叶，星星点点的荷花，淡淡的月色，脉脉的荷香……这一切，交融着作者那隐隐的，却又是深沉的孤独与苦闷的心绪，在笔底流动。这也是那个黑暗、苦闷的时代，在作者心灵上留下的"影"与"响"。只不过其影子、声音、色彩，不似《执政府大屠杀记》一文那样深刻，那样强劲，那样浓厚罢了。

在处理个人与时代的关系时，如何对待个性中"与时代性稍有出入"的那部分，是个颇为重要的研究课题。早在 50 年前，刘半农曾作过颇为精到的论述，他说"一个人的思想情感，是随着时代变迁的"，"但所谓变迁，是说一个人受到了时代的影响所发生的自然的变化，并不是说抹杀了自己专门去追逐时代。当然时代所走的路径也许完全是不错的。但时代中既容留得一个我在，则我性虽与时代性稍有出入，也不妨保留，借以集成时代之伟大。否则，要是有人指鹿为马，我也从而称之为马；或者是，像从前八股时代一样，张先生写一句'圣天子高高在上'，李先生就接写一句'小百姓低低在下'，这就是把所有的个人完全杀死了，时代之有无，也就成了疑问了"。古今中外那些散文大家的创作实践告诉我们：只要他立足现实，追求真理，心地高尚，那么，他的作品愈是个人的、自我的，其时代感便愈是深刻而隽永的；反之，倘若作者只是一味地去"追逐时代"，迎合时尚，在作文的时候，瞻前顾后，左思右想，顾虑重重，生怕"越雷池一步②"，那又将如何能写出真情实感来呢？其散文作品，必然将成为一个涂着"堂皇"色彩的"空壳"。

---

①见周丽丽《中国现代散文的发展》。　②〔越雷池一步〕比喻办事超过一定的范围。越，越过。雷池，古时雷水的别称，在今安徽望江县南。语出晋朝庾亮《报温峤书》："吾忧西陲过于历阳，足下无过雷池一步也。"

埃塞俄比亚古时有一句谚语:"当蜘蛛网联合起来,能止住一头狮子。"

在我观察过的独居的昆虫中,蜘蛛最聪明。

这里选取了一中一外两篇《蜘蛛》说明文作比较阅读。请循着下表所提供的线索阅读课文,认真体会两文的不同之处。

《蜘蛛》(方元)	《蜘蛛》(哥尔斯密)
概括地分项介绍蜘蛛这种昆虫	重点介绍一只蜘蛛的情况
生理特性和生活习性并重	重在生活习性
完整地介绍有关蜘蛛的科学知识	突出介绍蜘蛛的聪明和善战
语言平实朴素	语言形象生动
是典型的说明文	是典型的科学小品

29 蜘 蛛[①]

——方 元——

很多人怕蜘蛛。但是没有它们,我们的生活是不愉快的。蜘蛛同害虫进行着殊死的战斗。每年,被蜘蛛吃掉的虫子按重量计算比全世界的人的重量还重。我们看见的蜘蛛大多数是单独悬挂的,但还有一些蜘蛛成千成千地聚居在一起。

蜘蛛喜爱群居,就是"自然地与其他同类友爱"。蜘蛛不是人们想象的:孤独,猎食,甚至向另一些蜘蛛侵略的。蜘蛛是奇特的编织者、建筑师、工程师、杂技演员、舞蹈家和跳伞家。

人们经常可以看到蜘蛛拉动那远离中心的网丝,能确定捕食地点,然后冲去攻击。通常,蜘蛛会立刻咬住虫子,然后用它身体产生的丝把牺牲者裹起来,程序始终如一。同时每个网总是一只蜘蛛。可见世界各处,蜘蛛都是彼此

[①] 选自《科学世界》1985年第4期。略有删改。

友好的，互相分享着食物。那么它们是怎样生活的呢？

蜘蛛不是昆虫，它们同属一门，大部分叫节肢动物①，这包括蟹、龙虾和蜈蚣。节肢动物分为小纲。蜘蛛为生物学上的蜘蛛纲。这一纲有蝎子②、扁虱③、长脚蜘蛛、螨④等。蜘蛛属于蛛形目。

假如你注意到你住处的周围，你可以看到有很多种类不同的蜘蛛。世界上有4万到12万种类不同的蜘蛛。在任何地区，通常有成百万蜘蛛在艰苦地劳动着。它们在最热的丛林和最冷的南北极区都能生活。甚至在喜马拉雅山上也能找到它们。

虫子和蜘蛛的不同是容易辨认的。虫子的身体有头、胸、腹三个部分，但蜘蛛的身体只有两部分：结合的头和胸（叫头胸部）和腹。虫子只有六只脚，而蜘蛛有八只。虫子头上有一对触角帮助其觉查周围世界。蜘蛛缺少触角，但是它们有锋利的视力弥补其不足。

蜘蛛有像爪似的附肢，用它来刺破猎物身体；再用毒液注入刺破的小孔。大多数蜘蛛纲动物差不多靠液汁过活。它们吮吸虫子的血，为了便于消化，在吮吸以前会从嘴里放出消化酶。蜘蛛有两只像附肢一样的小脚叫脚触，它们用那脚尖带着的爪抓捕猎物。

惊人的结网器官生长在蜘蛛的腹部。丝线开始像液汁，和空气接触就变得坚硬。腹部有喷丝头或结网管。蜘蛛不能从它的体内压出丝来，而必须用后脚从喷丝头抽丝。

蜘蛛能作很多种线。每种线都有它特别的效用。蜘蛛用不同方式的联结线能做出十分纤细的线或一种厚而宽的丝带。它们用某种大小的线，标示出自己的住处或避难所。用另一些线作蛋卵袋，或用来缚牢牺牲品，或结网。蜘蛛丝比蚕丝坚强，假如捻成一根绳，它能举起的重量超过同样大小的铁丝绳。

大约有35种蜘蛛喜爱群居。这些蜘蛛的群居行为虽然不像蚂蚁、蜜蜂、黄蜂和白蚁那样有组织，但它是十分引人注目的。

群居的蜘蛛主要在热带和亚热带周围，那儿一年到头的温暖气候和多雨是虫子和蜘蛛的理想场所。

---

①〔节肢动物〕也称"节足动物"。动物界中种类最多的一门。身体左右对称，由多数结构与功能各不相同的体节构成，一般可分头、胸、腹三部，体表长有坚厚的几丁质外骨骼，附肢分节。
②〔蝎（xiē）子〕节肢动物，尾部末端有毒钩，能蜇（zhē）人。　③〔扁虱（shī）〕虱子的一种，寄生于人和哺乳动物的体表，吸食血液，并能传播疾病。　④〔螨（mǎn）〕节肢动物的一类，身体很小，有足四对。

有一位学者到墨西哥作了12次旅行,调查研究了两种十分喜欢群居的蜘蛛。一种是生活在一个能容纳千万只蜘蛛的、呈带状织品的迷宫里的。这些蜘蛛分布在一定的区域。每个蜘蛛的周围都有保卫它自己的那一部分领地。假若毁坏了,它们会重新修建起来。

另一种群居蜘蛛生活没有区域性,能在捕食和饲养时合作。在某些群体里,2万多只雌雄和年龄不同的蜘蛛生活在一起,同时参加群体活动。白天,大多数蜘蛛懒散,呆在网中央躲避炎热。一到晚上,它们的劲头大了,都出来结网和修网;一些蜘蛛放下框架丝线,另一些则放黏性的丝在其上面。无论哪个蜘蛛碰上需要做的工作都得做。

蜘蛛捕获虫子的方式真是不平常。通常的情形是,一只飞虫陷入共有的网上,它的叫声引起了蜘蛛的注意,很多蜘蛛冲了过去,先赶到的蜘蛛急速抓住虫子的腿或翅膀,插进它的尖牙,注入毒液。后面赶来的就咬飞虫的头、胸、腹。四对八只蜘蛛参加攻击,刹那间,就获得一顿美餐。

一般说来,只要有三只以上的蜘蛛攻击飞虫,飞虫想逃脱就不可能。埃塞俄比亚古时有一句谚语:"当蜘蛛网联合起来,能止住一头狮子。"我们虽然从来没有见过狮子陷进蜘蛛网,但好像有些道理。

30 蜘 蛛①

——哥尔斯密——

在我观察过的独居的昆虫中,蜘蛛最聪明。它的动作,就是对曾经专心研究过它们的我来说也似乎难以置信。这种昆虫的天生形体,是为了战斗,不仅和其他昆虫,而且和它们同类相斗。大自然似乎就是为了这种生活景况而设计了它们的形体。

它们的头和胸覆以天然的坚硬甲胄②,这是其他昆虫无法刺破的。它们的身躯裹以柔韧的皮甲,可以抵挡黄蜂的螫③刺。它们的腿部末端的强壮,与龙

---

① 选自《世界文学随笔精品大展》(上海文艺出版社1992年版)。哥尔斯密(1730—1774),英国作家。
② 〔甲胄(zhòu)〕盔甲。　　③ 〔螫(shì)〕"蜇"的书面语,指蜂、蝎子等用毒刺刺人或动物。

爪类似，并且脚爪之长简直像矛一般，足以对付远处的进攻者。

蜘蛛的几只眼睛，宽大透明，遮以某些有刺物质，但这并不妨碍它的视线。这种良好的装备，不仅是为了观察，而是为了防御敌人的袭击。此外，在它的嘴巴上还装备一把钳子——这是用以杀死在它脚爪下或网里的捕获物。

凡此种种，都是装备在蜘蛛身上的战斗武器，而它编织的网更是它主要的武器，因此，它总是要竭尽全力，把丝网织得尽善尽美。天然的生理机能还赋予这种动物以一种胶质液体，使之能拉出粗细均匀的丝。

当蜘蛛开始织网时，为了固定其一端，它首先对着墙壁吐出一滴液汁，慢慢硬化的丝线就牢固地粘在墙上了。然后，蜘蛛往回爬，这根线越拉越长；当它爬到线的另一端应该固定的地方，就会用爪把线聚集拢来以使线绷紧，也像刚才一样固定在墙壁的另一端上。它就这样牵丝拉线，固定了几根相互平行的丝，这就准备好了意想中的网的经线。为了做成纬线，它又如法炮制出一根来，一端横粘在织成的第一根线（这是整个网圈最牢固的一根）上，另一端则固定在墙壁上。所有这些丝线都有黏性，只要一接触到什么东西就可以胶住；在这个网上容易被毁损的部分，我们的织网艺术家懂得织出双线来加固，有时甚至织成六倍粗的丝线来加大网的强度。

约摸四年前，在我屋子里的一个角落上，我观察到一个大蜘蛛正在织它的网；虽然，那个仆人举起她致命的扫帚瞄准这个小动物要毁灭它的劳动成果，但很幸运，我立即制止了这一厄运的发生。

三天以后，这个网就完成了；我不禁想到这个昆虫在新居过活，一定欢乐无比。它在周围往返地横行着，仔细检查丝网每一部分的承受力，然后，才隐藏在它的洞里，不时地出来探视动静。不料它碰到的第一个敌手，竟是另外一个更大的蜘蛛。这个敌手没有自己的网，也可能已经耗尽了积蓄下来的汁液，因而现在不得不跑来侵犯它的邻居。

于是，一场可怕的遭遇战立刻由此展开。在这场拼搏中，那个侵略者似乎占了体大的上风，这个辛勤的蜘蛛被迫退避下去。我观察到那个胜利者利用一切战术，引诱它的对手从坚强的堡垒中爬出来。它伪装休战而去，不一会儿又转身回来，当它发现计穷智竭以后，便毫不怜惜地毁坏了这个新网。这又引起了另一次战斗，并且，同我的估计相反，这个辛勤的蜘蛛终于反败为胜成了征服者，杀死了它的对手。

在被侵略者占领时，它以极度的忍耐等了三天，又几度修补了蛛网破损的地方，却没有吃什么我能观察到的食物。但是，终于有一天，一只蓝色苍蝇飞落到它的陷阱里来，挣扎着飞走。蜘蛛使苍蝇尽可能把自身胶粘起来，可是蜘蛛最终怎能缚住这只强有力的苍蝇呢？我必须承认，当我看见那只蜘蛛立即冲出，不到一分钟，就织成了包围它的俘虏的罗网，我真有点诧异。一会儿工夫，蝇的双翅就停止了扇动；当苍蝇完全困乏时，蜘蛛就上前将它擒住，拉入洞中。

根据这种情景，我发现，蜘蛛是在一种并不安全的状况中生活的，因而，大自然对这样的一种生活好像作了适当的安排；因为一只苍蝇就够维持它的生命达一周之久。有一次，我把一只黄蜂放进一个蛛网中，但当蜘蛛照常出门来捕食时，先是观察一下来的是个什么样的敌人，根据量力的原则，制伏不了的对手，它立刻主动上去解除紧紧束缚对手的丝线，以放走这样一个强大的敌人。当黄蜂得到自由后，我多么希望那个蜘蛛能抓紧修理一下网的被破坏的部分；可是，它似乎认定网已无法修补了，便毅然抛弃了那个网，又着手去织一个新网。

我很想看看一只蜘蛛单独靠自己的储备能够完成多少个丝网。因此，我破坏了它织就的一个又一个的网，那蜘蛛也织了一个又一个。当它的整个储存消耗殆尽，果然不能再织网了。它赖以维持生存的这种技艺（尽管它的生命已被耗尽！）确实令人惊异无比。我看见蜘蛛把它的腿像球一样旋动，静静地躺上几小时，一直小心翼翼地注视着外界的动静；当一只苍蝇碰巧爬得够近时，它就忽然冲出洞穴，攫住它的俘获物。

但是，它不久就厌倦了这种生活，并决心去侵占别的蜘蛛的领地，因为它已不能再织造自己的罗网了。于是，它奋起向邻近蛛网发动进攻，最初一般都会受到有力的反击，但是，一次败绩，并不能挫其锐气，它继续向其他蛛网进攻，有时长达三天之久，最后，消灭了守卫者，它便取主人而代之。

有时，小苍蝇落入它的陷阱时，这个蜘蛛并不急于出击，它只是耐心等待着，直到它有把握捕捉对方时，它才动手，因为，如果它立刻逼近苍蝇，将会引起这个苍蝇更大的惊惧，还可能导致这个俘虏奋力逃走。所以，它学会了耐心等待，直到这个俘虏由于无效的挣扎而精疲力竭，就变成一个玩弄于股掌间的战利品啦！

我现在描述的这只蜘蛛已经活了三年；每年，它都要更换皮甲，生长新腿。有时，我拔去了它的一只腿，两三天内，它又重新长出腿来。起先，它还惊惧于我挨近它的网，但是，后来，它变得和我如此亲密，甚至从我的手掌中抓去一只苍蝇，当我触着它的丝网的任何部位时，它就会马上出洞，准备防卫和向我进攻。

　　为了描绘得完善一点，我还要告诉诸位，雄蜘蛛比雌蜘蛛细小得多。当雌蜘蛛产卵时，它们就得把网在蛋下铺开一部分，仔细地把蛋卷起，宛如我们在布上卷起什么东西一样，于是，它们就可以在它们洞里孵育小蜘蛛了。遇到侵扰，它们在没有把一窝小蜘蛛安全转移到别的地方去以前，是绝不考虑自己逃遁的，正由于这样，它们往往会因父母之爱而死于非命。

　　这些小蜘蛛一旦离开父母为它们营造的隐蔽所后，就开始学习自己织网，几乎可以看到它们日长夜大。如果碰上好运气，长一天，就可捉到一只苍蝇来饱餐一顿。但是，它们也有一连三四天得不到半点食物的时候，碰上这样的情况，它们也能够继续长得很快。

　　然而，当它们老了以后，体积就不会继续增加。只是腿长得更长一点。当一只蜘蛛随着年龄的增长而变得僵硬时，它就不可能捕捉到俘获物，最后就将死于饥饿。

31 比较阅读[1]

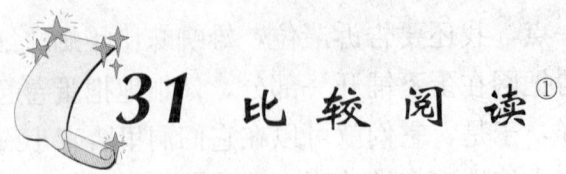

比较阅读 阅读类型之一。指在分析综合的基础上借助比较的思维过程而进行的一种积极主动的阅读。一般可分为同类型比较阅读和不同类型比较阅读两类。

同类比较阅读是将涉及同一问题的读物，放在一起比较着阅读。有比较才能有鉴别。通过比较，可以收到以下效果：由于不同的读物对问题的表述有差异，通过对比，有助于把同一问题的认识加深一步；由于作者水平不一，对同一问题的论据、论点往往不大一样，多看几种，集思广益，有助于从多方面考虑问题，避免认识片面；由于有些作品难免有误，通过对比阅读，可以发现矛盾，找到谬误所在，并力争寻根追究，锻炼明辨是非的能力；有的读物文笔好，有的读物资料翔实，有的读物图文并茂，有的读物理论水平高，通过这样比较阅读，可以博采各家之长，增长各方面知识。

不同类型的读物也可以进行比较阅读，这样能够发现各种学科的治学方法并不是千篇一律的，各自侧重培养的智力素质也是有所不同的。哲学讲抽象、文学讲形象、考古重实物。"读史使人明智，读诗使人灵秀，数学使人周密，物理学使人深刻，伦理学使人庄重，逻辑和修辞使人善辩。"这样多学科的学习对比，才能锻炼包括记忆、理解、观察、分析、综合、判断、想象、预见和创造能力等多方面的智力素质。

比较阅读，要注意各种读物的特色。如理论性著作讲抽象、共性、规律，新作可以综合旧著，所以读新著要把主要力量放在新意、分歧上；文学则有所不同，它讲形象、个性、细节，讲"典型环境中的典型性格"，讲民族形式、个人风格……总而言之，讲的都是特殊的东西，这决定了文学作品决不能相互取代，阅读时应注意吸收各家各书之长。如果我们读现代散文，就可把各家作品比较着读，才能像蜜蜂采蜜的博取众长。当然，也可根据自己的特殊兴趣或薄弱环节重点攻读一家作品。

比较阅读法 也叫"比读法"。指将两种或多种材料对照阅读，分析其相同点和不同点的阅读方法。比较阅读法是一种重要的阅读方法。我国著名学者叶圣陶说："阅读方法不仅是机械地解释字义，记诵文句，研究文法修辞的法则，最要紧的还是多比较、多归纳。"运用比较阅读法不仅有助于全面、深刻地理解材料的内容，而且能激发起探索问题的兴趣，开拓思维的空间，提高研究问题的能力。比较阅读法在学术研究中得到广泛运用，是比较文学、比较教育学等学科中的重要研究方法。

比较阅读法的形式非常丰富。以比较的项量来分，有宏观比较和微观比较。宏观比较

---

[1] 选自《阅读辞典》（四川辞书出版社1988年6月第1版）。

是多角度、多层次的综合比较；微观比较是单项的、局部的、片断的比较。以材料的时间关系为控制范围作比较有横向比较（共时比较）和纵向比较（历时比较）。如，把作者的定稿与手稿作比较，把同一作者的不同时期的作品作比较，把不同时期的用相同创作方法创作的作品作比较是纵向比较；把同一流派的不同作者的作品作比较，把同一时期的作者的同一题材的作品作比较是横向比较。以文章的内容、形式作比较则有选材比较、结构比较、立意比较、语言风格比较、表达方式比较、文体比较等。以阅读的目的来分，还有理解性比较、评价性比较、鉴赏性比较。

运用比较阅读法，应注意四点：

（1）确定比较的范围，选好比较的角度。比较的范围、角度由阅读的目的决定。阅读目的不同，比较的形式也就不同。

例如，以评价主旨、情调为目的阅读王昌龄的《芙蓉楼送辛渐》。这是一首唐代的送别诗，所以可把王维的《送元二使安西》、高适的《别董大》作为比较阅读的材料，从主旨、情调方面加以分析。王昌龄的《芙蓉楼送辛渐》不写依恋不舍，没作细语叮咛，不言日后思念，而写秋雨连江，楚山孤寂，突出"洛阳亲友如相问，一片冰心在玉壶"。此诗情调悲凉孤寂，借送别以明心志。王维的《送元二使安西》，以柳色青青暗寓惜别之情，反衬边关荒凉，"劝君更尽一杯酒，西出阳关无故人"道出了对友人命运的关心。此诗情调抑郁，是借送别以抒情。高适的《别董大》，重在"莫愁前路无知己，天下谁人不识君"，无缠绵之情，无哀怨之语，情绪昂扬、胸襟开阔，是送别以劝友。

选择比较的范围和角度必须以一定的阅读量作为基础。"比如读了某一体文章，而某一体文章很多，手法未必一样，大同之中不能没有小异；必须多多接触，方能普遍领会某一体文章的各个方面。"（叶圣陶《精读指导举隅》）一般说来，某一体文章接触多了，就有必要运用比较阅读的方式阅读属于这一体裁的有关文章。

例如，"记"是一种文体的名称，这种文体属于散文范畴。如果读过《核舟记》《小石潭记》《岳阳楼记》《登泰山记》《醉翁亭记》《游褒禅山记》《石钟山记》，对它们的手法和内容加以比较，就可以归纳出这一文体的特点。《核舟记》重在记物，通过对一件工艺美术品的说明，赞颂民间艺人雕刻技术的高超；《小石潭记》是记游，写小石潭的僻静、凄清，在细致的景物描写中，曲折地抒发作者受贬后的感受；《岳阳楼记》不是游记，是借为重修岳阳楼作记的机会写景抒情，并且提出"先天下之忧而忧，后天下之乐而乐"的主张；《登泰山记》记叙了作者同友人冬日登泰山游览的经过，描写了在泰山观日时见到的壮丽景色；《醉翁亭记》也是记游，但不同于《小石潭记》《登泰山记》，它既写景又抒情，主要抒发作者于游乐中与民同乐之情；《游褒禅山记》是记游，但与考证、说理相结合；《石钟山记》是记游，也同考察、说理结合在一起，说理部分评论较多。通过比较，可以看出"记"这一文体，既可以记物、记游、记事、记人，又可以写景、抒情、议论、说理、考证。读一篇，反馈数篇，先作比较分析，再归纳异同，就能触类旁通。

（2）比较，要找出材料的共同点和不同点。"世界上的一切，我们都是通过比较而不是别的方法认知的,如果给我们呈不出某一新的对象,而你又不能把它去和别的什么东西联系上并加以比较使之区别开来(如果这种对象可能有的话),那么我们就不可能得出关于这个对象的任何看法,关于它,也就说不出任何一个字来。"只有准确地找出了材料的共同之处和不同之处,才算理解了材料本身。

比如,阅读史论文《过秦论》(西汉贾谊)和《六国论》(北宋苏洵)。如果从议论文的写作的角度作比较阅读,那么应当找出:两文的最突出的共同点是都用了对比的论证方法;两文的中心论点提出的位置不同,《过秦论》的中心论点"仁义不施,攻守之势异也"是在篇末提出的,而《六国论》的中心论点"六国破灭,非兵不利,战不善,弊在赂秦"是在文章的开头提出的。

(3) 比较是使思维深化的重要手段,比较贯穿于阅读思维的全过程之中。在对材料作比较时,思维必须要有条理性。特别是作宏观比较时,应有比较的侧重点,一般说来,应按比较的项目分项比较,比较完一个项目后再比较下一个项目,不要齐头并进,平均用力。如果在比较某一项时,触动了对另一项的理解,可作好记载,待比较另一项时备查,切忌喧宾夺主,影响思维的条理性。

(4) 在比较阅读的整个过程中,应根据个人的实际情况灵活运用多种阅读方法,尤其要注意仔细研读材料,研读有利于分析材料的异同,发现材料之间的细微的差别。阅读中,要随手作好必要的笔记,以便对照检查、分析鉴别。例如,阅读鲁迅先生的《从百草园到三味书屋》一文,可将原稿与改定稿作如下比较,看看鲁迅先生是怎样改文章的,研究一下鲁迅先生为什么要这样改,从中学习鲁迅先生严谨的创作态度和高超的语言艺术。

(一) 比较材料(《从百草园到三味书屋》)

原稿	改定稿
翻开断砖来,有时会遇见蜈蚣;还有斑蝥,如果①用手指按住它的背脊,便会×②的一声,从后身③喷出一股④烟雾。	翻开断砖来,有时会遇见蜈蚣;还有斑蝥,倘若用手指按住它的背脊,便会拍的一声,从后窍喷出一阵烟雾。

(二) 比较记录

①"倘若"假设的意味比"如果"要重一些。
②这里被涂去的一字无法辨认。
③"后窍"就是"后身上的孔",这比单说"后身"范围要小得多,也就是说要更准确些。
④斑蝥喷出的烟雾是"一阵"而不是"一股"。

表(一)中的数码①、②、③、④和着重号"·"是作比较时在原文上作的记号。表(二)是比较结果的记录。

比较阅读中的笔记形式可以用表格的形式，也可以用文章的形式，可灵活运用。

比较鉴赏法　文学鉴赏法之一。特指在阅读文学作品时，对某方面相似的几篇或几本作品进行辨别异同高下，以掌握各自的特色的一种文学鉴赏方法。

有比较，才有鉴别。同一题材可以有不同的文学反映的形式，不同题材也可由同一文学形式反映，甚至题材相同、形式相同，但又因作家的个别差异性，表现的意蕴又不尽相同，风格也有区别。作为鉴赏者，首先是兼收并蓄，不存偏见。俗话说："偏见比无知离开真理更远"，就在于偏见完全从个人主观的爱憎好恶或者客观上的某种需要出发，看不到甚至歪曲了审美对象的本质。其实，喜欢豪放派的，不必贬低婉约派；爱读小说的，也用不着瞧不起诗歌。其次，也是更重要的，兼收并蓄之后，要比较鉴别，以培养自己广泛的兴趣和丰富的审美趣味。描写沙场风光、英雄辈出的《三国演义》，自然和反映世情风态、市井小民的"三言二拍"在韵致、格调上都大不一样，而陆文夫笔下的小巷深处一盏昏灯下传出的声声叫卖（《小贩世家》）则更迥异于《红旗谱》、《暴风骤雨》那种黄钟大吕般的沉雄浑厚，但读者不妨不存偏见地欣赏欣赏，领略领略，只有通过这种比较，才可能懂得什么是"骏马秋风冀北"式的阳刚之美，什么是"杏花春雨江南"式的阴柔之美。

当然，所谓比较鉴赏，决不仅限于"风格"二字，人物形象、思想感情、表现手法等等诸多方面，也在比较之列。同为批判现实主义作家的作品，巴尔扎克的《欧也妮·葛朗台》中的葛朗台和果戈理《死魂灵》中的泼留希金，两个人物形象也有其共相：爱财如命。但是，前者是资产阶级的守财奴，后者为地主阶级的吝啬鬼；前者是暴发户，后者是没落者；前者具有资产阶级上升时期掠夺成性的特点，后者具有地主阶级腐朽时期愚昧、贪婪的特点……再如崔颢的《黄鹤楼》诗和李白《登金陵凤凰台》诗，尽管二者都表现出一种时过境迁的怀旧感和失落感，但是，前者侧重惋惜岁月流逝，抒发的是贬官之后游子羁旅有家难返的无限乡思，后者着笔于既感慨时事变迁，寄寓的是遭受奸臣排挤后忠诚难谢的失意心情；前者偏于出世，后者仍不失入世态度；前者以委婉见长，后者以怨愤著称。两相比较，不但知其同，也能见其异，对于培养和提高我们的审美鉴赏能力，实在是大有裨益的。

比较法鉴赏散文示例　有比较，才能有鉴别；有鉴别，才能有赏析。将两篇或两篇以上相关的散文放在一起比较阅读，鉴别它们在选材组材，表达方法以及情景处理等方面的异同，可以帮助我们更好地把握住每篇散文各自的特点，较大地提高我们的欣赏能力。

宗璞的《西湖漫笔》集中笔墨描绘了西湖的"绿"，而朱自清在《绿》一文中也极力摹写过梅雨潭的"绿"，两篇散文尽管写作时代相去甚远，但都对"绿"这一生命的色彩热情讴歌，然而写景状物却又各有一番特色。我们试将两篇文章作一比较：

先比较二者在选材组材上的特点。两篇散文各自都抓住景物的特征"绿"来取景。朱自清将镜头始终对准一个"点"，即"梅雨潭"，而变换不同的取景角度：先取"梅雨潭"的全景，我们从"仿佛一张极大极大的荷叶铺着"获得一个"梅雨潭"的概貌；再取潭上涟漪、潭水的光和色等细部，深化我们获得的初步印象。宗璞写的西湖的绿，则是点与面结合：点上的取景有灵隐，苏堤和"花港观鱼"，面上顺带的有黄龙洞，屏风山和九曲十八涧。作者"移步换景"，不断变换镜头。朱自清始终以梅雨潭水本身来突出其"绿"；而宗璞写西湖的"绿"，则树木、小径、溪水、青苔、荷叶等一揽收，以青苔、荷叶为重点。

两相比较，我们从朱自清文中获取的是梅雨潭水"奇异的绿"的深刻印象，而从宗璞文中感受到西湖的绿的普遍性，无处不绿，无物不绿。

让我们再比较两文写"绿"的基本手法。

  我曾见过北京什刹海拂地的绿杨，脱不了鹅黄的底子，似乎太淡了。我又曾见过杭州虎跑寺近旁高峻而深密的"绿壁"，丛叠着无穷的碧草与绿叶的，那又似乎太浓了。其余呢，西湖的波太明了，秦淮河的太暗了……

（《绿》）

  飞来峰上层层叠叠的树木，有的绿得发黑，深极了，浓极了；有的绿得发蓝，浅极了，亮极了。

  …………

  西湖的胜景很多，各处有不同的好处，即使一个绿色，也各有不同。黄龙洞绿得幽，屏风山绿得野，九曲十八涧绿得闲，不能一一去说。

（《西湖漫笔》）

两篇文章都用了比较的手法，将不同的绿作比较，这是共同点；而不同点在于：朱自清将梅雨潭的绿和另外的风景名胜的绿作比较，抑其他地方的绿而扬梅雨潭的绿，重在突出梅雨潭的绿浓淡相宜，明暗适度；宗璞将西湖各处的绿作比较，我们从中感受到的是西湖不但无处不绿，而且具有各种各样的绿，在共性中又有不同的个性。

再就两文的意境而言，宗璞的文章无论写灵隐、苏堤，还是"花港观鱼"，虽然也用联想拓开读者的视野，但主要还是从客观的描写入手，细致地给我们刻画一幅西湖风光图；而朱自清则从主观的感觉和大胆的想象出发，将"我"与"物"融为一个整体，读他的《绿》，我们与其说因为梅雨潭的绿水而陶醉，还不如说是被作者浓烈的情感所感染。

当然，比较阅读的内容不止上述三方面，但就散文的鉴赏而言，这是主要的三方面，其他如立意构思，语言运用等也较重要，在鉴赏两篇以上相关的散文时，我们也应注意比较。

  比较法读文示例 有些文章虽然不是出自同一作者，却在题材、结构、主题、写法等方面存在相似之处；而有的文章尽管主题类似，又是同一作者在同一时期写的，但表现方法却不一样。因此，用比较法读这些作品，分析它们的异同，同中求异，异中见同，对我们了解这些作品各自的特点是有帮助的。

冰心的《小橘灯》和杜鹏程的《夜走灵官峡》两文在选材方面有较明显的共同点，即两篇文章都选择了不到十岁的小孩作为描写对象，来表现较为重大的主题：一是表现在国民党反动派黑暗统治下革命人民的镇静、勇敢、乐观的精神，一是表现社会主义建设时期工人阶级不畏艰苦，坚守工作岗位的可贵精神。可是，对这样有重大意义的主题，作者为何要选择年幼儿童作为写作材料来加以表现呢？我们将两篇文章进行比较，这个问题是不难解决的。在两篇文章中，虽然主人公都是年幼儿童，但在他们身上都深深地打上了时代的烙印，他们的思想性格的形成都有其特定的环境。《小橘灯》中，作者在描写了小姑娘所表现的镇静、勇敢、乐观的精神之后，借"我"的一个朋友之口说出她的父亲王春林常给被国民党特务当作共产党的学生送信。由此可见，小姑娘能在国民党反动派制造的白色恐怖下和母亲生病、父亲失踪的险恶困境中，表现出那样的精神，正是她父亲影响熏陶的结果；而《夜走灵官峡》中的小成渝之所以能在脸蛋冻得发红时仍然坚守照看妹妹的"岗位"，也是由于他父母教育影响的结果。他们的年龄这么小，就已经具有了如此可贵的精神品质，不难想象，影响他们成长的父辈在国民党反动派的白色恐怖下是怎样的镇静、勇敢、乐观，在社会主义建设时期是怎样的不怕艰苦，坚守工作岗位。可见，两篇文章都运用了"以小见大"的写作手法来突出文章的中心。这样通过两文的比较，我们就可以更加深刻地理解"以小见大"突出中心的方法。

虽然《小橘灯》和《夜走灵官峡》两文在写法上相同，但由于两文的主人公生活在不同的时代，他们的言谈举止就必然具有个性上的差异。我们在进行比较阅读时，就可以通过对他们不同言行的分析理解他们不同的个性特点，进而加深对文章中心的理解。在《夜走灵官峡》中，小成渝是生活在新社会，他的父母可以直接用革命道理正面教育自己的孩子，小成渝也才有可能一口一个"爸爸说"，"妈妈说"，"爸爸妈妈说"，处处反映出他的父母对他的教育和影响，因而我们也就能够比较容易地理解本文通过小成渝间接地表现工人阶级思想品质的精妙构思。而《小橘灯》中的小姑娘由于是生活在国民党反动统治的白色恐怖之中，为避免国民党特务的迫害，她的父母就不可能对她讲过多的革命道理，只能用自己的行为去影响她，因此，文中丝毫未写小姑娘的父母怎样说，而我们也只能根据小姑娘过早成熟的言行（如她父亲失踪，母亲病重时动作不慌乱，说："我们大家都好了"时的自信乐观语气）推测出她那从事革命工作的父亲曾在行动上对她的思想性格的形成产生的巨大影响，进而理解像她父母一样的革命人民面对白色恐怖所表现出的镇静、勇敢、乐观的精神。

不仅不同作家、不同时代的作品我们可以进行比较阅读，就是同一作家同一时期的类似主题的作品，我们也可通过比较来加深理解。比如吴伯箫的《记一辆纺车》和《菜园小记》都是写于1961年，而且都是从小处落笔，表现抗日战争时期延安军民开展大生产运动，粉碎敌人经济封锁，自力更生、艰苦奋斗的乐观主义精神的。为了表现这个主题，两篇文章都在描写生产劳动的同时着力描写了劳动中的愉快感受，以展现延安军民的精神风貌。我们在比较出这些相同点后，就可以发现以劳动为题材的记叙文，通常是把劳动的感受作为整个描写的落脚点，才能更好地表现人物精神这一共同规律。尽管两篇文章的相似点很多，但由于选择的材料不同，描写的场景不同，作者在劳动中的感受也就不尽相同，文章所表现的主题思想也存在一定差异。《菜园小记》写的是田间劳动，菜园周围的果树花草，菜园里的幼苗蔬菜，色彩艳丽，气味芬芳，充满着诗情画意，因而作者的感受重在"田园乐趣"，体现出延安军民以苦为乐的精神；而《记一辆纺车》写的是纺线劳动，难于与自然环境的色、香联系起来，但它能发出"嗡嗡嘤嘤"的音响，具有音乐美，所以作者在写纺线竞赛场面时，就着重抓住纺线的"嗡嗡的响声"加以发挥，写出场面的"热闹"，以及如同"机群起飞""万马奔腾"的气势，体现了延安军民战胜困难的豪迈气概。作品主题思想上的这些差异，是由作品的题材决定的。我们在进行比较阅读时必须仔细分析作品题材表现重点上的差异，才能准确理解作品主题思想上的差异。

总之，可比较的很多。除上述内容外，还可进行体裁的比较，结构的比较，语言风格的比较，人物形象的比较，中外作品的比较，文内文外的比较，作品内部词语、句子、段落间的比较，等等。只要我们始终从相似点上注意探求某类文章的共有规律，进而举一反三，从相异点上把握不同文章的个性特征，进而把握文章中心的差异，我们的阅读能力就可以得到很大提高。

32 春末闲谈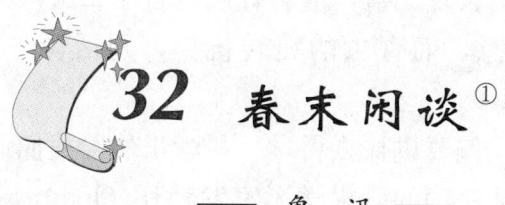

鲁 迅

陶潜先生又有诗道:"刑天舞干戚,猛志固常在。"连这位貌似旷达的老隐士也这么说,可见无头也仍会有猛志,阔人的天下一时总怕难得太平的了。

"北京正是春末"之时,作者"突然记起故乡的细腰蜂",由细腰蜂的所作所为展开联想,引发对封建统治阶级的批判,最后预言"阔人的天下一时总怕难得太平的了"。文章从闲话漫谈入笔,而后突露锋芒,痛下针砭。本文与《灯下漫笔》,两文的标题构成一幅对子,思想、情调、章法也相近,可对照阅读。

快速阅读本文,先捕捉各段中表达作者观点的语句,把握全文的主要思想;再认真品读,理清文章的思路,揣摩一些重要语句。全文约 2 800 字。

北京正是春末,也许我过于性急之故罢,觉着夏意了,于是突然记起故乡的细腰蜂②。那时候大约是盛夏,青蝇密集在凉棚索子上,铁黑色的细腰蜂就在桑树间或墙角的蛛网左近往来飞行,有时衔一支小青虫去了,有时拉一个蜘蛛。青虫或蜘蛛先是抵抗着不肯去,但终于乏力,被衔着腾空而去了,坐了飞机似的。

老前辈们开导我,那细腰蜂就是书上所说的果蠃,纯雌无雄,必须捉螟蛉去做继子的。她将小青虫封在窠里,自己在外面日日夜夜敲打着,祝道"像我像我",经过若干日,——我记不清了,大约七七四十九日罢,——那青虫也就成了细腰蜂了,所以《诗经》里说:"螟蛉有子,果蠃负之③。"螟蛉就是桑上小青虫。蜘蛛呢?他们没有提。我记得有几个考据家曾经立过异说,以为她其实自能生卵;其捉青虫,乃是填在窠里,给孵化出来的幼蜂做食料的。但我所遇见的前辈们都不采用此说,还道是拉去做女儿。我们为存留天地间的美谈

---

①选自《鲁迅全集》第 1 卷(人民文学出版社 1981 年版)。本文最初发表于 1925 年 4 月 24 日北京《莽原》周刊第 1 期,署名冥昭。　②〔细腰蜂〕在昆虫学上属于膜翅目泥蜂科。　③〔螟蛉有子,果蠃负之〕见《诗经·小雅·小宛》。

起见，倒不如这样好。当长夏无事，遣暑林阴，瞥见二虫一拉一拒的时候，便如睹慈母教女，满怀好意，而青虫的宛转抗拒，则活像一个不识好歹的毛鸦头。

但究竟是夷人可恶，偏要讲什么科学。科学虽然给我们许多惊奇，但也搅坏了我们许多好梦。自从法国的昆虫学大家发勃耳（Fabre）① 仔细观察之后，给幼蜂做食料的事可就证实了。而且，这细腰蜂不但是普通的凶手，还是一种很残忍的凶手，又是一个学识技术都极高明的解剖学家。她知道青虫的神经构造和作用，用了神奇的毒针，向那运动神经球上只一螫，它便麻痹为不死不活状态，这才在它身上生下蜂卵，封入窠中。青虫因为不死不活，所以不动，但也因为不活不死，所以不烂，直到她的子女孵化出来的时候，这食料还和被捕当日一样的新鲜。

三年前，我遇见神经过敏的俄国的E君②，有一天他忽然发愁道，不知道将来的科学家，是否不至于发明一种奇妙的药品，将这注射在谁的身上，则这人即甘心永远去做服役和战争的机器了？那时我也就皱眉叹息，装作一齐发愁的模样，以示"所见略同"之至意，殊不知我国的圣君，贤臣，圣贤，圣贤之徒，却早已有过这一种黄金世界的理想了。不是"唯辟作福，唯辟作威，唯辟玉食③"么？不是"君子劳心，小人劳力④"么？不是"治于人者食（去声）人，治人者食于人⑤"么？可惜理论虽已卓然，而终于没有发明十全的好方法。要服从作威就须不活，要贡献玉食就须不死；要被治就须不活，要供养治人者又须不死。人类升为万物之灵，自然是可贺的，但没有了细腰蜂的毒针，却很使圣君，贤臣，圣贤，圣贤之徒，以至现在的阔人，学者，教育家觉得棘手。将来未可知，若已往，则治人者虽然尽力施行过各种麻痹术，也还不能十分奏效，与果蠃并驱争先。即以皇帝一伦而言，便难免时常改姓易代，终没有"万年有道之长"；《二十四史》而多至二十四，就是可悲的铁证。现在又似乎有些别开生面了，世上挺生了一种所谓"特殊知识阶级"的留学生，在研究室中研究之结果，说医学不发达是有益于人种改良的，中国妇女的境遇是极其平

---

① 〔发勃耳（1823—1915）〕通译法布尔，法国昆虫学家。　　② 〔E君〕即爱罗先珂（1889—1952），俄国诗人、童话作家。童年时因病双目失明。他曾在北京大学、北京世界语专门学校任教。　③ 〔唯辟作福，唯辟作威，唯辟玉食〕语见《尚书·洪范》。辟，指天子或诸侯。　　④ 〔君子劳心，小人劳力〕语见《左传·襄公九年》："君子劳心，小人劳力，先王之制也。"　　⑤ 〔治于人者食人，治人者食于人〕语见《孟子·滕文公》："或劳心，或劳力；劳心者治人，劳力者治于人。治于人者食人，治人者食于人，天下之通义也。"

等的，一切道理都已不错，一切状态都已够好。E君的发愁，或者也不为无因罢，然而俄国是不要紧的，因为他们不像我们中国，有所谓"特别国情"，还有所谓"特殊知识阶级"。

但这种工作，也怕终于像古人那样，不能十分奏效的罢，因为这实在比细腰蜂所做的要难得多。她于青虫，只须不动，所以仅在运动神经球上一螫，即告成功。而我们的工作，却求其能运动，无知觉，该在知觉神经中枢，加以完全的麻醉的。但知觉一失，运动也就随之失却主宰，不能贡献玉食，恭请上自"极峰①"下至"特殊知识阶级"的赏收享用了。就现在而言，窃以为除了遗老的圣经贤传法，学者的进研究室主义②，文学家和茶摊老板的莫谈国事律，教育家的勿视勿听勿言勿动③论之外，委实还没有更好，更完全，更无流弊的方法。便是留学生的特别发见，其实也并未轶出了前贤的范围。

那么，又要"礼失而求诸野④"了。夷人，现在因为想去取法，姑且称之为外国，他那里，可有较好的法子么？可惜，也没有。所有者，仍不外乎不准集会，不许开口之类，和我们中华并没有什么很不同。然亦可见至道嘉猷⑤，人同此心，心同此理，固无华夷之限也。猛兽是单独的，牛羊则结队；野牛的大队，就会排角成城以御强敌了，但拉开一匹，定只能牟牟地叫。人民与牛马同流，——此就中国而言，夷人别有分类法云，——治之之道，自然应该禁止集合：这方法是对的。其次要防说话。人能说话，已经是祸胎了，而况有时还要做文章。所以苍颉造字，夜有鬼哭⑥。鬼且反对，而况于官？猴子不会说话，猴界即向无风潮，——可是猴界中也没有官，但这又作别论，——确应该虚心取法，反朴归真，则口且不开，文章自灭：这方法也是对的。然而上文也不过就理论而言，至于实效，却依然是难说。最显著的例，是连那么专制的俄国，而尼古拉二世⑦"龙御上宾⑧"之后，罗曼诺夫氏竟已"覆宗绝祀"了。要而言之，那大缺点就在虽有二大良法，而还缺其一，便是：无法禁止人们的

---

①〔极峰〕意即最高统治者。旧时官僚政客对最高统治者的媚称。　②〔进研究室主义〕1919年7月，胡适在《每周评论》上发表《多研究些问题，少谈些"主义"》的文章，稍后又提出学者"进研究室"、"整理国故"的口号。这里指的就是这一背景。　③〔勿视勿听勿言勿动〕语见《论语·颜渊》："非礼勿视，非礼勿听，非礼勿言，非礼勿动。"　④〔礼失而求诸野〕孔子的话，意思是说，朝廷上的礼乐制度失传了，只好到民间去寻求。诸，之于。野，田野，指民间。见《汉书·艺文志》。　⑤〔嘉猷〕好的计策。　⑥〔苍颉造字，夜有鬼哭〕这是汉字起源的一个传说。见《淮南子·本经训》："昔者苍颉作书而天雨粟，鬼夜哭。"　⑦〔尼古拉二世（1868—1918）〕帝俄罗曼诺夫王朝最后一个皇帝，为1917年二月革命所推翻，次年7月17日被处死。　⑧〔龙御上宾〕旧时指皇帝逝世，意即乘龙仙去。典出《史记·封禅书》。

思想。

　　于是我们的造物主——假如天空真有这样的一位"主子"——就可恨了：一恨其没有永远分清"治者"与"被治者"；二恨其不给治者生一枝细腰蜂那样的毒针；三恨其不将被治者造得即使砍去了藏着的思想中枢的脑袋而还能动作——服役。三者得一，阔人的地位即永久稳固，统御也永久省了气力，而天下于是乎太平。今也不然，所以即使单想高高在上，暂时维持阔气，也还得日施手段，夜费心机，实在不胜其委屈劳神之至……。

　　假使没有了头颅，却还能做服役和战争的机械，世上的情形就何等地醒目呵！这时再不必用什么制帽勋章来表明阔人和窄人了，只要一看头之有无，便知道主奴，官民，上下，贵贱的区别。并且也不至于再闹什么革命，共和，会议等等的乱子了，单是电报，就要省下许多许多来。古人毕竟聪明，仿佛早想到过这样的东西，《山海经》上就记载着一种名叫"刑天①"的怪物。他没有了能想的头，却还活着，"以乳为目，以脐为口"，——这一点想得很周到，否则他怎么看，怎么吃呢，——实在是很值得奉为师法的。假使我们的国民都能这样，阔人又何等安全快乐？但他又"执干戚而舞"，则似乎还是死也不肯安分，和我那专为阔人图便利而设的理想底好国民又不同。陶潜②先生又有诗道："刑天舞干戚，猛志固常在③。"连这位貌似旷达的老隐士也这么说，可见无头也会仍有猛志，阔人的天下一时总怕难得太平的了。但有了太多的"特殊知识阶级"的国民，也许有特在例外的希望；况且精神文明太高了之后，精神的头就会提前飞去，区区物质的头的有无也算不得什么难问题。

一九二五年四月二十二日。

---

①〔刑天〕一作形天，见《山海经·海外西经》："形天与帝至此争神，帝断其首，葬之常羊之山。乃以乳为目，以脐为口，操干戚以舞。"干，盾牌；戚，斧头。　②〔陶潜（约372—427）〕指东晋诗人陶渊明。　③〔刑天舞干戚，猛志固常在〕出自陶渊明诗《读山海经》第十首。

33 语言与文化（节选）[1]

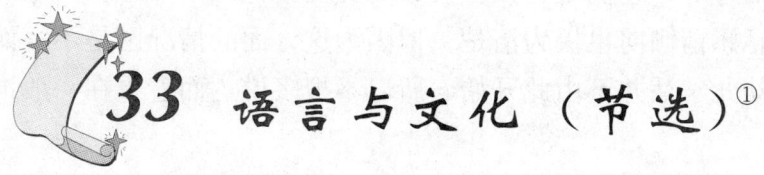

——金开诚——

由于某一民族的语言从来就是传布与传承民族文化的载体，所以语言在一定程度上带有民族文化的色彩与意味。

语言是文化的载体，语言中包含着丰富的文化意蕴，这些道理说来容易，做成文章就难了。本文以丰富、生动的事例，将这些道理说得深入浅出，为我们展示了许多"鲜活"的东西。

快速阅读本文，捕捉全文核心信息，想想本文是从哪几个方面来解说这一核心信息的，本文的结构属于哪种类型。全文约 3 300 字。

  由于某一民族的语言从来就是传布与传承民族文化的载体，所以语言便在一定程度上带有民族文化的色彩与意味。这也使人类个体在学习说话的过程中，便可能受到民族文化的熏陶。

  任何个体出生不久，就开始学语言，个体要不要学语言以及学什么样的语言，这都不由他自己决定，而是由养育他的人决定的；一般说来，也就是一定要他学语言，而且是本民族的语言。

  一代代人学习本民族的语言，这也是本民族的文化得到传承、形成传统的重要途径之一。因为语言表面看来虽然只是一个约定俗成的符号系统，作社会交际工具之用；但事实上，在漫长的使用过程中，它却被涂上了与民族历史、民族文化有关的感情色彩，或者凝结了与民族历史、民族文化有关的思想意义。这就使得任何一种语言本身都具有显著的民族特色，成为承担民族文化很有稳固性的载体之一。

  语言本身传承文化最为明显的例证，当然是那些成语、典故、谚语、俗

---

[1] 节选自《金开诚学术文化随笔》（中国青年出版社 1996 年版）。金开诚（1932—2008），著名学者。

语、警句、炼话等等；它们是直接由民族的历史文化或生活经验产生的，是某种思想的载体，感情倾向也极为清楚。但因为这方面的情况已是不言而喻的事实，而且因为幼儿学话并不由此开始，所以不拟多说，而着重在一般词汇方面举例分析。

例如幼儿学话，最早会叫爸爸、妈妈，小孩在学会这两个词的同时，定然把它们同父母的具体形象联系，而这形象则是有中国作风、中国气派的中国男人和中国妇女；后来幼儿又逐渐感知父母在家庭中的不同分工、地位和处境，并分出对"严父慈母"的不同情感与态度，这些情况当然是由传统的历史文化决定的。因此，在幼儿心目中，爸爸、妈妈这两个词，是与一些富于感性的表象以及一定的情感色彩相联系的。

由父母推广一步说到家庭，过去中国小孩对家的观念也是有中国特色的（现在则是另一种中国特色）。因为过去大都是封建家长制的大家庭，又因早婚而三代同堂或四世同堂；由这种聚居而决定的房屋结构、人际关系、生活起居、礼仪秩序等等，都逐渐被学话的孩子所感知，并在心理上与家的概念（词）联系在一起。

以上事例还只能说是小孩凭借自己的感知经验使所学的言语带上某些感性色彩或语外含义，还不能说是言语给小孩带来文化的熏陶与影响。但等小孩逐渐长大，所知较多，那时候学习语言、理解语言，就会感到一定的文化意味了。比如美国的一岁幼儿，父母让他学说"好莱坞"这个名称，他肯定不会感到有什么特殊意味；但等小孩长到四五岁，当他听到别人说或自己说"好莱坞"的时候，他便可能在不同程度上感到这个名称上面的美国文化的淀积，因而含有这样那样的意味。而中国的小孩听到"好莱坞"却不会有这种文化意味的感觉。但中国当然也有许多独特的名胜之地，说起那些地名，中国人的感受也就不仅仅是一个抽象的、毫无意味的符号。例如中国古代说到塞北与江南，便分别含有不同的意味。江南人说到苏杭，也有特定的文化感受，因为"上有天堂，下有苏杭"早已深入人心。说苏杭说到"烟柳画桥"，这又有独特的意味。其实，世界上各个国家大致都有柳有桥，但只有中国人说"烟柳画桥"，而且比较多见的是用来描写江南景色；它所含有的意味，是只有中国人才能深入感受的。

再推而广之，中国人在空间上说东南西北，时序上说春夏秋冬，也各有不同的语感或联想。这既是因为人们对四方和四季有不同的气候、景观与生态的感受，也因为传统文化中把四方、四季同金木水火土五行相配。气候、景观、生态与五行混合在一起，给人一种模糊的感受，即东方、春季有温暖和煦之感，南方、夏季有炎热蓬勃之感，西方、秋季有清凉萧瑟之感，北方、冬季有寒冷肃杀之感。这样的语感是中国特有的。在别的民族或国家，同样是指四方、四季的词，由于地理、气候与文化的不同，就可能带上另一种语感。在中国，上述特定语感不仅有普遍性，而且有的人还辨析得相当精确。例如近人王国维在《人间词话》中说："太白纯以气象胜。'西风残照，汉家陵阙'寥寥八字，遂关千古登临之口。"这很能说明李白用词之准与王国维感受之准。比如首句"西风"就不能换为"东风""南风"，因为这二者给人以阳和之感，不能与"残照"协调相配；"北风"则流于凄厉，不如"西风"的萧飒更利于全景统一。下句"汉家陵阙"四字假如换为"秦家陵阙"或"隋家陵阙"，原词的"气象"也不免减色；而对不同"气象"的感受则有赖于对秦、汉、隋三朝的历史面貌和文化特色有较多的印象积累，方能形成某种"完形感"，从而觉出此处只有用"汉家陵阙"气象最好。小孩学话当然不会有如此深刻的与历史文化相联系的语感；但从他学话开始，那凝结在语词上的历史、文化意味却会逐渐被语言使用者感知，对他产生熏陶或感染，这却是毫无疑义的。

再说一些更为明显的例子。像植物中的松、竹、梅、兰等，在中国人心目中就有根深蒂固的象征意义。松柏"岁寒后凋"，竹"直节虚中"，都被象征为有气节风骨。梅花"斗雪迎春"，兰草"幽谷传香"，也是人们敬爱的品格的象征。其他像荷花"出污泥而不染"，菊花晚芳傲霜，牡丹国色天香等等，也都因为与历史文化的联系，使代表它们的名词带有特殊的语感。

杨柳和草本是最一般的植物，但因为在古诗文中多与离愁别恨相联系，所以也带上了特殊意味。杨柳与离别发生关系，是因为柳谐音"留"，又有依依之态。在古诗文中最早见于《诗经·小雅·采薇》："昔我往矣，杨柳依依；今我来思，雨雪霏霏。"后世咏柳诗文无数，而最有名的离别之歌是唐代王维的《渭城曲》："渭城朝雨浥轻尘，客舍青青柳色新。劝君更尽一杯酒，西出阳关无故人。"所以柳几乎成了描写离别愁绪的必有之物。草与离别发生关系是因为它长满旅途，延向远方，似乎与人的思念相连。最早表现在《楚辞·招隐士》中："王孙游兮不归，春草生兮萋萋。"后来的名作如李白《灞陵行送别》："上有无花之古树，下有伤心之春草。"白居易《赋得古原草送别》："离离原上草，一岁一枯荣。野火烧不尽，春风吹又生。远芳侵古道，晴翠接荒城。又送王孙去，萋萋满别情。"近人李叔同在著名的《送别》词中既说到草又说到柳："长亭外，古道边，芳草碧连天，晚风拂柳笛声残，夕阳山外山。天之涯，地之角，知交半零落，一瓠浊酒尽余欢，今宵别梦寒！"其实，人们送别未必都在有柳有草之地,但在语言传布(如诗文写作)中,却都可以这样写,比实景更动人;以至中国有些城市在通往车站、机场的路上列植柳树,也就是受到传统文化的影响。植物名词在语言中是常用的,它所凝结的文化意味当然也会对学话的人发生影响,就是说在学习和使用语言的过程中受到语言的文化意味的熏陶。

至于那些字面本身就有思想倾向和情感色彩的字词,对学话人的影响就更加直接了。由于这种思想倾向和情感色彩也是受社会文化制约的,因此所谓影响也就是通过学话用话而受到文化的熏陶。

34 科学知识体系的球状结构①

—— 诸大建 ——

能否把握这一结构特征,采取科学的思维方法,是科学研究成败的关键。

面对纷繁复杂的科学知识体系,作者独具慧眼,看出其中的球状结构,给人耳目一新的感觉。作者谈到科学知识体系的三层结构,课题评估的两个原则,科学研究的四种类型,并鼓励立志从事或正在从事科学研究的人们保持必要的思维张力,"因人而异""因时而异",选择科研攻关的最佳策略,这些都是非常有价值和指导意义的思想。

阅读时,快速记取一些重要的定义;快速判断文章的结构类型,理清文章思路;想想文章的写作特点。全文约 4 200 字。

科学知识体系内部存在一种特殊的结构。这种结构可与地球内部分层结构模型类比,称之为科学知识体系的球状结构。能否把握这一结构特征,采取科学的思维方法,是科学研究成败的关键。

三 层 结 构

地球的内部结构从外向里,由地壳、地幔和地核组成,科学知识体系的结

---

①选自《科学画报》1993 年第 1 期。

构从外向里则由知识外壳、知识幔层和知识内核组成。

知识外壳由事实性知识组成，如海王星、电磁波、中微子的发现均属事实性发现；知识幔层由定律性知识组成，如浮力定律、自由落体定律、化学元素周期律均属定律性知识；知识内核由原理性知识组成，即能揭露相对深刻的本质，如氧化说、进化论、相对论等原理性知识。事实性知识说明"是什么"，定律性知识说明"怎么样"，原理性知识说明"为什么"。

人对某一知识领域的系统认识通常遵循"事实性→定律性→原理性"的发展过程，即人们的探索性思维通常是从科学知识的外壳部分通过幔层而向内核逼近的。例如，在天文学史上，哥白尼的日心说首先解决了"是什么"，即确认了我们这个恒星系中，地球、火星等行星都是围绕太阳运行的；继而，开普勒的行星运动三定律描述了"怎么样"，即确立了地球等行星是按照某种特定的周期、轨道和速度围绕太阳运行的；最后，牛顿的万有引力原理探索了"为什么"，说明太阳是以某种特定的力作用于行星，从而使行星按开普勒发现的三大定律运行。

上述过程标志着科学家对科学之谜的认识的不断深化。科学家则根据各自的发现的深刻性而划分不同的级别，这样，科学界在无形中便形成了一个声誉的金字塔结构。处在金字塔尖顶的是那些因为有重大原理性发现而驰名世界的科学巨星，人们赋予他们最高荣誉，称他们开创了一个科学时代，如牛顿时代、达尔文时代、爱因斯坦时代等；或者称他们缔造了一个新的科学门类，称他们为某某学科之父，如居维叶为古生物学之父，拉瓦锡为现代化学之父，维萨里为现代解剖学之父。处在金字塔中部的是那些因为提出重要的定律性知识而得名的科学人物，如开普勒、哈柏、孟德尔等。相比之下，聚集金字塔下部的通常是那些有重要事实性发现的科学家。

四 种 类 型

"球状结构"为科学家合理选择研究课题提供了极有价值的评估原则。根据课题属于球状结构的哪一层次以及研究指向，科学家就会明白课题有怎样的重要性和难易度。

基本的评估原则有二：一是距离原则，即科研选题的价值和难度一般与它们在球状结构中与球心的距离有关。离球心较远，落在核外层次上的，其重要性相对小些，出成果的难度相对较小；而离球心较近，落在内核上的课题，其重要性相对为高，出成果的难度相对较大。二是方向原则，即科研选题的价值和难度还与它们在球状结构中的研究指向有关。以维护现有知识体系为目的的研究，其方向是向心式的，而以革新现有知识体系为目的的研究，其方向是离心式的。一般来说，向心式的课题其创造性和研究难度相对为小，离心式的则相对为大。

综合考虑距离原则和方向原则，得出科学研究按其探索价值和实施难度的大小而划分的四种类型：第一种是向心—远距型，表现为纯粹地搜集观察资料，以丰富科学体系的经验库。如第谷·布洛赫①、E. O. 劳伦斯②等的主要声誉在于他们为相关的科学积累了大量可资使用的科学事实；或通过科学仪器寻找现有科学体系所预见的事实，如1930年泡利③预言β衰变的能量亏损起因于一种尚未发现的中微子，1956年科温设计了巨型闪烁计数器，证实了这种微小物质的存在；或精细地确定作为现有科学体系基础的基本科学常数，如牛顿发表万有引力定律之后的100年里，由于引力常数在物理学中的重要地位，精确地确定其数值就成了一大批著名实验室反复努力的目标，其中英国物理学家卡文迪许④捷足先登，求得一个较为精确的万有引力常数G值。第二种是离心—远距型，表现为对科学知识体系核外部分的一些内容作出重要调整，如哥白尼的日心说，认为行星绕日运行的轨道是圆形的，运行速度是均匀的；但是根据观测资料发现行星的运行有不均匀现象。正是在这一点上，开普勒对哥白尼学说作了改进。他认为所有行星的运动轨道都是椭圆形的，太阳位于椭圆的两个焦点之一（开普勒行星运动定律），还认为行星的运行速度是变化的，即在近日点附近运行得快些，在远日点附近慢些。第三种是向心—近距型，即在内容不变的情况下，调整先前提出的科学理论的表述形式，使其更加精致。如牛顿的《自然哲学的数学原理》发表后，在整个物理学界引起了一场革命，但是牛顿的力学体系最初存在着一些表述上的含混之处。为此，从整个18世纪到19世纪，耗尽了伯努利⑤、达朗贝尔⑥和拉格朗日⑦等欧洲最优秀的数学、物理学家百余年的心血。他们都力图以等效的，同时在逻辑上和美学上更令人满意的形式重新表述牛顿理论。第四种是离心—近距型，这种研究处

---

①〔第谷·布洛赫（1546—1601）〕丹麦天文学家。　②〔E. O. 劳伦斯（1901—1958）〕美国物理学家，回旋加速器发明者。　③〔泡利（1900—1958）〕物理学家。生于奥地利。　④〔卡文迪许（1731—1810）〕英国物理学家、化学家。用扭秤实验验证了万有引力定律。　⑤〔伯努利（1700—1782）〕瑞士数学家、物理学家。　⑥〔达朗贝尔（1717—1783）〕法国数学家、哲学家。　⑦〔拉格朗日（1736—1813）〕法国数学家、物理学家。

在球状结构内核，乃是一种要以新理论代替旧理论的充满"离经叛道"色彩的研究。具体说来存在两种理论更替情况。一种是原有理论因为使用范围有限而被更新，旧理论常常作为一种极限情况被包容在适用范围更大的新理论之中，如20世纪初由普朗克①开创的光的"量子说"对19世纪光的"粒子说"和"波动说"的置换。另一种是新的理论与原有理论相对抗，以彻底更新的方式取代原有理论，如18世纪末拉瓦锡用"氧化说"取代了"燃素说"。

科学思维的张力

一个成功的科学家必须同时具有反对偶像崇拜和维持科学传统两方面的性格，并在二者之间保持一种必要的张力。应该懂得在不同的时空场合，从前述四种选题策略中选择最佳策略，决定自己的研究课题，而不是一味追求那些看来具有最大刺激性而实际上很少具有实现可能性的研究项目。所谓必要的思维张力，是指科研攻关中因人而异的策略和因时而异的策略。一般说来，初次涉足科研者宜选择处于球状结构核外层次的研究项目，并把研究重心较多地放在对现有知识体系的肯定性工作方面。相反，那些已经在某一领域建立了信心的成功者，应把自己的注意力向球状结构的核内层次转移，并把努力的重点放在对现有体系的否定性工作方面。生活中常常出现这样的情况，不少初入门的青年人刚开步走就想抱个"大金娃娃"，如眼光盯住哥德巴赫猜想、地球构造演化、人类生命起源等当代科学体系核心部位的尖端课题，结果久攻不克，浪费了宝贵精力，丧失了科研信心；而有些已做出成绩的学者反而迟迟不敢深入"内核"，他们在科学这个"球"的最薄弱处轻轻松松地钻了一个又一个"洞眼"，就是不敢向坚硬的"内核"（科学知识体系的艰难部位）进攻。

至于"因时而异策略"是指在球状结构的哪一部位选择课题，还应结合科学发展的历史情况进行判断。在科学发展的常规阶段，当现有的核心科学理论还有相当的生命力的时候，研究者不宜轻率地"造反"；而在科学发展的危机阶段，当现有的基本理论已经明显露出颓势的时候，研究者就不宜顽守旧的传统观念，一味为旧理论保驾护航，而应当记取德国物理学家普朗克当年在量子论学说面前不能冲破牛顿物理观束缚的教训，不失时机地发起攻关。不应"造反"时固然不能乱来，但是一旦到了可以发起科学革命的关头，应该具有创造

---

① 〔普朗克（1858—1947）〕德国物理学家，因提出量子假说，获1918年诺贝尔物理学奖。

性的胆略，完全不必墨守陈规。

35 青春的门槛[①]

———— 刘心武 ————

你必须勇敢地迈过那青春的门槛！
当你脚尖触到青春的门槛时，你必须勇敢地失去青春！

"青春的门槛"，是一个独特的话题。作者将这一话题写出了新意，写出了分量。阅读时，把握文章大体思路，快速捕捉文章主要信息。全文约1 800字。

有一个青年，他想画一幅题为"青春的门槛"的画，他画了无数次，撕毁了无数次，久久地没有画成……

因为他心里淤塞着一团乱麻般的思绪，他怕迈出那青春的门槛，怕失去还没有享受够的青春……

是啊，青春的美好，不必详尽地铺陈，单单想到这一点便令人心醉——青春是一种特权！

"他还年轻！"这是人们对青春期中的红男绿女的一种覆盖面极宽的赦免。可以任由他们胡涂一点，马虎一点，浪漫一点，淘气一点，懒惰一点，疯狂一点……无妨犯一点错误，或者无妨耍一点脾气，肆无忌惮地笑，尽情尽兴地哭……因为他们正当青春，所以不要苛责他们！

"我还年轻！"这是自己对自己的一种几近于全面的谅解。以后的事情以后再想以后再谈。让世界只是一幅画，生活只是一首歌，理想只是朦胧的朝霞，事业只是远方车站……因为我们正当青春，所以只管扭动欢快的舞步！

然而岁月匆匆，一个那样的日子终于来临——脚尖触到了门槛，青春的门槛！

[①] 选自《当代中国作家随笔精选（下）》（东方出版社1996年版）。

抬头一望，门槛外面是一个惊心动魄的世界！

迈出那门槛，责任和义务将沉重地压到肩头；原来只觉得别扭而从未深究过的他人的目光，逼近面前，不得不认真地加以剖析；啊，人际关系如此这般错综复杂，而自己终于不能再加回避；没有人轻易对你谅解和宽宥，连自己也不能不对自己的一言一行一颦一笑细加反刍审评；感情世界竟也变得如此迷离扑朔，原来绝不能轻言友谊和爱情；道德是生活这个大鱼缸的玻璃外壁，原以为看似透明无妨穿游，却原来无比坚硬不许超越；世界不是一幅画而是一种复杂深奥的存在，生活不是一首歌而是一篇难以答好的考卷，理想必须明晰并切实地作出抉择，事业是一趟已经开来不抓紧时间努力登上去便要迅即开走的列车……

啊，青春的门槛！

狂跳的心啊，你能不能平静些，告诉我告诉我，能不能不迈将过去？怎样地迈将过去？……

你怎能不迈过那青春的门槛？那是无可回避的。世上有那样一种人，他年龄早已超过青春期，但心理结构和为人处事水平仍停留在青春门槛以内，这种人常常因不能适应社会、生活、他人而被视作低能儿、"缺心眼"、"二百五"、"十三点"、"大傻帽"……永远保持青春的活力是非常美好的，永远保持青春期的心理结构和为人处事水平，特别是超越青春期仍建立不起坚实的信仰、理想、道德观和事业心，那就不但不成其为美好，甚而要堕入丑陋和丑恶了！

你必须勇敢地迈过那青春的门槛！

当你脚尖触到青春的门槛时，你必须勇敢地失去青春！

只有丢失青春，才能换取成熟。

只有任仲春的劲风吹落花瓣，才能在骄阳中结出你青色的幼果。

怎样迈过那青春的门槛？

要义无返顾。青春诚美好，但青春必凋零。迈过去！敢于用你还不够坚实的肩膀，承受社会压上来的责任和义务；敢于面对波诡云谲的社会生活，敢于迎接微妙的眼神、莫测的心机与需要仔细破译的话语；敢于在感情世界里经受超越天真烂漫层次的严峻到甚至于痛彻肺腑的考验；敢于树立起宏大的理想目标；敢于以坚韧的毅力和奋发的进取开创出时代、祖国和人民所需要的业绩……

要欢欣鼓舞。青春诚美好，但青春的门槛那边更奇妙。花儿落了，会有果实，最初的果实的确是苦涩的，甚至是丑陋的，然而果实比花朵更有价值，随着新的岁月中的奋斗,果实将逐渐硕大,逐渐饱满,逐渐光彩照人,逐渐果香四溢——青春如花,点缀得这个世界缤纷似锦,但主要是供于观看;青春后的生命如果,使这个世界变得滋养并通过种子延续着人类的文明,它就不仅是供于观瞻而是创造出新的生命……迈过青春的门槛,在失落的痛苦过后,又将获得多么大的快乐!预支一部分那至高的快乐吧,果断而敏捷地迈过青春的门槛!

有一个青年,他想画一幅题为"青春的门槛"的画,他画出了一个高耸的门洞,门洞这边是一个撑壁犹豫的青年,门洞外的强光勾勒出他的剪影,他正待迈出那门洞下的门槛却还缺乏最后的一股勇气——而门洞外是一眼望不清的缤纷世界,显得神秘莫测,令人胆怯心惊……

他该怎样才能把这幅画儿画得更好?

年轻的朋友们啊,让我们一齐帮他来画!

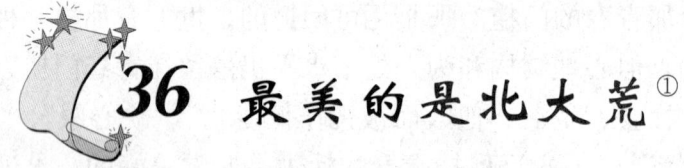

36 最美的是北大荒①

—— 张抗抗 ——

一切真切天然朴实无华的美,常常在梦中、在沉思中,将我完完全全地笼罩包容,并与我的身心融为一体。

北大荒有荒寂与悲凉,有辛劳与愁苦,但也有美丽的景色,美好的人生。作者以审美的眼光回望过去一段难忘的经历,自觉看到了最美的风景,获得了最宝贵的人生体验。快速阅读本文,想想本文写了哪几处美景,这些美景有什么特点,作者以怎样的心态发现和欣赏美景。全文约 2 200 字。

北大荒的风云,北大荒的悲壮,是滋润我们这代人生命永远的泉源,我知道自己的笔永不可能穷尽它。如今,当那时的焦躁苦闷哀伤渴求,如闪电、旋

---

① 选自《当代中国作家随笔精选(上)》(东方出版社 1996 年版)。

风般驰纵而后悄悄隐没在时光的尘土之后，真正沉淀在我记忆深处刻骨铭心的，却是荒凉寂寞的原野上一幅幅极辉煌极绚丽的大自然的图景。

一种真切天然朴实无华的美，常常在梦中、在沉思中，将我完完全全地笼罩包容，并与我的身心融为一体。

是的，我至今最难忘却的仍是北大荒的美。

风尘仆仆的拖拉机在颠簸了几个小时之后，把我们甩在一排低矮的茅屋前，面对四面围墙上残留的铁丝网和一路的荒芜，我们已心烦意乱、大失所望。然而当我们在先期到达的鹤岗知青的掌声中，别别扭扭地走进那黄泥土屋中时，眼前顿时粲然一亮：屋地中央那排由各式各样的箱子搭成的"长桌"上，竟然放满了一丛丛鲜花。那些花是橘红色的，插在一只只大小不一的漱杯里，光彩照人，鲜艳欲滴。它的花瓣呈长勺状，上面有芝麻般的黑点点，花瓣向四周微微弯曲伸展，犹如一只只铮亮的铜号，吹出欢快的乐曲。那一刻，灰暗的屋顶、粗陋的墙壁也都因此而明亮、生动起来，充满了温馨与芬芳的青春气息。

记得我站在土炕前，死盯着那些花，惊讶得半天说不出话来。那是我第一次见到真正的野百合花。是那些鹤岗女青年为欢迎我们特地从甸子里采来的。因着它们柔嫩的花瓣无声的抚慰，那天晚上我兴奋得久久不能入睡。抬头望着月光下一簇簇百合花的倩影，觉得北大荒真是温暖而亲切，我终于来到了想象中的鲜花的草原。

果然夏天原野上的鲜花应有尽有。田边地头、甸子里坡岗上，野玫瑰雏菊罂粟风铃草金针菜还有许多叫不上名的花儿，那么大那么艳那么诱人，烂漫无边地铺展到天的尽头，任人采撷。每天劳动收工时，我总是落在队伍最后，抱满一束野花回宿舍，然后把脸埋进花丛深吸一口野花的清香，我对自己说，我一点儿不累，再累我明天也还要再去……那时候谁也没有漂亮的衣服，这五彩的花束暗暗为我们的心愿作了补偿——大自然的美无人能够抗拒。

第二年春天，我们园艺排的鹤岗姑娘们在连队门口整理出一小块花圃，撒下了许多花籽。入夏便开出一片五彩缤纷的鲜花，深红紫红粉红还有雪白，有的花瓣上镶着一圈丝绒般的黑边，轻盈如蝶，迎风颔首。每天收工后在黄昏的暮色里，我总在花坛前徘徊不去。那是我记忆中见过的最美的鲜花。但突然有一日那花儿连同枝叶一起不翼而飞，只留下光秃秃一片花坛。我终于在厕所的深坑里寻到它们时，娇艳的花朵已淹没在污水中奄奄一息，那场景凄惨而触目惊心。有人哭着告诉我那花是连长拔掉的，因为罂粟是毒品不许种植。那些日子我去上厕所总是胆战心惊的，紧闭双眼不忍再往下看一眼。矜贵的鲜花受到如此粗暴的摧残，为此我难过了好多天，心里蒙上了一层无法驱去的阴影。我一直不能原谅那个连长，就算因为"毒品"，他也该等到花儿凋谢了再处置它们，他为什么不让我们把花儿埋掉却要采取那么恶劣的做法？他真的那么忌恨美吗？

然而美却是无处不在、无时不在的。当春天甸子里的银柳爆满毛茸茸的嫩芽，当秋天的屋檐下挂满金灿灿的玉米，当冬天的冰凌花在窗玻璃上勾勒出一座座晶莹剔透的童话世界，我总是怀着由衷的欣喜并为之深深感动。我至今仍记得自己端着脸盆去夏天的小河边洗衣服，久久痴迷地望着晚霞在天边变幻的奇妙云彩而忘乎一切，让蚊子小咬叮得满身红肿；一个深夜里加班装运砖瓦，眼睁睁就看着黑暗的田野上弥漫起一片浓浓的白雾，那雾缓缓地涌过来涌过来，终于把我温柔地裹住，虽然冻得瑟瑟发抖，却犹如亲临琼楼玉宇，恨不得轻歌曼舞起来。那一年冬天我在小兴安岭一个林场清林，我常自愿担负夜班添火烧水的工作，只为了在晨曦中轻轻踏雪走出帐篷，寻着白雪地一串串项链般的小动物的足印儿，倾听着山谷里的积雪冻冰发出的咔崩咔崩的响声，用铁桶砸开山脚下结一层薄冰的泉眼，满满地舀上一桶冒着热气的清泉水……

就是那一年冬天，我在没膝的雪地里采回一束孕满了花苞的鞑子香，把它插在一只空罐头瓶里。帐篷里没有阳光，半个多月后，它竟然用尽力气开出了一朵粉色的小花。帐篷里所有的人都来观赏了这朵花。大家都说果然鞑子香是不怕冷的。巧的是，就在紧挨这花儿的近旁，用来支撑帐篷的桦木杆上，不知什么时候长出了一枝淡黄色的枝杈，大家说果然山里的树生命力强。它们一红一黄，如日月交相辉映，为暗淡乏味的帐篷生活增添了生气与希望。

几年以后我们陆续离开了那些地方。离开了我们曾经流血流汗流泪、痛苦与欢乐交织的土地。无论我们曾经多么厌恶、憎恨，甚至咒骂过它，我们心中却留下对它千丝万缕的眷恋。尽管后来我到过祖国和世界上许许多多美丽的地方，但在我心的深处，我将永远固执地认定北大荒是最美的地方。这种美决不是供人欣赏玩味、超凡脱俗的美，而是叩击你心扉、使你为之震撼、为之颤栗、为之慑服的美。它既不喧嚷也不做作更无炫耀，它默默地存在，只为发现它、热爱它的人而呈现。正因为在那参与了美的无数次瞬间的交流中，渗透了我们内心最真挚的情感，我们才会觉得唯有这美是属于我们自己的——它属于我们苦难生活的一部分。

也许从那时候我已感悟到，既然我们还有力量去发现美、创造美，我们就有力量好好生活下去。

37 秋天·秋天[1]

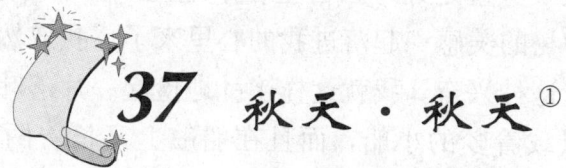

── 张晓风 ──

　　愿我的生命也是这样的，没有太多绚烂的春花、没有太多飘浮的夏云、没有喧哗、没有旋转着的五彩，只有一片安静纯朴的白色，只有成熟生命的深沉与严肃，只有梦，像一树红枫那样热切殷实的梦。

　　秋光秋色总是美好的，可有谁像作者爱秋天爱得如此痴迷？眼前的牵牛花令她激情澎湃，浮想联翩；幼时见过的秋天风物、听到的秋声又如在眼前，如在耳边……作者借秋天之恋表达怎样的人生感悟？标题"秋天·秋天"有什么深刻含义？
　　快速阅读，捕捉文中主要信息，并思考上面的问题。全文约 2 900 字。

　　满山的牵牛藤起伏，紫色的小浪花一直冲击到我的窗前才猛然收势。
　　阳光是耀眼的白，像锡，像许多发光的金属。是哪个聪明的古人想起来以木像春而以金像秋的？我们喜欢木的青绿，但我们怎能不钦仰金属的灿白？
　　对了，就是这灿白，闭着眼睛也能感到的。在云里，在芦苇上，在满山的翠竹上，在满谷的长风里，这样乱扑扑地压了下来。
　　在我们的城市里，夏季上演得太长，秋色就不免出场得晚些。但秋是永远不会混淆的——这坚硬明朗的金属季。
　　让我们从微凉的松风中去认取，让我们从新刈的草香中去认取。
　　已经是生命中第二十五个秋天了，却依然这样容易激动。正如一个诗人说的：
　　"依然迷信着美。"
　　是的，到第五十个秋天来的时候，对于美，我怕是还要这样执迷着。

---

[1] 选自《四季经典美文》（成都出版社 1995 年版）。

那时候，在南京，刚刚开始记得一些零碎的事，画面里常常出现一片美丽的郊野，我悄悄地从大人身边走开，独自坐在草地上。梧桐开始簌簌地落着，簌簌地落着，把许多神秘的美感一起落进我的心里来了。我忽然迷乱起来，小小的心灵简直不能承受这种兴奋。我就这样迷乱地捡起一片落叶。叶子是黄褐色的，弯曲的，像一只载着梦的小船，而且在船舷上又长着两粒美丽的梧桐子。必有一两颗我所未拾起的梧桐子在那草地上发了芽吧？二十年了，我似乎又能听到遥远的西风，以及风里簌簌的落叶。我仍能看见那些载着梦的船，航行在草原里，航行在一粒种子的希望里。

又记得小阳台上的黄昏，视线的尽处是一列古老的城墙。在暮色和秋色的双重苍凉里，往往不知什么人又加上一阵笛音的苍凉。我喜欢这种凄清的美，莫明所以地喜欢。小舅舅曾带我一直走到城墙的旁边，那些斑驳的石头，蔓生的乱草，使我有一种说不出的感动。长大了读辛稼轩的词，对于那种沉郁悲凉的意境总觉得那样熟悉，其实我何尝熟悉什么词呢？我所熟悉的只是古老南京城的秋色罢了。

后来，到了柳州，一城都是山，都是树。走在街上，两旁总夹着橘柚的芬芳。学校前面就是一座山，我总觉得那就是地理课本上的十万大山。秋天的时候，山容澄清而微黄，蓝天显得更高了。

"媛媛"，我怀着十分敬畏问我的同伴，"你说，教我们美术的龚老师能不能画下这个山？"

"能，他能。"

"能吗？我是说这座山全部。"

"当然能，当然，"她热切地喊着，"可惜他最近打篮球把手摔坏了，要不然，全柳州，全世界他都能画呢？"

沉默了好一会儿。

"是真的吗？"

"真的，当然真的。"

我望着她，然后又望着那座山，那神圣的、美丽的、深沉的秋山。

"不，不可能。"我忽然肯定地说，"他不会画，一定不会。"

那天的辩论后来怎样结束，我已不记得了。而那个叫媛媛的女孩子和我已经阔别了十几年，我如果能重见到她，我仍会那样坚持的。

没有人会画那样的山，没有人能。

媛媛，你呢？你现在承认了吗？前年我碰到一个叫媛媛的女孩子，就急急地问她，她却笑着说已经记不得住过柳州没有了。那么，她不会是你了。没有人能忘记柳州的，没有人能忘记那苍郁的、沉雄的、微带金色的、不可描摹的山。

而日子被西风刮尽了，那一串金属性的、有着欢乐叮当声的日子。终于，人长大了，会念《秋声赋》了，也会骑在自行车上，想象着陆放翁"饱将两耳听秋风"的情怀了。

秋季旅行，相片册里照例有发光的记忆。还记得那次倦游回来，坐在游览车上。

"你最喜欢哪一季呢？"我问芷。

"秋天，"她简单地回答，眼睛里凝聚了所有美丽的秋光。

我忽然欢欣起来。

"我也是，啊，我们都是。"

她说了许多秋天的故事给我听，那些山野和乡村里的故事。她又向我形容那个她常在它旁边睡觉的小池塘，以及林间说不完的果实。

车子一路走着，同学沿站下车，车厢里越来越空虚了。

"芷，"我忽然垂下头来，"当我们年老的时候，我们生命的同伴一个个下车了，座位慢慢地稀松了，你会怎样呢？"

"我会很难过。"她黯然地说。

我们在做什么呢？芷，我们只不过说了些小女孩的傻话罢了，那种深沉的、无可如何的摇落之悲，又岂是我们所能了解的。

但，不管怎样，我们一起躲在小树丛中念书，一起说梦话的那段日子是美的。

而现在，你在中部的深山里工作，像传教士一样地工作着，从心里爱那些朴实的山地灵魂。今年初秋我们又见了一次面，兴致仍然那样好，坐在小渡船里，早晨的淡水河还没有揭开薄薄的蓝雾，橹声琅然，你又继续你的山林故事了。

"有时候，我向高山上走去，一个人，慢慢地翻越过许多山岭。"你说，"忽然，我停住了，发现四壁都是山！都是雄伟的、插天的青色！我吃惊地站着，啊，怎么会这样美！"

我望着你，芷，我的心里充满了幸福。分别这样多年了，我们都无恙，我们的梦也都无恙——那些高高的、不属于地平线上的梦。

而现在，秋在我们这里的山中已经很浓很白了。偶然落一阵秋雨，薄寒袭人，雨后常常又现出冷冷的月光，不由人不生出一种悲秋的情怀。你哪儿呢？窗外也该换上淡淡的秋景了吧？秋天是怎样地适合故人之思，又怎样地适合银银亮亮的梦啊！

随着风，紫色的浪花翻腾，把一山的秋凉都翻到我的心上来了。我爱这样的季候，只是我感到我爱得这样孤独。

我并非不醉心春天的温柔，我并非不向往夏天的炽热，只是生命应该严肃、应该成熟、应该神圣，就像秋天所给我们的一样——然而，谁知道呢？谁去欣赏深度呢？

远山在退，遥遥地盘结着平静的黛蓝。而近处的木本珠兰仍香着，（香气真是一种权力，可以统辖很大片的土地）溪水从小夹缝里奔窜出来，在原野里写着没有人了解的行书，它是一首小令，曲折而明快，用以描绘纯净的秋光的。

而我们的扉页空着，我没有小令，只是我爱秋天，以我全部的虔诚与敬畏。

愿我的生命也是这样的，没有太多绚丽的春花、没有太多飘浮的夏云、没有喧哗、没有旋转着的五彩，只有一片安静纯朴的白色，只有成熟生命的深沉与严肃，只有梦，像一树红枫那样热切殷实的梦。

秋天，这坚硬而明亮的金属季，是我深深爱着的。

38 论红颜薄命[①]

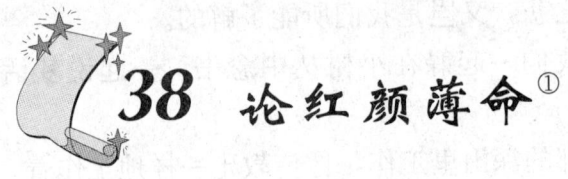

===== 赵淑侠 =====

红颜真的一定要薄命吗？命运真就是如此无理可讲、如此的不可抗拒吗？

红颜薄命，是自古以来的社会现象，可到现在这一现象还在继续，这是什么原因？

对女人貌美，当今各色人等的想法、态度各有不同，究竟有什么不同？作者对他们分别持什么态度？

[①]选自《名家经典随笔选》（成都出版社1995年版）。赵淑侠，旅居瑞士的华人作家。

作者认为当今理想的"红颜"应是什么样子？她们的命运又该如何？

快速阅读本文，筛选以上信息；再想想你对"红颜薄命"有什么认识。全文约4 600字。

中文是世界上最美、最玄妙的文字，常常是几个简短的字、一句成语或一句名诗，就能把一件事或一个现象形容得淋漓尽致、恰到好处，使听的人看的人都能心领神会，明白那几个字说的是什么。譬如说"红颜薄命"，只不过四个字，却能让人明白凡是美丽的女人命运都不太好，不是命短，就是遭遇坎坷，反正命很"薄"就是了。

自古以来，红颜薄命的说法就存在于我们的观念里，不管文学作品、戏剧，或历史记载中，美人的命多半是很苦的，往往是因为貌美，人人垂涎，而致身不由己，任人像物品似的夺来夺去，满心创痛，委委屈屈地过一辈子。再不就是美人娇弱，感情特别丰富，文才又出众，伤春悲秋，深闺多怨，眼泪像自来水那么多，动不动就哭哭啼啼，折磨自己，最后终至香消玉殒，一命呜呼。让人无法不掩卷唏嘘，仰天嗟叹："红颜果然都如此薄命乎！"

古时候的红颜的确命运悲惨的居多，像西施、杨贵妃、崔莺莺、董小宛、林黛玉，都是命薄如纸的女子。现在男女平等，在很多方面，女人和男人有一样的机会，既社交公开，又有求学、就业、恋爱、婚姻的自由，照说该没什么可以"薄命"的理由了。然而事实上，现代还是有不少薄命的红颜女子，像电影明星林黛、乐蒂、白小曼，命还不够薄吗？而且不只中国有红颜薄命的女子，外国照样也有，譬如说好莱坞的红星玛丽莲·梦露，美国肯尼迪总统的遗孀贾桂琳的第二任丈夫、希腊船业大王欧纳西斯的前妻蒂娜和她的姊姊，都是顶尖儿的美人，也都在感情一再受打击之后，自了残生，是典型的红颜薄命例子。这是指有名望的"红颜"，其实没有名望的"红颜"，默默含恨而终或凄凄楚楚挨日子的也有的是。我有两个在年轻时代相当"红颜"的女朋友，就都命运不算顶好。不好的原因都是因为婚姻不如意，一个得了精神分裂症，另一个两度离婚，伤心泪尽，惨不堪言。

种种的例子，使我不禁低首沉思：红颜真的一定要薄命吗？命运真就是如此的无理可讲、如此的不可抗拒吗？想了好一阵子，得到的答复是：并不，红颜不一定薄命，命运也不是长在身上的东西。所谓红颜薄命，完全是人为的环境和人的性情造成的。

在封建时代，完全是男性的天下，女人只属于闺房或后花园，被各式各样的教条、观念牢牢捆住，说得好听一点是给贬成了二等人，说得难听一点是不依附男人就没办法生存的寄生动物。在那个恶势力横行、弱肉强食的时代，有的是"力拔山兮气盖世"的英雄、恶霸及风流自赏的才子，各类男人都爱美貌女子，但又无尊重女人的观念。刘玄德不是说了么，"朋友如手足，妻子如衣裳"，连妻子也不过像一件衣服，不喜欢了就换换；至于非妻子的女子在男人心里的地位，就更等而下之，不消说了。

那个时代，既不流行自由恋爱，也不准许婚姻自由，男女婚配完全得听命于父母，哪怕把满腹才华的女孩儿配给又蠢又笨的大傻瓜，她也得乖乖地上花轿，否则人人都会认为她没有女人的美德。如果哪家的小姐在后花园或门缝里看到哪家的翩翩少年，爱上了呢，那就更是注定的悲剧，多半都无法如愿以偿，而要以"多情自古空余恨"来终场。

在那样的女人不能主宰自己命运，以天生的弱者自居，男人的地位比女人高了一大截的社会里，就算不"红颜"的女子，命也好不到哪里去，何况人见人爱、人人想据为己有的佳人。

所以说，在那个时期，红颜薄命是必然的现象。不过造成"薄命"原因的，仍是社会形态和人的思想观念，跟所谓"命运"扯不上多少关系。命运除了对肢体和智慧有缺陷、幼年无父无母、家庭残缺或横遭天灾人祸者，显得不公平外，对其他一般人都差不多，不会专跟生得漂亮的女人过不去。因此我说红颜薄命是人为的，不是那"红颜"生来就注定了命要薄的。

当今的社会可跟往昔不同了，男女平等之声在世界上的每一个角落叫得山响。别处不管，只说香港台湾等地，就已做到了男女平权，凡是男人能做的，教书也罢，做官也罢，竞选某种代表、写文章画画、演戏或做生意也罢，除了当兵，女性都有和男性一样的机会，表现出来的能力也不让须眉。别说今天的男同胞中不会有谁还生着18世纪的头脑，自认比女人高一两等，想欺侮女人以示男性之威，就算有，他的幻想也只好落空，意愿也无法得逞。盖今天的女性早把命运掌握在自己手中，不管红颜黑颜还是什么别的颜，全是有着独立人格的独立之身，她不想做的事，谁也奈何她不得。

这样说来，现代的"红颜"该不会受"命运"的摆布而命薄了吧？事实却又不然，美人命运多乖、遇人不淑、婚姻不如意的事虽不像古代那么多，却也不是很少，仿佛花容月貌的女子天生就不容易幸福，生了"红颜"，"薄命"的或然率就增高了似的。倒是一般相貌平常的女性，却多能平平实实、快快乐乐地过一生。

为什么会如此呢？难道真的是天妒红颜，偏不许美人过得称心如意吗？非也，美丽的女子比相貌平凡的女子不容易幸福，是因为一些男人的贪婪、强烈的占有欲、缺乏含蓄优美的人生观以及美女们美丽的自觉、自怜、特权心理所造成。可说百分之百是由于人为的因素。

我这样说，保不定要"两边挨耳光"，挨男女双方的骂。然而我写的，就是我心里想的，最真实不过的见解和看法，不管挨骂不挨骂，都愿坦白地说出来。

我说一些男性贪婪、占有欲强烈、缺乏含蓄优美的人生观，乃是因为他们见到美女，往往不能以欣赏艺术的心情远远观赏，而顿生不能遏止的占有欲望，力求据为己有。

至于美女们呢？因为一向被人注目、赞美、倾倒，就难免不产生一种"美丽的自觉"，觉得：我是美丽的，是与一般相貌平平的女人不一样的，我的条件比她们好，我的生命比她们更有意义。也就因而不自禁地产生一种"特权"心理，潜意识里以为高于其他的同性，对人生的收获有权利做更高的要求，并且自信有能力也有资格去争取。

基于这种心理，相貌出众的女孩子就显得比一般女孩子的野心大、欲望多，要凭藉出众的容貌，争取更丰富的人生。

窈窕淑女，君子好逑，每个漂亮的女孩子都有一群想把她"据为己有"的追逐者。他们各显绝招，有的亮出一切优越的条件，包括前途、家世、钱财、物质，有的凭人长得英俊，有的以机智幽默的谈吐，有的只凭披肝沥胆。反正每个人都使出浑身解数，以期获得佳人青睐。

在这样的情况下，对人情世故不太通达，对人生阅历还嫌欠深的"淑女"，常常会被弄得眼花缭乱，不知所从，加上因美丽的自觉而产生的特权心理，就很容易忽略了真情，便宜了其中最善于造作、言过其实、老谋深算的滑头，或是受不住现实条件的引诱，干脆就任物质征服。做这样的选择，"薄命"的条件就已具备了一半。如果这当儿那佳人能够正视现实，勇敢地面对人生，抱着我既然做了这样的选择，我就咬紧牙关撑到底，环境既不能将就我，我就去将就环境的决心的话，她的命可能就会慢慢地"厚"起来也说不定。但若不幸她这时产生了自怜的心理，想："像我这样的一个美人，竟然遇到这样一个男人，过这么痛苦的生活，我的运气多坏呀！"那可就糟了，就只好悲悲切切地挨日子，接受"薄命"的命运了。

反观相貌比较平凡的女子，她们多半自知并非西施王嫱再世，没有因外形的美而产生的特权心理，知道美好的人生得凭藉锲而不舍的努力去争取，追求她们的男性也不像追求美女的那么多。对这类相貌平凡的女孩子动心的男性，多是能欣赏内在美，性情比较实在平稳的。这使她易有冷静的抉择，减少"上当"的机会。这一点是为什么不"红颜"的女子容易获得美满人生的主要原因之一，再加上没有自恃貌美而生的骄矜、自怜，在待人接物上就比较能谦虚、忍让，易于相处。她们自然没有薄命的理由。

与其说红颜女子多薄命，不如说想把"红颜"据为己有的贪婪男子太多，外界各种各样的引诱力太大，她们被迷惑、失足、受愚弄或上当的可能性，比一般女性多。

美的本身没有罪过，对美的要求和崇拜人人都有，像好花、好画、美景的受到喜爱，都是因为人性中有崇拜美追求美的心理。但是对人，一般的芸芸众生就难以做到排除占有的心理，这种心理，除了对美的崇拜之外，乃来自人类最原始的欲念。

很多人形容某个女性美，常会说她是被"男人倾慕，女人忌妒"。被男人倾慕我想是必然的，可是女人为什么要忌妒，我就不能了解，大概只能解释说是女人的小心眼在作祟吧！美好的东西、美丽的人，令人眼光过处，心旷神怡，领会到世界的美好，所以爱美之心，人皆有之，女人也不该例外。一般形容女人爱美，多半指女人爱打扮自己，使自己看来美丽动人。其实真正爱美的女人，并不是只求自己美，她更愿意欣赏别的女人美。我是女人，我就爱看美丽的女人，不但爱看，还常常幻想着她们该有一颗更美的慧心，内外皆美，达到美的极至，那才能满足我对美的要求。不幸的是，常常是外表十分美丽的人，偏偏内心不像她外表那么美，她骄矜、自怜、自大、特权心理太重。因为内心不美，便影响到原来美好的外形，所谓诚于中、形于外，心中的境界，便由外观的动作和表情表现出来。我曾看到过好几个外形极美的女孩，可惜她们有的矫揉造作，有的态度张狂，有的两眼望天，目中无人，使我无法不嗟叹美中不足，并为她们未来的"命运"有些担心。一个外表美艳，足以使大多数的异性倾慕追逐，随时会遭到引诱，处处会遇到"陷阱"的女人，若没有足够的修养、智慧，便很容易走上"薄命"的路。

我曾天真地想，如果男人们看美女，能以欣赏艺术的心情、眼光，该是多么美好的事。欣赏美本来是极高雅的意识，但掺入那么多成分的占有欲和贪婪，就流于庸俗了。至于那种利用有利地位，觉得"玩玩"有求于他的美女是"无伤大雅"的"自然"之事的男人，就比庸俗更坏千万倍，连"下流"都不足以形容他们的心态。那是一种不知羞耻、残忍、与野兽无异、只为满足个人私欲、毁坏别人的自私行为。这类男人在社会的某个角落里特别多,偏偏一些美女们又恃自身"本钱雄厚",野心勃勃,偏要到那个角落去探探险,以求获得大名大利,正好把自己送上门去,给"野兽"做捕获物,这也是为什么现代薄命的"红颜",总出现在某些固定圈子的道理。

一个女人生得娇艳美丽,不是靠自身的奋斗努力,只是靠上天与父母的赐予,顶多能说是"幸运"——其实为幸运还是不幸还未可知,应该是没有什么理由因此骄傲,自认高人一等,而生特权心理的。何况,花无百日红,今天青春年少的美人,就是明天鸡皮鹤发的老妇,到最后,无论美、丑、胖、瘦、高、矮、智、愚、善、恶、贫、富、贤、笨……哪一种人,走的全是同样的一条路。如果漂亮的佳人都能参破这个道理,进退有度,修若有容,勤奋诚恳,保持着清醒的理智做人处世的话,"薄命"有什么理由非落在她的头上不可呢?

我对搞"妇女解放运动"的某些女同胞,都不太能欣赏,原因是她们之中很多像"男人",不像女人,缺乏女性温婉含蓄的美。但是我也不希望受了新思想陶冶的漂亮女孩子们,再以"红颜"自居,更不愿她们遭遇到"薄命"的噩运。在20世纪的今天,每个人的命运都该握在自己手里,"红颜薄命"的观念,早不该存在了。

39 蝉①

法布尔

我们不应当讨厌它那喧嚣的歌声,因为它掘土四年,现在才能够穿起漂亮的衣服,长起可与飞鸟匹敌的翅膀,沐浴在温暖的阳光中。

这是一篇介绍昆虫生态的科学小品。它先说明蝉从幼虫到成虫的过程,再说明从产卵到幼虫的过程。由于作者对蝉作了长期、细致的观察,所以写得精细、准确,具有很强的知识性和科学性。

---

①节选自《昆虫的故事》。有删改。法布尔(1823—1915),法国昆虫学家,他的《昆虫的故事》是介绍昆虫生活情态的书。

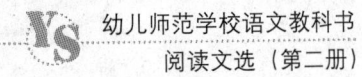

快速阅读本文,说说蝉在各个阶段的身体特点和主要习性,蝉的"居室"状况,以及本文的结构类型。全文约 3 000 字。

蝉 的 地 穴

我有很好的环境可以研究蝉的习性。一到 7 月初,蝉就占据了我门前的树。我是屋里的主人,它却是门外的统治者。有了它的统治,无论怎样总是不很安静的。

每年蝉的初次出现是在夏至。在阳光曝晒的道路上有好些小圆孔,孔口与地面相平。蝉的幼虫就从这些圆孔爬出,在地面上变成完全的蝉。蝉喜欢顶干燥、阳光顶多的地方。幼虫有一种有力的工具,能够刺透晒干的泥土和沙石。我要考察它们遗弃下的储藏室,必须用刀子来挖掘。

这小圆孔约一寸口径,周围一点土都没有。大多数掘地昆虫,例如金蜣,窠外面总有一座土堆。这种区别是由于它们工作方法的不同。金蜣的工作是由洞口开始,所以把掘出来的废料堆积在地面。蝉的幼虫是从地下上来的,最后的工作才是开辟大门口。因为门还未开,所以不可能在门口堆积泥土。

蝉的隧道大都是深十五六寸,下面较宽大,底部却完全关闭起来。做隧道的时候,泥土搬到哪里去了呢?为什么墙壁不会塌下来呢?谁都以为幼虫用有爪的腿爬上爬下,会将泥土弄塌了,把自己的房子塞住。其实,它的动作简直像矿工或铁路工程师。矿工用支柱支撑隧道,铁路工程师用砖墙使地道坚固。蝉同他们一样聪明,在隧道的墙上涂上灰泥。它身子里藏有一种极黏的液体,可以用来做灰泥。地穴常常建筑在含有汁液的植物根须上,为的可以从根须取得汁液。

能够很随便地在穴道内爬上爬下,这是很重要的。它必须先知道外面的气候是怎样的,才能决定可以出去晒太阳的日子来到没有。所以它工作好几个星期,甚至几个月,做成一圈涂墁①得很坚固的墙壁,以求适于上下爬行。隧道的顶上留一层一指厚的土,用来抵御外面的恶劣气候,直到最后一刹那。只要有一些好天气的消息,它就爬上来,利用顶上的薄盖去考察气候的情况。

---

① 〔墁(màn)〕用砖或石块铺地面。

假使它估量到外面有雨或风暴——纤弱的幼虫脱皮的时候,这是一件顶重要的事情——它就小心谨慎地溜到温暖严紧的隧道底下。如果气候看来很温暖,它就用爪击碎天花板,爬到地面上来

它臃肿的身体里面有一种汁液,可以用来抵御穴里的尘土。它掘土的时候,将汁液喷洒在泥土上,使泥土成为泥浆,于是墙壁就更加柔软。幼虫再用它肥重的身体压上去,使烂泥挤进干土的罅隙①。所以,它在地面上出现的时候,身上常有许多潮湿的泥点。

蝉的幼虫初次出现于地面,常常在邻近的地方徘徊,寻求适当的地点——一棵小矮树,一丛百里香,一片野草叶,或者一根灌木枝——脱掉身上的皮。找到就爬上去,用前爪紧紧地把握住,丝毫不动。

于是它外层的皮开始由背上裂开,里面露出淡绿色的蝉体。头先出来,接着是吸管和前腿,最后是后腿与折着的翅膀。这时候,除掉尾部,全体都出来了。

接着,它表演一种奇怪的体操。在空中腾跃,翻转,使头部倒悬,折皱的翼向外伸直,竭力张开。然后用一种几乎看不清的动作,尽力翻上来,并用前爪钩住它的空皮。这个动作使尾端从壳中脱出。总的过程大概要半点钟。

这个刚得到自由的蝉,短期内还不十分强壮。在它的柔弱的身体还没有精力和漂亮的颜色以前,必须好好地沐浴阳光和空气。只用前爪挂在已脱下的壳上,摇摆在微风中,依然很脆弱,依然是绿色的。直到变成棕色,才同平常的蝉一样强壮了。假定它在早晨九点钟占据了树枝,大概要到 12 点半才扔下它的皮飞去。空壳挂在树枝上,有时可达一两个月之久。

蝉 的 卵

普通的蝉喜欢在干的细枝上产卵。它选择最小的枝,像枯草或铅笔那样粗细,而且往往是向上翘起,差不多已经枯死的小枝。

它找到适当的细树枝,就用胸部的尖利工具刺成一排小孔。这些小孔的形成,好像用针斜刺下去,把纤维撕裂,并微微挑起。如果它不受干扰,一根枯枝上常常刺出三四十个孔。卵就产在这些孔里。小孔成为狭窄的小径,一个个斜下去。一个小孔内约生十个卵,所以生卵总数约为三四百个。

---

① 〔罅(xià)隙〕缝隙。

这是一个昆虫的很好的家族。它之所以产这许多卵，是为了防御某种特别的危险。必须有大量的卵，遭到毁坏的时候才可能有幸存者。我经过多次的观察，才知道这种危险是什么。这是一种极小的蚋，蝉和它比起来，简直成为庞大的怪物。

蚋和蝉一样，也有穿刺工具，位于身体下面近中部处，伸出来和身体成直角。蝉卵刚产出，蚋立刻就想把它毁掉。这真是蝉家族的大灾祸。大怪物只须一踏，就可轧扁它们，然而它们置身于大怪物之前却异常镇静，毫无顾忌，真令人谅讶。我曾看见三个蚋依次呆在那里，准备掠夺一个倒楣的蝉。

蝉刚把卵装满一个小孔，到稍高的地方另做新孔，蚋立刻来到这里。虽然蝉的爪可以够着它，而蚋却很镇静，一点不害怕，像在自己家里一样，在蝉卵上刺一个孔，把自己的卵放进去。蝉飞去了，多数孔内已混进异类的卵，把蝉的卵毁坏。这种成熟很快的蚋的幼虫，每个小孔内有一个，以蝉卵为食，代替了蝉的家族。

这可怜的母亲一直一无所知。它的大而锐利的眼睛并不是看不见这些可怕的敌人不怀好意地呆在旁边。然而它仍然无动于衷，让自己牺牲。它要轧碎这些坏种子非常容易，不过它竟不能改变它的本能来拯救它的家族。

我从放大镜里见过蝉卵的孵化。开始很像极小的鱼，眼睛大而黑，身体下面有一种鳍状物，由两个前腿连结而成。这种鳍有些运动力，能够帮助幼虫走出壳外，并且帮助它走出有纤维的树枝——这是比较困难的事情。

鱼形幼虫一到孔外，皮即刻脱去。但脱下的皮自动形成一种线，幼虫靠它能够附着在树枝上。幼虫落地之前，在这里行日光浴，踢踢腿，试试筋力，有时却又懒洋洋地在线端摇摆着。

它的触须现在自由了，左右挥动；腿可以伸缩；前面的爪能够开合自如。身体悬挂着，只要有一点微风就动摇不定。它在这里为将来的出世做准备。我看到的昆虫再没有比这个更奇妙的了。

不久，它落到地上。这个像跳蚤一般大的小动物在线上摇荡，以防在硬地上摔伤。身体在空气中渐渐变坚强了。它开始投入严肃的实际生活中了。

这时候，它面前危险重重。只要一点风就能把它吹到硬的岩石上，或车辙的污水中，或不毛的黄沙上，或坚韧得无法钻下去的黏土上。

这个弱小的动物迫切需要隐蔽，所以必须立刻到地下寻觅藏身的地方。天冷了，迟缓就有死亡的危险。它不得不各处寻找软土。没有疑问，许多是在没有找到以前就死去了。

最后，它找到适当的地点，用前足的钩扒掘地面。我从放大镜里见它挥动锄头，将泥土掘出抛在地面。几分钟以后，一个土穴就挖成了。这小生物钻下去，隐藏了自己，此后就不再出现了。

未长成的蝉的地下生活，至今还是个秘密，不过在它来到地面以前，地下生活所经过的时间我们是知道的，大概是四年。以后，在阳光中的歌唱只有五星期。

四年黑暗中的苦工，一个月阳光下的享乐，这就是蝉的生活。我们不应当讨厌它那喧嚣的歌声，因为它掘土四年，现在才能够穿起漂亮的衣服，长起可与飞鸟匹敌的翅膀，沐浴在温暖的阳光中。什么样的钹声能响亮到足以歌颂它那得来不易的刹那间的欢愉呢？

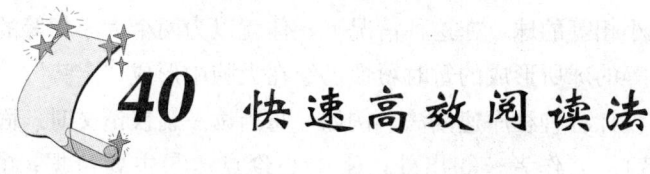

40 快速高效阅读法

—— 程汉杰 ——

快速高效阅读法是综合运用教育学、心理学、生理学、语言学、思维学等学科的有关原理，借鉴国内传统的优秀读书方法和国外盛行的快速阅读法，结合我国中学生的阅读实际设计而成的，以提高阅读速度、阅读效率为目的的一套阅读训练方法。

简要地说，快速高效阅读，包括两种能力：一是以快速捕捉信息为主要目的的快速阅读能力，二是以快速深入理解为主要目的的快速精读能力。二者结合起来，就是我们所追求的快速高效阅读能力。

一 以迅速捕捉信息为目的的快速阅读训练

1. 计时速读训练

中学生的阅读速度慢，不一定都是由于阅读能力低，在很大程度上是由于缺乏紧迫感，时间观念不强。因此，进行计时速读训练可以激发学生的竞争心理，增强其紧迫感，从而达到提高阅读速度和阅读效率的目的。

计时速读训练的具体做法是：①训练之前，学生先不看书。②待老师发出"开始阅读"的命令之后，开始阅读；老师在黑板上记下阅读开始的时间，以后每6秒钟记一次。③当某位同学读完文章后，立即举手示意，并从黑板显示的时间记录，记下来自己所用的时间（精确到6秒，即0.1分。）④读完文章者马上把文章收起来，凭记忆笔答测试题。⑤全班学生都做完测试题之后，老师逐题公布判分标准和正确答案，学生互相判分（共

100分）。每个人所得的分数（回答问题的正确率）就是自己的理解率，用"％"来表示。⑥每人计算出自己的速度（所读文章的字数除以所用的时间）和阅读效率（阅读速度乘以理解率）。⑦每人将本次训练的数据准确地记在阅读训练本上，以备将来总结分析之用。

如果自己进行训练，可以在阅读之前记下钟点（×时×分×秒），待看完后，马上看当时的钟点，以计算出阅读这篇文章时所用的时间（×分×秒）。

这种训练强调的是阅读效率，因此只追求速度和只追求理解率的做法都不适宜。掌握这种训练方法，必须处理好阅读速度和理解率的关系，在保持一定理解率（一般以70%左右为宜）的基础上，力求高速度，从而使自己的阅读效率得以迅速提高。

2. 程序速读训练

根据教育心理学中的定势理论可以知道，思维定势是长期重复活动不断强化的结果，可以使人形成思维习惯，达到自动地、不假思索的程度。比如，先重复感知两个大小不等的球，然后再看两个大小相等的球，在这种情况下，你就以为两个大小相等的球也大小不一，这是因为看大小不等的球所形成的暂时习惯已经在大脑中形成"定势"。

根据上述理论可以设计各种程序速读法。例如，每当读一篇议论文时，固定解决以下问题：①题目（或书名）；②作者；③出处；④中心论点；⑤主要论据；⑥论证方法；⑦论证结构。使这七个问题在自己大脑中形成"定势"，只要一看书就习惯成自然地循着这七个问题去理解。七个问题都有了答案，就完成了任务。久而久之，就会形成议论文的固定阅读思维程序。一阅读，就自然纳入这个"轨道"，而与此无关的其他内容就可略而不读。

要使阅读程序在头脑中形成定势，需要经过一定的训练。训练可以分两个阶段，目的是明确阅读程序的各个步骤，以及查找的目标。步骤是：

第一，记住各项内容及要求。

第二，阅读时，对照每一条，将所需信息全部接收过来。这就如同到百货公司买东西一样，凭一张购货单，可以迅速而准确地购买到你所需要的东西。

第三，有用的东西读得慢些，无用的东西读得快些，或者略去不读，即对读过的内容加以筛选，选用和积累这七项内容中所包含的信息。

第四，阅读时对文章持分析态度。边读边想：文中是否有可争议之处，能使自己得到什么启发。

第五，读完全文，再对照程序速读法的各项内容，检查一下是否都已达到了要求。这种总结性的分析和综合过程，十分有利于掌握和记忆文章的内容。

第二阶段，在明确并初步熟悉了程序阅读法的步骤及查找的目标之后，要通过反复训练，形成习惯，即达到无意识地、自动地完成各项任务的目的。

训练时，应遵循的原则是：不管文章多么难，读一遍就回头看的现象要坚决杜绝。如果需要回头看的话，只能在读完全文之后去读第二遍。

3. 增大识别间距训练

增大识别间距是提高阅读速度的根本途径。增大识别间距，即在阅读时不是一个词一个词地读，而是把与词义有关的词联成一个较大的单位，一组组地读，一边读一边理解。例如：

① 闰土的 心里 有 无穷无尽的 希奇的 事，这些 事 都 是 我 往常的 朋友 所 不 知道的。

② 闰土的心里 有无穷无尽的 希奇的事， 这些事都是 我往常的朋友 所不知道的

第一种读法识别间距小，只是一个词一个词地读，是阅读能力低下的读法。第二种读法识别间距大，是把 16 个词分成 6 个意群来阅读，当然要快得多。阅读时识别间距的增大，不仅因减少了眼停的次数（由 16 次减少为 6 次）而直接提高了阅读速度，而且因把句子划分成为数不多的意群而更便于理解词与词之间的语义联系，因此有利于提高理解率和阅读效率。但是，怎样才能提高识别间距呢？这除了做必要的练习，熟能生巧，还需要研究我们阅读的对象——文章的特点，从文章中找规律，以抓住对我们快速阅读有用的东西。

人们的阅读过程，并非单纯的眼睛的运动，而是一种思维或心理的"阅读领悟过程"。能否阅读得快，每次眼停看到的词多固然重要，但更重要的是我们阅读时的思维过程。因为思维过程是将这些词作为一个有意义的整体来领悟的。比如"挨了假洋鬼子打的阿 Q 越想越气，毒毒的点一点头：'不准我造反，只准你造反？'"，在这句话中，作者要传达给读者的意思并不是单个的词或短语的意义，其中有些词的意义是明确的，如"阿 Q"，其他一些词，像"毒毒的""越""想""点""造反"等等，如果孤立地看，并不表示明确的意义。这些词只有连在一起时才表达了"阿 Q 挨了假洋鬼子的打后深感委屈而愤愤不平"这样一个特定的意思。这个句子具体、形象、生动，表现了阿 Q 的精神特征，内涵十分丰富。因此要把握这些文字所表达的意义，就必须将这句话作为一个单位来理解，这是阅读领悟过程的特殊要求。

4. 推断速读训练

所谓推断速读，指的是通过寻找关键词句、加以分析判断而迅速掌握各段大意和文章中心思想的阅读方法。

推断速读法的好处是，压缩了文字数量，提高了理解文章的质量。

推断速读法的理论依据是：大脑具有选择和压缩信息的功能，因而阅读时在必要的条件下不需要通读全文，只需要通过找重点、作判断的办法，就能达到去粗取精、广泛获得知识的目的。

进行推断速读训练可分为三个步骤：

①找出关键词句。读第一遍时把关键词句找出来。刚开始训练时可以用笔把关键词句

画出来。

②确定判断。把画出的关键词句在头脑里逐一分析，重新编码，形成自己的判断。

③理解意图。根据自己形成的判断理解所读文章的意图，确定中心思想。

对推断速读法的运用尚不熟练的时候，可按上述三个步骤分步训练。待到熟练后，再将三步合为一步，在阅读时同时进行找关键词、确定判断、理解意图的工作。也就是既要善于抓关键词句，进行快速阅读，又要同时进行思索、判断以求达到快速、准确地理解文章主旨的目的。

5. 调控注意力训练

调控注意力，指的是注意力的集中、分配与控制能力。

注意力的集中，是指在快速阅读时，注意力高度集中在阅读上，对阅读之外的事能置之不顾。也就是说，对其他外界事物的影响，能抑制自己的注意力。

注意力的分配，是指在快速阅读时对注意力的分配使用。既能把主要注意力集中在重点上，又能同时扫视周围的内容，判别哪些是应当重视的，哪些是可以一带而过的，哪些是可以根本不读的。

注意力的控制，是指在专心致志地进行快速阅读时，既能把主要精力控制在文章的重点（自己所要达到的目的）上，又能在必要时将注意力暂时转移到所需要的另一个重点问题上；之后，又能根据阅读的需要回到原来阅读重点上（即不单打一）。

调控注意力的训练方法如下。

先做下面这样的一些表格：

5	14	12	23	2
16	25	7	24	13
11	3	20	4	18
8	10	19	22	1
21	15	9	17	6

每份表都画成25个方格，全表为20×20厘米的正方形。在小格内无顺序地填上1—25的数字。每人可自己做一套这样的表。

练习的方法：在每个单独的表中，按递增的顺序迅速找全25个数字。所用的时间按秒计算。

注意力参数较高、视野比较宽的读者，看一个表用25—30秒。练习时间越长，所需的时间会越短。个别人能达到11—12秒。有时用于一张表的时间，能达到7—8秒。

延长时间的原因往往是因为一两个数字。许多数字都能很快找到，然而忽而找不到下面的数字了。有时甚至觉得好像这个表上根本没有这个数。这一现象说明人的心理活动速度的基本结构或功能失去了平衡。

练习的规则：

1. 用10个表——进行练习。

2. 点数时不出声，按递增的顺序在心里默数1—25。

3. 开始练习之前，视线应集中在表的中心，以便看见表的全貌。

4. 每天练一套（10个表），使完成任何一个表的时间不超过25秒。

5. 克服快速阅读的障碍。

阅读速度慢的人，往往有影响阅读的障碍。最常见的障碍是在阅读过程中身体的某些部位作多余的活动。在进行快速阅读时，眼部肌肉活动应是唯一的外部运动。中学生阅读常见的毛病有以下几种：

①出声阅读。人们的阅读过程一般有两种：一种是朗读，即看到文字，读出声音，再由声音在大脑中唤起意义，达到理解；另一种是默读，就是看到文字直接在大脑中唤起意义，直接由文字来认识意义，所以默读速度要比朗读快得多。而一些阅读速度慢的同学，往往还是借助于朗读，或者是小声读才能理解文意，因此，要想提高速读能力首先要克服出声阅读的毛病。

②阅读时用手指指着一个一个的字。我们在阅读时，眼睛要顺着字行做一系列的短暂而急促的运动，每看一定间距的材料，眼睛的运动就会极短暂地停顿一下。据心理学研究者的研究发现，人们眼睛停顿的间隙是相当固定的，大约是1/5秒，而且在阅读中，只有眼停时才能感知字句，阅读的大部分时间属于眼停，眼动只占全部阅读时间的5%—6%。这样一来，要想提高速度，就只能是增加眼停时所读材料的数量了。也就是说，在同一眼停的时间内，你所读的材料多，你阅读的速度就快；反之，速度就慢。实验证明，每次眼停，视觉广度大的可见六七个字，视觉广度小的则只能看见一两个字。如果老是用手指指着一个字一个字地读，一次眼停最多也不过看一两个字，当然就会大大影响速度。

③阅读时摆头。在阅读过程中，有的人由于情绪紧张或者由于苦思苦索而不得其解，往往出现不自觉的头部摆动现象，这种多余活动是无助于提高速度的。因为每个人的眼部肌肉完全有能力使眼睛从一个字移到另一个字，根本不需要借助于颈部肌肉的运动。相反，头部的摆动也跟用手指指着一个一个的字阅读一样，只能影响阅读速度。

④复视。在顺着一行字阅读时，有的人眼睛常常往回看。这一动作表明他正在理解一个词或一个短语，而不是理解全句。一般来讲，复视是阅读能力差的表现。复视的出现，往往是由于遇到了一个生词或不大懂的短语，需要回过头来再看一眼，这是情有可原的，只要控制它的次数不要太多就行了。但有人往往过分依赖复视，以致养成习惯，遇到较难的文章就徘徊不前，大大影响阅读速度，所以要坚决纠正。国外有的用速读器，是专门为纠正这一毛病的，颇有效果。

二 以快速深入理解文章为目的的快速精读训练

快速精读训练是根据教学大纲的要求，把中学生精读能力分解为多种能力，再针对每一种能力要求，归纳出相关规律，通过计时程序阅读训练达到提高精读效率的目的。以下是8种单项能力的技巧（即规律）。

1. 快速概括段意的技巧

1	抓住中心句	或在段首（或在段首但不在第一句）
		或在段尾（或在段尾但不在最末句）
		或在段中

续表

2	改写概括	
3	完全概括	取主舍次法
		并列串联法
4	利用提示性的语言标志	
5	利用记叙中的议论或抒情	

2. 快速提炼中心思想的技巧

1	写人的文章从分析人物入手——由"人"及"义"
2	写事的文章从分析事件入手——由"事"及"理"
3	写景的文章从分析景物入手——由"景"及"情"
4	复杂记叙文以主要人物为依据提炼中心思想
5	利用记叙文中的议论句与抒情句
6	利用题目与文眼
7	利用开头、结尾与过渡、照应

3. 快速辨析段落思路的技巧

	结构类型	辨析思路技巧
1	"总—分—总"型	从"总"与"分"间、"分"与"总"间划开
2	"总—分"型	从"总"与"分"间划开
3	"分—总"型	从"分"与"总"间划开
4	"分—分"型	从"分"与"分"间划开

4. 快速理解文中句子的技巧

1	根据修辞特点理解句意
2	根据语境理解或推断句意
3	根据表达的思想感情理解句意
4	根据句式理解句意
5	根据诗歌特点理解句意

续表

6	根据句中关键词语理解句意
7	根据词序不同表达效果也不同理解句意
8	根据句子在文中的作用理解句意

5. 快速分析写作特点的技巧

1	分析选材与剪裁特点
2	分析文章构思特点
3	分析文章表现手法、说明方法、论证方法特点
4	分析文章语气特点
5	分析文学作品描写刻画人物的特点

6. 快速评价文学作品的技巧

1	看观点是否正确
2	看材料是否真实
3	估价文章的社会效果
4	看表达得是否合理充分

7. 快速辨析篇章思路技巧

	结构类型	辨析思路技巧
1	"总—分—总"型	从"总"与"分"间、"分"与"总"间划开
2	"总—分"型	从"总"与"分"间划开
3	"分—总"型	从"分"与"总"间划开
4	"分—分"型	从"分"与"分"间划开

8. 快速理解文中词语的技巧

1	从词语的整体含义上理解
2	从词语的用法上理解
3	从词语的搭配上理解

续表

4	从同义词（或近义词）的差别上理解
5	从"确切""周密"的角度去理解
6	从"简明""生动"的角度去理解
7	从抒发的思想感情去理解
8	联系背景、人物等推断词义
9	根据语境（上下文）理解词义

训练方式：

1. 速读测试型，即前面所述计时速读训练。计时速读训练可以是笔答型（即读原文后，不看原文，笔答速读测试题），也可以是口答型速读测试。

口答型是速读训练笔答型的一种变式。如果老按一种训练方法进行，一则学生会感到呆板、单调，二则要占用大量课时。因此，进行速读训练可以采取灵活方法。速读训练口答型就是其中的一种。具体做法：师生训练用书准备好以后，教师为学生计时，每个同学读完后马上举手，记下所用时间，但不再笔答试题；教师公布每道题的评分标准和答案，学生可以自己为自己实事求是地打分。这样，每个学生可以大致计算出自己的阅读速度、理解率和阅读效率。

2. 速读精读结合训练型

这是将快速阅读训练与快速精读训练结合起来的一种训练方式。其基本训练程序是"五步训练法"。即：①速读。第一遍是速读，即按照快速阅读的要求去读，要求尽快掌握文章的基本内容、结构、主旨及特点等。②质疑。即提出没有读懂的问题以备在下一步精读中去寻找答案。质疑能引起自己的好奇心。如果带着亟待解决的问题去读书，求知的心情就更迫切。这样，就使阅读成为一种有准备的、主动的过程。③精读。带着问题去有选择地精读有关章节、段落。精读中需要调动各种感官的积极活动，要做到"心到、眼到、口到、手到"，力求在精读中解决疑难问题。④讨论。在精读的基础上，就某些重点、难点进行讨论，以便问题得到更快解决。同时，由于讨论能活跃思想，还可以产生某种程度的交际兴奋感，提高学习效率。⑤温习。这是进一步巩固与运用知识的阶段。要根据前几个阶段中对知识的理解和记忆的巩固程度，进行全面而有重点的复习，以加深理解，避免遗忘。

3. 快速精读单项训练型

这是对快速精读能力进行单项训练的课型。每次只训练一种精读能力。比如快速归纳段意能力，快速提炼中心能力等等。具体做法：将训练材料准备好之后，教师发出"开始精读"的命令，学生则按本次训练要求进行快速精读，并做出相应答案，教师为全班计时

（方法同"速读测试"）；全班都做完题后，教师公布评分标准与答案，学生互判成绩，得出正确率，每人计算出自己的数据。以快速归纳段意为例：

归纳段意速度（段/分钟）＝归纳段意的段数/时间（分钟）

正确率＝卷面得分×100％

归纳段意效率（段/分钟）＝归纳段意速度×正确率

41 山中与裴秀才迪书①

—— 王 维 ——

这是王维从长安回到辋川别业后写给好友裴迪的一封信，邀他在开春后同游山中。文中仅略做点染，就勾勒出作者晚年所居辋川别业周围的山水美景，描绘了当前冬夜月下幽寒清丽的景色，展望了来年春日山中生机勃发的景象，文笔质朴简约、清新淡雅而又深含妙趣，文中多用四字短句而又不拘骈散，读来具有诗的韵律而又流畅自如，达到了很高的艺术境界。

王维工诗善画，苏轼在《书摩诘蓝田烟雨图》中评论道："观摩诘之诗，诗中有画；观摩诘之画，画中有诗。"此信是精美的山水小品，有诗的情味，画的意境。它同作者许多优秀的山水诗一样，其艺术感染力主要是在鲜明如画的景物描绘中荡漾着的诗情，表现了作者在观照自然时所领略到的一种得意忘言的"深趣"，一种对自然界诗意美的发现的喜悦和陶醉。阅读时，可以结合"当待春中"的一段景物描写，感受作者认为"有深趣"的那种诗情画意。

近腊月②下，景气③和畅，故山殊可过④。足下方温经⑤，猥不敢相烦⑥，辄便往山中，憩感配寺⑦，与山僧饭讫⑧而去。

---

①选自《王右丞集》。王维（701—761），字摩诘，祖籍太原祁（现在山西省祁县），其父迁居蒲州（现在山西省永济县）。开元九年（721）中进士，精通书画音乐，曾为大乐丞、右拾遗，官至尚书右丞，世称王右丞。王维以写山水田园诗著称，散文也很有特色。这篇散文是王维写给友人的一封信。裴秀才迪，即裴迪，早年曾和王维隐居终南山，晚年又和王维"弹琴赋诗，啸咏终日"。秀才，唐代对中进士的人的通称。　②〔腊月〕农历十二月。古代在农历十二月举行"腊祭"，所以称十二月为腊月。　③〔景气〕气候。　④〔故山殊可过〕旧居蓝田山很可以一游。故山，旧居的山，指王维的"辋川别业"所在地的蓝田山。殊，很。过，过访、游览。　⑤〔方温经〕正在温习经书。方，正。　⑥〔烦〕打扰。　⑦〔憩感配寺〕在感配寺休息。憩，休息。感配寺，王维集中有游感化寺的诗，而《旧唐书·神秀传》中说，蓝田有化感寺。感配寺可能是化感寺之误。　⑧〔饭讫（qì）〕吃完饭。讫，完。

北涉玄灞①,清月映郭。夜登华子冈②,辋水③沦涟,与月上下。寒山远火,明灭林外。深巷寒犬,吠声如豹。村墟④夜舂⑤,复与疏钟相间。此时独坐,僮仆静默⑥,多思曩昔,携手赋诗,步仄径⑦,临清流也。

当待⑧春中,草木蔓发⑨,春山可望,轻鲦⑩出水,白鸥矫翼⑪,露湿青皋⑫,麦陇⑬朝雊⑭,斯之不远⑮,倘能从我游乎⑯?非子天机清妙⑰者,岂能以此不急之务⑱相邀。然是中⑲有深趣矣!无忽⑳。因驮黄檗㉑人往,不一㉒。山中人㉓王维白。

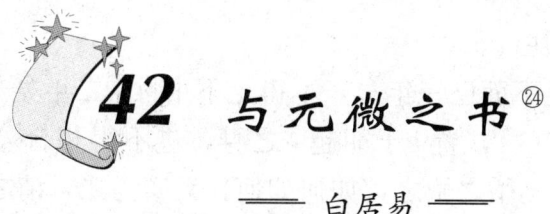

42 与元微之书㉔

——白居易——

白居易和元稹是志同道合的终生至交。他们同科及第,同授秘书省校书郎;都因不畏权贵、敢于进言而于同年分别被贬;在诗坛上齐名,共同倡导"新乐府运动",彼此一生往来赠答,诗酒唱和,世称"元白"。白居易的这封信,表达了他思念好友元稹的深切感情,从中可见二人非同寻常的友谊。

---

①〔北涉玄灞〕往北走渡过灞水。涉,渡。玄,黑色,指水深绿发黑。 ②〔华子冈〕王维辋川别业中的一处胜景。 ③〔辋水〕即辋川,在蓝田县南。 ④〔村墟〕村庄。 ⑤〔夜舂〕晚上用杵臼捣谷(的声音)。 ⑥〔静默〕指已入睡。 ⑦〔仄径〕狭窄的小路。 ⑧〔当待〕等到。 ⑨〔蔓发〕蔓延生长。 ⑩〔轻鲦(tiáo)〕即白鲦,鱼名。身体狭长,游动轻捷。 ⑪〔矫翼〕张开翅膀。矫,举。 ⑫〔青皋〕青草地。皋,水边高地。 ⑬〔麦陇〕麦田里。 ⑭〔朝雊(gòu)〕早晨野鸡的鸣叫。雊,野鸡叫的声音。 ⑮〔斯之不远〕这不太远了。斯,指春天的景色。 ⑯〔倘能从我游乎〕(您)能和我一起游玩吗?倘,倘或,表示商量语气。 ⑰〔天机清妙〕性情高远。天机,天性。清妙,指超尘拔俗,与众不同。 ⑱〔不急之务〕闲事,这里指游山玩水。 ⑲〔是中〕这里。 ⑳〔无忽〕不要忽略,不要轻视。 ㉑〔因驮黄檗(bò)人往〕借驮黄檗的人前往之便(带这封信)。因,凭借。黄檗,一种落叶乔木,果实和茎内皮可入药。茎内皮为黄色,也可作染料。 ㉒〔不一〕古人书信结尾常用的套语,不一一详述之意。 ㉓〔山中人〕王维晚年信佛,过着半隐的生活,故自称。 ㉔选自《白氏长庆集》。白居易(772—846),字乐天,晚年号"香山居士""醉吟先生"。祖籍太原,生于郑州新郑(现在河南省新郑市)。29岁中进士,曾任秘书省校书郎、江州(现在江西省九江市)司马、中书舍人、杭州刺史、苏州刺史等。他是"新乐府运动"的倡导者,强调诗歌讽谕社会现实的作用,创作了大量通俗易懂的作品。散文也平易自然,以书信和景物杂记成就最大。唐宪宗元和十年(815),白居易上书言事,得罪权贵,被贬为江州司马。元和十二年,也就是被贬的第三年,白居易给好友元稹写了这封信,叙述了他在九江的生活,抒发了离别思念之情。元稹(779—831),字微之,河南洛阳人,支持白居易倡导的"新乐府运动",多有唱和。诗与白居易齐名,世称"元白"。元和十年,元稹也被贬为通州(现在四川省达川市)司马。

信中先抒写别后三年的思念之情，无可奈何的离愁别绪呼喊而出；次叙近年的交往，深深感念友人的关怀；再说自己近况，以三泰之事告慰好友；最后交代写信时的环境和心情，再次抒发思念老友的至情。全信絮说家常，漫话别情，感情炽烈奔放而又深沉执著，对久别相思的哀痛和相会无期的怨恨，都写得曲尽其妙，兴会淋漓，低徊哀婉，悱恻动人，两人的深挚友情跃然纸上。语言自然真切、简洁明快而又不失凝练含蓄。首尾两段，抒情强烈，感人至深；描写庐山的文字，优美、生动、清新，令人神往；引用的来诗和书后的赋诗，真情真语，更是增加了艺术感染力。

四月十日夜，乐天白：

微之微之！不见足下面已三年矣，不得足下书欲①二年矣，人生几何，离阔②如此？况以胶漆之心③，置④于胡越⑤之身，进不得相合⑥，退不能相忘，牵挛乖隔⑦，各欲白首。微之微之，如何如何！天实为之，谓之奈何！

仆初到浔阳⑧时，有熊孺登⑨来，得足下前年病甚时一札⑩，上⑪报疾状，次叙病心，终论平生交分⑫。且云：危惙⑬之际，不暇及他，唯收数帙⑭文章，封题其上曰："他日送达白二十二郎⑮，便请以代书⑯。"悲哉！微之于我也，其若是乎！又睹所寄闻仆左降⑰诗云："残灯无焰影幢幢⑱，此夕闻君谪九江。垂死病中惊起坐，暗风吹雨入寒窗。"此句他人尚不可闻，况仆心哉！至今每吟，犹恻恻耳。

且置是事⑲，略叙近怀。仆自到九江，已涉⑳三载。形骸且健，方寸㉑甚安。下至家人，幸皆无恙。长兄去夏自徐州至，又有诸院㉒孤小弟妹六七人提挈㉓同来。顷㉔所牵念者，今悉置在目前，得同寒暖饥饱，此一泰㉕也。江州

---

①〔欲〕将要。　②〔离阔〕阔别，久别、远别。阔，久远。　③〔胶漆之心〕比喻感情亲密。　④〔置〕放。　⑤〔胡越〕胡在北，越在南，比喻相距遥远。　⑥〔相合〕在一起。　⑦〔牵挛乖隔〕牵挛，牵掣。乖隔，隔离。指客有拘牵，不得相见。　⑧〔浔阳〕古县名，即现在江西省九江市。　⑨〔熊孺登〕钟陵（在现在江西省进贤县）人，元和年间，在四川任职，与白居易、元稹、刘禹锡等多有交往。　⑩〔札〕短信。　⑪〔上〕首先。　⑫〔交分(fèn)〕交谊，情分。　⑬〔危惙(chuò)〕指病危。惙，疲乏。　⑭〔数帙(zhì)〕几包。帙，包书的包袱或口袋。　⑮〔白二十二郎〕指白居易，他在家族同辈中排行第二十二。　⑯〔代书〕代替信。　⑰〔左降〕即左迁，贬官。　⑱〔幢幢(chuángchuáng)〕影子摇晃的样子。元稹集中作"憧憧"。　⑲〔且置是事〕暂且放下这事（不谈）。　⑳〔涉〕经历，过。　㉑〔方寸〕指心绪。　㉒〔诸院〕同一大家族中的各支。　㉓〔提挈(qiè)〕提携，扶助。　㉔〔顷〕不久前。　㉕〔泰〕安适。

风候①稍凉，地少瘴疠②。乃至蛇虺③蚊蚋，虽有，甚稀。溢鱼④颇肥，江酒⑤极美。其余食物，多类北地。仆门内之口⑥虽不少，司马之俸虽不多，量入俭用⑦，亦可自给。身衣口食，且免求人，此二泰也。仆去年秋始游庐山，到东西二林⑧间香炉峰⑨下，见云水泉石，胜绝⑩第一，爱不能舍。因置草堂，前有乔松⑪十数株，修竹⑫千余竿。青萝为墙援⑬，白石为桥道，流水周⑭于舍下，飞泉落于檐间，红榴白莲，罗生池砌。大抵若是，不能殚⑮记。每一独往，动弥旬日⑯。平生所好者，尽在其中。不唯忘归，可以终老。此三泰也。计足下久不得仆书，必加忧望⑰，今故录三泰以先奉报，其余事况，条写⑱如后云云。

微之微之！作此书夜，正在草堂中山窗下，信手把笔，随意乱书。封题之时，不觉欲曙。举头但见山僧一两人，或坐或睡。又闻山猿谷鸟，哀鸣啾啾。平生故人，去⑲我万里，瞥然⑳尘念㉑，此际暂生。余习㉒所牵㉓，便成三韵云："忆昔封书与君夜，金銮殿后欲明天。今夜封书在何处？庐山庵里晓灯前。笼鸟槛猿㉔俱未死，人间相见是何年！"微之微之！此夕我心，君知之乎？乐天顿首㉕。

---

①〔风候〕气候。　②〔瘴疠（zhànglì）〕指南方湿热地区流行的恶性疟疾等传染病。　③〔虺（huǐ）〕毒蛇。　④〔溢（pén）鱼〕溢江出产的鱼。溢，溢江，今名龙开河，发源于江西瑞昌西南青山，经九江市西入长江。　⑤〔江酒〕江州的酒。　⑥〔门内之口〕家里的人口。　⑦〔量入俭用〕衡量收入，节俭用度。　⑧〔东西二林〕指庐山的东林寺和西林寺。　⑨〔香炉峰〕庐山南部著名的山峰。　⑩〔胜绝〕绝妙。　⑪〔乔松〕大松树。乔，高大。　⑫〔修竹〕长竹。　⑬〔墙援〕篱笆墙。援，用树木围成的园林护卫物。　⑭〔周〕环绕。　⑮〔殚（dàn）〕尽，全。　⑯〔动弥旬日〕常常满十天。动，动不动，常常。弥，满。旬日，十天。　⑰〔忧望〕挂念，盼望。　⑱〔条写〕一条条地写。　⑲〔去〕离。　⑳〔瞥然〕形容时间短暂。　㉑〔尘念〕世俗的思念之情。　㉒〔余习〕没有改掉的习惯，这里指作诗。　㉓〔牵〕牵引，牵动。　㉔〔笼鸟槛猿〕笼中的鸟，槛（木栅栏）中的猿。这里比喻作者自己和元稹都不得自由。　㉕〔顿首〕叩头。这是书信结尾的敬辞。

43 段太尉逸事状①

—— 柳宗元 ——

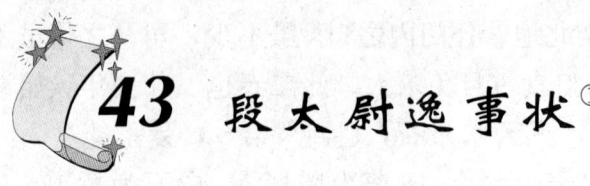

本文通过太尉段秀实的三件逸事,突现了一位不畏强暴、仁信爱民、廉洁自处的封建时代正直官吏的鲜明形象,同时对当时军人横暴贪婪、人民苦难深重的现实,予以了有力的揭露。

文章末段,作者除说明写这篇逸事状的目的及材料的翔实可信外,又对段秀实的为人作了补充说明,认为他并不是"一时奋不虑死"的沽名钓誉之徒,而是一个既温顺谦和又刚正不阿、极富正义感的人。对全面了解段秀实其人,这些补充也很重要。

柳宗元的作品以山水游记的成就最高,但他的记人叙事的文章也写得很出色。本文选材典型,结构严谨,描述生动,是一篇优秀的传记文学作品。全文不着一字议论,寓情于事,以形传神,完全用事实和形象讲话,虽有叙无议,但在叙事记人中已褒贬自见。这种写法不仅符合史传的特点,而且富于意蕴和情味。

太尉始为泾州刺史时②,汾阳王③以副元帅④居蒲⑤,王子晞为尚书,领行

---

①选自《唐柳先生集》。段太尉,名秀实,字成公,唐朝汧(qiān)阳(现在陕西省汧阳县)人。性情刚毅沉着,有救国救民的大志。早年在西北一带任军职。其后任泾(jīng)州(现在甘肃省泾川县一带)刺史、泾原(原州,现在宁夏回族自治区固原县一带)郑(郑州,现在河南省郑州市一带)颍(颍州,今安徽省阜阳县一带)节度使。官至司农卿。唐德宗建中四年(783),朱泚(cǐ)反,占了都城长安,称帝,强迫段秀实附和他,段秀实大骂他,并用笏(hù)板把他打伤,被杀。德宗兴元元年(784)追赠为太尉,谥忠烈。逸事,散佚未经记载的事迹。状,或称行状,是叙述死者生平事迹,供作史传的人参考采录的一种文体。本篇名逸事状,意思是只记几件逸事,与一般详记生平的行状不同。 ②〔太尉始为泾州刺史时〕时为唐代宗广德二年(764)。刺史,州之长官。 ③〔汾阳王〕郭子仪。唐玄宗天宝末年安史之乱起,郭子仪屡立大功,唐肃宗乾元二年(759)进封他为汾阳郡王。 ④〔副元帅〕肃宗至德二年(757)郭子仪为司空、天下兵马副元帅,乾元二年为兴平定国副元帅,广德二年(764)为关内副元帅。 ⑤〔蒲〕蒲州,唐朝为河东道河中府府治,在现在山西省永济县。

营节度使①，寓军邠州②，纵士卒无赖③。邠人偷嗜暴恶者④，率以货窜名军伍中⑤，则肆志⑥，吏不得问⑦。日群行丐取于市⑧，不嗛⑨，辄⑩奋击⑪，折人手足，椎釜鬲瓮盎⑫盈⑬道上，袒臂⑭徐去，至⑮撞杀孕妇人。邠宁节度使白孝德⑯以王故⑰，戚不敢言⑱。

太尉自州以状白府⑲，愿计事⑳。至则曰："天子以生人㉑付公理㉒，公见人被暴害㉓，因恬然㉔，且大乱㉕，若何？"孝德曰："愿奉教㉖。"太尉曰："某为泾州㉗，甚适㉘，少事，今不忍人无寇暴死㉙，以乱天子边事㉚。公诚以都虞候㉛命某者，能为公已乱㉜，使公之人不得㉝害。"孝德曰："幸甚㉞！"如太尉请㉟。

既署一月㊱，晞军士十七人入市取酒，又以刃刺酒翁㊲，坏酿器㊳，酒流沟中。太尉列卒㊴取十七人㊵，皆断头注槊上㊶，植市门外㊷。晞一营大噪㊸，

---

①〔王子晞（xī）为尚书，领行营节度使〕《新唐书·段秀实传》说是"晞以检校（jiào）尚书领行营节度使"，意思是带着中央"检校尚书"的衔兼任副元帅行营的节度使。郭晞为郭子仪第三子，史称善骑射，从郭子仪，多有战功。官至御史中丞、太子宾客，封赵国公。节度使，地方之军政长官。　②〔寓军邠州〕在辖区之外驻军。邠（bīn）州，现在陕西省邠县。广德元年（763）邠州曾被吐蕃占据，此时收复不久。　③〔纵士卒无赖〕放任士卒为非做歹。无赖，动词，做强横不法之事。　④〔邠人偷嗜暴恶者〕邠州（那些）狡猾、贪婪、凶横、邪恶的坏分子。偷，巧诈。嗜，贪。　⑤〔率以货窜名军伍中〕大都用贿赂在军队里挂上个名字。率，大都。货，财物，这里指贿赂。窜，藏匿，混入。军伍，军队。　⑥〔肆志〕任意，为所欲为。　⑦〔吏不得问〕官吏不能过问，不敢管。　⑧〔日群行丐取于市〕每天成群结伙在市上强索财物。丐，乞求，此处为"强求"之意。　⑨〔嗛（qiè）〕满足。　⑩〔辄〕就。　⑪〔奋击〕用猛力打人。　⑫〔椎（chuí）釜鬲（lì）瓮（wèng）盎（àng）〕泛指砸碎坛坛罐罐。椎，敲击。釜，锅。鬲，三足锅。盎，瓦盆。　⑬〔盈〕满。　⑭〔袒（tǎn）臂〕露着胳膊。表示满不在乎。　⑮〔至〕甚至于。　⑯〔白孝德〕广德二年为邠宁（宁州，现在甘肃省宁县）节度使。　⑰〔以王故〕因为汾阳王关系。白孝德当时归郭子仪节制，因而有顾忌。　⑱〔戚不敢言〕心中忧虑而不敢说。　⑲〔自州以状白府〕从泾州用官文书禀告邠宁节度使衙门。状，文件。白，禀告。　⑳〔愿计事〕说想到节度使衙门来商量公事。　㉑〔生人〕生民，百姓。因避唐太宗李世民讳，"民"字改用"人"字。　㉒〔付公理〕交给您管理。　㉓〔被暴害〕遭受残害。被，动词。　㉔〔因恬然〕仍旧安然无事。　㉕〔且大乱〕将起大变乱。　㉖〔愿奉教〕愿听您指教。谦辞。　㉗〔某为泾州〕我作泾州刺史。某，代段秀实之名。为，作……官。　㉘〔甚适〕很安闲。　㉙〔无寇暴死〕没有变乱而丧命。寇暴，指敌兵或强盗。　㉚〔边事〕边地之安全。　㉛〔都虞候〕军中总执法官。　㉜〔已乱〕止祸乱。　㉝〔得〕受。　㉞〔幸甚〕十分庆幸，很好。　㉟〔如太尉请〕照段秀实请求那样办。　㊱〔既署一月〕（段秀实）已署理（都虞候）一个月。署，署理，暂时担任某一官职。　㊲〔酒翁〕酿酒之技工。翁不是指老年人。　㊳〔酿器〕造酒之器皿。酿，制酒。　㊴〔列卒〕布置士兵。　㊵〔取十七人〕抓住那十七个士兵。取，捕捉。　㊶〔注槊（shuò）上〕（把人头）插在长矛上。注，附着。　㊷〔植市门外〕竖立在市门之外。即枭首示众。　㊸〔噪（zào）〕吵闹。

尽甲①。孝德震恐，召太尉曰："将奈何？"太尉曰："无伤也，请辞于军②。"孝德使数十人从太尉。太尉尽辞去，解③佩刀，选老躄者④一人持马，至晞门下⑤。甲者出，太尉笑且入⑥，曰："杀一老卒⑦，何甲也？吾戴吾头来矣⑧。"甲者愕⑨。因谕曰⑩："尚书固负若属耶⑪？副元帅固负若属耶？奈何欲以乱败郭氏⑫？为白尚书⑬，出听我言。"晞出见太尉。太尉曰："副元帅勋塞天地⑭，当务始终⑮。今尚书恣卒⑯为暴，暴且乱⑰，乱天子边，欲谁归罪⑱？罪且及⑲副元帅。今邠人恶子弟以货窜名军籍中，杀害人，如是不止，几日不大乱⑳？大乱由尚书出，人皆曰尚书倚㉑副元帅，不戢士㉒。然则郭氏功名，其与存者几何㉓？"言未毕，晞再拜曰："公幸教晞以道㉔，恩甚大，愿奉军以从㉕。"顾叱左右㉖曰："皆解甲，散还火伍中㉗。敢哗者死㉘！"太尉曰："吾未晡食㉙，请假设草具㉚。"既食，曰："吾疾作㉛，愿留宿门下㉜。"命持马者去，旦日㉝来。遂卧军中。晞不解衣，戒㉞候卒㉟击柝㊱卫太尉。旦，俱至孝德所，谢不能，请改过㊲。邠州由是无祸。

先是㊳，太尉在泾州为营田官㊴，泾大将焦令谌取人田㊵，自占数十顷，给与农，曰："且熟，归我半㊶。"是岁大旱，野无草，农以告谌。谌曰："我

---

①〔尽甲〕全都武装起来。甲，动词，把甲披在身上。下"何甲也"之"甲"同。　②〔无伤也，请辞于军〕没有关系，请让我到军中去说一说。辞，动词，说，讲话。　③〔解〕解下。意为不带武器。　④〔老躄（bì）者〕年老腿脚不灵便之人。　⑤〔门下〕（军营）门前。　⑥〔笑且入〕一面笑一面向里走。　⑦〔老卒〕自称为老兵。极言无抵抗之力。　⑧〔吾戴吾头来矣〕意为我自己前来送死。表示无所畏惧。　⑨〔愕〕惊讶。　⑩〔因谕曰〕于是晓谕（那些甲者）说。谕，告知。　⑪〔尚书固负若属耶〕尚书（郭晞）难道对不起你们吗？固，岂、难道。负，辜负。若属，你辈。　⑫〔败郭氏〕败坏郭家（之功名）。　⑬〔为白尚书〕为我向尚书说。白，告。　⑭〔勋塞天地〕功勋充满世间。　⑮〔当务始终〕应力求全始全终。意为不可中途败坏功名。　⑯〔恣卒〕放任士兵。　⑰〔暴且乱〕为凶横之事将发生变乱。　⑱〔欲谁归罪〕要归罪于谁。　⑲〔且及〕将牵连到。　⑳〔几日不大乱〕还能有几天不发生大乱？　㉑〔倚〕仗恃。　㉒〔不戢（jí）士〕不管束士兵。　㉓〔其与存者几何〕还能保存多久？与，助词。　㉔〔公幸教晞以道〕您以大道理教我，我很幸运。　㉕〔奉军以从〕率领全军听从您。　㉖〔顾叱左右〕回头呵叱左右之士兵。　㉗〔散还火伍中〕散归各自队伍中。唐兵制，十人为火，五人为伍。　㉘〔敢哗者死〕敢于喧哗闹事的就处死。　㉙〔晡（bū）食〕吃晚饭。晡，申时（下午三时至五时）。　㉚〔请假设草具〕请给备一餐粗饭。假，借予。设，备办。草具，粗食。　㉛〔作〕发作。　㉜〔留宿门下〕在军中住一夜。表示毫不胆怯。　㉝〔旦日〕明日。　㉞〔戒〕饬令。　㉟〔候卒〕巡逻兵。　㊱〔击柝（tuò）〕打更。柝，巡夜打更之木梆。　㊲〔请改过〕愿意改过。　㊳〔先是〕此事之前，以前。　㊴〔营田官〕唐朝兵制，诸军在万人以上置营田副使一人。段秀实任泾州刺史之前曾署支度、营田副使。　㊵〔泾大将焦令谌（chén）取人田〕泾州大将焦令谌夺取民田。　㊶〔且熟，归我半〕庄稼将收成时，一半归我。

知人数①而已，不知旱也。"督责益急②。农且饥死，无以偿，即告太尉。太尉判状③，辞甚巽④，使人求谕谌⑤。谌盛怒⑥，召农者曰："我畏段某耶？何敢言我⑦！"取判铺背上⑧，以大杖击二十，垂死⑨，舆⑩来庭中。太尉大泣曰："乃我困⑪汝。"即自取水洗去血，裂裳衣疮，手注善药⑫，旦夕自哺⑬农者，然后食。取骑马卖，市谷代偿⑭，使勿知⑮。淮西寓军帅⑯尹少荣，刚直士也，入见谌，大骂曰："汝诚人耶⑰？泾州野如赭⑱，人且饥死，而必得谷，又用大杖击无罪者。段公，仁信大人⑲也，而汝不知敬。今段公唯一马，贱卖市谷入汝⑳，汝又取不耻㉑。凡为人㉒傲天灾㉓，犯大人，击无罪者，又取仁者谷，使主人㉔出无马，汝将何以视天地㉕？尚不愧奴隶㉖耶？"谌虽暴抗㉗，然闻言则大愧，流汗，不能食，曰："吾终㉘不可以见段公。"一夕自恨死㉙。

及太尉自泾州以司农征㉚，戒其族㉛："过岐㉜，朱泚幸致货币㉝，慎勿纳㉞。"及过，泚固致㉟大绫㊱三百匹。太尉婿韦晤坚拒，不得命㊲。至都，太尉怒曰："果不用吾言㊳！"晤谢㊴曰："处贱，无以拒也㊵。"太尉曰："然终不以在吾第㊶。"以如司农治事堂㊷，栖之梁木上㊸。泚反，太尉终㊹。吏以告泚，

①〔人数〕照数收谷。　②〔督责益急〕督促交粮更为急迫。　③〔判状〕批农民交来之状子。　④〔辞甚巽（xùn）〕批词写得很委婉。巽，通"逊"。　⑤〔使人求谕谌〕派人带去判状告知焦令谌。　⑥〔盛怒〕大怒。　⑦〔何敢言我〕怎敢告发我。　⑧〔取判铺背上〕将有判词之状子摊在（农民）背上。　⑨〔垂死〕将死。垂，接近。　⑩〔舆〕抬。　⑪〔困〕动词，使受困。指受灾祸。　⑫〔裂裳衣疮，手注善药〕撕自己衣服裹伤，亲手敷上好药。衣，动词，包扎，裹。注，加上。　⑬〔哺〕喂食。　⑭〔代偿〕代农民偿还（焦令谌）。　⑮〔使勿知〕不使（受伤之农民）知。　⑯〔淮西寓军帅〕从淮西调驻泾州之军队统领。淮西，现在河南省许昌、信阳一带。　⑰〔汝诚人耶〕你当真是人吗？　⑱〔野如赭（zhě）〕原野像赤土。指大旱景象。　⑲〔仁信大人〕仁惠有信义之长者。　⑳〔入汝〕（把谷子）交纳给你。　㉑〔不耻〕不觉得羞耻。　㉒〔凡为人〕总起来说你之为人。　㉓〔傲天灾〕轻视上天降祸。　㉔〔主人〕指段秀实。段为泾州地方官。　㉕〔视天地〕见天地，对天地。　㉖〔愧奴隶〕面对奴隶也该有愧。旧时代认为奴隶（受压迫者）人格低。　㉗〔暴抗〕凶暴傲慢。　㉘〔终〕到底。　㉙〔一夕自恨死〕一夜自我悔恨而死。此乃传闻，实则大历八年（773）焦令谌仍任泾原节度使。　㉚〔以司农征〕被征召作司农卿。唐德宗建中元年（780），段秀实受召入京任司农卿（主管储粮和供国家用粮之官）。　㉛〔戒其族〕告诫彼之家属。　㉜〔岐〕岐州，现在陕西省凤翔县，当时称为西京。　㉝〔朱泚幸致货币〕如果朱泚送给财物。朱泚，当时任凤翔尹，后来反唐称帝，为其部将所杀。幸，承其好意。　㉞〔慎勿纳〕千万不要收受。　㉟〔固致〕强送。　㊱〔大绫〕一种丝织品。　㊲〔不得命〕得不到允许。意为推辞不掉。　㊳〔果不用吾言〕果真不照我之言办事。　㊴〔谢〕谢罪，表歉意。　㊵〔处贱，无以拒也〕处于卑下的地位，无法拒绝。　㊶〔终不以在吾第〕无论如何不把大绫留在我家中。终，终究。"以"下省略宾语"之"。第，住宅。　㊷〔以如司农治事堂〕把大绫送往司农卿之办公大厅。如，往。　㊸〔栖之梁木上〕放在屋梁上。　㊹〔终〕死（为朱泚所杀）。

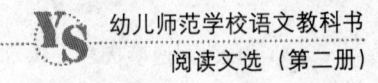

洇取视,其故封识①具存②。

太尉逸事如右③,元和九年月日④,永州司马员外置同正员⑤柳宗元谨上史馆⑥。今之称太尉大节者,出入⑦以为武人一时奋不虑死,以取名天下,不知太尉之所立⑧如是。宗元尝出入岐、周、邠、斄⑨间,过真定⑩,北上马岭⑪,历亭鄣⑫堡戍⑬,窃好问,老校退卒能言其事⑭。太尉为人姁姁⑮,常低首拱手⑯行步,言气卑弱⑰,未尝以色⑱待物⑲。人视之,儒者也。遇不可⑳,必达其志㉑,决非偶然㉒者。会㉓州刺史㉔崔公㉕来,言信行直㉖,备得㉗太尉遗事,复校无疑㉘。或恐尚逸坠,未集太史氏㉙,敢以状私于执事㉚。谨状。

---

①〔故封识(zhì)〕原包装题记。识,记号,指题字。 ②〔具存〕完全存在。 ③〔如右〕如右文。过去文字自右而左直行书写,先写之部分在右。 ④〔元和九年月日〕元和九年(814)某月某日。 ⑤〔永州司马员外置同正员〕此为柳宗元当时之职位。员外置同正员,定额以外之官员,待遇与正员相同。 ⑥〔谨上史馆〕谨把段太尉之逸事写出送与史馆。上,上呈。敬语。史馆,国家修史之机构。 ⑦〔出入〕大抵,无非。下文"尝出入"之"出入"是"来往"之意。 ⑧〔所立〕所树立,实践方面之成就。 ⑨〔岐、周、邠、斄(tái)〕岐,岐州。周,指周原,在岐山下,现在陕西省郿县一带。斄,汉朝县名,在现在陕西省武功县。唐德宗贞元十年(794)作者曾至邠州。 ⑩〔真定〕疑为马岭山南地名。 ⑪〔马岭〕山名,在现在甘肃省庆阳县西北。 ⑫〔亭鄣(zhàng)〕边塞之防御建筑。鄣,同"障"。 ⑬〔堡戍〕士卒驻守瞭望之碉堡或岗楼。 ⑭〔能言其事〕能说太尉之遗事。 ⑮〔姁(xǔ)姁〕和善之状。 ⑯〔拱手〕两手相抱。表示敬意。 ⑰〔言气卑弱〕说话语气谦抑温顺。 ⑱〔色〕颜色,指傲慢之神色。 ⑲〔物〕指人。 ⑳〔不可〕不合理之事。 ㉑〔必达其志〕一定要达到自己主持正义之目的。 ㉒〔决非偶然〕言赋性及生活态度如此。 ㉓〔会〕适逢。 ㉔〔州刺史〕本州(永州)刺史。 ㉕〔崔公〕崔能,字子才,元和九年来任永州刺史。公,敬称。 ㉖〔言信行直〕说话诚信,行为正直。 ㉗〔备得〕全部知晓。 ㉘〔复校(jiào)无疑〕(两人)核对(上述逸事),没有可疑的。复,再。 ㉙〔未集太史氏〕没收集到史官那里。 ㉚〔敢以状私于执事〕敢把这些逸事写成行状,私下送给您。敢,敬辞。执事,书信中尊称对方,表示不敢面陈,而由执事之人转达。此处指史官韩愈,其时任史馆修撰。

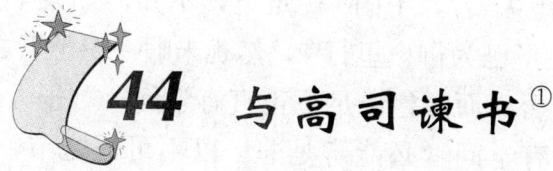

44　与高司谏书①

—— 欧阳修 ——

《宋史·欧阳修传》记载："范仲淹以言事贬，在廷多论救，司谏高若讷独以为当黜。修贻书责之，谓其'不复知人间有羞耻事'。若讷上其书，坐贬夷陵令。"作者写这封信，时在宋仁宗景祐三年（1036）。当时范仲淹任天章阁待制、权知开封府的官职，屡次上书批评朝政，与宰相吕夷简冲突，被贬官。朝廷许多大臣上疏为范仲淹鸣不平。高若讷，字敏之，当时任左司谏，司谏是谏官，他身为谏官，不但不向皇帝进言，反而落井下石，说范仲淹的坏话。欧阳修当时任馆阁校勘，对此十分气愤，于是写了这封信。高若讷接到信后，上交宋仁宗，欧阳修因此获罪，受到贬官的处分。

本文理直气壮，文辞婉转而又笔锋犀利，使人感觉从头至尾是痛快淋漓的责骂，而又处处有理有据，诚恳切实，体现了作者坚持正义而不计个人利害的精神。与我们在初中时学过的《醉翁亭记》相比较，可以看到作者早期文章风格的另一面。黄庭坚曾说："观欧阳文忠公在馆阁时《与高司谏书》语气，可以折冲万里！"（《跋欧阳公红梨花诗》）这是对本文的确切评价。

修顿首再拜白司谏足下②：某③年十七时，家④随州⑤，见天圣二年⑥进士及第榜⑦，始识足下姓名。是时予年少，未与人接⑧，又居远方⑨，但闻今宋舍人兄弟⑩与叶道卿、郑天休数人者，以文学大有名，号称得人⑪，而足下厕

---

①选自《欧阳文忠公文集》。欧阳修（1007—1072），字永叔，号醉翁、六一居士，北宋吉州永丰（现在江西省永丰县）人，文学家、史学家。他继唐朝韩愈、柳宗元之后，大力提倡古文，反对浮华靡丽的文体。他的文章平实流畅，对后来的文风影响很大。　②〔顿首再拜白司谏足下〕恭敬地向您陈诉。顿首再拜，写信的客套话，叩头致敬。再拜，拜两次，表示特别恭敬。白，陈说。　③〔某〕用来代替自己的名字。　④〔家〕动词，住在。　⑤〔随州〕现在湖北省随县。欧阳修四岁死了父亲，跟着母亲郑氏往随州，住在叔父欧阳晔（yè，时任随州推官）处。　⑥〔天圣二年〕公元1024年。天圣，宋仁宗的年号。　⑦〔进士及第榜〕考中进士的名单。　⑧〔接〕交往。　⑨〔远方〕远离京城的地方。　⑩〔宋舍(shè)人兄弟〕指宋代文学家宋庠（字公序）和宋祁（字子京）兄弟。宋庠作过起居舍人的官。　⑪〔号称得人〕人们都称说（这次考进士为国家）取得了人才。

其间①，独无卓卓②可道说③者，予固④疑足下，不知何如人⑤也。其后更⑥十一年，予再至京师⑦，足下已为御史里行⑧，然犹未暇一识足下之面。但时时于予友尹师鲁问足下之贤否，而师鲁说足下正直有学问，君子人也。予犹疑之。夫正直者不可屈曲⑨，有学问者必能辨是非。以不可屈之节，有能辨是非之明，又为言事之官⑩，而俯仰默默⑪，无异众人⑫，是果贤者耶？此不得使予之不疑也。自足下为谏官来，始得相识，侃然正色⑬。论前世⑭事，历历⑮可听；褒贬是非⑯，无一谬说⑰。噫！持此辩以示人⑱，孰不爱之？虽予亦疑⑲足下真君子也。是⑳予自闻足下之名及相识，凡十有四年㉑而三疑之。今者推㉒其实迹而较之㉓，然后决㉔知足下非君子也。

前日㉕范希文贬官后，与足下相见于安道家，足下诋诮㉖希文为人。予始闻之，疑是戏言㉗；及见师鲁，亦说足下深非㉘希文所为，然后其疑遂决㉙。希文平生刚正，好学通古今，其立朝有本末㉚，天下所共知，今又以言事㉛触㉜宰相得罪。足下既不能为㉝辨其非辜㉞，又畏有识者㉟之责己，遂随而诋之，以为当黜㊱，是可怪也！夫人之性，刚果懦软禀之于天㊲，不可勉强，虽圣人亦不以不能责人之必能㊳。今足下家有老母，身惜㊴官位，惧饥寒而顾利禄㊵，不敢一忤㊶宰相以近刑祸㊷。此乃庸人㊸之常情，不过作一不才㊹谏官尔㊺，虽朝廷君子亦将闵㊻足下之不能而不责以必能也。今乃㊼不然，反昂然自得㊽，了无㊾愧畏，便毁其贤以为当黜，庶乎㊿饰己不言之过。夫力所不敢

---

①〔厕其间〕置身在他们中间。厕，夹杂在里面。　②〔卓卓〕卓越，特出。　③〔可道说〕值得称道。　④〔固〕本来。　⑤〔何如人〕怎样的人。　⑥〔更(gēng)〕经过。　⑦〔京师〕京城汴梁（现在河南省开封市）。　⑧〔御史里行(xíng)〕资历浅的人任监察御史，作为实习，名监察御史里行。　⑨〔屈曲〕屈折迁就。　⑩〔言事之官〕指御史。　⑪〔俯仰默默〕举止随人，不敢说话。俯，低头。仰，抬头。　⑫〔众人〕凡俗的人。　⑬〔侃(kǎn)然正色〕刚直严正的样子。　⑭〔前世〕前代。　⑮〔历历〕清楚明白。　⑯〔褒(bāo)贬是非〕赞扬对的，贬斥错的。　⑰〔无一谬(miù)说〕没有错误的言论。　⑱〔持此辩以示人〕拿这种谈论给人看。　⑲〔疑〕以为是。　⑳〔是〕这样。　㉑〔凡十有四年〕总共十四年。有，通"又"。　㉒〔推〕考究。　㉓〔较〕核计。　㉔〔决〕一定。　㉕〔前日〕前些天。　㉖〔诋(dǐ)诮(qiào)〕诽谤讥讽。　㉗〔戏言〕玩笑话。　㉘〔深非〕强烈责难。非，以为不对。　㉙〔决〕解决。　㉚〔立朝有本末〕在朝作官，一贯坚持正义，有始有终。　㉛〔言事〕向朝廷提出政见。　㉜〔触〕冒犯。　㉝〔为(wèi)〕为（范希文言事）。　㉞〔非辜(gū)〕无罪。　㉟〔有识者〕明辨是非的人。　㊱〔黜(chù)〕罢官。　㊲〔刚果懦(nuò)软禀(bǐng)之于天〕刚强果断，怯懦软弱是天生的。禀，承受。　㊳〔以不能责人之必能〕责成人必须做到不能做到的事。　㊴〔惜〕留恋。　㊵〔顾利禄〕舍不得官俸。　㊶〔忤(wǔ)〕触犯。　㊷〔近刑祸〕受处罚。　㊸〔庸人〕无能无志的人。　㊹〔不才〕不称职，无能。　㊺〔尔〕而已。　㊻〔闵(mǐn)〕通"悯"，怜惜。　㊼〔乃〕竟。　㊽〔昂然自得〕洋洋得意。　㊾〔了无〕一点也没有。了，全。　㊿〔庶乎〕庶几乎，希望可以。

为，乃愚者之不逮①；以智文②其过，此君子之贼③也。

且希文果④不贤耶？自三四年来，从大理寺丞⑤至前行员外郎⑥作待制⑦日，日备顾问⑧，今班行⑨中无与比⑩者，是⑪天子骤⑫用不贤之人。夫使天子待不贤以为贤，是聪明有所未尽⑬，足下身为司谏，乃耳目之官⑭，当其骤用时，何不一为天子辨其不贤，反默默然无一语，待其自败⑮，然后随而非之⑯？若果贤耶？则今日天子与宰相以忤意⑰逐贤人，足下不得不言。是则足下以希文为贤，亦不免责，以为不贤，亦不免责，大抵罪在默默尔。

昔汉⑱杀萧望之⑲与王章⑳，计㉑其当时之议㉒，必不肯明言杀贤者也；必以石显、王凤为忠臣，望之与章为不贤而被罪㉓也。今足下视石显、王凤果忠耶？望之与章果不贤耶？当时亦有谏臣，必不肯自言畏祸而不谏，亦必曰当诛而不足㉔谏也。今足下视之，果当诛耶？是直㉕可欺当时之人而不可欺后世也。今足下又欲欺今人，而不惧后世之不可欺耶？况今之人未可欺也！

伏以㉖今皇帝㉗即位已来㉘，进用谏臣，容纳言论，如曹修古、刘越㉙虽殁㉚，犹被褒称㉛，今希文与孔道辅皆自谏诤擢用㉜。足下幸生此时，遇纳谏之圣主如此，犹不敢一言，何也？前日又闻御史台㉝榜朝堂㉞，戒百官不得越职言事㉟，是可言者惟谏臣尔。若足下又遂不言，是天下无得言㊱者也。足下在其位而不言，便当去之㊲，无妨他人之堪其任㊳者也。昨日㊴安道贬官，师

---

①〔不逮〕力量达不到。　②〔文（旧读 wèn）〕掩饰。　③〔君子之贼〕败坏君子的坏东西。　④〔果〕当真。　⑤〔大理寺丞〕大理寺卿的属员。大理寺是审核刑狱的官署。　⑥〔前行（háng）员外郎〕指吏部员外郎。唐宋时期，尚书省六部分前、中、后三行：兵部、吏部属前行；刑部、户部属中行；工部、礼部属后行。　⑦〔待制〕指天章阁待制，天章阁学士、直学士之下的官。　⑧〔备顾问〕准备皇帝询问，意思是皇帝的近臣。　⑨〔班行（háng）〕朝臣的行列。　⑩〔无与比〕无人可比。　⑪〔是〕语气是"这岂不是"。　⑫〔骤〕急促。　⑬〔聪明有所未尽〕意思是虽有聪明而考虑不周到。　⑭〔耳目之官〕为皇帝考察、纠弹的官。　⑮〔败〕坏了事。　⑯〔非之〕说他有错误。　⑰〔忤意〕违背旨意。　⑱〔汉〕西汉。　⑲〔萧望之〕曾任太子太傅，因反对宦官弘恭、石显而被害。　⑳〔王章〕曾任京兆尹，因反对外戚王凤而被害。　㉑〔计〕估计，推断。　㉒〔议〕议论，理由。　㉓〔被罪〕加罪。　㉔〔不足〕不值得。　㉕〔直〕只。　㉖〔伏以〕我认为。伏，俯身（说），表示恭敬。　㉗〔今皇帝〕指宋仁宗赵祯。　㉘〔已来〕以来。　㉙〔曹修古、刘越〕二人在章献太后掌政时都敢直言。二人死后，仁宗亲政，追封曹为谏议大夫，刘为右司谏。　㉚〔殁（mò）〕死。　㉛〔褒称〕奖赏表扬。　㉜〔希文与孔道辅皆自谏诤擢（zhuó）用〕孔道辅任御史中丞，与范仲淹一起谏阻仁宗废郭皇后，二人同时被贬官。三年后召回，孔道辅升龙图阁直学士，范仲淹升吏部员外郎、权知开封府事。谏诤（zhèng），进忠言纠正皇帝过失。擢用，提拔。　㉝〔御史台〕中央监察机构。　㉞〔榜朝堂〕在朝堂张贴通告。　㉟〔越职言事〕超越自己职权范围对朝政提出意见。这是针对范仲淹的，因为范不是谏官而屡次指责时政。　㊱〔得言〕有资格讲话。　㊲〔去之〕离开职位，辞职。　㊳〔堪其任〕能够担任（谏官）职务。　㊴〔昨日〕不久前。

鲁待罪，足下犹能以面目见士大夫，出入朝中称谏官，是足下不复知人间有羞耻事尔。所可惜者，圣朝①有事，谏官不言而使他人②言之，书在史册③，他日为朝廷羞④者，足下也。

《春秋》⑤之法⑥，责贤者备⑦。今某区区⑧，犹望足下之能一言者，不忍便绝⑨足下而不以贤者责⑩也。若犹以为希文不贤而当逐，则予今所言如此，乃是朋邪⑪之人尔。愿足下直携此书于朝，使正予罪⑫而诛之，使天下皆释然⑬知希文之当逐，亦谏臣之一效⑭也。

前日足下在安道家，召予往论希文之事，时坐有他客，不能尽所怀⑮。故辄布区区⑯，伏维⑰幸察⑱，不宣⑲。修再拜。

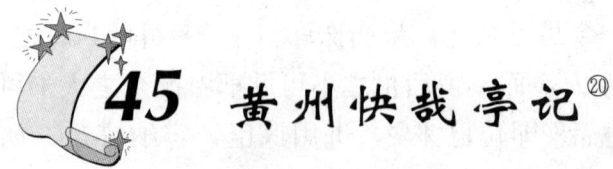

45 黄州快哉亭记⑳

—— 苏　辙 ——

这篇文章，清新开阔，气势奔逸。全文紧扣"快哉"二字，写亭之所以命名为"快哉"，不仅是因为这个亭所处地理位置的景象使人心旷神怡，而且是因为人"不以物伤性"，无论处于什么环境，都能"自放山水之间"而独得其快。文章将写景、叙事、抒情、议论熔为一炉，把快意之情写得淋漓尽致。

作者借物抒怀，本意并不在提倡士人远离尘世、自寻其乐，而在以旷达之情来慰藉仕途不得意的人，希望士人能胸中坦然，生于世而无往不自得。此外也应看到，作者的快意之情中隐含着不平之气。

文中运用典故比较多，这些典故都与"快哉亭"处于"赤壁之下"的地理位置有关。

---

①〔圣朝〕尊称当时朝廷。　②〔他人〕别人。指余靖、尹洙等不任谏官的人。　③〔书在史册〕记载在史书里。　④〔为朝廷羞〕成为宋朝的耻辱。　⑤〔《春秋》〕传说孔子根据鲁国史书编订的一部史书。　⑥〔法〕记事原则。　⑦〔责贤者备〕对贤者的要求分外严格。备，周全。　⑧〔区区〕微小。谦辞。　⑨〔绝〕抛弃。　⑩〔不以贤者责〕不用贤者的标准来要求。　⑪〔朋邪〕与坏人为朋。朋，这里作动词用，结伙。　⑫〔正予罪〕判定我的罪状。　⑬〔释然〕放心，无虑。　⑭〔效〕效能，功绩。　⑮〔尽所怀〕说完我的想法。　⑯〔辄（zhé）布区区〕就写出我的意见。布，陈述。区区，诚意。　⑰〔伏维〕伏地而想。这是表敬意的说法。维，通"惟"，考虑。　⑱〔幸察〕希望你仔细思考。　⑲〔不宣〕书信末尾的套语，意为言不尽意。　⑳选自《栾城集》。苏辙（1039—1112），字子由，苏轼的弟弟，"唐宋八大家"之一。黄州，现在湖北省黄冈市。

例如，曹操、孙权、周瑜、陆逊，都与"赤壁"有关，可结合注释体会这些典故对表达文章主旨的作用。

江出西陵①，始得平地，其流奔放肆大②。南合沅、湘，北合汉沔③，其势益张④。至于赤壁⑤之下，波流浸灌⑥，与海相若。清河⑦张君梦得谪居齐安，即⑧其庐之西南为亭，以览观江流之胜⑨，而余兄子瞻名之曰"快哉"。

盖亭之所见⑩，南北百里，东西一舍⑪。涛澜汹涌，风云开阖⑫。昼则舟楫出没于其前，夜则鱼龙悲啸于其下。变化倏忽⑬，动心骇目⑭，不可久视⑮。今乃得玩之几席之上⑯，举目而足⑰。西望武昌诸山，冈陵起伏，草木行列⑱，烟消日出，渔夫樵父之舍，皆可指数⑲：此其所以为快哉者也。至于长洲⑳之滨，故城之墟㉑，曹孟德、孙仲谋之所睥睨㉒，周瑜、陆逊之所骋骛㉓，其流风遗迹，亦足以称快世俗㉔。

昔楚襄王从宋玉、景差于兰台之宫㉕，有风飒然至者，王披襟当之，曰："快哉此风！寡人所与庶人共者耶？"宋玉曰："此独大王之雄风耳，庶人安得

---

①〔江出西陵〕江，长江。出，流出。西陵，西陵峡，又名夷陵峡，长江三峡之一，在湖北省宜昌市西北。　②〔奔放肆大〕奔放，水势疾迅。肆大，水流阔大。　③〔南合沅、湘，北合汉沔（miǎn）〕沅，沅水（也称沅江）。湘，湘江。两水都在长江南岸，流入洞庭湖，注入长江。汉沔，就是汉水。汉水源出陕西省宁羌县，初名漾水，东流经沔县南，称沔水，又东经襄城县，纳襄水，始称汉水。汉水在长江北岸。　④〔益张〕越发盛大。张，大。　⑤〔赤壁〕赤壁矶，在现在湖北省黄冈县城外，苏轼误以为周瑜破曹操处。　⑥〔浸（jìn）灌〕浸，灌，意思都是"注"。这里形容江水浩荡的样子。　⑦〔清河〕郡名，现在河北省清河县。　⑧〔即〕就着，凭着。　⑨〔胜〕胜景，景观。　⑩〔亭之所见〕在亭上能够看到的（范围）。　⑪〔一舍〕三十里。古代行军每天走三十里宿营，叫做"一舍"。　⑫〔风云开阖（hé）〕风云变化。意思是风云有时出现，有时消失。开，显现。阖，闭藏、消失。　⑬〔倏忽〕迅急。　⑭〔动心骇目〕犹言"惊心骇目"。这是说景色变化万端，能使见者心惊，并不是说景色可怕。　⑮〔不可久视〕这是说，以前没有亭子，无休息之地，不能长久地欣赏。　⑯〔今乃得玩之几席之上〕现在却可以在亭中的几旁席上赏玩这些景色。几，小桌。　⑰〔举目而足〕抬起眼来就看个够。　⑱〔草木行列〕草木成行成列。　⑲〔指数〕用手指点着数清数目。　⑳〔长洲〕江中长条形的沙洲或江岸。　㉑〔故城之墟〕旧日城郭的遗址。故城，指隋朝以前的黄州城（唐朝把县城迁移了）。墟，旧有的建筑物已被毁平而尚留有遗迹的空地。　㉒〔曹孟德、孙仲谋之所睥睨〕曹操（字孟德）、孙权（字仲谋）所傲视的地方。睥睨，斜视的样子，引申为傲视。赤壁之战时，曹操、孙权都有气吞对方的气概。　㉓〔周瑜、陆逊之所骋骛（chěngwù）〕周瑜、陆逊活跃的地方。周瑜曾破曹操于赤壁，陆逊曾袭关羽于荆州，败刘备于夷陵，破魏将曹休于皖城。骋骛，犹言"驰马"，形容往来活跃。　㉔〔称快世俗〕使世俗之人称快。　㉕〔楚襄王从宋玉、景差于兰台之宫〕宋玉有《风赋》，讽楚襄王之骄奢。楚襄王，即楚顷襄王，名横，楚怀王之子。宋玉、景差都是楚襄王之侍臣。兰台宫，遗址在现在湖北省钟祥县东。

共之!"玉之言盖有讽焉①。夫风无雌雄之异,而人有遇不遇之变②;楚王之所以为乐,与庶人之所以为忧,此则人之变也,而风何与焉③?士生于世,使其中不自得④,将何往而非病⑤?使其中坦然,不以物伤性⑥,将何适⑦而非快?今张君不以谪为患⑧,窃会计之余功⑨,而自放⑩山水之间,此其中宜有以过人者。将蓬户瓮牖⑪,无所不快;而况乎濯⑫长江之清流,揖⑬西山之白云,穷耳目之胜以自适⑭也哉!不然,连山绝壑,长林古木,振之以清风,照之以明月,此皆骚人思士之所以悲伤憔悴而不能胜者⑮,乌睹其为快也哉⑯!

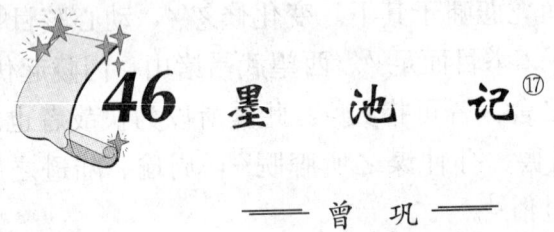

46 墨 池 记⑰

曾 巩

本文是作者应州学教授王君之请写给州学的,借王羲之精心学书的事迹来勉励学者刻苦学习,专心致志,深造道德,努力上进。

曾巩的散文自然淳朴,不甚讲究文采,而以议论见长,说理曲折尽意。本文体现了曾巩散文的这一特点。

文章先结合墨池故迹的传说,就王羲之"书法晚乃善"这一事实,指出其书法成就是"以精力自致"而"非天成";进而强调其书法成就胜过别人是由于"学","学"不可以少,深造道德更需要"学";转而介绍王君题字和向作者索文的情况,借"推王君之心",道出勉学的本意;最后用"夫人之有一能,而使后人尚之如此,况仁人庄士之遗风余思,被于来世者何如哉",与"况欲深造道德者邪"呼应,是勉学的引申,这就使文章的意义

---

①〔盖有讽焉〕大概有讽刺的意味在里头。 ②〔人有遇不遇之变〕人有遇时和不遇时的不同时候。遇,指碰上好机会,被重用。 ③〔何与(yù)焉〕有什么关系呢?与,参与。 ④〔使其中不自得〕假如他心中没有自得之乐。 ⑤〔病〕忧愁,怨恨。 ⑥〔以物伤性〕因外物(指环境)的影响而损伤精神。 ⑦〔适〕往。 ⑧〔患〕病,忧愁。 ⑨〔窃会(kuài)计之余功〕窃,偷得,这里即"利用"之意。会计,指征收钱谷等事。余功,功劳之余,即剩余时间。 ⑩〔自放〕自己任情漫游。放,纵。 ⑪〔蓬户瓮牖〕蓬户,用蓬草编的门。瓮牖,用破瓮作的窗。 ⑫〔濯〕洗濯。 ⑬〔揖〕拱手行礼。这里的意思是相对(西山白云)。 ⑭〔自适〕自求安适。 ⑮〔此皆骚人思士之所以悲伤憔悴而不能胜者〕此,指"连山绝壑,长林古木"等快哉亭上所见景物。骚人思士,指心中有忧思的人。胜,禁(jīn)、当、任。 ⑯〔乌睹其为快也哉〕哪里看得出这些是畅快的呢!乌,哪里。 ⑰选自《元丰类稿》。曾巩(1019—1083),字子固,北宋建昌南丰(现在江西省南丰县)人,"唐宋八大家"之一。墨池,洗砚洗笔的水池。

不仅限于勉学了。

文章借墨池生发议论，小中见大，纵谈古今，颇有卓见。多用反问句、感叹句表明见解，使议论委婉含蓄，意味深长。阅读这篇文章，要注意理解每段议论的含义及其对表达文章主旨的作用，并反复吟诵，体会文中多用反问句、感叹句进行议论的情味。

　　临川①之城东，有地隐然②而高，以临于溪，曰新城。新城之上，有池洼然③而方以长，曰王羲之之墨池者④，荀伯子⑤《临川记》云也。羲之尝慕张芝⑥，临池学书，池水尽黑⑦，此为其故迹，岂信然邪？方羲之之不可强以仕⑧，而尝极⑨东方，出沧海⑩，以娱其意于山水之间，岂有徜徉肆恣⑪，而又尝自休于此邪？羲之之书晚乃善⑫，则其所能，盖亦以精力自致者，非天成也。然后世未有能及者，岂其学不如彼邪？则学固岂可以少哉！况欲深造道德者邪⑬？

　　墨池之上，今为州学舍⑭。教授⑮王君盛恐其不章⑯也，书"晋王右军墨池"之六字于楹间以揭之⑰，又告于巩曰："愿有记。"推⑱王君之心，岂爱人之善，虽一能不以废⑲，而因以及乎其迹邪⑳？其亦欲推其事以勉其学者邪？

---

①〔临川〕宋代的抚州临川郡（现在江西省临川县）。　②〔隐然〕牢固高起的样子。　③〔洼然〕凹陷的样子。　④〔曰王羲之之墨池者〕王羲之（321—379），字逸少，晋朝临沂（现在山东省临沂市）人，官至右军将军、会稽内史，世称王右军。他是古代有名的书法家，世人称他为"书圣"。曰……者，叫做……的。　⑤〔荀伯子〕南北朝宋代颍阴（现在河南省许昌市）人，曾任临川内史，著《临川记》。传说中王羲之的墨池或洗笔池遗迹，除临川外，浙江会稽、永嘉，江西庐山，湖北蕲（qí）水等地也有。　⑥〔张芝〕字伯英，东汉酒泉（现在甘肃省酒泉市一带）人。他爱好书法，家中所用衣帛，总是先在上面练过字，然后才煮熟染色，他写草书尤有名，人称"草圣"。王羲之很钦佩张芝的书法。　⑦〔临池学书，池水尽黑〕面临池水练字，池水都被墨染黑了。这本来是张芝学书的故事，王羲之也是这样。"临池"后来成为习惯用语，指练习写字。　⑧〔方羲之之不可强（qiǎng）以仕〕方，当……时。强，勉强。仕，做官。当时有一个与王羲之齐名的叫王述的人，与王羲之感情不好。后来朝廷任王述为扬州刺史，当时王羲之任会稽内史，属王述所辖范围，王羲之耻于作王述的下级，称病辞官，誓不再仕。　⑨〔极〕穷尽，这里有"游遍"的意思。　⑩〔出沧海〕乘船出海。沧海，指东海。　⑪〔徜徉（chángyáng）肆恣〕徜徉，自由自在地来回走动。肆恣，放纵、任情。　⑫〔晚乃善〕《晋书·王羲之传》说，王羲之的书法，起初不如当时的书法家庾翼、郗愔（xìyīn），到晚年才写得特别精妙。　⑬〔况欲深造道德者邪〕何况要在道德方面达到很高成就的呢？　⑭〔州学舍〕这里指抚州州学的校舍。州学，州所办的官学。　⑮〔教授〕学官名，掌管传授学业和考试等事。　⑯〔章〕显著。　⑰〔于楹间以揭之〕悬挂在门前的楹柱之间来显示它。楹，房屋前面的柱子。揭，显示。　⑱〔推〕推究，考察。　⑲〔虽一能不以废〕即使是一技之长也不肯把它埋没。　⑳〔而因以及乎其迹邪〕而因此推广到王羲之的遗迹吗？

夫人之有一能，而使后人尚之如此①，况仁人庄士之遗风余思②，被于来世③者何如哉！

庆历④八年九月十二日，曾巩记。

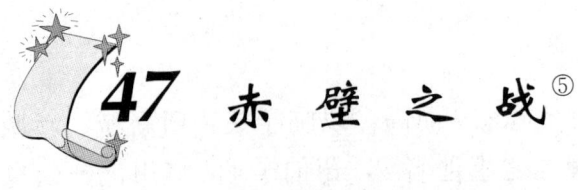

47 赤壁之战⑤

——司马光——

汉献帝建安十三年（208）冬天，曹操、孙权、刘备三个军事集团为争夺天下发生了一场激战，即历史上有名的"赤壁之战"。这是我国历史上以少胜多、以弱胜强的一次著名战役。此后，中国就形成三国鼎立的局面，持续五十多年。

本文记载了赤壁之战的全过程。这个过程涉及孙、刘、曹三方面，事件繁杂，人物众多。文章采取以一方为主、兼及两方的写法，并详写战前的决策情况，略写战争的经过和结果。这不仅因为战前决策正确与否关系到成败，而且也和作者的写作意图有关。在作者看来，正是战前如何决策这些"往事"，才是"有资于治道"的。

本文叙事清楚，详略得当，脉络分明，而且很注意描写人物。人物的语言（对话约占全文一半）切合各自的身份，表现出鲜明的性格，诵读时应细细咀嚼并比较。

初⑥，鲁肃⑦闻刘表⑧卒，言于孙权曰："荆州与国⑨邻接，江山险固，沃

---

①〔尚之如此〕崇尚他到这样地步。尚，崇尚、推崇。　②〔仁人庄士之遗风余思〕仁人庄士，指品德高尚、能行仁而行为端庄的人。遗风余思，留下的美好风范和后人的追思。风，风范。思，指后人的怀念。　③〔被于来世〕影响到后世。被，覆盖。于，到。　④〔庆历〕宋仁宗的年号（1041—1048）。　⑤节选自《资治通鉴》。司马光（1019—1086），字君实，北宋夏县（现在山西省夏县）人，历史学家。《资治通鉴》是我国最大的编年体通史，上起周威烈王二十三年（公元前403年），下至五代周世宗显德六年（959），记载了1362年的历史。由史学家司马光等花了19年时间编成。司马光编书的目的是"鉴前世之兴衰，考当今之得失"。宋神宗认为此书"鉴于往事，有资于治道"，于是定名为《资治通鉴》。赤壁，地名，在湖北省嘉鱼县东北，长江南岸。　⑥〔初〕追述以前有关的事，常用"初"或"先是"开头。　⑦〔鲁肃〕字子敬，孙权的重要谋士和将领。⑧〔刘表〕荆州（现在湖北省、湖南省一带）牧。州牧是东汉后期一个州的长官，管辖几个郡的军政。　⑨〔国〕指孙权统治的地区。

野①万里，士民殷富，若据而有之，此帝王之资②也。今刘表新亡，二子不协③，军中诸将，各有彼此④。刘备天下枭雄⑤，与操有隙⑥，寄寓于表⑦，表恶其能⑧而不能用也。若备与彼⑨协心，上下齐同，则宜抚安，与结盟好；如有离违⑩，宜别图之⑪，以济大事。肃请得奉命吊⑫表二子，并慰劳其军中用事者⑬，及说备使抚表众⑭，同心一意，共治⑮曹操，备必喜而从命。如其克谐⑯，天下可定也。今不速往，恐为操所先⑰。"权即遣肃行。到夏口⑱，闻操已向荆州，晨夜兼道⑲，比至南郡⑳，而琮已降，备南走，肃径㉑迎之，与备会于当阳㉒长坂㉓。肃宣㉔权旨㉕，论天下事势，致殷勤之意㉖，且问备曰："豫州㉗今欲何至？"备曰："与苍梧㉘太守吴巨有旧㉙，欲往投之。"肃曰："孙讨虏㉚聪明仁惠，敬贤礼㉛士，江表㉜英豪咸㉝归附之，已据有六郡㉞，兵精粮多，足以立事。今为君计，莫若遣腹心㉟自结于东，以共济世业㊱。而欲投吴巨，巨是凡人，偏在远郡，行将㊲为人所并，岂足托㊳乎！"备甚悦。肃又谓诸葛亮曰："我，子瑜友也。"即共定交。子瑜者，亮兄瑾也，避乱江东，为孙权长史㊴。备用肃计，进住鄂县㊵之樊口㊶。

曹操自江陵㊷将顺江东下，诸葛亮谓刘备曰："事急矣，请奉命求救于孙

---

①〔沃野〕肥沃的田野。　②〔帝王之资〕（开创）帝王事业的凭借。资，凭借。　③〔二子不协〕指刘表的两个儿子刘琦和刘琮（cóng）不和。协，和协。　④〔各有彼此〕有的（向着）那边，有的（向着）这边。意思是有的拥护刘琦，有的拥护刘琮。　⑤〔枭（xiāo）雄〕豪杰。枭，骁勇、豪雄。　⑥〔与操有隙（xì）〕跟曹操有仇。汉献帝的亲信受密诏要杀曹操，刘备曾参预其事。隙，嫌怨、感情上的裂痕。　⑦〔寄寓于表〕指刘备当时率领所部人马暂时依附于刘表。寄寓，寄居。　⑧〔恶（wù）其能〕嫉妒他的才能。恶，厌恶。　⑨〔彼〕他们，指原属刘表手下的人。　⑩〔离违〕背离，指刘备和荆州将领不能合作。　⑪〔别图之〕另外筹划这个（事情）。图，图谋、打算。　⑫〔吊〕慰问（死者亲属）。　⑬〔用事者〕掌权的人。　⑭〔表众〕刘表的部下。　⑮〔治〕这里是对付的意思。　⑯〔克谐〕能够成功。克，能。谐，和谐，这里有圆满、顺利的意思。　⑰〔为操所先〕被曹操占了先。　⑱〔夏口〕地名，在现在湖北省武汉市。　⑲〔晨夜兼道〕日夜赶路。兼道，也作"兼程"，以加倍速度赶路。　⑳〔比至南郡〕等到到了南郡。南郡，郡名，故城在现在湖北省江陵县。　㉑〔径〕直接。　㉒〔当阳〕现在湖北省当阳县。　㉓〔长坂〕就是长坂坡，在当阳县东北。　㉔〔宣〕说明，传达。　㉕〔旨〕意旨，意图。　㉖〔致殷勤之意〕表示恳切慰问的心意。　㉗〔豫州〕这是鲁肃对刘备的称呼，刘备曾作豫州（现在安徽省亳县一带）牧。　㉘〔苍梧〕郡名，现在广西壮族自治区梧州市一带。　㉙〔有旧〕有老交情。　㉚〔孙讨虏〕就是孙权。曹操曾以汉献帝的名义授给他讨虏将军的名号。　㉛〔礼〕以礼相待，动词。　㉜〔江表〕长江以外，指江南。从中原（黄河流域）说，江南在长江以外。表，外。　㉝〔咸〕皆，都。　㉞〔六郡〕会（guì）稽、吴、丹阳、豫章、庐陵、新都（现在江苏省、浙江省、江西省一带）。　㉟〔腹心〕也作"心腹"，最亲信的人。　㊱〔世业〕世代相传的事业。　㊲〔行将〕将要，快要。　㊳〔托〕托身。　㊴〔长（zhǎng）史〕官名。　㊵〔鄂县〕现在湖北省鄂州市。　㊶〔樊口〕地名，现在鄂州市西北。　㊷〔江陵〕现在湖北省江陵县。

将军。"遂与鲁肃俱诣孙权。亮见权于柴桑①，说权曰："海内大乱，将军起兵江东，刘豫州收众②汉南③，与曹操共争天下。今操芟夷大难④，略⑤已平矣，遂破荆州，威震四海。英雄无用武之地，故豫州遁逃至此，愿将军量力而处之！若能以吴、越⑥之众与中国⑦抗衡⑧，不如早与之绝；若不能，何不按兵束甲⑨，北面而事之⑩！今将军外托服从之名⑪而内怀犹豫之计，事急而不断，祸至无日⑫矣！"权曰："苟如君言，刘豫州何不遂事之乎？"亮曰："田横⑬，齐之壮士耳，犹守义不辱；况刘豫州王室之胄，英才盖世⑭，众士慕仰，若水之归海。若事之不济，此乃天⑮也，安能复为之下乎！"权勃然⑯曰："吾不能举⑰全吴之地，十万之众，受制于人，吾计决矣！非刘豫州莫可以当⑱曹操者，然豫州新败之后，安能抗此难乎？"亮曰："豫州军虽败于长坂，今战士还者及关羽⑲水军精甲⑳万人，刘琦合㉑江夏㉒战士亦不下万人。曹操之众远来疲敝㉓，闻追豫州，轻骑㉔一日一夜行三百余里，此所谓'强弩之末势不能穿鲁缟㉕'者也，故兵法㉖忌之㉗，曰'必蹶上将军㉘'。且北方之人，不习水战；又，荆州之民附操者，逼兵势㉙耳，非心服也。今将军诚能命猛将统兵数万，与豫州协规㉚同力，破操军必矣。操军破，必北还；如此则荆、吴之势强，鼎足之形㉛成矣。成败之机㉜，在于今日！"权大悦，与其群下谋之。

---

①〔柴桑〕古地名，在现在江西省九江县附近。　②〔收众〕招收人马。　③〔汉南〕汉水以南。　④〔芟（shān）夷大难〕削平大乱，指消灭各地割据势力。芟，除草，这里是削除的意思。难，灾难。　⑤〔略〕大致。　⑥〔吴、越〕指江东地区，春秋时吴国和越国在这里建国。　⑦〔中国〕中原地区，当时曹操占据的地方。　⑧〔抗衡〕对抗。　⑨〔按兵束甲〕放下武器，捆起铠甲，意思是停战言降。　⑩〔北面而事之〕意思是向他投降。北面，北向。古代君主面南而坐，臣子面北朝拜。事，服侍、侍奉。　⑪〔外托服从之名〕表面上假托服从（曹操）的名义，指孙权接受讨虏将军的称号。　⑫〔无日〕没有多少时候，很快。　⑬〔田横〕秦末人，秦亡后自立为齐王。刘邦统一天下，他带着部下五百余人逃到海岛。后来刘邦召他入朝做官，他认为是一种耻辱，走到洛阳附近就自杀了。　⑭〔盖世〕超过当世，没有人比得过。　⑮〔天〕天意。　⑯〔勃然〕发怒的样子。　⑰〔举〕以，拿。　⑱〔莫可以当〕没有人可以抵挡。当，抵挡、抵敌。　⑲〔关羽〕字云长，刘备的将领。　⑳〔精甲〕精兵。甲，铠甲，这里指兵士。　㉑〔合〕集合。　㉒〔江夏〕郡名，现在湖北省黄冈县一带。刘琦做江夏太守，驻军在这里。　㉓〔疲敝〕疲劳不堪。敝，坏，这里是疲劳的意思。　㉔〔轻骑〕轻装的骑兵。　㉕〔强弩（nǔ）之末势不能穿鲁缟（gǎo）〕强弓射出的箭到了射程的尽头，力量不能穿透鲁地的薄绢。弩，一种利用机械发箭的弓。鲁，山东。缟，未经染色的绢。鲁缟，鲁地出产的绢，最为轻细。　㉖〔兵法〕指《孙子兵法》，相传为春秋时军事家孙武所著。　㉗〔忌之〕忌讳这种（情况）。　㉘〔必蹶（jué）上将军〕一定会使主帅（遭到）挫败。蹶，跌倒，这里是挫败的意思。　㉙〔逼兵势〕"逼于兵势"的省略。逼，迫。　㉚〔协规〕协同规划，合谋。　㉛〔鼎足之形〕指三国分立的形势。　㉜〔机〕关键。

47 赤壁之战

是时曹操遗权书曰:"近者奉辞伐罪①,旌麾②南指,刘琮束手③。今治④水军八十万众,方与将军会猎⑤于吴。"权以示群下,莫不响震失色⑥。长史张昭等曰:"曹公,豺虎也,挟天子以征四方,动以朝廷为辞⑦,今日拒之,事更不顺。且将军大势可以拒操者,长江也;今操得荆州,奄有⑧其地,刘表治水军,蒙冲斗舰⑨乃⑩以千数,操悉浮以沿江⑪,兼有步兵,水陆俱下,此为长江之险已与我共之矣⑫。而势力众寡又不可论⑬。愚谓大计不如迎之⑭。"鲁肃独不言。权起更衣⑮,肃追于宇⑯下。权知其意,执肃手曰:"卿⑰欲何言?"肃曰:"向察众人之议,专欲误将军,不足与图大事。今肃可迎操耳,如将军不可也。何以言之?今肃迎操,操当以肃还付乡党⑱,品⑲其名位,犹不失下曹从事⑳,乘犊车,从吏卒㉑,交游士林㉒,累官㉓故㉔不失州郡㉕也。将军迎操,欲安所归㉖乎?愿早定大计,莫用众人之议也!"权叹息曰:"诸人持议,甚失孤望。今卿廓开㉗大计,正与孤同。"

时周瑜㉘受使至番阳㉙,肃劝权召瑜还。瑜至,谓权曰:"操虽托名汉相,其实汉贼也。将军以神武雄才,兼仗父兄之烈㉚,割据江东,地方数千里㉛,兵精足用㉜,英雄乐业㉝,当横行天下,为汉家除残去秽㉞;况操自送死,而可迎之邪?请为将军筹㉟之。今北土未平,马超、韩遂尚在关西㊱,为操后患;

---

①〔奉辞伐罪〕奉(皇帝的)命令讨伐有罪(的人)。 ②〔旌麾(huī)〕军旗。 ③〔束手〕捆起手来,意思是投降。 ④〔治〕这里是部署的意思。 ⑤〔会猎〕一同打猎。这里是会战的委婉说法。 ⑥〔响震失色〕响震,震动。失色,变色。 ⑦〔动以朝廷为辞〕动不动拿朝廷(的名义)说话。 ⑧〔奄(yǎn)有〕完全占有。奄,覆盖、包住。 ⑨〔蒙冲斗舰〕大小战船。蒙冲,一种蒙盖着生牛皮的小型战船,行动迅速,用来袭击敌船。斗舰,大战船。 ⑩〔乃〕乃至,甚至。 ⑪〔悉浮以沿江〕把(战船)全部沿江摆开。浮,泛,开动船只的意思。 ⑫〔此为长江之险已与我共之矣〕这作为长江险要的形势已经同我方共同占有了。共,共有,动词。之,指长江之险。 ⑬〔不可论〕不能相提并论。 ⑭〔迎之〕意思是投降曹操。 ⑮〔更(gēng)衣〕上厕所的委婉说法。 ⑯〔宇〕屋檐。 ⑰〔卿〕古代对下级的客气称谓。 ⑱〔还付乡党〕送回乡里。付,交给。乡党,乡里。 ⑲〔品〕品评,评定。 ⑳〔犹不失下曹从事〕还少不了(让我作个)低级的从事。曹,古代官署内分科办事的单位。从事,官职名。 ㉑〔从吏卒〕意思是带着吏卒。从,使……随从。 ㉒〔交游士林〕与士大夫们交往。士林,士大夫们。林,表示数量多。 ㉓〔累(lěi)官〕逐步升官。累,积累。 ㉔〔故〕仍然。 ㉕〔州郡〕指州郡长官。 ㉖〔欲安所归〕要回到哪里,意思是想要得到什么结局。安,哪里。 ㉗〔廓开〕扩开,阐明。 ㉘〔周瑜〕字公瑾,孙权部下的高级将领。 ㉙〔番(pó)阳〕现在江西省波阳县。 ㉚〔烈〕功业。 ㉛〔方数千里〕方圆数千里。 ㉜〔足用〕物资充足。用,器用、物资。 ㉝〔乐业〕这里是乐意效力的意思。业,职守。 ㉞〔为汉家除残去秽〕替汉朝除去坏人。残,残暴。秽,丑恶。这里都指坏人。 ㉟〔筹〕谋划。 ㊱〔马超、韩遂尚在关西〕指当时马超、韩遂割据凉州(现在甘肃省一带)。关西,函谷关以西。

而操舍①鞍马，仗舟楫，与吴、越争衡②。今又盛寒，马无稿草③。驱中国士众远涉江湖之间，不习水土，必生疾病。此数者用兵之患④也，而操皆冒行之⑤。将军禽⑥操，宜在今日。瑜请得精兵数万人，进住夏口，保⑦为将军破之！"权曰："老贼欲废汉自立久矣，徒忌二袁、吕布⑧、刘表与孤耳；今数雄已灭，惟孤尚存。孤与老贼势不两立，君言当击，甚与孤合，此天以君授孤也⑨。"因拔刀斫⑩前奏案⑪，曰："诸将吏敢复有言当迎操者，与此案同！"乃罢会。

是夜，瑜复见权曰："诸人徒见操书言水步⑫八十万而各恐慑，不复料⑬其虚实，便开此议⑭，甚无谓也⑮。今以实校之⑯，彼所将中国人不过十五六万，且已久疲；所得表众亦极⑰七八万耳，尚怀狐疑。夫以疲病之卒御⑱狐疑之众，众数虽多，甚未足畏。瑜得精兵五万，自足制之，愿将军勿虑⑲！"权抚其背曰："公瑾，卿言至此，甚合孤心。子布⑳、元表㉑诸人各顾妻子，挟持私虑㉒，深失所望；独卿与子敬与孤同耳，此天以卿二人赞㉓孤也！五万兵难卒合㉔，已选三万人，船、粮、战具俱办㉕。卿与子敬、程公㉖便在前发，孤当续发人众，多载资粮，为卿后援。卿能办㉗之者诚决㉘，邂逅㉙不如意㉚，便还就孤，孤当与孟德㉛决之。"遂以周瑜、程普为左右督㉜，将兵与备并力逆㉝操；以鲁肃为赞军校尉㉞，助画㉟方略㊱。

……

进，与操遇于赤壁。

时操军众已有疾疫，初㊲一交战，操军不利，引次江北。瑜等在南岸，瑜

---

①〔舍〕丢弃，放弃。 ②〔争衡〕比高下。 ③〔稿草〕禾秆做的饲料。稿，禾秆。 ④〔患〕忧虑，这里是顾忌的意思。 ⑤〔冒行之〕不加考虑地去做。冒，鲁莽、轻率。 ⑥〔禽〕通"擒"。 ⑦〔保〕保证。 ⑧〔二袁、吕布〕袁绍、袁术、吕布，都是东汉末年的割据者。 ⑨〔此天以君授孤也〕这（是）天把你交给我，意思是天叫你帮助我。 ⑩〔斫（zhuó）〕砍。 ⑪〔前奏案〕面前放奏章的几案。案，几案，长形的桌子。 ⑫〔水步〕水军和步兵。 ⑬〔料〕估计。 ⑭〔开此议〕提出这种（迎降的）主张。 ⑮〔甚无谓也〕（是）很没有道理的。 ⑯〔以实校（jiào）之〕按照实际情况察核敌情。校，核对。之，指敌情。 ⑰〔极〕至多，最多。 ⑱〔御〕驾御，控制。 ⑲〔虑〕忧虑，担心。 ⑳〔子布〕张昭的字。 ㉑〔元表〕应作"文表"，秦松的字。 ㉒〔挟持私虑〕怀着个人打算。 ㉓〔赞〕辅助，协助。 ㉔〔难卒（cù）合〕难在仓猝之间集合起来。卒，通"猝"。 ㉕〔办〕齐备。 ㉖〔程公〕程普，东吴老将。 ㉗〔办〕这里是对付的意思。 ㉘〔诚决〕确实（可以同他）决一胜负。 ㉙〔邂逅（xièhòu）〕不期而遇，这里有万一遇到的意思。 ㉚〔不如意〕指战事不利。 ㉛〔孟德〕曹操的字。 ㉜〔左右督〕正副统帅。 ㉝〔逆〕迎，这里是迎击的意思。 ㉞〔赞军校尉〕官名。 ㉟〔画〕谋划，筹划。 ㊱〔方略〕（作战的）策略。 ㊲〔初〕刚开始。

部将黄盖①曰:"今寇众我寡,难与持久。操军方连船舰,首尾相接,可烧而走也。"乃取蒙冲斗舰十艘,载燥荻②枯柴,灌油其中,裹以帷幕,上建旌旗,豫备走舸③,系于其尾。先以书遗操,诈云欲降。时东南风急,盖以十舰最著前④,中江⑤举帆,余船以次⑥俱进。操军吏士皆出营立观,指言盖降。去⑦北军二里余,同时发火,火烈风猛,船往如箭,烧尽北船,延及⑧岸上营落⑨。顷之,烟炎⑩张天⑪,人马烧溺死者甚众。瑜等率轻锐⑫继其后,雷⑬鼓大震,北军大坏⑭。操引军从华容道⑮步走⑯,遇泥泞,道不通,天又大风,悉使羸⑰兵负草填之,骑乃得过。羸兵为人马所蹈藉⑱,陷泥中,死者甚众。刘备、周瑜水陆并进,追操至南郡。时操军兼以饥疫,死者太半⑲。操乃留征南将军曹仁、横野将军徐晃守江陵,折冲将军乐进守襄阳⑳,引军北还。

48 入蜀记(节选)㉑

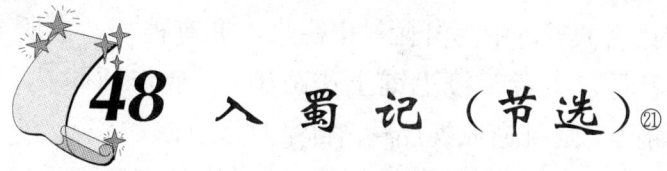

—— 陆 游 ——

　　本文写景物,写观感,多富有诗意。这篇日记体裁的散文,选材随兴之所至,或此或彼,或多或少,如行云流水,涉笔成趣,文字简练优美,内容丰富有趣,千百年来被看作游记的上品,为广大读者所喜爱。这里选的五则日记,体现了《入蜀记》的写作艺术。
　　日记是随笔记事的文体,容易写,因为没有题材、结构、篇幅、写法等方面的限制;但也容易写得平庸呆板,有如记账。要想写得好,首先要在题材方面有所选择,无论事

---

①〔黄盖〕字公覆,东吴老将。　②〔荻(dí)〕类似芦苇的一种草本植物。　③〔走舸(gě)〕轻快的小船。　④〔最著前〕排在最前头。著,居于。　⑤〔中江〕江中心。　⑥〔以次〕按次序。　⑦〔去〕距离。　⑧〔延及〕蔓延到。　⑨〔营落〕营盘,军营。　⑩〔炎(yàn)〕通"焰",火焰。　⑪〔张(zhàng)天〕布满天空。　⑫〔轻锐〕轻装的精锐部队。　⑬〔雷〕通"擂",敲击。　⑭〔坏〕溃败。　⑮〔华容道〕通往华容县的路。华容,故城在现在湖北省监利县西北。　⑯〔步走〕步行逃跑。　⑰〔羸(léi)〕瘦弱。　⑱〔蹈藉〕践踏。　⑲〔太半〕大半。　⑳〔襄阳〕现在湖北省襄阳县。　㉑节选自《入蜀记》。《入蜀记》是陆游入蜀途中的日记,共六卷。南宋孝宗乾道五年(1170),作者由山阴(现在浙江省绍兴市)赴任夔州(现在重庆市奉节县一带)通判(知州的佐理官)。闰五月十八日晚起程,乘船由运河、长江水路前往,历时五个多月,于十月二十七日早晨到达夔州任所。路上每天写日记(很少几天只记日期而没有记事),记一天经过什么地方,游历或舟中所见,会见什么人等。较多的是写景物,写观感,间或考证古闻旧事。陆游(1125—1210),字务观,号放翁,越州山阴人,南宋著名爱国诗人。著有《剑南诗稿》《渭南文集》等。

实、景物、思想感情，都要有其可取之处，有可记可写的价值。在写法上可详可略；对景物或细加描画，或略加点染；或叙事，或写景物，或写观感，随文而异，不拘一格。阅读这篇文章，要注意它的选材和写法。

　　（七月）十四日①，晚，晴。开南窗观溪山②。溪中绝③多鱼，时裂④水面跃出，斜日映之，有如银刀。垂钓挽罟者弥望⑤，以故⑥价甚贱，僮使辈日皆餍饫⑦。土人⑧云，此溪水肥，宜鱼⑨。及饮之，水味果甘，岂信以肥故⑩多鱼邪？溪东南数峰如黛⑪，盖青山也。

　　（八月）十四日⑫，晓，雨。过一小石山，自顶直削去半⑬，与余姚⑭江⑮滨之蜀山绝相类⑯。抛⑰大江，遇一木筏⑱，广十余丈，长五十余丈。上有三四十家，妻子鸡犬臼碓皆具⑲，中为阡陌⑳相往来，亦有神祠，素所未睹㉑也。舟人㉒云，此尚其小者耳，大者于筏上铺土作蔬圃㉓，或作酒肆㉔，皆不复能入夹㉕，但㉖行大江而已。是日逆风挽船㉗，自平旦至日昳㉘才行十五六里。泊刘官矶㉙，旁㉚蕲州㉛界也。儿辈㉜登岸，归云："得小径，至山后，有陂湖渺

---

①〔十四日〕七月十四日，作者乘船在长江中西行到太平州州治当涂县（现在安徽省当涂县）。　②〔南窗观溪山〕南窗，船舱中向南的窗。溪山，河山风景。溪，姑熟溪。书中七月十三日这样记述："州（太平州州治）正据姑熟溪北，土人但谓之姑溪。水色正绿而澄澈如镜，纤鳞（小鱼）往来可数。溪南皆渔家，景物幽奇。"山，就是下文"溪东南数峰如黛"的青山（山名）。　③〔绝〕极。　④〔裂〕冲开。　⑤〔垂钓挽罟（gǔ）者弥望〕垂钓，垂竿钓鱼。挽罟，拉网。罟，捕鱼的网。弥望，充满视野。弥，满。　⑥〔以故〕因为这个缘故。　⑦〔僮使辈日皆餍（yàn）饫（yù）〕家僮差役们每天都吃得饱饱的。僮，年纪小的仆役。使，公家的差役。餍、饫，都是饱足的意思。　⑧〔土人〕当地的人。　⑨〔宜鱼〕适于鱼的生长。宜，适宜。　⑩〔信以肥故〕当真是因为（水）肥的原故。　⑪〔黛〕青黑色的颜料，可以画眉。这里是说山色青黑。　⑫〔十四日〕八月十四日，船从富池出发西行。富池，富池口镇，在现在湖北省阳新县。　⑬〔自顶直削去半〕像是从山顶一直削去一半。形容一面直上直下。　⑭〔余姚〕县名，现在浙江省余姚市。　⑮〔江〕余姚江，东流入甬江。　⑯〔绝相类〕极像。　⑰〔抛〕放，行船。　⑱〔筏〕用竹或木编的水行的工具，俗称竹排、木排或筏子。　⑲〔妻子鸡犬臼（jiù）碓（duì）皆具〕妻子、儿女、臼、碓都具备。妻子，妻和儿女。臼、碓，舂（chōng）米的工具。臼是石槽，盛还没去皮的谷子。碓是一块圆形石头，系在杆上，一上一下地捣臼中的谷。具，具备、齐备。　⑳〔阡陌〕田间的小路，南北向的称阡，东西向的称陌。这里指筏上纵横的通道。　㉑〔素所未睹〕向来没看见过。　㉒〔舟人〕使船的人。　㉓〔蔬圃〕菜园。　㉔〔酒肆〕酒铺。　㉕〔夹〕江边的小水湾，可以停船。　㉖〔但〕只。　㉗〔挽船〕用力拉船。　㉘〔自平旦至日昳（dié）〕天亮到日落。平旦、日昳，都是古代表示时间的专有名词。昳，日落。　㉙〔矶（jī）〕水边的大岩石、小山。　㉚〔旁（bàng）〕同"傍"，靠近。　㉛〔蕲（qí）州〕州治在现在湖北省蕲春县南临江处。　㉜〔儿辈〕子侄等晚辈。

然①,莲芡②甚富③。沿湖多木芙蕖④,数家夕阳中,芦藩⑤茅舍,宛⑥有幽致,而寂然无人声。有大梨,欲买之,不可得。湖中小艇⑦采菱,呼之亦不应。更欲穷之⑧,会⑨见道旁设机⑩,疑有虎狼,遂不敢往。"刘官矶者,传⑪云汉昭烈⑫入吴⑬尝舣舟⑭于此。晚,观大鼋⑮浮沉水中。

（八月）二十一日⑯。过双柳夹,回望江上,远山重复深秀。自离黄⑰,虽行夹中,亦皆旷远⑱,地形渐高,多种菽粟荞麦⑲之属。晚,泊杨罗洑⑳,大堤高柳,居民稠众㉑。鱼贱如土,百钱可饱二十口㉒;又皆巨鱼,欲觅小鱼饲猫,不可得。

（九月）九日㉓,早,谒后土祠㉔。道旁民屋,苫㉕茅皆厚尺余,整洁无一枝乱。挂帆㉖,抛江行三十里,泊塔子矶,江滨大山也。自离鄂州,至是始见山。买羊㉗置酒。盖村步㉘以重九故㉙,屠一羊㉚,诸舟买之,俄顷㉛而尽。求菊花㉜于江上人家,得数枝,芬馥㉝可爱,为之颓然径醉㉞。夜雨,极寒,始覆絮衾㉟。

（十月）二十一日㊱。舟中望石门关㊲,仅通一人行,天下至险也。晚,泊巴东县,江山雄丽,大胜秭归。但井邑㊳极于㊴萧条㊵,邑中才百余户,自令

---

①〔陂(bēi)湖渺然〕陂湖,小湖。陂,池塘。渺然,形容面积很大。　②〔芡(jì)〕菱角。　③〔富〕繁多。　④〔木芙蕖(qú)〕一种落叶灌木,秋天开花,花大而艳,有红、黄、白等颜色。　⑤〔芦藩〕用芦苇编的篱笆。藩,篱。　⑥〔宛〕逼真,相似。　⑦〔艇(tǐng)〕轻快的小船。　⑧〔穷之〕看个究竟。穷,尽。之,代陂湖的环境。　⑨〔会〕恰好。　⑩〔机〕捕捉野兽的工具。　⑪〔传(chuán)〕传说。　⑫〔汉昭烈〕蜀汉昭烈帝刘备。昭烈是谥号。　⑬〔入吴〕往吴国去。　⑭〔舣(yǐ)舟〕拢船靠岸。舣,同"般"。　⑮〔鼋(yuán)〕鼋鱼,鳖。　⑯〔二十一日〕八月二十一日,船从黄州上游戚矶港出发。　⑰〔黄〕黄州。　⑱〔旷远〕空阔辽远。　⑲〔菽(shū)粟(sù)荞(qiáo)麦〕菽,豆类。粟,谷子,去皮后为小米。荞麦,粒三角形,有棱,磨成面粉食用。　⑳〔杨罗洑(fú)〕江边地名,在鄂(è)州(现在武汉市武昌一带)以东几十里。　㉑〔稠(chóu)众〕稠密众多。　㉒〔百钱可饱二十口〕一百个铜钱(买的鱼)可以使二十口人吃饱。　㉓〔九日〕九月九日,船行至荆州石首县(现在湖北省石首县)界内。　㉔〔谒(yè)后土祠〕往拜土神的庙。后,古代尊称君主。　㉕〔苫(shān)〕覆盖房顶。　㉖〔挂帆〕张起船帆。　㉗〔买羊〕买羊肉。　㉘〔村步〕村庄。步,停船的水边。　㉙〔以重(chóng)九故〕因为重阳节的原故。重九,阴历九月初九。古代说九是阳数,所以重九称为重阳节。　㉚〔屠一羊〕(村庄里)宰了一只羊。　㉛〔俄顷〕一会儿。　㉜〔求菊花〕重阳节是菊花开的时候,古代有重阳赏菊的风俗。　㉝〔芬馥(fù)〕芳香。　㉞〔颓(tuí)然径醉〕就喝醉了。颓然,醉后坐立不稳的样子。径,就。　㉟〔始覆絮衾(qīn)〕开始盖棉被。　㊱〔二十一日〕十月二十一日,船过归州(现在湖北省秭(zǐ)归县)西行往巴东县(现在湖北省巴东县,往西就是重庆市巫山县界)。　㊲〔石门关〕两山夹着的一条狭路,当在巴东县之东。　㊳〔井邑〕街市。井,民居。邑,县城。　㊴〔于〕助词,无义。　㊵〔萧条〕冷落。

廨①而下皆茅茨②，了无片瓦③。权县事④秭归尉⑤右迪功郎⑥王康年、尉兼主簿⑦右迪功郎杜德先来，皆蜀人也。谒寇莱公⑧祠堂，登秋风亭，下临江山。是日重阴⑨微雪，天气飂飔⑩，复观亭名⑪，使人怅然，始有流落天涯⑫之叹。遂登双柏堂、白云亭。堂下旧有莱公所植柏，今已槁死⑬。然南山重复⑭，秀丽可爱。白云亭则天下幽奇绝境⑮，群山环拥，层出间见⑯，古木森然⑰，往往二三百年物。栏外双瀑泻石涧中⑱，跳珠溅玉⑲，冷入人骨。其下是为慈溪⑳，奔流与江会㉑。余自吴入楚㉒，行五千余里，过十五州，亭榭㉓之胜㉔无如白云者，而止㉕在县廨听事㉖之后。巴东了无一事㉗，为令者㉘可以寝饭㉙于亭中，其乐无涯㉚，而阙令动辄二三年，无肯补者㉛，何哉？

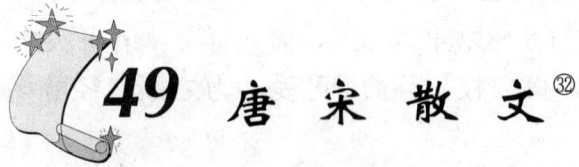

49 唐宋散文㉜

唐代散文，既革除六朝旧习，又开辟了宋、元以后散文的发展道路，在中国文学发展史上起着承前启后的作用，占有重要的地位。

初唐文章开始出现由骈入散的倾向，并在理论上提出了改革的要求。盛唐至中唐前期，相继出现一批崇儒复古、谋求革新的作家，先后出来提倡散体，反对骈文。中唐后

---

①〔令廨（xiè）〕县官办公的地方，县衙门。令，知县。　②〔茅茨（cí）〕茅屋。茨，用茅草、芦苇盖的屋顶。　③〔了无片瓦〕一片瓦都没有。了，完全。　④〔权县事〕代管县里的政事，代理知县。权，暂代。　⑤〔秭归尉〕秭归县的县尉（县令的属官）。　⑥〔右迪（dí）功郎〕一种文散官（只是品级，没有实职）衔，从九品，品级最低。　⑦〔尉兼主簿〕（巴东县的）县尉兼主簿。主簿是县令属下管文书的官。　⑧〔寇莱公〕北宋名相寇准，字平仲，北宋初华州下邽（guī，现在陕西省渭南县）人。19岁中进士，曾任归州巴东县的知县。宋真宗时封莱国公。　⑨〔重阴〕阴得很沉。　⑩〔飂飔（liáolì）〕凄冷的样子。　⑪〔复观亭名〕再看看秋风亭这个名字。秋风容易唤起凄凉惆怅的心情，所以这样说。　⑫〔流落天涯〕在远离故乡的地方飘流。　⑬〔槁死〕枯死。　⑭〔南山重（chóng）复〕南山峰峦很多。　⑮〔绝境〕超过一切的美妙境界。　⑯〔间（jiàn）见（xiàn）〕和"层出"意思一样，都是山峰很多的意思。间，更迭。　⑰〔森然〕繁密茂盛的样子。　⑱〔栏外双瀑泻石涧中〕栏杆外面的两条瀑布倾泻到石涧里。泻，奔流。石涧，连底带岸都是石头的山涧。　⑲〔跳珠溅玉〕像珍珠在跳跃，像玉屑在飞溅。形容瀑布入涧的景象。　⑳〔是为慈溪〕这就是慈溪。　㉑〔会〕会合。　㉒〔自吴入楚〕从江浙到湖北。　㉓〔亭榭（xiè）〕都是点缀风景的建筑物。榭，建在高台上的敞屋。　㉔〔胜〕（景物）优美。　㉕〔止〕只，仅。　㉖〔听事〕厅堂，办公的处所。　㉗〔了无一事〕（知县）一点事都没有。　㉘〔为令者〕作知县的人。　㉙〔寝饭〕睡觉吃饭度日。　㉚〔无涯〕没有边际，无尽。　㉛〔而阙令动辄二三年，无肯补者〕可是每逢知县出缺，动不动就两三年没有人肯补这个缺。阙，通"缺"。　㉜据《中国大百科全书·中国文学》辑录。

期，韩愈、柳宗元倡导古文运动，在理论和创作实践上使古文达到全盛阶段，一直发展到唐末五代。

  韩柳古文运动的展开，有自成体系的古文理论，旗帜鲜明，论辩有力。他们都有数量较多、质量较高的古文作品，"取精用宏，无体不备，浑浩流转"，风格多样，给人们提供了古文的范本。古文虽然称为"古文"，学习先秦两汉的散文语言，实则是要求从唐代活的语言中提炼新的书面散文语言，较近口语，扩大了文言文的表达功能，有进步意义。韩愈提倡古文，夺取骈文的阵地；提倡儒教，夺取佛老的阵地，是经过一番斗争的。柳宗元在古文运动中也起了很大的作用。韩愈又有著名的学生相从为古文，扩大其影响。同时，韩愈的朋友如白居易、樊宗师、刘禹锡也是古文好手，他们与韩、柳殊途同归。这样，唐代古文便达到全盛的阶段。后来继之而起的有皮日休、孙樵、杜牧诸人。

  唐代散文，内容上反映了古代封建经济繁荣、疆域扩大到大分裂时期的社会各个方面，艺术上出现了多样风格。名篇杰构，数量可观。韩愈的议论文，如《师说》格局严整，层次分明；《杂说》比喻巧妙，寄慨深远；《送孟东野序》用38个"鸣"字贯串全篇：都是议论文的上乘。韩愈的记叙文，如《张中丞传后叙》刻画英雄人物形象，叙事、议论、抒情相融合，为公认的名篇。韩愈的抒情文，如《祭十二郎文》表现骨肉深情，是具有感染力的佳作。柳宗元的散文中，很多是具有丰富的现实内容和精湛的艺术技巧的作品。《封建论》洋洋大篇，林纾称它为"古今至文，直与《过秦》抗席"。《三戒》等寓言多用来讽刺、抨击当时社会的丑恶现实，推陈出新，造意奇特，善用各种动物拟人化的艺术形象以寄寓哲理或表达政治见解。传记文《种树郭橐驼传》《童区寄传》，以进步的政治立场和深厚的同情心，反映和歌颂了这些人物。"永州八记"等山水游记，是柳宗元最为脍炙人口的作品，在中国文学史上具有独特的地位。魏征、王勃、刘知几、李峤、刘禹锡、杜牧、白居易、孙樵等，也都有散文名篇传世。

  宋代的散文有显著的成就和重要的特色。它是从唐代韩愈、柳宗元所倡导的古文运动发展而来的，在中国文学史上有独特的地位，历来引起人们的重视。

  北宋初期的散文，仍沿袭五代浮靡的文风。当时在文学领域内和这样的文风作斗争是一项艰巨的任务。北宋初年第一个起来提倡古文的是柳开。欧阳修是宋代散文的第一位大师，是宋代散文的奠基者。他对宋初以来将近一个世纪的古文和流行文体的斗争作了最后的总结，开始了宋代散文新的一页。从柳开到欧阳修的古文运动，在散文创作上解决了两个问题：第一是文章必须"明道"，要求散文有一定的思想内容，能有益于政治教化；第二要求文风朴素，平易畅达。欧阳修的散文平易出于自然，富有情韵之美，不偏重辞藻，使文章更能发挥表情达意的作用，开创了一代文风。欧阳修以后，宋代的散文基本上是按照这样两个要求发展的。

  北宋后期，是宋代散文发展的黄金时代。活跃在这时文坛的有欧阳修所推荐和培植的散文家苏洵、曾巩、王安石、苏轼、苏辙等人。苏洵的散文论点鲜明，论据有力，语言锋利，纵横恣肆，具有雄辩的说服力。艺术风格以雄奇为主，而又富于变化。曾巩比较接近欧阳修的文风。他的文章语言平易畅达，用思推勘入微，层次清晰，富有说服力。王安石的政论文观点鲜明，言辞犀利，见解卓越。朱自清说"王安石是政治家，所作以精悍胜人"，指出了他的散文与欧阳修、苏轼的区别。苏轼是北宋最杰出的大作家。他以扎实的功力和奔放的才情，发展了欧阳修平易舒缓的文风，为散文创作开拓了新天地。他的政论文雄辩滔滔，笔势纵横，善于腾挪变化；记叙体散文常常熔议论、描写和抒情于一炉，在文体上不拘常格，勇于创新，在风格上因物赋形，汪洋恣肆。苏辙的散文风格汪洋澹泊，也有秀杰深醇之气。南宋时期的一些散文作者，他们的作品大都是在激烈的民族矛盾中有为而发。那些抒发慷慨激烈的爱国心情的篇章中，"道"与"文"，"内容"与"形式"，思想与艺术结合得相当密切。文天祥、郑思肖、谢翱等人，有的为挽救危亡，为国牺牲；有的为反抗民族压迫，誓死不屈。他们的散文迸发出爱国主义的光芒。

50 送东阳马生序[①]

宋 濂

69岁的宋濂功成名就，德高望重。他回顾自己年轻时学习的艰辛，陈说现在诸生学习的优裕，"道为学之难"，以勉励同乡晚辈。态度恳切，语重心长。阅读时，可参考下表的提示。

		作 者	诸 生
求 学			
求师	1. 援疑质理		
	2. 旅途之艰		
	3. 生活之苦		
结 论			

　　余幼时即嗜学。家贫，无从致[②]书以观，每假借于藏书之家，手自笔录，计日以还。天大寒，砚冰坚，手指不可屈伸，弗之怠[③]。录毕，走[④]送之，不敢稍逾约[⑤]。以是人多以书假余，余因得遍观群书。既加冠[⑥]，益慕圣贤之道。又患无硕师[⑦]名人与游，尝趋百里外从乡之先达执经叩问[⑧]。先达德隆望尊[⑨]，门人弟子填[⑩]其室，未尝稍降辞色[⑪]。余立侍左右，援疑质理[⑫]，俯身倾

[①]选自《宋学士文集》。东阳，地名，现在浙江省东阳市。生，长辈对晚辈的称呼。宋濂（1310—1381），字景濂，明代浦江（现在浙江省义乌市西北）人，明初有名的散文家。本文是一篇勉励同乡晚辈的赠序，写得亲切自然，如话家常。　　[②]〔致〕取得，这里指买到。　　[③]〔弗之怠〕不懈怠，不放松。"之"是"怠"的宾语，指"笔录"。　　[④]〔走〕跑，赶快去。　　[⑤]〔逾约〕超过约定的期限。　　[⑥]〔既加冠（guān）〕已经加了冠，到了成年。加冠，古时男子二十岁行冠（guàn）礼，戴上成人的帽子。后人常用"冠（guàn）"或者"加冠"表示男子进入成年。　　[⑦]〔硕师〕才学渊博的老师。硕，大。　　[⑧]〔从乡之先达执经叩问〕拿着经书向当地有道德学问的前辈请教。先达，有道德学问的前辈，这里指宋濂的第三位老师吴莱。　　[⑨]〔德隆望尊〕道德高，声望高。　　[⑩]〔填〕充满。　　[⑪]〔稍降辞色〕把言辞放委婉些，把脸色放温和些。　　[⑫]〔援疑质理〕提出疑难，询问道理。援，引，提出。质，询问。

耳以请①；或遇其叱咄②，色愈恭，礼愈至③，不敢出一言以复④；俟其欣悦，则又请焉。故余虽愚，卒获有所闻。当余之从师也，负箧曳屣⑤，行深山巨谷中，穷冬⑥烈风，大雪深数尺，足肤皲裂⑦而不知。至舍⑧，四支⑨僵劲不能动，媵人⑩持汤⑪沃灌⑫，以衾拥覆，久而乃和。寓逆旅主人⑬，日再食，无鲜肥滋味之享。同舍生皆被绮绣，戴朱缨⑭宝饰之帽，腰⑮白玉之环，左佩刀，右备容臭⑯，烨⑰然若神人；余则缊袍敝衣⑱处其间，略无慕艳意⑲，以中有足乐者，不知口体之奉不若人也⑳。盖余之勤且艰若此。

今虽耄老㉑，未有所成，犹幸预㉒君子之列，而承㉓天子之宠光㉔，缀㉕公卿之后，日侍坐㉖，备顾问，四海亦谬称㉗其氏名，况才之过于余者乎？

今诸生学于太学，县官㉘日有廪稍之供㉙，父母岁有裘葛㉚之遗，无冻馁之患矣；坐大厦之下而诵《诗》《书》，无奔走之劳矣；有司业、博士㉛为之师，未有问而不告，求而不得者也；凡所宜有之书皆集于此，不必若余之手录，假诸人㉜而后见也。其业有不精，德有不成者，非天质㉝之卑㉞，则心不若余之专耳，岂他人之过哉？

东阳马生君则㉟在太学已二年，流辈㊱甚称其贤。余朝京师㊲，生以乡人子谒余㊳。撰长书以为贽㊴，辞甚畅达。与之论辨，言和而色夷㊵。自谓少时用心于学甚劳。是可谓善学者矣。其将归见其亲也，余故道为学之难以告之。

---

①〔俯身倾耳以请〕弯下身子，侧着耳朵（表示尊敬而专心）请教。　②〔叱咄（duō）〕训斥，呵责。　③〔至〕周到。　④〔复〕回答。　⑤〔负箧（qiè）曳（yè）屣（xǐ）〕背着书箱，拖着鞋子（表示鞋破）。　⑥〔穷冬〕严冬。　⑦〔皲（jūn）裂〕皮肤因寒冷干燥而破裂。　⑧〔舍〕客舍，即下文的"逆旅"。　⑨〔支〕通"肢"。　⑩〔媵（yìng）人〕这里指服劳役的人。　⑪〔汤〕热水。　⑫〔沃灌〕浇洗。灌，通"盥"，洗手。　⑬〔寓逆旅主人〕寄居在旅店主人那里。逆旅，旅店。逆，迎。　⑭〔缨〕帽带。　⑮〔腰〕动词，挂在腰间。　⑯〔容臭〕香袋。臭，本义是气味，这里指香料。　⑰〔烨（yè）〕光彩照耀。　⑱〔缊（yùn）袍敝衣〕破旧的衣服。缊，旧絮。敝，破。　⑲〔略无慕艳意〕毫无羡慕的心。慕，羡慕。艳，欣羡。　⑳〔以中有足乐者，不知口体之奉不若人也〕因为内心有足以快乐的事（指读书），不觉得吃的穿的不如人。口体之奉，供养口和身体的，意思是吃的穿的。　㉑〔耄（mào）老〕年老，一般指八九十岁年纪。作者写此文时年69岁。　㉒〔预〕参与，列入。　㉓〔承〕蒙受。　㉔〔宠光〕恩宠的荣光。　㉕〔缀〕连接，追随。　㉖〔侍坐〕陪伴皇帝。　㉗〔谬称〕不适当地称道。这是作者谦虚的说法。　㉘〔县官〕这里指朝廷。　㉙〔日有廪稍之供〕天天有米粮供给。廪，粮仓。稍，廪食，官府发给的粮食。　㉚〔葛〕夏布，指夏天穿的衣服。　㉛〔司业、博士〕官名，国子监的老师。　㉜〔假诸人〕假之于人，向人借。　㉝〔天质〕天资，人的智力。　㉞〔卑〕低下。　㉟〔君则〕马生的字。　㊱〔流辈〕同辈的人。　㊲〔朝京师〕这里指去官后进京朝见皇帝。　㊳〔以乡人子谒余〕以同乡晚辈的身份拜见我。浦江县和东阳市在明朝同属金华府，所以说是同乡。谒，拜见。　㊴〔撰长书以为贽（zhì）〕写一封长信作为表示敬意的礼物。贽，初见面时为表敬意送的礼物。　㊵〔夷〕平和。

谓余勉乡人以学者,余之志也;诋①我夸际遇②之盛而骄乡人者,岂知③余者哉!

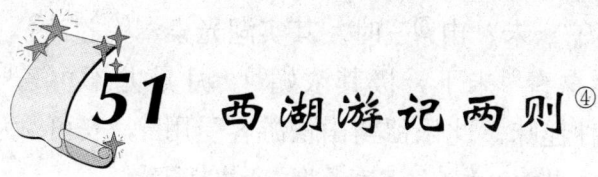

51 西湖游记两则④

—— 袁宏道 ——

这两篇短文无论记事写景,都能够用简练清丽的文笔,抓住外界事物和内心感受的特点,给读者以清晰的印象和美的感受。此外,行文任其自然,如行云流水,涉笔成趣,这从布局方面看也值得注意。

西　湖

西湖最盛,为春为月⑤。一日之盛,为朝烟⑥,为夕岚⑦。今岁春雪甚盛,梅花为寒所勒⑧,与杏桃相次开发⑨,尤为奇观。

春日来游,正是西湖最盛之时,今年则尤为奇观。

石篑数⑩为余言:"傅金吾⑪园中梅,张功甫⑫家故物⑬也,急往观之⑭。"余时为桃花所恋⑮,竟不忍去⑯湖上。由断桥⑰至苏堤⑱一带,绿烟红雾⑲,弥

---

①〔诋〕诋毁,毁谤。　②〔际遇〕遭遇,处境。　③〔知〕了解。　④选自《解脱集》。作者袁宏道(1568—1610),字中郎,号石公。著有《锦帆集》《解脱集》《瓶花斋集》等,后人辑为《袁中郎全集》。"公安派"散文创始人之一。　⑤〔为春为月〕是春天,是月下。　⑥〔朝(zhāo)烟〕早晨烟雾迷蒙。　⑦〔夕岚(lán)〕向晚的山光。岚,山气。　⑧〔勒〕抑制。　⑨〔相次开发〕一个接一个地开放。按常规,梅花比杏花早,接不上,这一年梅花推迟开,接上了,所以下文说是奇观。　⑩〔数(旧读 shuò)〕屡次。　⑪〔傅金吾〕作金吾官的傅某。金吾,执金吾,汉代主管京城治安的官。这里指明代锦衣卫的官。　⑫〔张功甫〕张镃(zī),字功甫,号约斋,宋代成纪(现在甘肃省天水县)人。宋代大将张俊的孙子。官奉议郎。能诗能画。曾在西湖建梅园。　⑬〔故物〕原有的东西。　⑭〔急往观之〕意思是应该赶紧去看。　⑮〔恋〕迷住。　⑯〔去〕离开。　⑰〔断桥〕西湖北面白堤东端的桥。　⑱〔苏堤〕苏轼知杭州时在湖上筑堤,由南到北,把西湖分为里湖、外湖两部分。　⑲〔绿烟红雾〕指绿柳红桃,颜色浓艳。

漫①二十余里,歌吹②为风,粉汗③为雨,罗纨④之盛,多于堤畔之草,艳冶⑤极矣。

<blockquote>重点写看桃花。"弥漫二十余里"是由正面写,应看梅而不看是由侧面写。</blockquote>

然杭人游湖,止午、未、申⑥三时。其实湖光染翠⑦之工⑧,山岚设色⑨之妙,皆在朝日始出,夕舂⑩未下,极其浓媚⑪。月景尤不可言⑫,花态柳情,山容水意⑬,别是一种趣味。此乐留与山僧游客受用⑭,安可⑮为俗士⑯道哉!

<blockquote>西湖以晨、暮和月景为最美,只有高雅之士才能享受。</blockquote>

灵　　隐⑰

灵隐寺在北高峰⑱下。寺最奇胜,门景⑲尤好。由飞来峰⑳至冷泉亭㉑一带,涧水溜玉㉒,画壁流青㉓,是山之极胜处。

<blockquote>写灵隐寺门前的景色,是灵隐山的极胜处。</blockquote>

亭在山门外。尝读乐天记㉔有云:"亭在山下水中,寺四南隅,高不倍寻㉕,广不累丈㉖,撮奇搜胜㉗,物无遁形㉘。春之日,草薰㉙木欣㉚,可以导和纳粹㉛;夏之日,风泠泉渟㉜,可以蠲烦析酲㉝。山树为盖㉞,岩石为屏㉟,

---

①〔弥漫〕扩散而充满。　②〔歌吹(旧读 chuì)〕唱歌奏乐。这里说歌伎很多。吹,名词,管乐器的演奏。　③〔粉汗〕年轻妇女的汗。　④〔罗纨(wán)〕精细的丝织品。这里指富贵人家的装束。　⑤〔艳冶(yě)〕艳丽。冶,修饰打扮。　⑥〔午未申〕午,上午十一时至下午一时。未,下午一时至三时。申,下午三时至五时。　⑦〔湖光染翠〕湖水成为绿色。　⑧〔工〕巧妙。　⑨〔设色〕用颜色描画。　⑩〔夕舂(chōng)〕夕阳。《淮南子·天文训》说,太阳落到虞渊叫高舂,到连石叫下舂。　⑪〔极其浓媚〕把它的浓媚姿态发挥到极点。极,动词。　⑫〔不可言〕难于用言语形容。　⑬〔花态柳情,山容水意〕花的姿态,柳的情调,山的容颜,水的意境。意思是一切景物。　⑭〔受用〕享受。　⑮〔安可〕怎么能够。　⑯〔俗士〕指为利禄奔走的人。　⑰〔灵隐〕寺名,在西湖西北灵隐山麓,晋朝僧人慧理所建。　⑱〔北高峰〕在灵隐寺后。　⑲〔门景〕门前的景象。　⑳〔飞来峰〕灵隐寺前的一座小山,传说是从印度飞来的。　㉑〔冷泉亭〕在灵隐寺门前飞来峰下,唐朝所建。　㉒〔溜玉〕像玉石往下溜一样。形容水特别清。　㉓〔画壁流青〕千姿百态的崖壁青翠欲流。形容草木特别茂盛。　㉔〔乐天记〕白居易(字乐天)曾于长庆三年(823)作《冷泉亭记》,今本文字与这里所引不尽同。　㉕〔高不倍寻〕高不到两寻。寻,八尺。　㉖〔广不累丈〕宽不到两丈。累,重迭。　㉗〔撮(cuō)奇搜胜〕(在亭中)可以看到一切美景。撮,摘取。　㉘〔遁形〕隐蔽形象,逃出眼目。　㉙〔薰〕香。　㉚〔欣〕欣欣向荣,充满生意。　㉛〔导和纳粹〕疏导心境,使之平和,收敛粹然之气于胸中。粹,精华。粹然之气,指胸中毫无杂念。　㉜〔风泠(líng)泉渟(tíng)〕风和水静。渟,水停滞不流。　㉝〔蠲(juān)烦析酲(chéng)〕解除烦躁,减轻酒后醉意。蠲,除去。酲,病酒。　㉞〔盖〕伞。　㉟〔屏〕屏风。

云从栋①生，水与阶平。坐而玩②之，可濯足于床下；卧而狎③之，可垂钓于枕上。潺湲④洁澈⑤，甘粹柔滑⑥，眼目之嚣⑦，心舌之垢⑧，不待盥涤⑨，见辄⑩除去。"观此记，亭当在水中。今依涧⑪而立，涧阔不丈余⑫，无可置亭者，然则冷泉之景，比旧盖减十分之七矣。

　　由古今之变写冷泉亭的幽美。

韬光⑬在山之腰，出灵隐后一二里，路径甚可爱，古木婆娑⑭，草香泉渍⑮，淙淙⑯之声，四分五路⑰，达于山厨⑱。庵⑲内望钱塘江⑳，浪纹可数㉑。余始入灵隐，疑宋之问诗㉒不似，意㉓古人取景㉔，或亦如近代词客㉕，捃拾帮凑㉖。及登韬光，始知沧海㉗、浙江、扪萝㉘、刳木㉙数语，字字入画㉚，古人真不可及矣。

　　写游灵隐寺之后游韬光。描写景物，突出登高望远，所以用宋之问的诗来衬托。

宿韬光之次日，余与石篑、子公同登北高峰绝顶而下。

　　略写登北高峰，作结。

---

①〔栋〕脊檩（lǐn），房屋最高处横架在屋顶上的大木。这里指屋顶。　②〔玩〕观赏。
③〔狎（xiá）〕亲昵。　④〔潺湲（chányuán）〕水缓流的样子。　⑤〔洁澈〕水清见底。
⑥〔甘粹柔滑〕甘甜纯净，使人感到温润可亲。　⑦〔嚣（xiāo）〕杂乱，喧哗。　⑧〔垢〕污秽。　⑨〔盥涤（guàndí）〕洗涤，清除。　⑩〔辄（zhé）〕就。　⑪〔依涧〕靠近涧边。
⑫〔不丈余〕不超过一丈。　⑬〔韬（tāo）光〕在灵隐山西北，北高峰下。那里有韬光寺，唐朝诗僧韬光所建。　⑭〔婆娑（suō）〕舞动的样子。　⑮〔渍（zì）〕浸，（泉水）旺盛。
⑯〔淙（cóng）淙〕水流声。　⑰〔四分五路〕分为好几股。　⑱〔山厨〕山寺的厨房。
⑲〔庵（ān）〕草屋，小寺院。这里指韬光寺。　⑳〔钱塘江〕又名浙江，浙江省的大河，由南向北，折而向东，经西湖南面流入杭州湾。　㉑〔可数（shǔ）〕形容非常清晰。　㉒〔宋之问诗〕宋之问，宁延清，唐朝汾州（现在山西省汾阳县）人。初唐有名的诗人。诗，指《游灵隐寺》："鹫（jiù）岭郁岧（tiáo）峣（yáo），龙宫锁寂寥。楼观沧海日，门对浙江潮。桂子月中落，天香云外飘。扪萝登塔远，刳木取泉遥。霜薄花更发，冰轻叶未凋。夙（sù）龄尚遐异，搜对涤烦襟。待入天台路，看余度石桥。"　㉓〔意〕推测。　㉔〔取景〕摄取景物。　㉕〔词客〕撰写文辞的人，文人。　㉖〔捃（jùn）拾帮凑〕拾取现成的辞句，凑成篇章。捃，拾。帮，帮衬。
㉗〔沧海〕青绿色的大海。　㉘〔扪（mén）萝〕攀援萝蔓。扪，抚摸。　㉙〔刳（kū）木〕挖空木头。　㉚〔入画〕进入画境。能如实地描画景物。

52 岱 志（节选）①

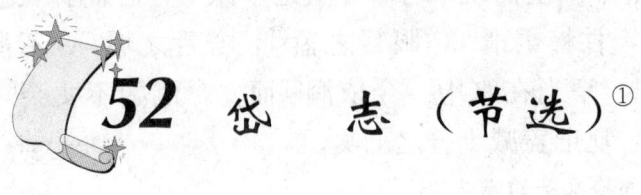

—— 张 岱 ——

本文主要写两件事：一是写进献财物的形形色色，可鄙可笑；二是写为看绝顶的形势而两次登山。文章是写见闻，却于记事写景之中渗入个人的思想感情、爱憎取舍，处处能显示作者的个性，因此有较强的感染力。

应劭《封禅记》②：汉武帝③至泰山下，未及上，百官④为上⑤跪拜，置⑥梨枣钱于道，为帝求福。

写古代帝王登岱之前，百官的种种迷信活动。

置钱之例，其来已久，然未有盛于今时。四方香客⑦日数百起⑧。酾⑨钱满筐，开铁栅向佛殿倾泻⑩，则以钱进⑪。元君三座⑫，左司子嗣⑬，求子得子者以银范⑭一小儿酬之，大小随其家计⑮，则以银小儿进。右司眼光⑯，以眼疾祈得光明⑰者以银范一眼光酬之，则以银眼光进。座前悬一大金钱，进香者

---

①节选自《琅（láng）嬛（huán）文集》。岱（dài）是泰山的别名；志，记：《岱志》就是泰山记，也就是游泰山记。这篇《岱志》由作记的旨趣、山下的地理形势、与游山有关的设施及人物活动等写起，杂写登山的见闻及个人观感，篇幅相当长，这里只选录一小部分。 张岱（1597—1679），字宗子，又字石公，别号陶庵，明末清初山阴（现在浙江省绍兴市）人。著有《陶庵梦忆》《西湖梦寻》《石匮（guì）书》《琅嬛文集》等。 ②〔应（yīng）劭（shào）《封禅（shàn）记》〕应劭，字仲远，东汉汝南顿（在现在河南省项城县）人。曾任泰山太守。著有《汉官仪》《风俗通》等。《封禅记》，《汉官仪》卷下曾引马第伯著《封禅仪》，就是这里说的《封禅记》。引文小有不同，原作："武帝封禅，至泰山下。未及上，百官为先上，跪拜，置梨枣钱于道以求福。"封，在泰山上筑土坛祭天。禅，在泰山下的小山上祭地。 ③〔汉武帝〕西汉的皇帝刘彻。 ④〔百官〕一切随行的官。百，举整数，言其多。 ⑤〔上〕称皇帝。 ⑥〔置〕投放。 ⑦〔香客〕朝山进香的人。 ⑧〔起〕一批（人数多少不定）。 ⑨〔酾（jù）〕大家凑钱。 ⑩〔倾泻〕倒，洒。 ⑪〔则以钱进〕就进献钱。 ⑫〔元君三座〕碧霞元君祠（在泰山顶上）里有三个神像。元君，碧霞元君，传说是东岳大帝（泰山之神）的女儿。宋真宗封泰山，封她为天仙玉女碧霞元君。 ⑬〔左司子嗣〕（三座神像，中间是元君）左边的神像管人间生儿子的事（俗名子孙娘娘）。嗣，后代，子孙。 ⑭〔范〕铸造，模拟。 ⑮〔家计〕家产，家境。意思是富户铸大的，穷户铸小的。 ⑯〔右司眼光〕右边的神管人的眼光的事（俗名眼光娘娘）。眼光，视力，眼睛。 ⑰〔光明〕视力好。

以小银锭①或以钱在栅外望金钱掷之,谓得中②则得福,则以银钱进。供佛者以法锦③,以绸帛,以金珠④,以宝石,以膝裤⑤、珠鞋⑥、绣帨⑦之类者,则以锦帛、金珠、鞋、帨进。以是堆垛⑧殿中,高满数尺。山下立一军营,每夜有兵守宿⑨。一季⑩委⑪一官扫殿,鼠雀之余⑫,岁尚数万金⑬,山东合省⑭官,自巡抚⑮以至州吏目⑯,皆分及之。

  写当时进献财物的形形色色,其盛远逾古时,并揭露官吏借以取利的黑幕。

  山碧霞宫⑰,云仍缠裹不能步⑱。自念三千里来,不得一认泰山面目,此来何为?心甚懊⑲恨。谋宿顶⑳,不见人,且不见路,从人㉑饥寒,万不可住。舆人㉒掖㉓之,竟登舆从南天门㉔急下。股㉕速如溜㉖,疑是空坠。余意㉗一失足则齑粉㉘矣,第㉙合眼据舆上作齑粉观想㉚。常忆梦中有此境界,从空振㉛落,冷汗一身时也。顷刻下二十里,至朝阳洞㉜,天霁㉝如故,日犹在崖,山上只一片云。弄㉞我如许,惆怅山灵㉟。

  写登山而不见泰山,匆匆而返。重点是写遗憾,为下文写再登作伏笔。

……

  黎明㊱,叱苍头目山㊲。牙家㊳喃喃㊴作㊵怪事,谓余曰:"朝山后无再上山法㊶,犯者有祟㊷"。余佯㊸应之。间道㊹走至一天门㊺,始得山。山中儿童妇女昨识一面者,辄指笑曰:"是昨日朝顶过者㊻,今日又来,何也?"走

---

①〔银锭(dìng)〕铸为一定形式的银块。 ②〔得中(zhòng)〕打中金钱。 ③〔法锦〕依照良好规程织的锦,精美的锦。 ④〔金珠〕金子和珍珠。 ⑤〔膝裤〕上部不连的裤,套裤。 ⑥〔珠鞋〕缀着珍珠的鞋。 ⑦〔绣帨(shuì)〕绣花的手帕。 ⑧〔垛(duǒ)〕堆积。 ⑨〔守宿〕值夜班。 ⑩〔一季〕每季。 ⑪〔委〕委派。 ⑫〔鼠雀之余〕偷窃的剩余。鼠、雀都盗窃食粮,这里比喻各种盗窃钱帛的人。 ⑬〔岁尚数万金〕每年还可取得几万两银子。 ⑭〔合省〕全省。 ⑮〔巡抚〕明清两代省的最高行政长官。 ⑯〔州吏目〕州里的小官。吏,下级官员。目,头目。 ⑰〔碧霞宫〕即碧霞元君祠。 ⑱〔云仍缠裹不能步〕云仍紧紧包围着,看不清路。步,迈步。 ⑲〔懊(ào)〕烦恼。 ⑳〔宿顶〕在山顶住宿。 ㉑〔从人〕跟随来的人,指仆役。 ㉒〔舆人〕抬轿的人。舆,轿。 ㉓〔掖(yè)〕扶。 ㉔〔南天门〕接近山顶的一处险路。 ㉕〔股〕大腿。 ㉖〔溜(liù)〕水向下流。 ㉗〔意〕料想。 ㉘〔齑(jī)粉〕粉末,常用以比喻粉身碎骨。齑,切碎的菜。 ㉙〔第〕只,只管。 ㉚〔作齑粉观想〕作变为齑粉的设想。 ㉛〔振〕振动。 ㉜〔朝(cháo)阳洞〕半山上的一个洞。 ㉝〔霁(jì)〕雨后天晴。 ㉞〔弄〕戏弄,开玩笑。 ㉟〔惆怅山灵〕为山神不作美而难过。 ㊱〔黎明〕天将明。黎,黑。 ㊲〔叱苍头目山(léi)〕命仆人去找山。叱,不客气地打招呼。苍头,仆役(裹着青色头巾)。目,看,寻觅。山,二人抬的小山轿。 ㊳〔牙家〕店家。 ㊴〔喃(nán)喃〕没完没了地说。 ㊵〔作〕认为。 ㊶〔法〕规矩。 ㊷〔祟(suì)〕神鬼降祸,灾祸。 ㊸〔佯(yáng)〕诈,假装。 ㊹〔间(jiàn)道〕小路。 ㊺〔一天门〕泰山山路上靠下部的一处地方。 ㊻〔朝顶过者〕从这里经过往泰山顶的人。朝,拜,虔诚地去瞻仰。

问舆人①不住口。盖从来有一日一宿顶者,无两日两朝顶者。千年朝山例②,予卒③破之。

> 再登山,破朝山惯例。重点写自己的机智和不俗。

……

登封台④为泰山绝顶。台上一方石,色青如蛋,与天无二。山后一望,千山万山皆驯服趾下⑤,如大海波涛,奔腾蹴踊⑥,砑雪⑦惊雷⑧,滂薄⑨无际,信是大观⑩。

> 写在泰山绝顶向山后一望的奇观,与上文"不得一认泰山面目"照应。

53 原 君⑪

—— 黄宗羲 ——

封建君王至高无上,神圣不可侵犯。可是,作者纵论古今君王,揭露"后之人君"的罪恶,辨明君王的"职分",胆识过人,富有民主思想。阅读时思考一下,作者的哪些观点现在还有进步意义,作者怎样运用对比手法,步步深入地论证中心论点。

有生之初⑫,人各自私⑬也,人各自利也。天下有公利而莫或⑭兴之,有公害而莫或除之。有人者出⑮,不以一己之利为利,而使天下受其利;不以一己之害为害,而使天下释⑯其害。此其人之勤劳,必千万于天下之人。夫以千

---

①〔走问舆人〕追着问轿夫。　②〔例〕规矩,习惯。　③〔卒〕终于,到底。　④〔登封台〕山顶上行封禅礼的台,在最高点玉皇顶前。　⑤〔趾(zhǐ)下〕脚下。趾,脚趾。　⑥〔蹴(cù)踊〕踢跳。　⑦〔砑(yà)雪〕碾光的雪。形容波涛的颜色。　⑧〔惊雷〕形容波涛的声音。　⑨〔滂(pāng)薄〕水涌起奔腾的样子。　⑩〔信是大观〕实在是雄伟的景象。　⑪选自《明夷待访录》。原君,意思是推究做君主的道理。作者黄宗羲(1610—1695),字太冲,号梨洲,明末清初余姚(现在浙江省余姚县)人。17世纪有名的思想家和历史学家。著有《明夷待访录》《明儒学案》等。　⑫〔有生之初〕远古开始有人类的时候。有生,有生命,指有人类。　⑬〔自私〕和下文的"自利",都是说自己只管自己。　⑭〔莫或〕没有什么人。或,泛指代词。　⑮〔有人者出〕有这么一个人出来。　⑯〔释〕免除。

万倍之勤劳，而己又不享其利，必非天下之人情所欲居也①。故古之人君，量而不欲入者②，许由、务光③是也；入而又去之者④，尧舜是也；初不欲入而不得去者，禹是也⑤。岂古之人有所异哉？好逸恶劳，亦犹夫人之情也⑥。

后之为人君者不然。以为天下利害之权皆出于我，我以天下之利尽归于己，以天下之害尽归于人，亦无不可。使天下之人不敢自私，不敢自利，以我之大私为天下之公⑦；始而惭焉，久而安焉，视天下为莫大之产业，传之子孙，受享无穷。汉高帝所谓"某业所就，孰与仲多⑧"者，其逐利之情，不觉溢之于辞⑨矣。

此无他，古者以天下为主，君为客；凡君之所毕世⑩而经营者，为天下也。今也以君为主，天下为客；凡天下之无地而得安宁者，为君也。是以其未得之也，屠毒天下之肝脑⑪，离散天下之子女，以博⑫我一人之产业，曾⑬不惨然。曰："我固为子孙创业也。"其既得之也，敲剥天下之骨髓，离散天下之子女，以奉⑭我一人之淫乐，视为当然。曰："此我产业之花息⑮也。"然则为天下之大害者，君而已矣，向使⑯无君，人各得自私也，人各得自利也。呜呼！岂设君之道固如是乎⑰？

古者天下之人爱戴其君，比之如父，拟之如天，诚不为过也。今也天下之人怨恶其君，视之如寇仇⑱，名之为独夫⑲，固其所也⑳。而小儒㉑规规焉㉒以

---

①〔必非天下之人情所欲居也〕必然不是天下人情所愿意做的。意思是说，就一般人情而论，谁也不肯这样做。居，居其位，处于那个地位。　②〔量而不欲入者〕考虑了而不愿意就（君位）的。　③〔许由、务光〕传说唐尧要把天下让给许由，许由逃走，隐居山中。商汤要把天下让给务光，务光极力拒绝，投水自杀。　④〔入而又去之者〕已经就了（君位）而又放弃的。尧把天下让给舜，舜把天下让给禹，所以说"去之"。　⑤〔初不欲入而不得去者，禹是也〕开始不愿就（君位）而（终于）无法放弃者，那是禹。　⑥〔亦犹夫人之情也〕也同普通的人情一样啊。夫，助词。　⑦〔以我之大私为天下之公〕把自己的私利当作天下人的公利。　⑧〔某业所就，孰与仲多〕见《史记·高祖本纪》。意思是我所成就的家业，同老二相比，谁多呢？这是刘邦作了皇帝以后对他父亲说的话。文言里常有这种用法。仲，指刘邦的二哥，他善于经营生产，常受他父亲的夸奖。　⑨〔溢之于辞〕充分表现在言语里。溢，水过多而流到容器之外。　⑩〔毕世〕一辈子。　⑪〔屠毒天下之肝脑〕意思是，为自己争夺帝位，进行残酷的斗争，不惜使天下人民肝脑涂地，悲惨地死去。屠毒，毒害。　⑫〔博〕求得。　⑬〔曾〕乃，竟然。与下文"曾不异夫腐鼠"的"曾"同。　⑭〔奉〕供。　⑮〔花息〕利息。　⑯〔向使〕当初假使。　⑰〔岂设君之道固如是乎〕难道设立君主的道理原来就是这样的吗？　⑱〔视之如寇仇〕这是引用孟子的话。《孟子·离娄下》："君之视臣如土芥，则臣视君如寇仇。"　⑲〔名之为独夫〕称他为独夫。《孟子·梁惠王下》："残贼之人，谓之一夫。闻诛一夫纣矣，未闻弑君也。"独夫，一夫，指众叛亲离、极端孤立的人。　⑳〔固其所也〕原是应得的（结果）。　㉑〔小儒〕眼光狭小的愚陋读书人。这里指汉景帝时的黄生等人。黄生认为汤武诛灭桀纣而为王，就是杀君。　㉒〔规规焉〕拘谨地。

君臣之义无所逃于天地之间①，至②桀、纣之暴，犹谓汤、武不当诛之，而妄传伯夷、叔齐无稽之事③，视兆人万姓④崩溃之血肉，曾不异夫腐鼠⑤。岂天地之大，于兆人万姓之中，独私⑥其一人一姓乎？是故武王，圣人也；孟子之言，圣人之言也。后世之君，欲以如父如天之空名，禁人之窥伺⑦者，皆不便于其言⑧，至废孟子而不立⑨，非导源于小儒乎？

　　虽然，使后之为君者果能保此产业，传之无穷，亦无怪乎其私之⑩也。既以产业视之，人之欲得产业，谁不如我？摄缄縢，固扃鐍⑪，一人之智力，不能胜天下欲得之者之众。远者数世，近者及身⑫，其血肉之崩溃，在其子孙矣。昔人愿世世无生帝王家⑬，而毅宗⑭之语公主，亦曰："若何为生我家？"痛哉斯言！回思创业时，其欲得天下之心，有不废然摧沮者乎⑮？是故明乎为君之职分，则唐、虞之世，人人能让，许由、务光非绝尘⑯也。不明乎为君之职分，则市井之间，人人可欲，许由、务光所以旷后世而不闻⑰也。然君之职分难明，以俄顷淫乐⑱，不易无穷之悲，虽愚者亦明之矣！

---

①〔君臣之义无所逃于天地之间〕君臣之间的伦理关系普天下都存在，无法逃避。　②〔至〕甚至于。　③〔伯夷、叔齐无稽之事〕传说伯夷、叔齐是殷朝贵族孤竹君的两个儿子。周武王伐纣的时候，伯夷、叔齐曾拦住他的马头，极力劝阻，认为臣不能伐君。殷亡以后，他们不食周粟，隐居首阳山，采薇而食，终于饿死。作者认为那都是小儒编造的"无稽之事"。无稽，无可查考。　④〔兆人万姓〕千千万万的老百姓。兆，数名，百万为兆。　⑤〔腐鼠〕比喻毫无价值的东西。语出《庄子·秋水》。　⑥〔私〕偏爱。　⑦〔窥伺〕暗中找机会夺取（君位）。窥，偷看。　⑧〔皆不便于其言〕都感到他（孟子）的话对自己不利。　⑨〔废孟子而不立〕明太祖曾一度下诏废除祭祀孟子。　⑩〔私之〕据（天下）为己有。　⑪〔摄缄縢（jiānténg），固扃鐍（jiōngjué）〕语见《庄子·胠箧》。紧紧地捆好，牢牢地锁好。摄，收紧。缄，封固。縢，绳。扃，关钮。鐍，锁钥。　⑫〔远者数世，近者及身〕（覆灭之祸）远的不过几代，近的就在自身。　⑬〔昔人愿世世无生帝王家〕南朝宋顺帝被齐高帝萧道成逼迫退位后，哭着祈祷，愿以后永远不要投生在帝王家里。　⑭〔毅宗〕就是明朝崇祯皇帝。南明谥他为思宗，后改谥毅宗。他在上吊以前，用剑砍自己的女儿，叹息着说："你为什么要生在我的家里！"　⑮〔回思创业时，其欲得天下之心，有不废然摧沮（jǔ）者乎〕（那些开国的君主，如果知道有今日）回想他们创立帝业的当时，那想占有天下的野心，哪有不颓丧的呢？废然，颓丧的样子。摧沮，挫折沮丧。沮，败坏。　⑯〔绝尘〕超绝尘世，高出一切世上之人。　⑰〔旷后世而不闻〕后代再没听到过（这样的人）。旷，空，绝。　⑱〔俄顷淫乐〕片刻的荒淫行乐。

54 左忠毅公逸事①

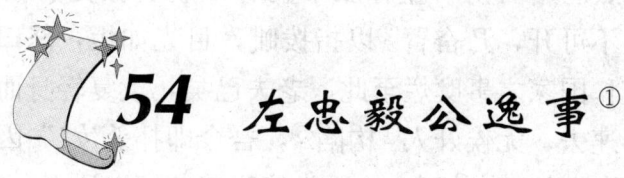

―― 方 苞 ――

本文叙写左光斗和史可法的师生情义，第一、二段从左光斗角度写，第三、四段从史可法角度写，你中有我，我中有你，而更突出左光斗，令读者感觉到左光斗的声、色、形、神，并且为之震撼。阅读时，想想分别记叙了两人的哪些逸事，相互之间又有什么联系。

熟读左光斗和史可法所说的话。

　　先君子②尝言，乡先辈左忠毅公视学京畿③，一日，风雪严寒，从数骑④出，微行⑤入古寺。庑下⑥一生伏案卧，文方成草⑦。公阅毕，即解貂⑧覆生，为掩户。叩之寺僧，则史公可法也。及试⑨，吏呼名至史公，公瞿然⑩注视，呈卷，即面署第一⑪。召入，使拜夫人，曰："吾诸儿碌碌，他日继吾志事，惟此生耳。"

　　及左公下厂狱⑫，史朝夕狱门外。逆阉防伺甚严，虽家仆不得近。久之，闻左公被炮烙⑬，旦夕且死，持五十金，涕泣谋于禁卒，卒感焉。一日，使史更敝衣，草屦⑭，背筐，手长镵⑮，为除不洁者⑯，引入。微指左公处，则席

---

①选自《方望溪先生全集》。左忠毅公，名光斗，字遗直，明代桐城（现在安徽省桐城县）人，做过大理少卿、左佥（qiān）都御史。因弹劾宦官魏忠贤，受酷刑死在狱中。逸事，散失没有流传的事迹。方苞（1668—1749），字凤九，一字灵皋，号望溪，清朝安徽桐城人，著有《方望溪先生全集》。"桐城派"散文创始人。　②〔先君子〕称已死的父亲。　③〔视学京畿〕任京城地区的学政。　④〔从数骑（jì）〕几个骑马的随从跟着。从，使动用法。　⑤〔微行〕皇帝或高官隐藏自己的身份改装出行。　⑥〔庑（wǔ）下〕厢房里。　⑦〔成草〕写成草稿。　⑧〔解貂〕脱下貂皮外衣。　⑨〔试〕考试，这里指童生的岁考。　⑩〔瞿（jù）然〕吃惊而注视的样子。　⑪〔面署第一〕当面书写，定为第一名。　⑫〔厂狱〕明朝设东厂，缉查谋反等案件，由太监掌管，成为皇帝的特务机关。魏忠贤擅权时期，掌管东厂，正直的官吏多受陷害，左光斗也被诬下狱。　⑬〔炮烙〕烧烫的酷刑。　⑭〔屦（jù）〕古代的一种鞋。　⑮〔手长镵（chán）〕手里拿着长镵。手，拿，动词。镵，一种有曲柄的铁器。　⑯〔为除不洁者〕装作打扫垃圾的人。

地①倚墙而坐,面额焦烂不可辨,左膝以下筋骨尽脱矣。史前跪抱公膝而呜咽。公辨其声,而目不可开,乃奋臂②以指拨眦,目光如炬,怒曰:"庸奴③!此何地也,而汝来前!国家之事糜烂至此,老夫已矣,汝复轻身而昧大义,天下事谁可支拄者?不速去,无俟奸人④构陷⑤,吾今即扑杀汝!"因摸地上刑械作投击势。史噤⑥不敢发声,趋⑦而出。后常流涕述其事以语人,曰:"吾师肺肝,皆铁石所铸造也。"

崇祯末,流贼张献忠⑧出没蕲、黄、潜、桐⑨间,史公以凤庐道⑩奉檄⑪守御。每有警,辄数月不就寝,使将士更休,而自坐幄幕⑫外。择健卒十人,令二人蹲踞而背倚之,漏鼓移则番代⑬。每寒夜起立,振衣裳,甲上冰霜迸落,铿然有声。或劝以少休,公曰:"吾上恐负朝廷,下恐愧吾师也。"

史公治兵,往来桐城,必躬造左公第,候太公、太母起居,拜夫人于堂上。

余宗老涂山⑭,左公甥也,与先君子善,谓狱中语乃亲得之于史公云⑮。

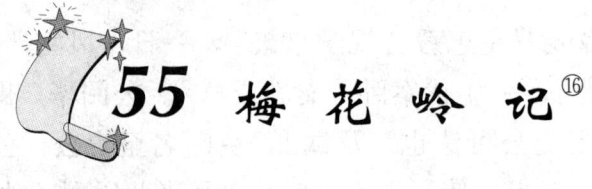

55 梅花岭记⑯

——全祖望——

本文记史可法督师殉国的情景,由记叙引出议论:忠义者"其气浩然,常留天地之

---

①〔席地〕以地为席。　②〔奋臂〕用力地举起手臂。　③〔庸奴〕无能的奴才,不识大体的奴才。　④〔奸人〕指魏忠贤的爪牙。　⑤〔构陷〕构成罪名来陷害。　⑥〔噤(jìn)〕闭口。　⑦〔趋〕小步紧走。　⑧〔张献忠〕明末农民起义领袖之一,起兵于陕西,攻占四川,建大西国,称大西王,后为清兵所杀。　⑨〔蕲(qí)、黄、潜、桐〕蕲,蕲州府,现在湖北省蕲春县一带。黄,黄州府,现在湖北省黄冈县一带。潜,现在安徽省潜山县。桐,现在安徽省桐城县。　⑩〔凤庐道〕管理凤阳府、庐州府的官。明朝在省下设分巡道、兵巡道、兵备道等官,管辖几个府的军政等事。凤阳府,现在安徽省凤阳县一带,庐州府,现在安徽省合肥市一带。　⑪〔奉檄(xí)〕奉行上级的命令。檄,古代官府用以征召、晓谕或声讨的公文。　⑫〔幄(wò)幕〕(军用的)帐幕。　⑬〔漏鼓移则番代〕过了一段时间再轮流替换。漏,古代用滴水以计时间的器具,名铜壶滴漏。鼓,打更的鼓。番代,轮换。　⑭〔宗老涂山〕同族的老长辈号涂山的。涂山,名文,方苞的同族祖父。　⑮〔云〕语气助词,用在句末。　⑯选自《鲒(jié)埼(qí)亭集外编》卷二十。有删节。全祖望(1705—1755),清朝文学家、史学家,浙江鄞县(现在浙江省宁波市)人。梅花岭,扬州(现在江苏省扬州市)广储门外的一个土山,山上梅树很多。

间，何必出世入世之面目！"；由议论而又引出抒情："予登岭上，与客述忠烈遗言，无不泪下如雨。"以颂扬史可法坚强不屈、为国捐躯的爱国之情贯串全文。

顺治二年乙酉①四月，江都②围急。督相史忠烈公③知势不可为，集诸将而语之曰："吾誓与城为殉④，然仓皇中不可落于敌人之手以死，谁为我临期成此大节者？"副将军史德威慨然任之。忠烈喜曰："吾尚未有子，汝当以同姓为吾后。吾上书太夫人，谱汝诸孙中⑤。"

二十五日，城陷，忠烈拔刀自裁⑥。诸将果争前抱持之。忠烈大呼德威，德威流涕，不能执刃，遂为诸将所拥而行。至小东门，大兵如林而至，马副使鸣騄、任太守民育⑦及诸将刘都督肇基等皆死。忠烈乃瞠目⑧曰："我史阁部⑨也。"被执至南门，和硕豫亲王⑩以先生呼之，劝之降。忠烈大骂而死。初，忠烈遗言："我死当葬梅花岭上。"至是，德威求公之骨不可得，乃以衣冠葬之。

或曰："城之破也，有亲见忠烈青衣乌帽，乘白马，出天宁门投江死者，未尝殉于城中也。"自有是言，大江南北遂谓忠烈未死。已而英、霍山师大起⑪，皆托忠烈之名⑫，仿佛陈涉之称项燕。吴中⑬孙公兆奎⑭以起兵不克，执至白下⑮。经略洪承畴⑯与之有旧，问曰："先生在兵间，审知⑰故扬州阁部史

---

①〔顺治二年乙酉〕公元1645年。这年是乙酉年。顺治，清世祖福临的年号。 ②〔江都〕扬州的别名。 ③〔督相史忠烈公〕指明末民族英雄史可法（1601—1645），河南祥符（现在河南省开封市）人。清兵入关后，明代福王朱由崧在南京即帝位。史可法任兵部尚书、大学士（明朝的大学士就是宰相）。当时奸臣马士英等弄权误国，排挤史可法，史可法不得不自请到扬州一带督师。清兵南下，史可法孤军抵抗，兵败殉国。史可法以宰相身份督师，所以称为"督相"。忠烈，是他死后的谥号。 ④〔与城为殉〕（自己）要与城同为殉国之物。 ⑤〔谱汝诸孙中〕把你的名字记上我家的家谱，列入（太夫人的）孙儿辈中。 ⑥〔自裁〕自杀。 ⑦〔马副使鸣騄、任太守民育〕副使马鸣騄，太守任民育。副使，按察副使。太守，知府。下文刘都督肇基，就是都督刘肇基。 ⑧〔瞠（chēng）目〕瞠着眼看。 ⑨〔史阁部〕明朝把做宰相称为入阁。史可法是宰相兼管兵部，所以称为"史阁部"。 ⑩〔和硕豫亲王〕清太祖努尔哈赤的第十五子，名多铎。和硕，满语，意思是"旗"（八旗）"部落"。按照清朝制度，亲王、公主称号前都加"和硕"。 ⑪〔英、霍山师大起〕英山和霍山（当时安徽省的两个县）一带大起义兵（反抗清朝）。 ⑫〔皆托忠烈之名〕当时传说史可法未死，所以起义军都以他的名义号召群众。起义军首领冯弘图等就是以史可法为号召，攻下英山、霍山、六安等城，后来被清兵所败。 ⑬〔吴中〕旧苏州府属的通称，就是现在江苏省苏州市一带地方。 ⑭〔孙公兆奎〕江苏吴江人，与吴日生同起兵抗清，号"孙吴军"，失败后被捕。 ⑮〔白下〕江宁（现在南京市）的别名。 ⑯〔洪承畴〕在松山兵败后降清，任七省经略，当时驻扎江宁。在他初被清军俘获时，传说他已经殉难。明朝廷曾经表扬他，所以下文有"故松山殉难督师……"的话。 ⑰〔审知〕确凿地知道。

公果死耶，抑未死耶？"孙公答曰："经略从北来，审知故松山殉难督师洪公果死耶，抑未死耶？"承畴大恚，急呼麾下驱出斩之。

呜呼！神仙诡诞之说，谓颜太师以兵解①，文少保亦以悟大光明法蝉脱②，实未尝死。不知忠义者圣贤家法③，其气浩然④，常留天地之间，何必出世入世之面目⑤！神仙之说，所谓为蛇画足。即如忠烈遗骸，不可问矣，百年而后，予登岭上，与客述忠烈遗言，无不泪下如雨，想见当日围城光景，此即忠烈之面目宛然可遇，是不必问其果解脱否也，而况冒其未死之名者哉？

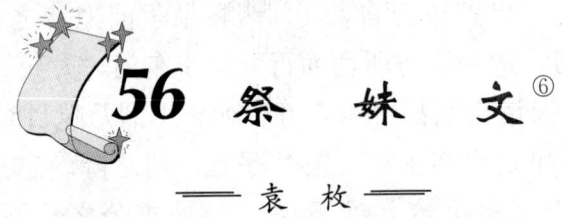

56 祭妹文⑥

—— 袁枚 ——

兄妹手足，情深义长。作者悼念三妹，往事显现，情意自生。"汝死我葬，我死谁埋？"作者叙事平易，出语平实，而悲从中来，情寓其中。结尾处，作者写道："哭汝既不闻汝言，奠汝又不见汝食。纸灰飞扬，朔风野大，阿兄归矣，犹屡屡回头望汝也。"仔细阅读本文，品味文中语言蕴含的深切情意。

乾隆丁亥冬，葬三妹素文⑦于上元之羊山⑧，而奠以文曰：

呜呼！汝生于浙⑨而葬于斯，离吾乡七百里矣，当时⑩虽觭梦⑪幻想，宁

---

①〔颜太师以兵解〕唐代颜真卿曾任太师，后来为叛将李希烈所杀。传说他在被杀时升仙了。以兵解，因被杀而成仙。兵，兵器。解，解脱躯壳而成仙。　②〔文少保亦以悟大光明法蝉脱〕宋朝文天祥曾任少保，后来被元人所杀。传说他因通晓佛法，解脱成佛。佛经里说，释迦前世是个国王，称"大光明"，以头布施，后世成佛。文天祥在狱中有诗句："谁知真患难，忽遇大光明"。后人就附会说，他悟大光明法而成佛。蝉脱，像蝉脱壳一样遗下了躯壳。　③〔圣贤家法〕圣贤人的传统的道德准则。　④〔其气浩然〕那种气魄，正大光明。　⑤〔何必出世入世之面目〕意思是说，为忠义而死，精神不朽，何必问他形骸是否存在，何必说他成仙成佛呢！出世，入世，都是佛家语。出世是脱离尘俗世，入世是生于世上。　⑥选自《小仓山房文集》。袁枚（1716—1797），字子才，别号随园，清代钱塘（现在浙江省杭州市）人。著有《随园诗话》等。　⑦〔三妹素文〕名机，字素文。与姓高的指腹为婚。后来高氏子恶劣无赖，高家的人请解除婚约，但素文受封建礼教的影响，不肯解约。她婚后受尽虐待，不得已，与高家断绝关系，回居娘家。死时40岁。乾隆三十二年丁亥（1767年），袁枚为她营葬。　⑧〔上元之羊山〕在现在江苏省南京市，当时属江苏省上元县。下文"斯"即指羊山。　⑨〔浙〕指杭州。　⑩〔当时〕指袁机初生的时候。　⑪〔觭梦〕奇异的梦。觭，通"奇"。

知此为归骨所耶？

汝以一念之贞，遇人仳离①，致孤危托落②。虽命之所存，天实为之；然而累汝至此者，未尝非予之过也。予幼从先生授经，汝差肩③而坐，爱听古人节义事；一旦长成，遽躬蹈之。呜呼！使④汝不识诗书，或未必艰贞若是。

余捉蟋蟀，汝奋臂出其间；岁寒虫僵，同临其穴⑤。今予殓汝葬汝，而当日之情形憬然赴目⑥。予九岁，憩书斋，汝梳双髻，披单缣来，温《缁衣》⑦一章。适先生奓户⑧入，闻两童子音琅琅然，不觉莞尔，连呼则则⑨。此七月望日事也。汝在九原⑩，当分明记之。予弱冠粤行⑪，汝掎⑫裳悲恸。逾三年，予披宫锦⑬还家，汝从东厢扶案出，一家瞠视⑭而笑，不记语从何起，大概说长安登科，函使报信迟早云尔⑮。凡此琐琐⑯，虽为陈迹，然我一日未死，则一日不能忘。旧事填膺，思之凄梗⑰，如影历历，逼取便逝。悔当时不将嫛婗⑱情状，罗缕⑲纪存。然而汝已不在人间，则虽年光倒流，儿时可再，而亦无与为证印者矣。

汝之义绝高氏而归也，堂上阿奶⑳仗汝扶持，家中文墨眒㉑汝办治。尝谓女流中最少明经义谙雅故㉒者，汝嫂非不婉嫕㉓，而于此微缺然㉔。故自汝归后，虽为汝悲，实为予喜。予又长汝四岁，或人间长者先亡，可将身后托汝，而不谓汝之先予以去也！

前年予病，汝终宵刺探，减一分则喜，增一分则忧。后虽小差㉕，犹尚殗殜㉖，无所娱遣。汝来床前，为说稗官野史可喜可愕之事，聊资一欢。呜呼！今而后吾将再病，教从何处呼汝耶？

汝之疾也，予信医言无害，远吊扬州。汝又虑戚吾心，阻人走报。及至绵

---

①〔仳（pǐ）离〕离弃，这里是不合。　②〔托落〕孤独不遇。　③〔差肩〕比肩，并肩。　④〔使〕假使。　⑤〔同临（lìn）其穴〕同到它的穴边凭吊。临，吊。　⑥〔憬（jǐng）然赴目〕清楚地呈现在眼前。憬然，醒悟。　⑦〔《缁衣》〕《诗经·郑风》里的一篇。　⑧〔奓（zhà）户〕开门。　⑨〔则则〕赞叹的声音。　⑩〔九原〕墓地，这里指地下。　⑪〔弱冠（guàn）粤行〕刚成年时前往广西。袁枚曾于乾隆元年（1736年）到广西去看叔父袁鸿。弱冠，男子成年。粤，广西包括在古代"百粤"范围之内。　⑫〔掎（jǐ）〕牵引。　⑬〔披宫锦〕指中进士。唐朝进士及第，披宫袍，后人就称中进士为"披宫锦"。下文"长安登科"即指这件事。　⑭〔瞠视〕直视。　⑮〔云尔〕语气助词，表示话已结束。　⑯〔琐琐〕细小的（事）。　⑰〔凄梗〕悲咽，哭不出来。梗，阻塞。　⑱〔嫛婗（yīní）〕婴儿。这里指幼年时期。　⑲〔罗缕〕详细。　⑳〔阿奶〕指袁枚的母亲，也写作"妳"。下文"汝嫂"，指袁枚的妻，"阿爷"，指袁枚的父亲，"阿兄"，指袁枚自己。这些称呼都是用向袁机说话的口气。　㉑〔眒（shùn）〕以目示意。　㉒〔雅故〕过去的文章典故。　㉓〔婉嫕（yì）〕柔顺和静。　㉔〔微缺然〕稍有点欠缺。　㉕〔小差（chài）〕（病）稍减。　㉖〔殗殜（yèdié）〕病不甚重，半起半卧。

惙①已极，阿奶问望兄归否，强应曰"诺"。已②予先一日梦汝来诀，心知不祥，飞舟渡江。果予以未时还家，而汝以辰时气绝。四支犹温，一目未瞑，盖犹忍死待予也。呜呼痛哉！早知诀汝，则予岂肯远游，即游亦尚有几许心中言要汝知闻，共汝筹画也。而今已矣！除吾死外，当无见期。吾又不知何日死，可以见汝，而死后之有知无知，与得见不得见，又卒难明也。然则抱此无涯之憾，天乎，人乎！而竟已乎！

汝之诗，吾已付梓③；汝之女，吾已代嫁；汝之生平，吾已作传；惟汝之窀穸④尚未谋耳。先茔在杭，江广河深⑤，势难归葬，故请母命而宁汝于斯，便祭扫也。其旁葬汝女阿印⑥。其下两冢，一为阿爷侍者⑦朱氏，一为阿兄侍者陶氏。羊山旷渺⑧，南望原隰⑨，西望栖霞⑩，风雨晨昏，羁魂⑪有伴，当不孤寂。所怜者，吾自戊寅年⑫读汝哭侄诗后，至今无男，两女牙牙，生汝死后，才周晬⑬耳。予虽亲在未敢言老⑭，而齿危发秃，暗里自知，知在人间尚复几日！阿品⑮远官河南，亦无子女，九族无可继者。汝死我葬，我死谁埋？汝倘有灵，可能告我？

呜呼！身前既不可想，身后又不可知，哭汝既不闻汝言，奠汝又不见汝食。纸灰飞扬，朔风野大，阿兄归矣，犹屡屡回头望汝也。呜呼哀哉！呜呼哀哉！

57 明清散文⑯

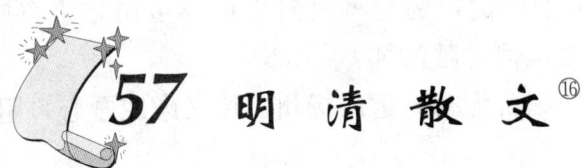

　　明代散文中的优秀篇章不少。它们的取材较为广泛，后期散文的表现手法也较为多样，不少篇章在不同程度上受到了小说、寓言、笑话、八股文的影响。尤其是晚明小品，是中国散文发展史上的一项重大突破，从散文观念到创作实践都有显著的变化。

　　明初散文作家较能注意现实，这对扭转元末纤弱萎靡文风起了良好的作用。代表作家

---

①〔绵惙（chuò）〕病势危急。　②〔已〕既。　③〔付梓〕指书稿付印。梓，梓木，书的雕版。　④〔窀（zhūn）穸（xī）〕墓穴。　⑤〔江广河深〕由南京到杭州，乘船要先经长江，后经运河，所以这样说。　⑥〔阿印〕袁机有两个女儿，阿印是其一，早死。　⑦〔侍者〕妾。　⑧〔旷渺〕广远。　⑨〔原隰（xí）〕平原和低下的地方。　⑩〔栖霞〕山名，在江苏省南京市东北。　⑪〔羁魂〕旅魂。羁，寄居在外。也写作"羇"。　⑫〔戊寅年〕乾隆二十三年（1758年）。　⑬〔周晬（zuì）〕周岁。　⑭〔亲在未敢言老〕父母在，自己不称老，这是古礼。　⑮〔阿品〕袁枚弟弟袁树的小名。　⑯据《中国大百科全书·中国文学》辑录。

有宋濂、刘基。宋濂是"开国文臣之首"。他的散文内容较为充实,同时也有一定艺术功力。刘基的散文比较擅长议论,不少小品写得精悍警厉,鞭辟入里。明代中叶,唐宋派王慎中、唐顺之、茅坤、归有光等人,在肯定先秦两汉散文的同时,强调学习唐宋八大家散文法度。他们的散文能直抒胸臆,做到文从字顺,朴素自然。尤其是归有光,善于即事抒情,描绘家庭琐事,真挚动人。晚明小品,题材多样,形式也很活泼,摆脱了古代散文规矩的束缚,往往格局短小,但追求"幅短而神遥,墨希而旨永",无论是叙事抒情、说理谈天,都信笔直书,流畅隽俏,其中夹杂着不少"怡人耳目,悦人性情"的诙谐和幽默。

清代散文,都较明代发展。上承秦汉唐宋,形成自己的时代风格和特点,作家辈出,佳作甚多,流派分明,在古代散文史上有重要地位。

清初散文,突破晚明小品的狭小格局,不走明文的路子。可以分为"学人之文"与"文人之文"两派。两派作家的议论常能借古讽今,针对明末清初的社会现实而发;记事的文章也以写为明亡而死难的人物的事迹最为感人。清中叶出现了"桐城派"这个散文流派。"桐城派"的代表人物是方苞、刘大櫆和姚鼐。就作品的艺术成就论,以姚鼐为最高;就作品对现实的反映论,则方苞还有一些指摘时弊之作。清后期散文,都与"桐城派"有渊源关系。这派作家的主张和写作很有局限,但其删汰浮辞,避免枝蔓、冗杂的"雅洁"文风,对中国古典散文的发展,还是有一定的贡献的。鸦片战争前夕,以龚自珍、魏源为代表的启蒙思想家,讲求经世致用之学,不株守儒家思想,文章糅合子、史和佛家言,力求生新奇奥,声光璀璨,打破陈规旧貌,为清文的一大变化,开了近代散文的先河。

58 作文与运思[①]

——朱光潜——

作文章通常也叫做"写"文章,在西文中作家一向称"写家",作品叫做"写品"。写须用手,故会做文章的人在中文里有时叫做"名手",会读而不会作的人说是"眼高手低"。这种语文的习惯颇值得想一想。到底文章是"作"的还是"写"的呢?创造文学的动作是"用心"还是"用手"呢?

这问题实在不像它现于浮面的那么肤浅。因近代一派最占势力的美学——克罗齐派——所争辩的焦点就在此。依他们看,文艺全是心灵的活动,创造就是表现也就是直觉。这就是说,心里想出一具体境界,情趣与意象交融,情趣就已表现于那意象,而这时刻作品也就算完全成就了。至于拿笔来把心里所已想好的作品写在纸上,那并非"表现",那只是"传达"或"记录"。表现(即创造)全在心里成就,记录则如把唱出的乐歌灌音到留声机片上去,全是物理的事实,与艺术无关。如我们把克罗齐派学说略加修正一下,承认在创造时,心里不仅想出可以表现情趣的意象,而且也想出了描绘那意象的语言文字,这就是说,全部作品都有了"腹稿",那么"写"并非"作"的一个看法大致是对的。

我提出这问题和联带的一种美学观点,因为它与作文方法有密切的关系。普通语文习惯把"写"看成"作",认为写是"用手",也有一个原因。一般人作文往往不先将全部想好,拈一张稿纸,提笔就写,一直写将下去。他们在写一句之前,自然也得想一番,只是想一句写一句,想一段,写一段;上句未写成时,不知下句是什么,上段未写成时,不知下段是什么;到写得无可再写时,就自然终止。这种习惯养成时,"不假思索"而任笔写下去,写得不知所云,也是难免的事。文章"不通",大半是这样来的。这种写法很普遍,学生们在国文课堂里作文,不用这个写法的似居少数。不但一般学生如此,就是有名的职业作家替报章杂志写"连载"的稿子,往往还是用这个"急就"的办法。这一期的稿子印出来了,下一期的稿子还在未定之中。有些作家甚至连写都不写,只坐在一个沙发上随想随念,一个书记或打字员在旁边听着,随听随录,录完一个段落了就送出发表。这样做成的作品,就整个轮廓看,总难免前后欠呼应,结构很零乱。近代英美长篇小说有许多是这样做成的,所以大半没有连串的故事,也没有完整的形式。作家们甚至把"无形式"(formlessness)当作一个艺术的信条,以为艺术原来就应该如此。这恐怕是艺术的一个厄

[①] 选自《朱光潜美学文学论文选集》(湖南人民出版社 1980 年版)。

运，有生命的东西都有一定完整的形式，首尾躯干不完全或是不匀称，那便成了一种怪物，而不是艺术。

这是一个极端，另一个极端是把全部作品都在心里想好，写只是记录，像克罗齐派美学家所主张的。苏东坡记文与可画竹，说他先有"成竹在胸"，然后铺纸濡毫，一挥而就。"成竹在胸"于是成为"腹稿"的佳话。这种办法似乎是理想的，实际上很不易做到。我自己也尝试过，只有在极短的篇幅中，像做一首绝句或律诗，我还可以把全篇完全在心里想好；如篇幅长了那就很难。它有种种不方便。第一，我们的注意力和记忆力所能及的范围有一定的限度，把几千字甚至几万字的文章都一字一句地记在心里，同时注意到每字每句每段的线索关联，并且还要一直向前思索，纵假定是可能，这种繁重的工作对于心力也未免是一种不必要的损耗。其次，这也许是我个人的心理习惯，我想到一点意思，就必须把它写下来，否则那意思在心里只是游离不定。好比打仗，想出一个意思是夺取一块土地，把它写下来就像筑一座堡垒，可以把它守住，并且可以作进一步袭击的基础。第三，写自身是一个集中注意力的助力，既在写，心思就不易旁迁他涉。还不仅此，写成的字句往往可以成为思想的刺激剂，我有时本来已把一段话预先想好，可是把它写下来时，新的意思常源源而来，结果须把预定的一段话完全改过。普通所谓"由文生情"与"兴会淋漓"，大半在这种时机发现。只有在这种时机，我们才容易写出好文章。

我个人所采用的是全用腹稿和全不用腹稿两极端的一种折衷办法。在定了题目之后，我取一张纸条摆在面前，抱着那题目四方八面地想。想时全凭心理学家所谓"自由联想"，不拘大小，不问次序，想得一点意思，就用三五个字的小标题写在纸条上，如此一直想下去，一直记下去，到当时所能想到的意思都记下来了为止，这种寻思的工作做完了，我于是把杂乱无章的小标题看一眼，仔细加一番衡量，把无关重要的无须说的各点一齐丢开，把应该说的选择出来，再在其中理出一个线索和次第，另取一张纸条，顺这个线索和次第用小标题写成一个纲要。这纲要写好了，文章的轮廓已具。每小标题成为一段的总纲。于是我依次第逐段写下去。写一段之先，把那一段的话大致想好，写一句之先，也把那一句的话大致想好。这样写下去时，像上面所说的，有时有新意思涌现，我马上就修改。一段还没有写妥时，我决不把它暂时摆下，继续写下去。因此，我往往在半途废去了很多稿纸，但是一篇写完了，我无须再誊清，也无须大修改。这种折衷的办法颇有好处，一则纲要先想好，文章就有层次，有条理，有轻重安排，总之，就有形式；二则每段不预先决定，任临时触机，写时可以有意想笔随之乐，文章也不至于过分板滞。许多画家作画，似亦采取这种办法。他们先画一个大轮廓，然后逐渐填枝补叶，显出色调线纹阴阳向背。预定轮廓之中，仍可有气韵生动。

寻思是作文的第一步重要工作，思有思路，思路有畅通时也有蔽塞时。大约要思路畅通，须是精力弥满，脑筋清醒，再加上风日清和，窗明几净，临时没有外扰败兴，杂念萦怀。这时候静坐凝思，新意自会像泉水涌现，一新意酿成另一新意；如是辗转生发，写作便成为人生一件最大的乐事。一般"兴会淋漓"的文章大半都是如此做成。提笔作文时最好能选择这种境界，并且最好能制造这种境界。不过这是理想，有时这种境界不容易得到，有时虽然条件具备，文思仍然蔽塞。在蔽塞时，我们是否就应放下呢？抽象的理论姑且丢开，只就许多著名的作家的经验来看，苦思也有苦思的收获。唐人有"吟成一个字，捻断数茎须"的传说，李白讥诮杜甫说："借问近来太瘦生，总为从来作诗苦。"李长吉的母亲说："呕心肝乃已。"佛洛伯有一封信札，写他著书的艰难说："我今天弄得头昏脑晕，灰心丧气。我做了四个钟头，没有做出一句来。今天整天没有写成一行，虽然涂去了一百行。这工作真难！艺术啊，你是什么恶魔？为什么要这样咀嚼我们的心血？"但是他们的成就未始不从这种艰苦奋斗得来。元遗山与张仲杰论文诗说："文章出苦心，谁以苦心为？"大作家看重"苦心"，于此可见，就我个人所能看得到的来说，苦心从不会白费的，思路太畅时，我们信笔直书，少控制，常易流于浮滑；苦思才能拨茧抽丝，鞭辟入里，处处从深一层着想，才能沉着委婉，此其一。苦思在当时或许无所得，但是在潜意识中它的工作仍在酝酿，到成熟时可以"一旦豁然贯通"，普通所谓"灵感"大半都先经苦思的准备，到了适当时机便突然涌现，此其二。难关可以打通，平路便可驰骋自如。苦思是打破难关的努力，经过一番苦思的训练之后，手腕便逐渐娴熟，思路便不易落平凡，纵遇极难驾驭的情境也可以手挥目送，行所无事，此其三。大抵文章的畅适境界有两种，有生来即畅适者，有经过艰苦经营而后畅适者。就已成功的作品看，好像都很平易，其实这中间分别很大，入手即平易者难免浮浅，由困难中获得平易者大半深刻耐人寻味，这是铅锡与百炼精钢的分别，也是袁简斋与陶渊明的分别。王介甫所说的"看似寻常最奇崛，成如容易却艰辛"，是文章的胜境。

　　作文运思有如抽丝，在一团乱丝中拣取一个丝头，要把它从错杂纠纷的关系中抽出，有时一抽即出，有时须绕弯穿孔解结，没有耐心就会使紊乱的更加紊乱。运思又如射箭，目前悬有鹄的，箭朝着鹄的发，有时一发即中，也有因为瞄准不正确，用力不适中，箭落在离鹄的很远的地方，习射者须不惜努力尝试，多发总有一中。

　　这譬喻不但说明思路有畅通和艰涩的分别，还可说明一个意思的涌现，固然大半凭人力，也有时须碰机会。普通所谓"灵感"，虽然源于潜意识的酝酿，多少也含有机会的成分。大约文艺创作的起念不外两种。一种是本来无意要为文，适逢心中偶然有所感触，一种情境或思致，觉得值得写一写，于是就援笔把它写下来。另一种是预定题目，立意要做一篇文章，于是抱着那题目想，想成熟了然后把它写下。从前人写旧诗标题常用"偶成"和"赋得"的字样，"偶成"者触兴而发，随时口占，"赋得"者定题分韵，拈得一字，就用它为韵做诗。我们可以借用这个术语，把文学作品分为"偶成"和"赋得"两类。"偶成"的作品全凭作者自己高兴，迫他写作的只有情思需要表现的一个内心冲动，不假外力。"赋得"的作品大半起于外力的催促，或是要满足一种实用的需要，如宣传、应酬、求名谋利、练习技巧之类。照理说，只有"偶成"作品才符合纯文学的理想；但是在事实上现存的文学作品大半属于"赋得"的一类，细看任何大家的诗文集就可以知道。"赋得"类也自有好文章，不但应酬唱和诗有好的，就是策论、奏疏、墓志铭之类也未可一概抹煞。一般作家在练习写作时期常是做"赋得"的工作。"赋得"是一种训练,"偶成"是一种收获。一个作家如果没有经过"赋得"的阶段,"偶成"的机会不一定有,纵有也不会多。

"赋得"所训练的不仅是技巧,尤其是思想。一般人误信文学与科学不同,无须逻辑的思考。其实文学只有逻辑的思考固然不够,没有逻辑的思考却也决不行。诗人考洛芮基在他的文学传记里眷念一位无名的老师,因为从这老师的教诲,他才深深地了解极放纵的诗还是有它的逻辑。我常觉得,每一个大作家必同时是他自己的严厉的批评者。所谓"批评"就要根据逻辑的思想和文学的修养。一件作品如果有毛病——无论是在命意布局或是在造句用字——仔细穷究,病源都在思想。思想不清楚的人做出来的文章决不会清楚。思想的毛病除着精神失常以外,都起于懒惰,遇着应该分析时不仔细分析,应该斟酌时不仔细斟酌,只图模糊敷衍,囫囵吞枣混将过去。练习写作第一件要事就是克服这种心理的懒怠,随时彻底认真,一字不苟,肯朝深处想,肯向难处做。如果他养成了这种谨严的思想习惯,始终不懈,他决不会做不出好的文章。

59 神 思（节选）①

—— 刘 勰 ——

古人云："形在江海之上,心存魏阙之下②。"神思之谓也。文之思也,其神远矣。故寂然凝虑,思接千载;悄焉动容③,视通万里;吟咏之间,吐纳珠玉之声④;眉睫之前⑤,卷舒风云之色:其思理之致乎⑥? 故思理为妙,神与物游⑦。神居胸臆⑧,而志气统其关键⑨;物沿耳目,而辞令管其枢机⑩。枢机方通,则物无隐貌;关键将塞,则神有

---

①节选自《文心雕龙全译》(贵州人民出版社1992年版)。龙必锟译注。　②形在江海之上二句:《庄子·让王》说中山公子牟对瞻子说:"身在江海之上,心居乎魏阙之下,奈何？"魏,同"巍",高。阙,古代君王宫门前的楼。魏阙,指朝廷。这话的原意是身隐居而心想朝廷,想当官。刘勰变其意而用之,说明想象不受时间空间的限制。　③悄:静寂。　④吐纳:偏义复词,吐。　⑤睫(jié):眼毛。　⑥致:状。　⑦神与物游:神,神思,指想象活动;物,物象,指作家头脑中的想象之物、主观化了的形象。二者一起交织邀游。　⑧胸臆:心胸。臆,胸。　⑨志气:情志、性气,近似思想感情的意思。　⑩辞令:语言或辞语。作家头脑中的形象和语言总是联在一起的。枢机:枢纽机关。枢,门臼。

遁心①。是以陶钧文思②，贵在虚静③，疏瀹五藏④，澡雪精神⑤。积学以储宝⑥，酌理以富才⑦，研阅以穷照⑧，驯致以怿辞⑨。然后使元解之宰⑩，寻声律而定墨⑪；独照之匠⑫，窥意象而运斤⑬。此盖驭文之首术⑭，谋篇之大端⑮。

夫神思方运，万涂竞萌⑯，规矩虚位⑰，刻镂无形⑱，登山则情满于山，观海则意溢于海⑲，我才之多少，将与风云而并驱矣。方其搦翰⑳，气倍辞前㉑，暨乎篇成㉒，半折心始㉓。何则？意翻空而易奇㉔，言征实而难巧也㉕。是以意授于思，言授于意，密则无际㉖，疏则千里㉗。或理在方寸而求之域表㉘，或义在咫尺而思隔山河㉙。是以秉心养术㉚，无务苦虑㉛；含章司契㉜，不必劳情也㉝。

【译文】

古人说："身在江海的上面，心在皇宫门前高楼的下面。"这就是说的神奇的想象啊！作文的构思，它神奇的想象可以不受约束，飞得很远很远。只要寂静地凝神沉思，思绪便

---

①遁：逃遁，隐避。　②陶钧：制陶器的工具转轮。用陶匠用陶钧制作陶器比喻作家用想象构思作品。　③贵在虚静：这是刘勰从先秦道家和荀子那里引进并加以改造的理论。先秦道家主张"虚静"，清静无为；荀子也主张"虚壹而静"（见《荀子·解蔽》），但赋予了唯物的含义，其基本观点是"虚则入"——心能虚才能摄取万理，"静则察"——心能静才能明察万物万理。荀子讲的是客观、全面认识事物的方法，刘勰将其引入文学创作有两层意思：一是虚才能全面接纳各方面的事物形象和认识事物形象的各方面；二是进行文学创作要排除干扰，专心致意，驰骋想象，奔放感情。其虚静的实质是虚中有实、静中有动。　④疏瀹（yuè）：疏通。五藏：五脏，指性情。古人认为人的喜怒哀乐七情从五脏发出。　⑤澡雪：洗净。《庄子·知北游》："老聃曰：'汝齐（斋）戒疏瀹而（你）心，澡雪而精神'"。　⑥宝：指知识财富。　⑦酌：斟酌取舍。　⑧阅：阅历。照：察看，理解。　⑨驯致：顺着情志。怿：应作"绎（yì）"，抽取。　⑩元：应作"玄"。元解：玄解，理解深奥的道理。宰：主宰，指心、脑。　⑪声律：语言的声韵音节，这里指写作的艺术技巧。定墨：双关比喻语。对木匠是划定墨线，对作家是落笔着墨。　⑫独照之匠：有独到见解的巨匠。既指古代传说中的能工巧匠（《庄子·天道》说他掌握了砍制车轮的规律，制造车轮得心应手），也指会写文章的人。　⑬窥：视。意象：意，指蕴含在具体形象中的思想感情；象，指渗入了作家思想感情的形象。意象是作为运用想象构思的成果存在于作家头脑中的艺术形象，它既保存着客观事物的"象"，又渗透着作家主观的"意"，是主观和客观交融，思想和形象统一的产物。运斤：《庄子·徐无鬼》说名叫石的高明匠人，挥动斧头成风，把别人鼻上沾的很小一点白土削掉而不伤鼻。运，挥动；斤，斧。　⑭驭文：驾驭写作。术：方法。　⑮端：本。　⑯万涂：涂，同途。万涂，指思绪众多。　⑰规矩：作动词用，按一定规矩加工，指写作描绘。虚位：指存于作家头脑中的凭想象虚构的形象，它们是虚有其位的。　⑱刻镂（lòu漏）：刻画描写。镂，刻。无形：和"虚位"同意。作家头脑中虚构的形象是无形体的。　⑲登山则情满于山二句：指构思中想到"登山"与"观海"的情景。　⑳搦（nuò懦）翰：执笔。搦，持，拿；翰，笔。　㉑辞前：作品未写成之前。辞，指作品。　㉒暨：及。　㉓半折：打了一半折扣。心始：心中开始的想象。　㉔翻：飞。　㉕征：验证。征实，即把作者的想象具体写出来。　㉖际：边际，交界处，指空隙。　㉗疏：远，指语言不能准确表达思想。　㉘方寸：心。域表：疆界之外，指很远。　㉙咫尺：很近。八寸为咫。　㉚秉：持，掌握。术：写作文章的艺术方法。　㉛务：求。　㉜含章：具有美好的文采。含，含有；章，美、文采。司契：掌握规则。司，掌管；契，券约，引申为规则。　㉝不必劳情：参阅本书《养气篇》。该篇认为"率志委和，则理融而情畅；钻砺过分，则神疲而气衰"。反对"钻砺过分"的"劳情"苦思。

可以联接上千年以远的事物；悄悄地动容改颜，视线便能够通达于万里之外的情景。在你的吟哦咏唱之间，可以吐露出如珠似玉的声音；在你的眉毛眼睫之前，能够舒展开风云变幻的景色。这些就是作文构思发挥想象力所造成的情景状况吧！所以写作构思的道理是很微妙的，内心的想象与事物的形貌一起遨游。神奇的想象在作者的心胸，而思想感情是统率支配它们的关键；事物的形貌呈现在作者的耳目之外，而语言是掌管它们的枢纽。当其枢纽——语言通畅的时候，那事物的形貌便都能显现出来，没有隐蔽得了的；如果支配想象的关键——思想感情受到阻塞，那神奇的想象就会逃遁隐蔽，也就无法驰骋了。所以要像泥瓦匠控制转轮那样驾驭文章写作的构思，最为可贵的是在于扫除各种杂念，做到头脑虚空广阔、宁静专一：疏通五脏，使内心调畅；洗涤精神，使情思净化。这就要努力学习，像储存珍宝一样地把知识积累起来；要斟酌辨析各种事理，用它们来丰富增长自己的才能；要研究阅历各种情况，务必穷根到底透彻明了；要逐渐地顺着作文构思的情状，寻求使用恰当美好的言辞。然后才能使具有透彻见解的心灵，能够像木工的划定墨线一样，寻求写作的技巧规律来落笔行文；使具有独到看法的作家，能够像匠石的自如挥斧一样，看准酝酿好的形象去写作刻画。这就是驾驭文章写作的首要的方法，也是谋篇作文最根本的一点。

　　神奇的想象刚刚开始运转驰骋的时候，万条思路都好像竞相萌发，各种物象都呈现在眼前，它们都虚有其位而又要求按一定的规矩描绘，它们都无形无迹而又要求雕刻镂画。作家登上高山，感慨就好像云雾一样充满山间；作家观览大海，情意就好像海涛一样汹涌澎湃。作家想象的才能，好像飞鸟一样同风云并驾齐驱。当其刚刚拿起笔的时候，在行文之前气势倍增非常充足；可是等到文章写成篇章之后，开始那种心愿气势已经打了一半折扣。为什么会这样？想象翻飞凌空驰骋容易出奇，而语言文字却具体实在，所以很难把作者的想象巧妙地表现出来。所以文章的内容受作者的思想感情支配，而言辞又受文章内容的支配。如果文章的内容、作者的思想感情和文章的言辞三者结合得很紧密，那文章就能做到天衣无缝，毫无差错；反之，关系疏远，那就会互相矛盾，如隔千里。或者道理就在心里却要到很远很远的地方去寻求；或者一件事情的义理就在眼前而思想认识上却像隔着高山大河一样。所以要秉持虚空宁静的心思，加强写作艺术的修养，无须去冥思苦想，要富有美好的文采，把握好构思的规则，不必去劳心累情。

60 空 中 楼 阁[①]

——创造的想象（例：王昌龄的《长信怨》）

朱光潜

艺术和游戏都是意造空中楼阁来慰情遣兴。现在我们来研究这种楼阁是如何建筑起来的，这就是说，看看诗人在做诗或是画家在作画时的心理活动到底像什么样。

为说话易于明了起见，我们最好拿一个艺术作品做实例来讲。本来各种艺术都可以供给这种实例，但是能拿真迹摆在我们面前的只有短诗。所以我们姑且选一首短诗，不过心里要记得其他艺术作品的道理也是一样。比如王渔洋所推许为唐人七绝"压卷"作的王昌龄的《长信怨》：

奉帚平明金殿开，暂将团扇共徘徊。玉颜不及寒鸦色，犹带昭阳日影来。

大家都知道，这首诗的主人是班婕妤。她从失宠于汉成帝之后，谪居长信宫奉侍太后。昭阳殿是汉成帝和赵飞燕住的地方。这首诗是一个具体的艺术作品。王昌龄不曾留下记载来，告诉我们他作时心理历程如何，他也许并没有留意到这种问题。但是我们用心理学的帮助来从文字上分析，也可以想见大概。他作这首诗时有哪些心理的活动呢？

他必定使用想象。

什么叫做想象呢？它就是在心里唤起意象。比如看到寒鸦，心中就印下一个寒鸦的影子，知道它像什么样，这种心镜从外物摄来的影子就是"意象"。意象在脑中留有痕迹，我眼睛看不见寒鸦时仍然可以想到寒鸦像什么样，甚至于你从来没有见过寒鸦，别人描写给你听，说它像什么样，你也可以凑合已有意象推知大概。这种回想或凑合已往意象的心理活动叫做"想象"。

想象有再现的，有创造的。一般的想象大半是再现的。原来从知觉得来的意象如此，回想起来的意象仍然是如此，比如我昨天看见一只鸦，今天回想它的形状，丝毫不用自己的意思去改变它，就是只用再现的想象。艺术作品也不能不用复述的想象。比如这首诗里"奉帚""金殿""玉颜""寒鸦""日影""团扇""徘徊"等等，在独立时都只是再现的想象。"团扇"一个意象尤其如此。班婕妤自己在《怨歌行》里已经用过秋天丢开的扇子自比，王昌龄不过是借用这个典故。诗做出来总须旁人能懂得，"懂得"就是能够唤起已往的经验来印证。用已往的经验来印证新经验大半凭借再现的想象。

[①]选自《谈美谈文学》（人民文学出版社1988年版）。

但是只有再现的想象决不能创造艺术。艺术既是创造的，就要用创造的想象。创造的想象也并非从无中生有，它仍用已有意象，不过把它们加以新配合。王昌龄的《长信怨》精彩全在后两句，这后两句就是用创造的想象做成的。个个人都见过"寒鸦"和"日影"，从来却没有人想到班婕妤的"怨"可以见于带昭阳日影的寒鸦。但是这话一经王昌龄说出，我们就觉得它实在是至情至理。从这个实例看，创造的定义就是：平常的旧材料之不平常的新综合。

王昌龄的题目是《长信怨》。"怨"字是一个抽象的字，他的诗却画出一个如在目前的具体的情境，不言怨而怨自见。艺术不同哲学，它最忌讳抽象。抽象的概念在艺术家的脑里都要先翻译成具体的意象，然后才表现于作品。具体的意象才能引起深切的情感。比如说"贫富不均"一句话入耳时只是一笔冷冰冰的总账，杜工部的"朱门酒肉臭，路有冻死骨"才是一幅惊心动魄的图画。思想家往往不是艺术家，就因为不能把抽象的概念翻译为具体的意象。

从理智方面看，创造的想象可以分析为两种心理作用：一是分想作用，一是联想作用。

我们所有的意象都不是独立的，都是嵌在整个经验里面的，都是和许多其他意象固结在一起的。比如我昨天在树林里看见一只鸦，同时还看见许多其他事物，如树林、天空、行人等等。如果这些记忆都全盘复现于意识，我就无法单提鸦的意象来应用。好比你只要用一根丝，它裹在一团丝里，要单抽出它而其他的丝也连带的抽出来一样。"分想作用"就是把某一个意象（比如说鸦）和与它相关的许多意象分开而单提出它来。这种分想作用是选择的基础。许多人不能创造艺术就因为没有这副本领。他们常常说："一部十七史从何处说起？"他们一想到某一个意象，其余许多平时虽有关系而与本题却不相干的意象都一齐涌上心头来，叫他们无法脱围。小孩子读死书，往往要从头背诵到尾，才想起一篇文章中某一句话来，也就是吃不能"分想"的苦。

有分想作用而后有选择，只是选择有时就已经是创造。雕刻家在一块顽石中雕出一座爱神来，画家在一片荒林中描出一幅风景画来，都是在混乱的情境中把用得着的成分单提出来，把用不着的成分丢开，来造成一个完美的形象。诗有时也只要有分想作用就可以作成。例如"采菊东篱下，悠然见南山"，"寒波澹澹起，白鸟悠悠下"，"风吹草低见牛羊"诸名句都是从混乱的自然中划出美的意象来，全无机杼的痕迹。

不过创造大半是旧意象的新综合，综合大半借"联想作用"。我们在上文谈美感与联想时已经说过错乱的联想妨碍美感的道理，但是我们却保留过一条重要的原则："联想是知觉和想象的基础。艺术不能离开知觉和想象，就不能离开联想。"现在我们可以详论这番话的意义了。

我们曾经把联想分为"接近"和"类似"两类。比如这首诗里所用的"团扇"一个意象，在班婕妤自己第一次用它时，是起于类似联想，因为她见到自己色衰失宠类似秋天的弃扇；在王昌龄用它时则起于接近联想，因为他读过班婕妤的《怨歌行》，提起班婕妤就因经验接近而想到团扇的典故。不过他自然也可以想到她和团扇的类似。

"怀古""忆旧"的作品大半起于接近联想,例如看到赤壁就想起曹操和苏东坡,看到遗衣挂壁就想到已故的妻子。类似联想在艺术上尤其重要。《诗经》中"比""兴"两体都是根据类似联想。比如"关关雎鸠"章就是拿雎鸠的挚爱比夫妇的情谊。《长信怨》里的"玉颜"在现在已成滥调,但是第一次用这两个字的人却费了一番想象。"玉"和"颜"本来是风马牛不相及,只因为在色泽肤理上相类似,就嵌合在一起了。语言文字的引申义大半都是这样起来的。例如"云破月来花弄影"一句词中三个动词都是起于类似联想的引申义。

因为类似联想的结果,物固然可以变成人,人也可变成物。物变成人通常叫做"拟人"。《长信怨》的"寒鸦"是实例。鸦是否能寒,我们不能直接感觉到,我们觉得它寒,便是设身处地的想。不但如此,寒鸦在这里是班婕妤所羡慕而又妒忌的受恩承宠者,它也许是隐喻赵飞燕。一切移情作用都起类似联想,都是"拟人"的实例。例如"感时花溅泪,恨别鸟惊心"和"水是眼波横,山是眉峰聚"一类的诗句都是以物拟人。

人变成物通常叫做"托物"。班婕妤自比"团扇",就是托物的实例。"托物"者大半不愿直言心事,故婉转以隐语出之。曹子建被迫于乃兄,在走七步路的时间中做成一首诗说:

　　煮豆燃豆萁,豆在釜中泣,本是同根生,相煎何太急!

清朝有一位诗人不敢直骂爱新觉罗氏以胡人夺了明朝的江山,乃在咏《紫牡丹》诗里寄意说:

　　夺朱非正色,异种亦称王。

这都是托物的实例。最普通的托物是"寓言",寓言大半拿动植物的故事来隐射人类的是非善恶。托物是中国文人最欢喜的玩艺儿。庄周屈原首开端倪。但是后世注疏家对于古人诗文往往穿凿附会太过,黄山谷说得好:

　　彼喜穿凿者弃其大旨,取其发兴,于所遇林泉人物草木鱼虫,以为物物皆有
所托,如世间商度隐语者,则诗委地矣!

"拟人"和"托物"都属于象征。所谓"象征",就是以甲为乙的符号。甲可以做乙的符号,大半起于类似联想。象征最大的用处就是用具体的事物来代替抽象的概念。我们在上文说过,艺术最怕抽象和空泛,象征就是免除抽象和空泛的无二法门。象征的定义可以说是:"寓理于象"。梅圣俞《续金针诗格》里有一段话很可以发挥这个定义:

　　诗有内外意,内意欲尽其理,外意欲尽其象。内外意含蓄,方入诗格。

这首诗里的"昭阳日影"便是象征皇帝的恩宠。"皇帝的恩宠"是"内意",是"理",是一个空泛的抽象概念,所以王昌龄拿"昭阳日影"一个具体的意象来代替它,"昭阳日影"便是"象",便是"外意"。不过这种象征是若隐若现的。诗人用"昭阳日影"时,原来因为"皇帝的恩宠"一类的字样不足以尽其意蕴,如果我们一定要把它明白指为"皇帝的恩宠"的象征,这又未免蒿云为裳,以迹象绳玄渺了。诗有可以解说出来的地方,也有不可以解说出来的地方。不可以言传的全赖读者意会。在微妙的境界我们尤其不可拘虚绳墨。

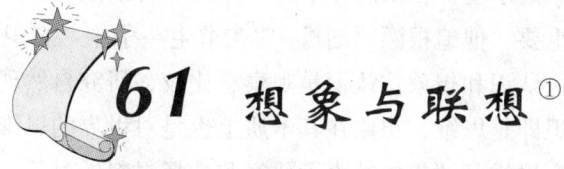

61 想象与联想[1]

—— 崔道怡 ——

进行艺术创作，必须具备这样的思维能力：对不在眼前的人或事，想出其具体形象来；在已知材料基础上组合加工，创造出新的形象来。这就是想象。联想包含于想象之中，发生在两点之间：由某人某事而想起其他相关的人或事；由某一意念而引起与之相关的另一意念。这样的能力，凡思维正常的人都会有的。但对从事艺术创作的人说来，如果仅仅有一般的想象与联想就不够了。作家的想象与联想，应该是一种独特的主观能动力量，不仅要想得更多更快更好，而且能够把自己也把读者带进到感同身受的虚幻境界之中去。这是作家的一门职业专长，需经一定学习与磨炼方能逐步掌握和运用纯熟的。

艺术创作不像物质生产那样，有个严格的科学步骤或工艺流程，可以按部就班、有条不紊地进行。它总是在飘忽不定的探索中行进，忽儿想到这儿，忽儿想到那儿，或者这儿那儿同时想，几经交错，反复考虑，然后才可理出头绪，显现眉目，取得较为成型的精神产品。在这一过程中，想象力也就是精神的生产力。

形象思维和逻辑思维不同。后者也需要想象，但它想出来的东西只能作为进一步分析判断的材料，它本身仅止是为得出论证结果而应用的手段。形象思维的想象则可以创造出一个具体完整的形象世界，它的最终结果就是创作的目的所在。不妨说，想象也就是创作本身。

我国古代著名评论家刘勰，专门论述过想象对创作的决定性作用。他的《文心雕龙》后五卷，讲解文章作法等问题，即以《神思》一篇打头，开宗明义指出："文之思也，其神远矣。故寂然凝虑，思接千载，悄焉动容，视通万里；吟咏之间，吐纳珠玉之声，眉睫之前，卷舒风云之色"。"思理为妙，神与物游"，"登山则情满于山，观海则意溢于海"。他把这种基于客观事物的主观现象，视为"驭文之首术，谋篇之大端"。清代文人黄叔琳为此段作注时说："此言思心之用，不限于身观，或感物而造端，或凭心而构象，无有幽深远近，皆思理之所行也。寻心智之象，约有二端：一则缘此知彼，有斟量之能；一则即异求同，有综合之用。由此二方，以驭万里，学术之原，悉从此出，文章之富，亦职兹之由矣。"这就把想象的功能说得更具体了：通过想象，从已知的生活经验出发，可以达到未曾亲身经见的形象世界；凭借想象，以一点生活感受为引线，能够把众多思路与之有关的材料贯穿为一个新的整体。

---

[1] 选自《创作技巧谈》（安徽人民出版社1982年版）。

伟大的无产阶级文学家高尔基,在谈怎样学习写作时,特别强调了"必须具有想象和推测——'洞察力'"的重要。他追根溯源剖析:"在求生斗争中,自卫的本能在人身上发展了两种强大的创造力:认识和想象。认识是观察、比较、研究自然现象和社会生活的事实的能力。简言之,认识即是思维。想象在其本质上也是对世界的思维。但它主要是用形象来思维,是'艺术的'思维。""想象结束了研究和选择材料的过程,并且把它最后形象化为活生生的或肯定或否定的重要的典型"。在把具体的分散的生活材料集中起来构造成为形象世界时,"想象和推测可以补充在事实的链条中不足的和还没有发现的环节"。因此,"想象是创造形象的文学技术的最根本的方法。"

正是这样。不难设想,如果没有想象,即便是原始的艺术创作,也无从产生。实际上,所有艺术创作,哪怕是不成熟、不成功的作品,无一不是运用想象的结果。既然如此,初学写作者应该明确想象的必要和重要,努力充实并尽量发挥这种造化神奇的能力。

想象,要想得像。

当然,创作不是照相。照相虽然像,却并非都是艺术。但创作若不能真实地再现生活,对生活的本质和细节反映得不像,也算不上是真正的艺术。正因为创作不是像照相那样刻板地摄取生活影像,它才特别需要借助于想象的力量——观察体验不到的生活方面,靠想象去开拓;本来没有关联的人物故事,靠想象去组合。由于想象的渲染、补充,日常平凡的事物可以强化、升华,具有特殊重要的性质,焕发出吸引人、打动人的奇异光彩;经过想象力的加工,生活材料得到新的发展,能够丰富其内容,凸现其实质。为此,想象不该使想出来的影象变得虚假,恰恰相反,它应当让作品里的人物故事比生活中的素材原型更显真实。这就必须想得像。

所谓想得像,就是不仅要想象出人物的音容笑貌、身材服饰、举止风度、习惯特点等外在形态,而且要想象得出人物的内心活动,透视他灵魂深处隐蔽着的思想,预见他在特定情况下必然采取的言行,不仅要想象出事件的具体情状,而且要想象得出事件的前因后果、实质内涵,把握它发生发展的规律,推测它自身将要出现的变化、与外界可能建立的联系。由此可见,做到想得像,乃是求得艺术真实的前提。想得愈是像,作品就愈有概括力和感染力。

为了想得像,作者应该出神入化,进到艺术世界里去,进入形象"角色"之中,把自己化身为所要表现的对象。无论对未曾见过的古人,还是不曾做过的坏人,凡是自己难以亲身经验的一切,都要这样。如果说演员在同一出戏中只须扮演一个角色的话,那么作家却需要在同一部书里轮流扮演他笔下写到的所有"角色",而且这"角色"不单指人,还包括物在内。就像福楼拜说的那样,他创作《包法利夫人》,"同时是男人和女人,求爱的人和被爱的人",有时还得"是马,是树叶和风"。当写到包法利夫人服毒自杀时,他的嘴唇甚至"尝到了真正的砒霜味道"。又如他的弟子莫泊桑所说,"我们不得不向自己这样提问题:'如果我是国王、凶手、小偷、娼妓、女修士、少女或菜市场女商人,我会干些什么,我会想些什么,我会怎样地行动?'""在自己的作品里再现出来传达给读者的,正是这种对世界的个人的想象。"这自然不是说，写服毒就得尝砒霜，写凶手最好是自己杀过人，而是要作者到想象中去"亲临其境，具体感受"。只有设身处地，体察入微，揣摩推测，心领神会，才能使笔下的形象维妙维肖，栩栩如生，让虚构出来的比实际存在的令人更觉确切可信。

联想，要想得广。

生活是分散在空间和时间里的，如果孤立静止地看待零碎杂乱的材料，囿于一时一地的见闻，拘泥一点去就事论事，很难产生完整鲜明的印象和感受，不可能在创作上大有作为。应该从引起创作动机的那一点出发，围绕它展开广阔的联想：既想得细，又想得宽；既向横的方面扩展，又向纵的方面延伸。应该打开记忆的仓库，翻箱倒柜地搜寻；敞开思考的大门，神驰遐想地探索；博采群集，使狭小单薄的扩大充盈起来；飞针走线，把原不相连的凑合粘结起来。应该由一人一事想到多人多事，想到这个人的内心世界和过去未来，想到这件事的细节全局和前因后果，从而构造成有机的整体，编织出崭新的画图。

鲁迅的小说，多是"杂取种种人，合成一个"，把众多有关材料联接、缀合起来，结构而成的。他"所写的事迹，大抵有一点见过或听到过的缘由，但决不全用这事实，只是采取一端，加以改造，或生发开去，到足以几乎完全发表我的意思为止。人物的模特儿也一样，没有专用过一个人，往往嘴在浙江，脸在北京，衣服在山西，是一个拼凑起来的角色。"这改造、生发、拼凑、合成的功夫，全靠运用广阔、多样、快速、新奇的联想。鲁迅说他创作的特点是"静观默察，烂熟于心，然后凝神结想，一挥而就"，那"凝神结想"，便是想象、特别是联想、高度发挥、趋向成熟的情状。

阿Q的生活原型阿桂，虽以打短工为生，并曾当过小偷，但主要精神状态，还是游手好闲。如果守着这么一个人物，不能展开联想，至多不过塑造一个农村二流子那样的形象罢了。鲁迅却只取他言行中两三件事，由此展开联想，想到这样一个流浪的雇农，连姓名都不可得，处境艰难却又盲目自负，想到他遭逢"恋爱的悲剧"，面临"生计问题"，被迫当了小偷的帮手，总是找不到生活的出路……终于，在联想中，鲁迅把阿Q的命运跟革命的形势缀合了起来。这是自然发展、顺理成章的。正像鲁迅自己说："中国倘不革命，阿Q便不做，既然革命，就会做的。"而阿Q要做革命党的结局，只能是"大团圆"。正是这样，从一点生发，勾连出"我们国人的魂灵"中普遍存在着的精神胜利法的种种表现，并且联接上那一历史时期中国革命的实质与前途问题，鲁迅笔下的阿Q成为了哄动社会、流传千古的艺术典型。不仅当时而且今后，曾经有、仍会有各种类型生活中人，从阿Q联想到自己，联想到生活的过去和未来。只有这样，广开思路，浮想联翩，由此及彼，连锁反应，才能驰骋笔墨，挥洒自如，创造典型，给读者提供"熟悉的陌生人"和"意料之外情理之中的新鲜事"。

想象与联想，更要想得深。

生活是浮在表面上的，如果仅着眼于日常、普通、平凡的个别现象，不透过它看到内在的本质和规律，就难发现深刻感人的东西，难写出具有重大社会意义的作品。受个别现象启发，心有所动，产生观感，还要通过想象与联想去深入开掘：从原有积累之中挖掘能与这一观感相连的材料，到新的体验里去开发比这一观感更深一层的生活内容；想清楚为之动心的这一现象究竟表明了什么，还能进一步表明什么，想透彻产生这一现象的缘由到底是什么，促使它变化发展的因素还有什么。然后，对这些材料和认识，进行综合概括，分析提炼，从中确立最有意义的主旨。并以此为准，反转来再一次思考这些材料和认识，给以增删变化：补充其深意不足的地方，改造其偏离思路的部分。经过这样的深入思考，重新组织，就可以把原来不相关和较粗浅的人物事件，安排到特定的关系里去，显现出更加深刻的社会意义。在这一创作的"合成"过程中，想象与联想是催化剂和强力剂，日常、普通、平凡的事物因它的作用而获得新的素质，成为艺术典型。

　　上述阿Q这一艺术典型的形成——由他的"优胜"联想到国人的魂灵，从他的"中兴到末路"联想到中国的革命——即是想得深的一例。再来看鲁迅的《药》。构成这个短篇小说情节核心的"人血馒头"一事，早在写《狂人日记》时就被注意到了："去年城里杀了犯人，还有一个生痨病的人，用馒头蘸血舐。"但那是作为细节用于揭示封建吃人的主旨而提及的。此后，鲁迅从表现愚民麻木的角度对这事重新思考，使"生痨病的人"在想象中生发出来华老栓一家人。假使仅止于此，如在想象中已经达到的那样，真切描绘华家夫妇痛怜儿子的心情，写他们对"人血馒头"寄予希望，最后终于难免失望的悲惨景象，也未尝不可。但那样写，愚民麻木限于无知迷信，虽无不思想意义，却难以包含更深刻丰富的社会内容。鲁迅所思考的，乃是现实当中亟待解决、有关历史发展进程的重大课题。所以，他没有停留于华家夫妇无知迷信的表面，而是透过它看到了更厚重博大的题意，从愚民麻木之死，联想到革命者的壮烈牺牲——秋瑾被害曾引起他强烈义愤，激发他弃医从文的那场电影早就铭刻在心——从而在联接、缀合之中开掘出了崭新的主旨——唤起民众。于是，"犯人"在想象中又具体化为夏瑜，并在钢刀杀人、软刀子同样害人这一点上，把看似并无必然联系的夏瑜牺牲和华小栓之死组织到一起，启人深思。只有这样，深入探索，追根溯源，由表及里，不断开拓，才能创作出具有广泛社会意义并能流传久远的艺术珍品。

　　是的，有些初学写作者似乎不乏想象与联想。然而他们总是想得不成功，因为他们根本想得不对路。凭空瞎想，闭门造车，胡思乱想，想入非非，这并不比缺乏想象与联想要好一些，同样也是一种有待克服的毛病。须知，艺术虚构虽然离不开想象与联想，却决不可以毫无根据、随心所欲地任意捏造。鲁迅早曾指出"天才们无论怎样说大话，归根结蒂，还是不能凭空创造。描神画鬼，毫无对证，本可以专靠了神思，所谓'天马行空'似的挥写了，然而他们写出来的，也不过是三只眼，长颈子，就是在常见的人体上，增加了眼睛一只，增长了颈子二三尺而已。"可见，想象与联想又离不开生活的真实，它必须在正确的思想感情推动下进行。生活是想象与联想的基础，思想和感情是想象与联想的动力。具备丰富的生活、先进的思想和高尚的感情，才会有美好的想象与联想。假使你还没有这些前提，请先打好基础，充足动力。如果你已经获得这些条件，那么，展开想象与联想的翅膀，尽情飞翔吧。

62 感知·想象·思维[①]

——谈作文心理的三个重要环节

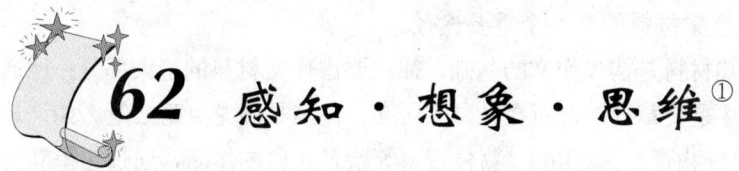

杨清莲

作文的过程是一个以学生个体心理特征为中介的复杂的心理过程。感知、想象、思维，是作文心理过程中三个至关重要的环节。抓住这三个环节，对于改革作文教学、培养和提高学生写作能力大有裨益。

一、感知，包括阅读，是写作的基础

"阅读是写作的基础"，语文教育界都知道叶圣陶先生这句名言；但往往忽略其大前提而理解片面，以致于作文教学不是从学生的实际生活感知出发，而是从书本和范文出发，过分注重模仿，过分强调思想性，强调主题和感情的升华，忽视现实生活的观察、体验、平凡世界的描写和朴实情感的表达，从而加重了学生作文题材雷同、假话盛行等弊病。作文是一种综合训练，需要将各科所获知识与能力综合运用。眼下作文的弊病，更深广的原因在于"应试教育"重书本轻实践等弊端。所以，我们认为作文教学只是"加重了"弊病，而并非作文时弊的根本原因或唯一原因。

感知分为直接与间接两类。对客观事物直接感知，是最基本的感知。除此之外，还有借助于视听媒介的间接感知，即通过书、报、刊、电视、电影、广播等了解外界事物。间接感知要以直接感知经验为基础，倘若不能在一定程度上借助于直接感知材料，间接感知外界事物的功效就要受到限制，甚至不可能做到。间接感知又是对直接感知的必要补充、扩张和提高。由于时间和空间的限制，一个人对外在事物的直接感知毕竟是极为有限的，不能够完全依靠直接感知了解大千世界，必须通过各种视听媒介扩大视野和胸襟。所以，培养和提高学生的写作能力，不仅要注重直接感知，还必须有计划地指导学生搞好阅读，正确而有效地利用各种视听媒介，借助人类已有的感知成果多方面丰富自己、提高自己。正是在这个意义上，也只有从这个意义上来理解"阅读是写作的基础"，才不致于将一个十分深刻的命题引向有悖常识的错误轨道，才能在作文教学的指导思想上扭转过去的一些片面性。

[①] 选自1999年8月18日《光明日报》。

二、想象，对于作文，有特殊重要的意义

如果说感知是获取作文材料的基本方法和途径，那么，想象则是作文主体在对客观外在世界感知的基础上，将感知材料在大脑中重新组合、加工改造、融会升华、发展创新的重要方法，是获取作文材料的又一个重要途径。

毫无疑问，感知材料是构成作文的基础，往往要占作文材料的绝大部分；但通过想象途径获取的材料却往往是文章的新奇所在、灵气所在，甚至是画龙点睛之笔。如许地山的《落花生》，茅盾的《白杨礼赞》、杨朔的《荔枝蜜》等脍炙人口的作品，通过想象获得的材料虽然只占很小的比例，却是全文不可缺少的画龙点睛之笔。正是由于作者通过丰富的想象和联想，将动物和植物的一些自然特征与人类社会联系起来，使文章开拓出了深广的意蕴，使得对一些普通事物平常特征的叙写染了深刻的哲理，成为人类社会一些伟大精神品质的象征。

不仅记叙文、写景抒情散文获得材料离不开想象，就是议论文也是这样。毛泽东同志在许多议论文里，就是以奇特而丰富的想象获取生动而有说服力的材料的。如《批评与自我批评》一文拿"灰尘"来比我们同志的错误思想、我们党的工作中的缺点，拿"经常打扫房子""经常洗涤"这样通俗、浅显的比喻，阐明我们要有认真的批评和自我批评的道理。

茅盾曾讲："想象的来源，就是观察。"臧克家说："想象的丰富与否，决定于是否对生活的深入和对宇宙万物的观察与思考，是否了解事物的本质、属性及其相互的联系。"可见想象与假话有本质的区别。要根除作文中的假话，不仅不排斥想象，而且必须更加注重学生想象力的发展，依靠想象力的正当发展和充分发挥来有效地排除假话。因为想象是激情奔驰的骏马，是智慧腾飞的翅膀，是获取作文材料的重要途径。要写出有激情、有深度的生动活泼的文章，必须充分发挥想象力，通过丰富的想象来艺术地描写事物，生动地表达思想，形象地抒发感情。

三、思维，告别浑沌，从"意会"走向"言传"

思维也是作文成败的关键一环。学生写作心理上比较普遍存在的一个障碍，就是思维的浑沌，即通常所谓层次不明、条理不清。思维浑沌的原因是多方面的，主要的还是学生认知能力的发展程度与作文思维艰难性之间的矛盾造成的。

作文思维不同于一般的思维。一般思维的作用与目的只是认识世界，而作文思维的作用与目的除认识世界之外，还要创造性地再现世界。其艰难性表现在如下几个方面：

首先，作文思维的主要对象是人以及那些与人有关的事物，思维主体要把握千变万化的人及人间万象无论如何不是一件容易的事。

其次，在学习活动中，别的领域的思维往往有所凭借，甚至可以由实验程序直观地显示、补充、修正和完善思维的过程。比如数学的运算可以依据定理和公式，还可以借助计算机或别的仪器来完成，物理、化学的问题则可以通过实验来帮助解决。惟独作文的整个过程几乎都是在完全抽象的情况下完成的。这就大大增加了作文思维的难度。

第三，在通常情况下，人们的许多思维过程与结果，是不需要用清晰条理的语言表达出来的，只要"意会"就行了。达到这个境界，对于事物也就基本上认识了。而且，人们

平时对客观世界所采取的许多行动,正是在"意会"了的情况下进行的,也都收到了较满意的结果。但是,作文思维则要求达到"言传"的程度。如果说"意会"是一种较模糊紊乱的思维境界的话,"言传"则是一种有条理、有层次的完全清晰明朗的境界。在这里,不仅是有一些"只可意会,不可言传"的东西很难写出来,增加了作文思维的艰难性;就是能够"言传"的内容,也因为在"意会"期间有许多不必顾及的前提条件在人们意识中起了作用,要"言传"这些"意会"的内容,就必须对原不必顾及的诸多前提条件加以条分缕析,录以纸面,使作文所要表达的事物或事理清楚明白,有交代、补充、照应,有因有果,头绪清晰,有条不紊。不然的话,所写出来的自己"意会"的内容,常常会使别人感到丈二金刚——摸不着庙(妙)门。

正由于作文思维具有上述难度和严格的要求,学生在作文时才会感到举步维艰,困难重重。他们在解决数理化方面的问题时,或许已经能够有效地运用具体的形象思维和抽象的逻辑思维的方法,而在作文方面,则仅仅可以说是具备了使用的可能性。因此,在作文教学中,教师必须有意识地训练培养学生的作文思维能力。

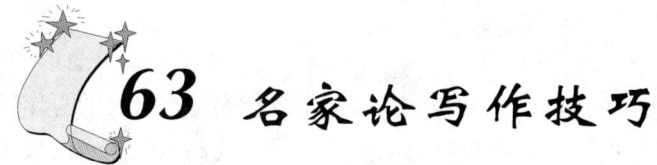

63 名家论写作技巧

以乐景写哀景,以哀景写乐景,一倍增其哀乐。

王夫之《姜斋诗话》

文章最要节奏,譬之管弦繁奏中,必有希声窈渺处。

刘大櫆《论文偶记》

凡做人贵直,而作诗文贵曲。

袁枚《随园诗话》

大起大落,大开大合,用之长篇,此如黄河之百里一曲,千里一曲一直也。然即短至绝句,亦未尝无尺水兴波之法。

刘熙载《艺概·文概》

揭全文之旨,或在篇首,或在篇中,或在篇末。在篇首则后顾之,在篇末则前必注之,在篇中则前注之,后顾之。顾主,抑所谓文眼者也。

同上

文有正衬,有反衬。写鲁肃老实,以衬孔明之乖巧,为反衬也。写周瑜乖巧,以衬孔明之加倍乖巧,是正衬也。

毛宗岗《三国演义》第四十五回《群英会蒋干中计》批语

作乐府亦有法,曰凤头、猪肚、豹尾六字是也。大概起要美丽,中要浩荡,结要响亮。尤贵在首尾贯穿,意思清新。苟能若是,斯可以言乐府矣。

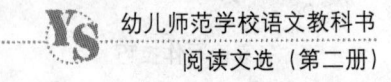

文似看山不喜平。

陶宗仪《辍耕录》

起句当如爆竹，骤响易彻；结句当如撞钟，清音有余。

袁枚《随园诗话》

一篇作品，不能平铺直叙，始终如一，也不能从头到尾，一味紧张，总得有错综变化，迂回曲折。这些就叫做结构上的技巧。

谢榛《四溟诗话》

茅盾《怎样阅读文艺作品》

山之精神写不出，以烟霞写之；春之精神写不出，以草木写之。

刘熙载《艺概》

谚云："读十篇不如做一篇。"盖常做则机关熟，题虽甚难，为之亦易；不常做，则理路生，题虽甚易，为之则难。

唐彪《读书作文谱》

"白描"却并没有秘诀。如果要说有，也不过是和障眼法反一调：有真意，去粉饰，少做作，勿卖弄而已。

鲁迅《作文秘诀》

什么是技巧？我想起一句俗话："熟能生巧。"每个作家都有自己的写作经验。写熟了就有办法掩盖，弥补自己的缺点，突出自己的长处。……我甚至说艺术的最高境界，是真实，是自然，是无技巧。

巴金《探索之三》

写作的技巧，其实并不是写作的技巧，而是……删掉写得不好的地方的技巧。

契诃夫《契诃夫论文学》

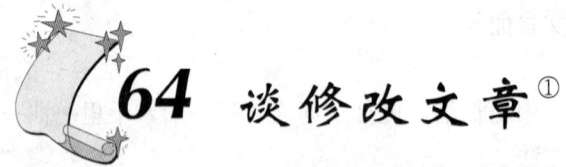

64 谈修改文章①

——何其芳

修改是写作的一个重要部分。古今中外，凡是文章写得好的人，大概都在修改上用过功夫。马克思写《资本论》，从计划到草稿都经过了多年的和多次的修改。《资本论》第一卷写完后，他还要作一次文体上的修饰。他给恩格斯写信说："工作进行得极其快意，因为在经过许多产痛之后，恬静地舐着婴儿，自然感到乐趣。"德文本出第二版，马克思又

---

①选自《何其芳文集》第4卷（人民文学出版社1983年版）。

改了一遍。对于法文译本，马克思为了使法国的读者容易了解，又作了许多修改。在文学家方面，托尔斯泰写《战争与和平》，据说改过七遍。他们写那样大的作品还改了又改，我们平常写短文章就更应当多加修改了。

普通所说的修改，是在文章写成以后；其实在文章未写以前，对于立意布局的反复推敲，对于写作提纲的再三斟酌，都带有修改的性质。这种下笔以前的"修改"是最要紧不过了，正如盖房子首先要打好图样，作战首先要订好计划一样。要是这第一步功夫没有用够，写起来就常常会写不下去，或者勉强写下去了结果还是要不得。这种事先的构思或写提纲，一般人都是做的，但功夫却不一定用得够。

中国过去有文不加点的说法，就是说有的人写文章不用涂改一个字。又还有这样一个故事，说有一位文学家①在写文章之前，总是把墨磨得很充足，然后钻到被子里去睡，睡了起来就挥笔写成，也是一字不改。这些说法如果是真的，我想一定是他们先就在脑子里修改好了的缘故。

我们现在写文章，倒也用不着要一字一句都完全想好才下笔。现在的事物和我们对于事物的看法都比古代复杂，下笔以前多思索，多酝酿，仍常常只能完成一个图样，一个计划，还是需要下笔以后边写边改来充实，来修正，还是需要写完以后根据自己的审查和别人的意见来再三修改，来最后写定。这种写作过程中和全篇写好后的修改，一般人也都是做的，但功夫也不一定用得够。

怎样才算修改的功夫用够了呢？改的遍数多还并不就等于改得够。衡量够不够的标准我想主要有两个：一个是内容正确，一个是读者容易接受。毛主席在《反对党八股》中讲："文章是客观事物的反映，而事物是曲折复杂的，必须反复研究，才能反映恰当；在这里粗心大意，就是不懂得做文章的起码知识。"这是从根本上说明了文章要多改的理由，同时也就指出了修改的目标。客观事物不是一下子就能够认识清楚认识完全，多一次修改就是多一次认识。表达我们的认识的文字也不是一下子就能够选择适当，多一次修改就是多一次选择。能否做到内容完全正确，自然要看我们的思想水平怎样；但如果我们采取谨慎态度去修改，自己多用脑筋，加上向别人请教，对每一个论点每一个看法都不随便放过，也就可以去掉或减少许多内容上的错误。内容正确，就具备了说服读者的基本条件。不过要读者容易接受，也还要依靠好的表现形式。还得在布局上、逻辑上、修辞上再花些功夫，才能够使文章的每一句，每一段，一直到全篇，一下子打进读者的脑筋。能否做到表现形式很完美，自然要看我们的写作水平怎样；但如果我们采取替读者着想的态度去修改，总是想着我们所写的一般读者能不能完全了解，会不会相信赞成，是不是感到枯燥沉闷，也就可以去掉或减少许多表现形式上的缺点。

一般文章的毛病，根本成问题的大概不外乎观点错误，不合事实，教条主义，空洞无物等项。并不是整篇要不得，而是局部内容或表现形式有缺点，必须加以修改的却相当

---

①〔一位文学家〕指唐朝初年的诗人王勃。

多。就我所能想到的缺点列举出来，就有这些：

1. 抽象笼统，叙事不具体，说理不分析。

2. 根据不足，就下断语，我要怎样说就怎样说，信不信由你。

3. 强调一点，不加限制，反驳别人，易走极端，没有分寸，不够周密。

4. 大家都知道的事情说得很多，以为只有自己知道别人不知道。

5. 别人不知道的事情说得很少，以为自己知道别人也知道。

6. 许多事情或问题，随便放在一起，没有中心，没有层次，逐段读时也还可以，读完以后一片模糊。

7. 写到下句不管上句，写到后面不管前面。

8. 信手写来，离题万里，偏又爱惜，舍不得割弃。

9. 抄书太多，使人昏昏欲睡。

10. 生造词头，乱用术语，疙里疙瘩，词不达意。

11. 没有吸取说话里面的单纯易懂、生动亲切等好处，只剩下说话里面的啰嗦重复、马虎破碎等缺点。

12. 没有学到外国语法的精密，却摹仿翻译文字造长句子，想把天下的事情一口气说完，一直是逗点到底。

这是我们常见的叙事说理文章中的一些毛病。文艺作品还有别的特殊问题，这里不去说它。我们犯这些毛病，也并不完全由于我们的思想水平写作水平真正就那样低，而常常由于我们花心思花功夫不够，尊重读者体贴读者不够。

内容要正确，表现形式要恰当，都是为了读者。好文章不仅读者容易懂得，相信，并且还能够吸引读者，使读者能够得到一种提高，一种愉快。这个境界不易达到，但我们总应该努力把文章写得讲究一点。文章也是一种重要的革命工具，发表出来是要对群众负责的。因此，从写作以前到写完以后，从内容到形式，凡属可能做到的反复研究，充分修改，都大有必要。我讲这些，并不是说我就做到了这样，刚刚相反，正因为我也是粗心大意，不懂得做文章的起码知识，现在有些觉悟，愿从此努力而已。

1949年1月5日

65 修　改[①]

— 张中行 —

　　这一节是谈写的尾声。写完了，补缺纠谬，或精益求精，要修改。古人有"腹稿"的说法，是说初唐四杰中的王勃，因为腹已成稿，所以成文之后可以"不易一字"。这是旁人吹捧。还有"文不加（添字）点（减字）"的说法，是说三国时击鼓骂曹的祢衡，因为才高，所以下笔便能恰到好处。这是自己吹捧。事实能不能这样？应该承认，可能还是有的。但这有如从树上掉下一根枯枝，恰好是合用的拐杖；不过就常情说，拾枯枝作拐杖，总难得恰好合用，所以还要修理修理。因此，在这方面，引昔人为榜样，我们宁可多信另一端的古事，就是要"易字"，要"加点"。这样的古事，历代笔记中记了很多，这里无妨引一两件，轻可以为谈助，重可以作教训。先说一位，是大名鼎鼎的欧阳修，传说他应北宋名宰相韩琦之请，为韩作了《昼锦堂记》，开篇云："仕宦至将相，富贵归故乡。"内容雍容，文字典重。韩琦读完全篇，大加赞赏。可是过了几天，欧派人送来另一篇，说前一篇不妥。韩拿前后两篇对比，几乎完全相同，只是后一篇开头换成"仕宦而至将相，富贵而归故乡"，加了两个"而"字。前后意义无别，只是后一篇，读起来显得更顿挫，更凝重。这是连声音的精粗也不放过。用力求好还不只这一篇，沈作哲《寓简》记这样一个故事："欧公晚年，尝自窜定平生所为文，用思甚苦。其夫人止之曰：'何自苦如此！尚畏先生嗔耶？'公笑曰：'不畏先生嗔，却怕后生笑。'"晚年还改，并且改起来没完没了。说起没完没了，不禁想起自信心强、志气高、魄力大、外号"拗相公"的王安石，洪迈《容斋续笔》记他一件事："王荆公绝句云：'京口瓜州一水间，钟山只隔数重山。春风又绿江南岸，明月何时照我还？'吴中士人家藏其草，初云'又到江南岸'，圈去'到'字，注曰'不好'，改为'过'。复圈去而改为'入'。旋改为'满'。凡如是十许字，始定为'绿'。"这位"拗相公"，连变法都未必考虑得这样周密，可是作诗却不轻易决定一字——不惮烦而翻腾这类老古董做什么呢？是有所感而出此。我有时要看一些现在年轻人写的东西，其中很不少，不要说求好，甚至连再看一遍的耐心也没有，比如标点不全，落字，错字，别字，同是这个意思，这一行用"再"来一次，下一行用"在"说一次，这里用"既"然，那里用"即"然，等等；比这些较难驾驭的立意、遣词等毛病同样不少就不必说了。自然，手无缚鸡之力，求勉强扛鼎是不合适的；但关键不是"不能"，而是"不为"，就是

[①] 选自《作文杂谈》（人民教育出版社1984年版）。

说，写时不用心，又不想补救，修改。这类古事的教训是，名家如欧、王尚且如此，何况我辈呢！

以下言归正传，谈为什么要修改。可以分作几项说。

（1）一种意思，可用的表达方式（用什么词语，组成什么句式）不只一种，比如甲、乙、丙、丁等。几种之中可能有高下之别，动笔时所选择未必就是那个最好的。改，有可能把不好的换为好的，或较好的换为更好的。

（2）动笔时，笔所随的思路有不很清晰的可能，因而表现在纸面上，就会在立意、条理、措辞等方面出现问题。解铃还得系铃人，所以补救之道只能是，过些时候，等思路清晰的时候清理一过，合的留，不合的改。

（3）即使文章出于清晰的思路，过些时候再看，对于其中的某一点或某几点，也会想得比较周密或更加周密，粗中求细，也要改。

（4）所谓过些时候，间隔可以相当长，这其间，我们会经历很多事，读很多作品，尤其读的作品里会讲到同类的内容，这我们就会受到启发。再看原来的文章，本来以为天衣无缝的有了缺漏甚至错误，至少是本来觉得这样说合适的，现在看来不如那样说更妥当，总之，会发现一些问题，所以也得改。

（5）更是常情，人，只要不安于总是吃老本，就会逐渐提高。高了，看旧作就必致发见不足之处，所以也不能不改。

改，有各种情况。以下由小到大，由粗到精，谈一些主要的，也只能算作举例。

（1）规格方面的不妥和错误。这方面的问题，上一节刚说过，不重复。

（2）明显的缺失。如落字、错字、别字之类，生造词语之类，造句错误（即不通）之类。

（3）标点的不妥和错误。这方面的情况很复杂，只能举一点点例：严重的，如复句的两个分句间用了句号；斥责的句子（这哪里是开会！）和叙述的句子（我不知道他来不来。）用了问号；等等。轻微的，如对称的几部分之间用了分号，最后总括的话之前也用了分号（应该用冒号）；引文之前有冒号，末尾点了句号，引号后半却用在句号里边（应该在外边）；等等。

（4）词语不妥。这概括地说容易，是应该用这个而用了那个。分类说就困难，因为情况千变万化。由轻微的差别（如"推崇"与"羡慕"，"鄙视"与"看不起"，等等）到重大的差别（如"团结"与"勾结"，"兢兢业业"与"苟苟营营"，等等），中间可以插入一大串。幸而道理很浅显，可以不多说。

（5）句法不妥。这指的是句式选用不当，因而表达能力受到影响的那些。情况自然很复杂。例如：意思不很鲜明的换为鲜明的（如"我不觉得有任何不合我的心的地方"→"我完全同意"）；为了突出当事人的主动性，换被字句为把字句（如"要考的功课都被我温习完了"→"我把要考的功课都温习完了"）；为了情调委婉，换直陈句为疑问句（如"这样做很好"→"这样做不是很好吗?"）；为了化板滞为轻快，换长句为短句（如"我对于是上学好还是就业好这样的问题是必须考虑考虑之后才能回答的"→"上学好还是就业好,我要考虑考虑再回答");等等。

(6)词、语、句的增减。作文有如打仗,要一个战士发挥一个战士的作用,而且要发挥最有效的作用。中国传统的文章风格是求简,要求意备而文省。鲁迅先生也说过将无用的字、句、段删去的话。近些年来,文章的通病是废字废话多,所以所谓"增减",应该特别重视"减",就是把凡是删去不影响意思表达的词(尤其虚词)、语、句都删去。当然,少数地方没有说清楚,或者应该说而没有说,也要增。

(7)分段不妥。全文有总的主旨,各段有分的主旨。分的主旨,内部要能合,对外要有别,这是分段的原则。不合这个原则的:不能合的要拆散,即多分段;不能别的要归拢,即少分段;分合不妥的要另分段。

(8)次序不妥。即条理有问题。作文,怎样算作有条理?这要就事论事,看是什么内容,选用什么写法,难得一概而论。因此,这里只能说一句说了等于不说的话:发现意思不显豁是由于条理不合适,应该不怕费事,甚至大换班,首尾颠倒,也要在所不惜。

(9)内容不妥。这也可大可小。大可以大到全篇要不得,如意思错误,见解平庸,或者与人雷同,等等,那就应该扔掉,或者效法古人,用它覆瓿①。一般说,内容不妥,绝大多数是部分有问题,那就哪里错了哪里改:不该说的删,该说而没有说的补,说得不对路的换成对路的。

(10)修辞方面的推敲润泽。修辞是个百货大仓库,包罗万象;还有,神而明之,存乎其人;甚至只要求举例也很难。这里只好偷巧,还是拉古人来解围,如王荆公的"春风又绿江南岸"的"绿",欧阳文忠公的"仕宦而至将相"的"而",都是用力修辞,以至追求到颜色和声音。我们应该学习这种精益求精的精神,成篇之后,用心捉摸,把勉强可用的改为鲜明生动的。

(11)题目的变动。这像是很奇怪,文章是对准题目作的,怎么会有变动题目的情况出现呢?事情是这样:有时候,就题作文,忽而兴之所至,连类而及,写入不切题的内容,而偏巧,文章写得还不坏,这就不应该削足适履,而应该爱护足,把履换一换。标题也是一种技术,甚至艺术,利用它,有时候可以点铁成金,至少是化险为夷。比如题目是"校园",写完一看,校外也写了不少,而且写得相当好,难于割爱,那就不妨把题目改为"校园内外",这不就水乳交融了吗?

(12)篇幅的调整。前面谈题与文的时候曾提到,小题可以大作,大题可以小作,这与篇幅的调整有关系。这里想谈的不是那样的大道理,而是应付有时候会遇见的编辑先生颁布的小条例,比如电台广播稿,半小时,字数多不得过五千,少不得少于四千八,报纸副刊"花边文学"常常更严格,必须一千以内的若干字,等等。怎么办?起草的时候自然不能像银行数票子那样,一五一十,十五二十,只能心里大致估计着。写完算字数,难免

---

①〔覆瓿(bù)〕是说所写的书无人看,只能用来当罐子盖儿。瓿,盛酱醋的罐子。

多一些或少一些，为了遵照办理，也要用修改来解决，多，删，少，补。

此外自然还有种种问题需要在修改中解决，可以准上例，相机处理。

66 说明文略说[1]

张寿康

明代徐光启（1562—1633年）曾经笔译过希腊数学家欧几里得（Euclid，公元前330年—前约275年）的《几何原理》，其中有一节是：

> 凡论数度必始于一点，自点引之而为线，自线广之而为面，自面积之而为体，是名三大纲。是以有长而无阔者谓之线，有长与阔而无厚者谓之面，长与阔厚俱全者谓之体。惟点无长阔厚薄，其间不能容分，不可以数度，然线之两端即点，而线面体皆由此生。点虽不入于数，实为众数之本。

这是一节很精确的说明文。这节说明文，规定了"数度"的概念，说明线、面、体是数度的三大纲（分类）。接着规定了线、面、体的概念（什么是线、面、体）阐明了什么是点、点与数度的联系和区别，最后说明"点虽不入于数，实为众数之本"。这一节文字显示了说明文"阐明事理"的功能。

一

"说明"同记述、叙述、描写、抒情、议论一样，是一种语言的表达方式。语言的表达方式是语言这种社会现象在交际过程中形成的语言体裁。反过来说，这样的语言体裁是由语言的交际目的决定的。人们在交际过程中，要记述人物的空间移动情况，这就产生了"记述"的语言体裁；要叙述人物的时间延续情况，这就产生了"叙述"的语言体裁；对客观的事物要有所描述，这就产生了"描写"的语言体裁；"抒情"是抒发对事物的各种感情的语言体裁；"议论"则是表达对客观事物有所主张的语言体裁。"说明"也是一种语言体裁。"说明"是表述事物的内容（概念、结构、分类等）和形式（存在和运动形式），规定、阐发和分析事理的一种语言体裁。

"说明文"是文章体裁。"说明"这种语言体裁与"说明文"有密切的联系，但概念是不相同的，它们不是重合概念。一种是语言体裁，一种是文章的体裁。完全用"说明"这种语言体裁写的说明文是为数不多的。多数的"说明文"都是以"说明"为主，间有"记

---

[1] 选自《文章丛话》（知识出版社1982年版）。

述""叙述",有时还会有些"议论"和"抒情""描写"的成分。"说明文"以运用"说明"这种语言体裁为主,这是说明文的不容置疑的语言特点。

二

说明文是古已有之的,说明文的历史传统是悠久的。应当认为:《尚书·禹贡》《周礼》《仪礼》都是说明性的文章,《尔雅》《夏小正》《礼记·月令》《史记·八书》也是说明性的文字。宋代李涂写的《文章精义》中说:"《八书》从《禹贡》《周官》来。"这句话正确地解说了说明文的传继关系。其后,撮举其要,如:东汉许慎的《说文解字》(即解说文、字)、魏郦道元《水经注》和贾思勰《齐民要术》中多说明文字,唐宋的"记"亦多以说明为主,再如宋沈括的《梦溪笔谈》、元王祯的《农书》(书中有图)、明代的《天工开物》《沈氏农书》《本草纲目》《几何原本》,清代康熙御定的《数理精蕴》、郑光复著的《镜镜詅痴》等等。《镜镜詅痴》是说明光学道理的一部著作,其中的《光与色》和《远差》最为著名。如《光与色》:

> 目睹物而知形,然形非色不见,色非光不见。故色必资乎光;昼资乎日,夜资乎月、星与火。光盛则色显,光微则色隐。物依色以现其形;色浓则明,色淡则藏;色立乎异则相得益彰,色傍乎同则若存若亡。

又如《远差》:

> 凡视物,近大而远小,是为远差。色近则显而浓,色远则淡而隐,亦远差也。一由于目力不及,一由于濛气迷离。

这两段说明事理的文字,写得极为简洁明澈。《远差》说明了远差的概念和类别,写了远差的成因。《光与色》说明了形与色的关系;光与色的相互依靠关系;色与色的浓淡异同的关系;说理显豁,井井有条。这两段说明文字,可以说是清代说明文中的佳作。

历代讲文章派别的书和分类选文的书,都没有列过"说明"这一类别以说明为主的文章。古代的文章或称为"记",但是,以"记"为名的文章不都是说明文,一部分是记叙、描写的文章。以"记"为名的说明文,如唐韩愈的《画记》,其中一段是:

> 杂古今人物小画共一卷,骑而立者五人,骑而被甲载兵立者十人……凡人之事,三十有二,为人大小百二十有三,而莫有同者焉。马大者九匹,于马之中,又有上者,下者,行者,牵者,涉者,陆者……凡马之事,二十有七,为马大小八十有三,而莫有同者焉。

这篇文章,说明一幅画上有多少人、马,等等,先说人,后说马,以下顺次还说到牛、橐驼和其它兽类,如实写来,序次有理。

又如宋陆游的《居室记》开始一段是:

> 陆子治室于所居堂之北,其南北二十有八尺,东西十有七尺。东西北皆为窗。窗皆设帘障,视晦明寒燠,为舒卷启闭之节。南为大门,西南为小门。冬则析堂与室为

二，而通其小门，以为奥室。夏则合为一，而辟大门，以受凉风。

这一段文字，说明居室的大小和空间位置十分清楚明白。

以"记"为名的文章中有说明文，前人也已有所觉察，清代乾隆年间的程鏊写过一本《文章辨体式》（书本于明朝吴德敏的《文章辨体》一书），在"记"这一类中说："《禹贡》《顾命》乃记之祖，后人作记，未免杂以议论。"这话说得是很中肯的。

清朝末年，陈澧（东塾）说："若夫著述之体，切宜留意；宜洁净，宜平实，简而明，详而不支、不烦。"（见《与王峻之书》）是说明文又有著述文的名称了。

"说明文"名称的确立，大约在清朝末年。当时由于洋务运动的开展，西风东渐，假道日本而传入中国，西方的修辞学说（包括文体论）也在那时流入国内。由于科学技术的发展，说明文必然大量涌现，因而西方的修辞学书籍中列有说明文一项。文体中出现"说明文"的名称，大约始于清末龙伯纯的《文字发凡》。其说本于日本武岛又次郎之《修词学》和山岸辑光之《汉文正典》，书中甲组第一类为记事文，第二类为叙事文，第三类为解释文（原注：说明事理之所以然，与以科学之知识也），第四类为议论文。乙组实用文体中列有"说明文"一项。

后来五四运动前后，由于新文化运动的兴起，提倡科学与民主，谈文体者，多不再因袭传统分类的说法，而是在传统名称的基础上采用了"叙述、描写、解说、论辨"的分类法，蔡元培先生在《论国文的趋势》中就列有"说明的实用文"的项目（其说大约本于日本加藤咄堂的《实用修辞学》，该书名为解说文，蔡氏改译为说明的实用文）。

龙伯纯和蔡元培虽然在文体中列有说明文，但是缺乏具体的阐述。五四前后，对说明文有具体的解释，并对说明文的作法有具体提示的，开始于夏丏尊、刘薰宇的《文章作法》（1919年著，1926年开明书店出版）。夏丏尊先生在序中说："本书内容，取材于日本同性质的书籍者殊不少。"书中分"记事文，叙事文，说明文，议论文，小品文"五类。

叶圣陶先生所写的有广泛影响的《作文论》（1926年商务版）列有"叙述、议论、抒情、描写"四类，虽然没有列说明的项目，但是并不等于说没有"说明"的内容。叶氏把"说明"合入"叙述"之中。在"叙述"一章中说："所谓客观事物包含得很广，凡物件的外形与内容，地方的形势与风景，个人的状貌与性情，事件的原委与因果，总之离开作者而依然存在的，都可纳入"（见30页）。注上说："如韩愈《画记》用分类的方法，把画上人、马及其他动物、杂器全部叙入便是一个适例。又如教科书，也往往用这一种叙述法"（见35页）。1933年出版的《文心》中管说明文叫"解说文"（见开明版，第229页）。一直到1936年叶氏出版了《文章例话》《阅读与写作》《国文百八课》（后两种均与夏丏尊合著，均为开明版）才明确地列出了"说明文"一类。以后"说明文"的文体名称一直沿用到现在。

三

每种文体有每种文体的特点，以相互区别。说明文也有说明文的特点。说明文的特点是知识的科学性（包括合理性）和言之有序。说明文一般是知识性文章，阐明某种科学知识必须具有高度的科学性（某种规约则须具有合理性），不管是社会科学的事理还是自然科学、技术科学的道理，不管是对实体事物的说明，还是对非实体事物（包括抽象存在的事物）的说明，都须要如实地反映客观事物，要反映客观事物的内容、形式和规则、规律。说明客观事物的概念必须准确，判断必须正确，种类区分必须有清楚的界说，事物之间的内部联系要同异分明，说明客观事物的内容结构和存在形式必须恰如其理，恰如其分。

要使说明文具有知识的科学性，必须对所要说明的对象有丰富的知识和深入的研究。王任叔等著的《文章作法篇》中也说："有怎样的理解，才能写怎样的说明文，没有理解，固然不能动笔，有了理解而还欠充分、真切，也写不成完美合式的文章"（叶圣陶校订，1951年文化供应社版34页）。这话说得是很切要的。

言之有序，一方面指能反映客观事物的逻辑顺序，一方面指文章层次的条贯统序。一般来说，言之有序，表现在说明事物、事理时，应有一定的条理，或由表及里，或由总到分，或由分到合，或由概念到举例，或由此及彼，或由远到近，或由浅入深，或由质量到数量，或由特征到区别，或由因及果，或由内容到形式，应分层说明事物、事理的主与次的各个方面，给人以清楚的了解。

说明文，由于说明的对象的不同，可以分为两大类。一类是实体事物的说明，一类是抽象事理的说明。一九一九年夏丏尊和刘薰宇合著的《文章作法》中曾说，说明文的意义是："解说事物，剖释事理"，很清楚地给说明文分了类（见该书63页）。对实体事物的说明，一般是对实体事物的静态的说明，有时虽然也写到事物的动态（如机器的运转过程，物件的生产过程等），但是写事物的动态时也是把它当作静态的存在来写的。因此写实体事物时，要特别注意写清楚空间的位置，注意事物的表、里、大、小，上、下、左、右，东、西、南、北，前、后、来、去的位置和方向。抽象事理的说明则重在阐释概念、特点、来源、结构、种类、异同、比较、联系和功能，以及适当运用图表、数字、引用、举例，等等（说明实体事物有时也要这样）。

随着社会的发展和科学技术的发展，随着四个现代化的日益实现，说明文将越来越能显示出它的重要性，说明文的种类也会有发展，事物和事理的说明也会交错运用，新的说明文的形式、体裁一定会产生出来。这就要求我们注意说明文体的发展变化，随时注意把它的形式特点总结出来，用来指导说明文的写作。

写说明文要简明扼要，结构要周密谨严，语言要简洁准确，但是正如叶圣陶先生在《文章例话》中说的"说明文不一定就是板起面孔来说话，说明文未尝不可以带一点风趣。"

67 说明文的表述形式[1]

——叙事式、散文式、诗歌式、童话式

陈钟梁

1. 叙事式

"叙事式"说明文的特点是：全文以叙事为形式外壳，而以解说事物为内容实质。文章的叙事为说明的中心创设了生活的场景，在具体的叙述中安插说明内容，让读者在活生生的现实情景中，去接触和获得知识和信息。例文：

我送堂妹一束花

堂妹结婚有日，想送她一束鲜花，但又不知买什么为好，便去陕西路上老同学开的一家花店，他一面为我分拣、整理、包扎，一面同我大谈其"花经"，听听倒也有趣。

他说，选花要懂得花的"语言"，一般地说，菊花表示纪念、怀念，康乃馨代表友谊，牡丹显示富丽，菖兰是祝贺，满天星是幸福的象征，梅花是高洁的比喻，玫瑰是爱情的寄托。

同一种花，由于颜色不同，表情也各有异趣。大红显得热烈，嫩黄以志纪念，白色是纯洁，紫色是高雅，粉红隐喻含蓄，等等。

花的语言虽然是世界性的，但各国的风俗不一样，送花者的选择也是各有特色。欧洲人比较喜欢素雅的，或白、或黄、或粉红，买起花来常常是一束一种，十枝至十二枝，一打或两打。情侣多以单枝相赠，插入小口花瓶中，以示一往情深。东欧人特别喜欢黄玫瑰，日本姑娘偏爱白色和粉红。上海人买起来总是一束多种，色彩斑斓，大吉大利。

因为我也是上海人，所以老同学给我扎的这束花是：一枝粉红菖兰配着十多枝颜色各异的康乃馨，当中又有两枝含苞待放的红玫瑰，然后用透明大包装纸一围。婚礼上，堂妹把这束花捧在胸前，引得众多宾客和新郎的注目和称赞。

《我送堂妹一束花》，文章写得短小简练，其形式的外壳是"我"向结婚有日的堂妹赠送鲜花。而实质内容是说明送花的种种知识。很显然，文章以说明为主，记叙为辅。经过作者巧妙的设计谋篇，一篇别致的"叙事式"说明文给读者带来了心情上的愉悦和知识上

---

[1] 选自《说明事理——陈老师教说明文》（复旦大学出版社1995年版）。

的满足。

运用"叙事式"章法技巧应注意以下几点。

（1）必须注意事件的完整性。

时间、地点、人物、起因、发展、结果，这是一般记叙文的六个要素。文章既然称得起"叙事式"，当然也要具备这六个要素。例文的叙事部分虽然精短，但也应要素齐备：时间——"堂妹结婚有日"；地点——"陕西路上的花店"；人物——"我、老同学、堂妹"；起因——"我想送花"；发展——"买花、听花经、送花"；结局——"堂妹把这束花捧在胸前，引得众多宾客和新郎的注目和称赞"。我们从中可以得到的经验是：不能有头无尾，而要有头有尾。

（2）必须注意事件的辅助性。

"叙事式"说明文，要认定以说明为主，叙事仅仅是为说明创设一定的生活场景，并以此来增添说明文的艺术色彩。但主宾要分明，千万不能喧宾夺主。如果机械地说：那就是必须在篇幅上让说明占绝对优势。

（3）注意叙事和说明的融洽性。

要做到叙事和说明的融洽性，这是"叙事式"章法技巧的生命力之所在。叙事和说明既要防止相互脱节，又要防止牵强附会，硬拉扯在一起，这就需要有一定的形象思维能力。关于这一点，我们不妨采取以说明为中心以叙事为铺垫的方法，也就是说先确定说明内容的中心，然后根据这一中心内容，扩展出一件事情来，等到构想停当，再从叙事入手，间以说明，最后仍以叙事收笔。当然这只是一种办法。戏法人人会变，各有奥妙不同。倘若你对这种章法结构颇有兴致，那么你就亲自实践一下吧。

2. 散文式

散文是文学的一大部类，是指与小说、戏剧、诗歌相并称的一种文学样式，散文作品千姿百态，丰富多彩。表达具有灵活性，便于表达感情；语言具有生动性，节奏性强，音乐性美，富有表现力。借散文的形式来说明事物，可称作"散文式"说明文。

请看叶永烈的《巨人族的英雄——钛》。

巨人族的英雄——钛

叶 永 烈

在广州街头，我曾看到高大挺直的树，盛开火红火红的花，远远看去，像一团火焰似的，非常醒目。"老广东"说，它像披红挂彩的英雄，我们都喊它"英雄树"，学名叫木棉。从那以后，英雄树给我留下了深刻的印象。

想不到，在四川金沙江畔，也有这种英姿飒爽的树。不过，那里的人们称它为"攀枝花"。如今，攀枝花的大名，已经传遍全国。然而，它已不是花木的名称，而是地名。这地名是这么来的：在金沙江畔的荒山野岭之中，住着7户人家。那里长着一棵攀枝花，于是，人们就把那里喊为"攀枝花"。1954年，地质工作者在那里发现了宝藏。英雄的拓荒者们在那里开天辟地，建成了规模宏大的现代化矿区——"攀枝花"。

在这英雄们开辟的、用英雄树命名的地方，埋藏有一种英雄的金属——钛。

钛，当人们在18世纪末发现这种神奇的元素时，便以希腊神话中巨人英雄——泰坦（Titan）来命名。在古希腊，"泰坦精神"就是勇往直前的同义词。

钛，确实是一种具有英雄气质的金属。

钛，银光闪闪，轻盈而又漂亮。

它拒腐蚀——大名鼎鼎的强腐蚀剂"王水"能够吞噬白银、黄金，而对钛无可奈何！有人曾把一块钛片扔进大海，经过五年后取出来，依然亮闪闪的，没有一星半点锈斑。

它不怕火——俗话说"真金不怕火"，"烈火见真金"。其实，金的熔点不过1 063℃，而钛的熔点高达1 668℃，比号称"不怕火"的黄金高出600多度。当黄金早已熔化成液体的时候，钛仍在烈火中屹立。

它坚强——它的比重比铝稍大，比铁轻42％，而机械强度却比纯铁大一倍，比铝大三倍。

它有着广泛的用途。人们用各种各样的"桂冠"称颂它。"太空金属""空间金属"——钛，已经成为宇宙航行的重要角色。人们用这种轻盈而结实的金属，制造宇宙飞船的船舱、骨架、推进系统，制造火箭、导弹发动机壳体。如今，有的超音速远程截击机用钛作为主要结构材料，占总重量95％，称为"钛飞机"。

人们称誉它是"新兴金属"，"时髦金属"——"钛坦克""钛潜艇""钛炮""钛枪"……种种"钛式武器"，已经在世界上出现。由于钛耐腐蚀，在化工厂、造纸厂、制药厂、漂染厂、食品厂、电镀厂、炼油厂大受欢迎，出现了各种各样银光闪闪的"钛式设备"。

人们还赞扬它是"生物金属"——这是一顶难以从文字上理解含义的"桂冠"。有一次，我到上海异型钢管厂采访，看到一种剖面近似于梅花型的异型管，一打听，那不是钢管，而是钛管，定制单位是医院。原来，这是一种"人造骨"，可以用来"顶替"人体中某些损坏了的骨头。钛耐腐蚀，对人体又无毒。更可贵的是，钛跟人体组织很合得来，肌肉会紧紧地与"人造骨"长在一起。这样，钛就得了"生物金属"的美称。

令人奇怪的是，钛，曾经有过一顶很不相称的"帽子"——"稀有金属"。这是因为人们在发现钛之后，想在大自然中寻找它的踪迹，然而，所获寥寥无几，于是便称钛为"稀有金属"。

如今，钛再也不是"稀有元素"了。攀枝花是一座"钛城""钛都"。据探测，攀枝花的钛的储藏量，占全国90％以上，是世界上罕见的大钛矿之一，引起了世界的注意。

其实，那些英雄的金属，早在盘古开天之时，便埋在金沙江畔，一直到英雄的队伍高举着红旗开到那里，唤醒了沉睡了千万年的英雄的金属。

啊！我赞美英雄的金属，赞美攀枝花——英雄树，我更赞美那些披荆斩棘、战天斗地、勇往直前的英雄。

《巨人族的英雄——钛》是一篇较为典型的"散文式"说明文。它运用比喻、拟人等手法来描述、说明事物；介绍时伴随着赞美，说明中渗入了抒情的成分。钛本是一种无生命的、一般人不熟悉的金属。经过作者娓娓动听的叙述，读来情趣盎然，艰深难懂的科学知识也变得通俗易懂了。

"散文式"说明文的写作，也与"诗歌式"一样，一是要有烂熟的科学知识，二是要有熟练的散文创作技巧。散文创作的艺术特征本来就是灵活多样，自由活泼，很难用简短的文字归纳出其创作的要点，但有一条是必须牢记的——紧紧把握住说明事物的写作宗旨。

3. 诗歌式

诗歌，作为一种文学形式，具有能吟，能唱，朗朗上口，又便于记忆等优点。说明文借助诗歌向人们传播知识和信息，在科学性的基础上，又焕发了艺术性。

我们的土壤妈妈

高 士 其

我们的土壤妈妈，
是地球工厂的女工。
在大自然的建设计划中，
她担负着
几部门最重要的工作。

她保管着矿物、植物和动物，
还有肉眼看不见的微生物；
她改造物质，发展生命，
经营着无机和有机
两大世界的巨大工程。

她住在地球表面的第一层，
由几寸到几千米的深度，
都是她的工作区。
她的下面有水道，
水道的下面是牢不可破的地壳。

她是矿物商店的店员。

在她杂色的柜台上，
陈列着各种的小石子和细沙，
都是由暴风雨带来的，
从高山的崖石上冲下来的。

她是植物的助产士。
在她温暖的怀抱里，
开放着所有的嫩芽和绿叶，
摇摆着各色的花朵和果实，
根和她紧密地拥抱。

她是动物的保姆。
在她平坦的摇床上，
蹦跳着青蛙和老鼠，
游行着蚂蚁和蚯蚓，
蜷伏着蛹和寄生虫。

她是微生物的培养者。
在她黑暗的保温箱里，
微生物迅速地繁殖着；
它们进行着化解蛋白质的工作，
它们进行着制造植物化肥的工作。

我们的土壤妈妈，
像地球的肺。
她会吸进氧气，
她会呼出二氧化碳；
有时还会呼出阿摩尼亚。

她又像地球的胃，
她会消化有机物。
地球上所有的腐物，
几千万年人和兽的尸体，
都由她慢慢地侵蚀。

她又像地球的肝。
毒质碰着她就会被分解,
臭味碰着她就会被吮吸,
病菌碰着她就会被淘汰,
使传染病停止蔓延。

我们的土壤妈妈同水
有深厚的感情!
她有多孔性和渗透性。
她像海绵一样,
能够尽量吸收水。

我们的土壤妈妈同太阳
有亲密的友谊!
她能够接受太阳的热;
当黄昏来到的时候,
又把它发散出来。

气候也会影响她的健康。
冰雪的冬天,
把她冻坏了;
快乐的春天,
把她解放了。

在城市,有数不尽的垃圾堆,
都要经过她的改造,
才能变成美好的肥料。
我们的土壤妈妈,
完成了清洁队员未了的工作。

在农村,有数不清的田亩,
滴上农民的血汗,
播下谷子、小麦和高粱。
我们的土壤妈妈,
从不辜负农民的希望。

改造自然的伟大工程,
把沙漠变成了绿洲,
从荒芜走向繁荣,
我们的土壤妈妈,
更进一步展开她的工作。

(选自高士其科学诗集《时间伯伯》)

读了高士其的科学诗,大家对用"诗歌式"来说明事物的写法也许有了一个初步的印象。要写好科学诗:一要熟悉科学知识,二要掌握诗歌写作技巧。一定要记住,科学诗,首先是科学,这是它的内容;其次才是诗,这是它的形式。科学诗,诗的艺术性,是建筑在科学的基础上的。这是不同于一般诗的地方。

4. 童话式

"童话式"说明文,通过一个有趣的童话故事,告诉读者一定的知识内容,情趣盎然,深受广大读者,特别是小读者的欢迎。这就要求作者能够精心构思,巧编妙排。

请看《对老鼠的审判》。

对老鼠的审判

"静,静……动物法庭受理人类控告老鼠大量盗窃国家人民资财,严重破坏社会主义建设,传播瘟疫,危害人民一案,现在开庭审判。"审判长大象庄严地宣布。

"传被告!"

老鼠被押上审判台,它哆哆嗦嗦地转动着绿幽幽的小眼睛,神色仓皇。

"由公诉人宣读起诉书!"

老山羊清了清喉咙,高声朗读起诉书:

"自从有史以来,老鼠危害生物界、危害人类,其年代之久远,范围之广阔,损失之巨大,性质之严重,实在骇人听闻。现在举其大端归纳为十大罪状。

"一、老鼠经常出没粮田、粮仓,任意吃掉、毁坏大批粮食,影响国民生计。

"二、老鼠经常潜入远洋船只,咬破船帆,咬断锚索,造成严重航海事故,使许多人葬身大海。

"三、老鼠经常咬坏电线,破坏变电设备,蓄意制造重大事故。

"四、老鼠任意糟蹋森林,破坏植树造林。

"五、老鼠经常传播瘟疫,严重影响人类健康。

"六、老鼠经常咬人们的衣物、家具,造成重大损失。

"七、老鼠每晚聚众取闹,使人睡不好觉,影响治安。

"八、老鼠潜入蚕室,吃掉蚕宝宝,影响纺织业生产。

"九、老鼠到处钻洞,破坏堤坝,制造灾害。

"十、老鼠无限制繁殖，十八日生一胎，一年中要繁殖一万五千只后代，严重破坏了生态平衡。

"根据动物法典刑法，一百一十八条、六十四条、三百八十二条、一千二百零四条，老鼠犯有盗窃罪，放毒罪，破坏生产罪，破坏治安罪，破坏绿化罪，危害公共安全罪，制造生产事故罪，破坏生态平衡罪。为了维护法制，因此本公诉人提出公诉，要求法庭对被告老鼠从严判刑。"

审判长大象说："被告，你现在有权可以为自己申辩，或者请你的律师代为申辩。"

老鼠看了看蚊子。只见蚊子站起来，"嗡嗡……"不知道说些什么。大象说："请你把声音提高一点。"但是仍然听不清楚。这时，旁听席上骚乱起来了。

"响一点，请响一点。"

"为什么不理直气壮地讲响一点？"

"什么？蚊子在说什么？"

蚊子听了有点慌乱，赶忙提高嗓音说：

"我是说，老鼠是有错误的。但小偷小摸，损失很小，构不成犯罪条件，应该重在教育。大家不是知道人类有一个成语叫'鼠窃犬盗'吗？'鼠窃'就是小偷小摸，何必小题大作？"

"小偷小摸？真是岂有此理！"猫头鹰迫不及待地站起来，瞪着圆圆的大眼睛，翻着一本厚厚的大书，作证说："根据《世界年鉴》所说，在我们这个世界里，老鼠吃掉和毁坏的粮食占全部收成的1/5。全世界人口44亿，老鼠一下子就夺去了近9亿人口的口粮，还说小偷小摸！"

野兔也站起来说："我可以作证，河北省蓟县谷强峪林场，种了一千多亩油松，在死掉的六千多棵中，9/10是老鼠造成的。"

大黄狗也站起来作证说："1980年春，上海石化总厂热电厂，就是因为老鼠乱窜，窜入高压开关室，造成短路。几分钟之内电、水、气全停，损失1 700万元。请审判长注意，一只老鼠就能造成这样大的损失，能说损失很小吗？"

松鼠接着说："老鼠传染20多种疾病。公元6世纪，罗马帝国在一次鼠疫中全国死了一半人。公元14世纪，鼠疫在欧洲流行，夺去了2 500多万人的生命。第二次世界大战中，老鼠还帮助法西斯分子制造细菌武器，杀死人畜多得无法估计。人们对老鼠恨之入骨，我虽与老鼠不是同类，也受到人类的怀疑，所以我建议法庭一定要判处老鼠极刑。"

老鼠听了大家的证词，哆嗦着说："上帝既然创造鼠类，我们要活下来，总要吃，不让我们吃，就是不让我们活下去，这是违背上帝意志的。"

猫头鹰说："谁不许你活下去，但是你不靠自己的劳动，而偷窃别人的劳动果实，这就构成了犯罪条件；再说你也不是完全为了吃，你咬断电线，你咬坏家具、衣物，是为了什么？你是破坏成性，完全是蓄意破坏，不杀不足以平民愤。"

老鼠吓得瘫痪在地。这时蚊子——作为辩护律师，突然又站了起来，说：

"各位，各位，你们的证词，我相信都是真的，但是我认为这些不能全怪老鼠。如果上海石化总厂的领导不官僚主义，生产有严格的操作制度，有严密的安全措施，高压开关室能让老鼠随便进去吗？现在人类的科学技术已经能征服宇宙了，难道就不能防范鼠害？如果人类能互相友爱，又怎能求助老鼠制造细菌武器大批杀人。所以我认为人类自己要负主要责任。"

蚊子律师的话使大家一惊。旁听席上议论纷纷，有的说："鼠害这样严重，的确人类自己也要负责任。"有的说蚊子律师的话有意混淆视听，人类的事不是我们动物法庭可以审判得了的。有的说老鼠惊人的繁殖率，老鼠连原子辐射都不怕，看来人类也的确没有办法对付，包括蚊子、苍蝇等等。有的说目前有人推测，如果人类利用原子武器、激光武器互相残杀，人类最终必将在地球上被消灭，未来的世界再不是人类的世界，而是老鼠的世界了。

议论声越来越响，越来越激烈，审判长大象几次摇铃叫大家静下来，大家就是静不下来。后来大象和几位陪审员交换了一下意见，然后提了提嗓子说："现在我宣布暂时休庭！"

大象当审判长，形态威武；老山羊当公诉人，神态严肃；老鼠被押上了被告席，可恶可卑；蚊子成了辩护律师，嗡嗡唧唧；猫头鹰、野兔、大黄狗、松鼠都成了证人，个个慷慨激昂、义愤填膺。一个多么有趣的童话故事，引人入胜、逗人发笑。作者巧妙地将老鼠对人类的危害性这方面科学知识寓于童话故事之中。

运用"童话式"章法技巧应该注意以下几点。

（1）从科学性着眼。

"童话式"说明文，说到底还是一篇以介绍科学知识为主的说明文，它的写作目的在于解说某一方面的知识，因此，作者心目中的目标应该十分明确，构思谋篇时应首先从文章的科学性着眼。

（2）从文艺性入手。

"童话式"说明文是独具特色的说明文，其特色是：有生动有趣的童话故事情节和形象逼真的童话角色。作者应积极开动思维机器，运用童话创作的艺术手法，处理好故事情节、角色身份与科学的知识内容的关系。例文中以休庭为故事结束正是为了说明人类对鼠害处理尚存在一定技术问题，这样，童话故事的情节就较好地为旨意服务了；又如，作者让大象当审判长，让蚊子当辩护律师，就较成功地让角色特点与内容特点结合起来了。大象的高大雄武的形象和蚊子的絮絮叨叨的样子正为文章内容所用。

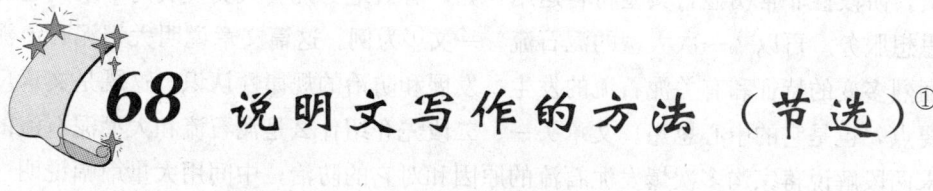

68 说明文写作的方法（节选）①

叶苍岑

我们曾经谈过：说明文要解说事物的形状、构造、成因、方法、关系、效能、用途等等，而解说的主要之点则是事物的特征、本质及其规律性。一篇说明文，往往只解说事物的一个要点，有的则侧重解说一个要点而兼其他要点。这是同作者的写作意图和掌握的材料分不开的。说明文写作的方法，就是为了把事物的要点——事物的特征、本质及其规律性等解说明白，同时表达一定的中心思想而采取的途径、程序、分析综合以及其他必要的手段。弄清了什么是说明文写作的方法，就可以进一步讨论如何运用这些方法了。

一、按照时间顺序划分阶段的说明方法

说明运动、变化、发展的事物，大多采用这种方法。运动、变化、发展的事物，总占有一定的时间，所以在说明的时候往往需要注意：第一，为了说明的方便，常常依据事物本身运动、变化、发展的具体情况划分为若干阶段，逐段加以说明；第二，各个阶段都紧紧围绕事物的要点和中心思想来组织材料；材料要具有典型性；第三，要对事物进行分析综合，各个阶段具有内部联系，首尾一贯，共同为说明事物的要点和表达中心思想服务。以《人类的出现》一文②为例。这篇文章说明了迄今为止古人类科学工作者关于人类发展的本质的认识；中心思想是：人类的发展是在最近一百万年之内，由古猿到新人，经过四次质的飞跃才出现了"智人"种即现代人种的。作者根据丰富的材料将人类发展划分为古猿——猿人——古人——新人四个阶段，"每个阶段都包含着人类发展中的一次质的飞跃"。对于人类发展的质的飞跃，首先要考察他们对工具的制造和使用的情况，同时还需要注意他们躯体结构的变化、手的功能、火的利用和社会组织的形成等等。凡是能够准确地说明上述这些方面，特别是工具的制造和使用方面的材料，都对人类发展的质的飞跃具有典型意义。作者对人类发展的四个阶段就是运用这样的典型材料加以解说的；各个阶段都紧紧围绕人类发展的质的飞跃下笔，具有内部联系。文章在第三段最末用一句话对人类的出现先做了概括介绍，下文的四个阶段则是对人类发展每一次质的飞跃的具体分析。全

---

①节选自《说明文通论》（北京师范大学出版社1982年版）。　②见《全日制十年制高中语文课本》第二册。

文首尾一贯，阶段性非常明显，典型材料运用自如，有效地为说明人类发展的本质问题和表达中心思想服务。再以《一次大型的泥石流》一文①为例。这篇文章说明大型泥石流泥石翻滚、猛烈多变的特征和有关泥石流的发生、发展和防治的规律性认识。这既是文章反映的事物要点，也是它的中心思想。文章头一、二段先介绍什么是泥石流和大型泥石流的灾害；最末两段解说蒋家沟多次爆发泥石流的原因和对它的防治；中间用大量篇幅说明一次大型泥石流的爆发过程。在说明爆发过程部分，同《人类的出现》相似，也采用划分阶段的写作方法，以"阵性流"和"连续流"来显示它的阶段性。文章不仅点明这次大型泥石流开始爆发和结束的时间，而且用数字表明"流速""流量"和"龙头高度"，这些材料都具有典型性，能充分说明大型泥石流的特征。至于第九段"初步估算"的五个数字，则是对上文具体分析的概括——综合。全文首尾一贯，既说明了大型泥石流的特征，也反映了关于泥石流的发生、发展和防治的规律性认识。以上只是两个例子。但是对于说明运动、变化、发展的事物究竟需要采用什么方法这一问题，是有帮助的。

二、按照空间方位划分部分的说明方法

说明静止的事物，大多采用这种方法。这里所谓静止，严格地说，应该是"相对静止"，因为绝对静止的事物在地球上、宇宙间是不存在的。所谓静止的事物也在变化着，只是很微小，不容易觉察，它们是要经过几十年、几百年、几千年甚至更长的时间才显现其变化的。我们谈到静止的事物，应当理解这个道理。静止的事物总占有一定的空间，所以在说明的时候往往需要注意：第一，事物的方位、面积、体积和组成部分；第二，对组成部分分清主要次要，将主要部分作为说明的重点，同时照顾次要部分；第三，先说什么，后说什么，要理出一个顺序依次说明，同时指出它们过去和现在所起的作用；第四，对事物要进行分析综合，各个组成部分的说明要具有内部联系，首尾一贯，共同为说明事物的要点和表达中心思想服务。以《故宫博物院》一文②为例。这篇文章说明故宫建筑群规模宏伟、形体壮丽、建筑精美、布局统一的特征，中心思想是：具有鲜明特征的故宫建筑群过去是封建帝王行使权力的所在，现在是收藏丰富的博物院，具有重要的历史文化教育意义。文章第一段指明它的方位——"首都北京的中心"；第二段对它的形状、面积、宫殿和房屋数目、城墙高度和护城河宽度做了概括介绍。作者组织材料的顺序，采取由南到北、由中间到两侧，而以保和殿北面的小广场为分界，把故宫分为"前朝"和"内廷"两部分来依次说明的。说明的重点，在"前朝"、在整个故宫是太和殿；在"内廷"是养心殿。它们之所以作为重点，一方面是由于建筑的宏伟壮丽在故宫建筑群中有代表性，另一方面是由于封建帝、后行使权力的所在。对于次要部分如乾清宫、储秀宫、御花园等也做了适当介绍。"站在景山高处望故宫"两句话则是对上文的具体分析所做的又一次概括

---

①见《全日制十年制高中语文课本》第一册。　②见《全日制十年制初中语文课本》第四册。

——综合。至于故宫修建的历史、解放后的修缮和保护，以及改作博物院之后成为国内外人士参观游览的胜地也做了恰如其分的介绍。全文首尾呼应，有效地为说明故宫建筑群的特征、表达中心思想服务。再以《雄伟的人民大会堂》一文①为例。这篇文章说明人民大会堂雄伟壮丽的特征，中心思想是：介绍雄伟壮丽的人民大会堂，赞扬建筑工人和建筑师的伟大智慧和创造才能。作者行文，紧紧围绕雄伟壮丽四字下笔。第一段开头一句便指出大会堂的方位"天安门右前方"，点明雄伟壮丽的特征。第二段用具体数字说明它的广阔面积和高大体积，同时勾画出巍峨绚丽的外貌。第三段介绍正门顶上射出闪闪金光的国徽、一层楼高的花岗石大台阶和巨型的十二根大理石门柱。雄伟壮丽的人民大会堂就在我们眼前了！随后便进入内部。文章是采取由外到内的参观顺序把材料组织起来的。说明的重点是万人大礼堂。这里，作者运用了三种手法。一是反复地运用具体数字：大礼堂的宽度、深度、中部高度和体积用了四个数字；天花板的灯孔、五星灯周围的光芒线、镶金的向日葵花瓣和水波形暗灯槽的层次又用了四个数字；主席台、底层、两层挑台的席位和底层席位桌柜安装的译意风用了五个数字。二是反复地运用比喻："像一座大厦""像满天星斗""像个小会场""像两弯新月"等等。这些数字和比喻具体地说明了大礼堂雄伟壮丽的特征，使人有身临其境的实感。三是对音响问题的创造性处理和大礼堂顶上藏着的"庞大而复杂的结构"写得很出色，从这二者更足以认识大会堂建筑工程的雄伟以及建筑工人和建筑师的创造性劳动。这是同作者的深入调查研究密不可分的。对于宴会厅，作者着意说明它的设计精巧，同时介绍了厨房的构造。至于人大常委会办公楼，只用一句话便带过了。全文重点突出，主次分明，材料运用得宜，有效地为说明人民大会堂雄伟壮丽的特征和表达中心思想服务。以上也只是两个例子。不难看出，说明静止的事物究竟需要采用什么方法了。

三、先讲道理后举事例的说明方法

说明文中，有不少是采用先讲道理、后举事例的写作方法的。以《苏州园林》一文②为例。文章第一、二段说："苏州园林是我国各地园林的标本。""苏州各个园林在不同之中有个共同点，似乎设计者和匠师们一致追求的是：务必使游览者无论站在哪个点上，眼前总是一幅完美的图画。为了达到这个目的，他们讲究亭台轩榭的布局，讲究假山池沼的配合，讲究花草树木的映衬，讲究近景远景的层次。""总之，一切都要为构成完美的图画而存在，决不容许有欠美伤美的败笔。他们唯愿游览者得到'如在图画中'的实感，而他们的成绩实现了他们的愿望，游览者来到园里，没有一个不心里想着口头说着'如在图画中'的"。这些话说明了苏州园林的特征，是讲道理的。随后举出如下的事例：苏州园林绝不讲究对称，要求自然之趣；注意假山的堆叠和池沼的利用，使游览者忘却城市，只觉

---

①见《全日制十年制初中语文课本》第四册。　②见《全日制十年制初中语文课本》第四册。

得身在山间、水滨；树木和花草千姿百态，使游览者一年四季都感到无限繁华和欢悦；花墙有砖砌的各式镂空图案，廊子大多是两边无所依傍，隔而不隔，更增加了景致的深度；每一个角落都注意图画美；门和窗都是工艺美术的上品；梁、柱、门、窗、栏杆大多漆广漆，颜色同草木的绿色配合，花开时节更显得明艳照眼。这些景物具体地说明了苏州园林的特征。全文前后照应，讲道理，举事例，联系紧密，和谐统一，是一篇出色的说明文。

四、同类比较的说明方法

写作说明文，往往运用比较的方法，把两种或者两种以上的事物加以比较，借以揭示事物的异同、优劣和高下，帮助人们准确地区别事物，认识事物，更深刻地理解事物的形状、构造、成因、方法、关系、效能、用途等等，特别是事物的特征、本质及其规律性。比较，可以分为同类比较和异类比较两种。现在先谈同类比较。例如《"机器人"》一文①中把"第一代'机器人'"——"'工业机器人'"同"第二代'机器人'"——"'智能机器人'"相比较，显示出后者的优越性，说明了"机器人"的特征及其研制的迅速发展。又如《宇宙里有些什么》一文②中把大、中、小三种恒星加以比较，显示出三者的体积、密度、温度和光色的差别，有助于说明"宇宙是无穷无尽的运动着的物质"这一本质问题。再如《看云识天气》一文③中把卷云、卷积云、积云、高积云同卷层云、高层云、雨层云、积雨云加以比较，揭示出前四种云往往是天气晴朗的象征，而后四种云则常常是阴雨风雪的预兆，有助于人们预测天气变化，这对工农业生产有重要意义。比较，总是用人们熟习的事物来说明新的、陌生的事物，使读者容易领会。

五、异类比较的说明方法

两种或者两种以上的不同种类的事物，只要它们之间有某些共同点，也可以互相比较。尽人皆知，植物和动物是不同的两大类，但它们都离不开食物，都要靠食物来维持自己的生存。然而它们如何获得食物呢？就完全不同了。《食物从何处来》一文④告诉我们："一种叫自养。绿色植物都属于这一类。它们自己把无机物制造成有机的食物，满足生长的需要。""另一种叫异养。所有的动物和大部分微生物都是这一类。它们自己不能制造食物，靠植物来生活。"本文通过比较，详细地介绍了食物、光合作用、自养和异养的区别以及它们的相互关系，使人们对食物的来源获得科学的认识。这便是异类比较的说明方法的一例。又如《雄伟的人民大会堂》一文，写到万人大礼堂"庞大而复杂的结构"时说："大礼堂顶上藏着比北京新扩建的长安街路面还要宽的十二榀钢屋架"。这里用人们容易见

---

① 见《全日制十年制初中语文课本》第四册。　② 见《全日制十年制初中语文课本》第三册。
③ 见《全日制十年制初中语文课本》第二册。　④ 见《全日制十年制初中语文课本》第三册。

到"长安街路面"的宽度同人们无法见到的"十二榀钢屋架"的宽度相比较，具体地揭示出大礼堂"庞大而复杂的结构"，表明了人民大会堂雄伟的特征。这又是异类比较的说明方法的一例。从这里不难看出，对事物进行深入观察和调查研究是多么重要，同时也可以领会异类比较的说明方法所起的作用。

六、对事物下定义的说明方法

用精练简括的语言对某一事物的本质属性或某一概念的内涵和外延作出确切的说明，称为下定义。下定义是说明文写作的方法之一，它总是同其它方法配合使用。

由于说明文是解说事物的形状、构造、成因、方法、关系、效能、用途等等，特别是解说事物的特征、本质及其规律性的一种文章，因此，说明文的下定义，往往是针对着事物的本质属性的。明确了事物的本质属性，对于说明事物的其他方面有很大帮助。

以《食物从何处来》一文为例。文章第二段对什么是食物下了定义："食物就是一种能够构成躯体和供应能量的物质。"食物既然这样重要，所以第二段紧接着说："一切活的生物都离不开食物"，于是引出植物的"自养"和动物的"异养"问题，下文就从这两方面下笔。这篇文章在说明"自养"部分，又给光合作用下了定义："叶绿体吸收了太阳的光能，就把二氧化碳和水合成为含有高能的有机物质，同时放出废气——氧，由气孔排出。这就是赫赫有名的光合作用。"光合作用是"自养"的关键问题，理解了这个问题，植物的"自养"就了如指掌了。再以《现代自然科学中的基础学科》一文①为例。文章第二段给物理和数学两门学科下了定义："物理，是研究物质运动基本规律的学问"。"数学，是指导我们推理、演算的学问。"这两个定义对阐述最基础的学科起了纲领性的作用，所以最末一段合乎逻辑地作出概括："天、地、化、生四门基础学科，用现代科学技术体系的观点看，都可以归结到物理和数学。根本的基础学科，就是研究物质运动基本规律的物理，加上作科学技术工具的数学。数学不只是演算，也包括逻辑推理。"下定义在一篇说明文中的重要意义，于此可见一斑。《人类的出现》一文第三段对什么是人类下了定义："人类能制造工具并使用工具从事劳动，来支配和改造自然。"这对阐明人类的发展——从古猿到新人，经过四次质的飞跃，最后出现了"智人"种即现代人种起了提纲挈领的作用。

对事物下定义的方法在说明文写作中的作用，大体上就是这样。

七、用图表来帮助说明的方法

为了使读者更清晰地了解某些事物，可以利用图表来帮助说明。比如《中国石拱桥》

---

① 见《全日制十年制高中语文课本》第一册。

一文，可以附上赵州桥和芦沟桥的图片①，《人类的出现》一文，可以附上古猿、猿人、古人、新人的生活示意图②。《看云识天气》一文，可以附上各种云的形态和天气变化的表解③。如此等等。学校课本，如物理、化学、生物、地理、生理卫生等等，大都是说明文，其中常常附有各种图表，这是大家所熟知的。

　　以上谈了说明文写作的一些方法。当然，说明文写作的方法是多种多样的，绝不止这些。上文一再提到的分析综合，便是说明文写作经常运用的方法。上文也提到比喻，比喻是修辞方式之一，说明文写作中也常常运用各种修辞方式。关于分析综合和各种修辞方式在说明文写作中的运用，我们将分别写成专文，这里不多说了。

---

①1979年3月25日《光明日报》刊有赵州桥图片，同年7月7日《光明日报》刊有卢沟桥图片。　②《语文学习》月刊1981年第4期刊有古猿、猿人、古人、新人生活示意图。　③北京教育学院编辑的《全日制十年制初中语文课本第二册教学参考资料》(1980年12月版)第116页载有《〈看云识天气〉一文表解》。

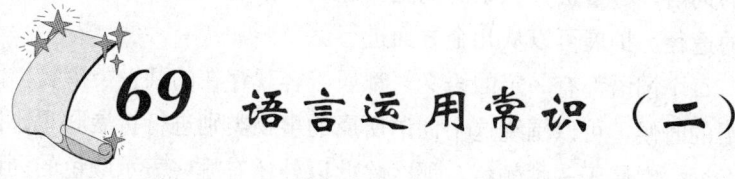

词语的积累

我们知道,语汇是语言运用的备用单位。任何一种语言都有自己庞大的语汇系统,汉语更是以语汇丰富著称于世。按《语言规范手册》的统计,汉语的常用字 2 500 个,覆盖率达 97.97%;次常用字 1 000 个,覆盖率达 1.51%;两项合计 3 500 个,覆盖率达 99.48%。看起来好像字数不多,但是这不太多的汉字互相配合,能够组合成的词语可就太多了。一部《汉语大辞典》所收词目多达 37 万条,还不包括一词多义现象,这就足见汉语语汇是多么丰富。

丰富的语汇,为语言的表达提供了坚实的客观基础。我们可以从这丰富的语汇库中,根据表达的需要,选择最恰当的词语,准确、简明、生动地表现自己所要表现的内容、思想感情等等。但是,这是客观存在的语汇库,从我们个人的角度说,还要善于积累词语,尽量充实自己的语汇库。自己的语汇库充实了,才有进行选择的可能,才有可能选择出最恰切的字眼。语汇贫乏,一个意思只知道一种说法,甚至找不到合适的词语表达,语言就会枯燥无味,甚至会词不达意。曹靖华先生说得好:"好比建筑,语汇就如同砖瓦。常言说,'巧妇难为无米之炊',语汇,也就好比巧妇的手中'米'。无'米',巧妇也就一筹莫展了。文章的生动活泼,同语汇的丰富是分不开的。……语汇越丰富,文章就越生动、出色,读者就会喜笑颜开,百读不厌。语汇贫乏,也就谈不上表达力,谈不上生动活泼了。"(《往事漫忆——鲁迅先生谈写作》)可见积累词语是何等重要。

积累词语首先要善听。善听就是在日常生活中善于听别人的谈话,听录音广播,听电视电影中的语言,从中吸收那些生动活泼的、富于表现力的词语,用来充实自己的语汇仓库。毛泽东在《反对党八股》中说过:"要向人民群众学习语言。人民的语汇是很丰富的,生动活泼的,表现实际生活的。我们很多人没有学好语言,所以我们在写文章做演说时没有几句生动活泼切实有力的话,只有死板的几条筋,像瘪三一样,瘦得难看,不像一个健康的人。"因此,要做生活中的有心人,注意随时随地积累有用的词语。

其次要善读。善读就是要尽可能多地阅读一些古今中外的优秀著作,那是语言大师们的精心制作,其中不仅有丰富的词语可供我们学习、积累,而且能够为我们提供适合语境选用词语的范例,是我们学习词语的好老师。此外,也要尽可能多地读一些近期的报刊,了解那些随着社会发展出现的新的词语和新的用法,一并用来充实自己的语汇仓库。

此外还要善于扩展。善于扩展是听、读以外的功夫,就是要由此知彼,从一个词语扩大到许许多多相关的词语，尽量扩大积累的范围。这是一个硬功夫，也是充实自己的语汇仓库的一个极有效的途径。扩展可以从几个方面进行。

一是同类联想。每个词语都有一定的语义，都属于客观存在的某一类事物。因此，当我们知道某一个词语的时候，可以围绕这个词语所属的事物类别进行扩展联想。比如我们知道了"红色"这个词，它属于一种颜色，那么除此以外还有哪些表示颜色的词语呢？由此我们联想到橙色、黄色、绿色、青色、蓝色、紫色等。进一步我们知道有"粉红色"这个词语，它是红色中的一种，于是又可以联想到"红色"中还有大红色、紫红色、橘红色、玫瑰红色等等。这种同类联想，不仅可以帮助我们积累丰富的词语，而且能让我们在积累过程中认识它们的不同意义，在使用时作出恰当的选择。

二是词义联想。词义联想就是从这个词语的相同或相反的意义上进行联想。汉语中有大量同义词语，有时，同一个事物或者同一种现象可以用几个、十几个、甚至几十个意义相同或相近的词语来表达。我们在积累词语时，可以有意识地运用同义联想，掌握丰富的语汇。比如表示"看"的动作，可以是一般的看：瞧、望、睹、观、瞅。可以是仔仔细细地看：盯、察、注视、凝视、端祥、审视、目不转睛。可以是粗粗一看：瞟、瞥、瞄、扫视、扫了一眼。可以是偷偷地看：窥、窥视、窥见、窥探、偷看、偷视。可以是四面看：四顾、环顾、环视、东张西望、左顾右盼。此外还有向上看、向下看、回头看、往远处看、斜着眼睛看，等等，同义词语相当多。我们曾经学过的周汝昌的《谈笑》，全文用一百多个表示笑的词语连缀成篇，可见"笑"的丰富多彩。当然，这并不是说要把所有意思相同或相近的词语都联想到，只要能够了解其中常用的部分，弄清它们之间的细微差别，并学会区别使用，基本上就可以了。此外，反义联想也是丰富词语积累的好办法。真——假，大——小，严肃——活泼，现象——本质，一心一意——三心二意，艳阳高照——乌云密布，等等，都能使我们从事物的这一面联想到另一面，扩大语汇的积累。

三是引申联想。引申联想主要是就多义词语来说的，就是从一个词的基本意义引申，联想到它的其他意义。比如从"操纵"的基本意义——控制或开动机械、仪器，联想到它的引申义——用不正当的手段支配、控制；从"雕饰"的基本义——雕刻并装饰，联想到它的引申义——雕刻成的花纹、图形装饰，进一步联想到它的比喻义——过分地刻画修饰等，都属于引申联想。这样的联想虽然没有增加词语的量，但它扩展了对一个词语义项的理解，也是一种词语的积累。由于汉语中存在着大量的多义词语，因此引申联想是扩展自己的语汇仓库的一种重要方法。

四是词面联想。汉字的构词能力很强，由一个字可以生成很多词语。词面联想就是通过词语的构成，从字面上进行联想。比如从"打"，可以联想到打扮、打倒、打点、打动、打赌、打鼓、打工、打滚、打量、打算盘、打哑谜、打抱不平、打草惊蛇、打开天窗说亮话、打破砂锅问到底、单打、双打、短打、攻打、拷打、拍打、稳扎稳打，等等。又如从"伟大"，可以联想到许多短语：伟大祖国，伟大人民，伟大领袖，伟大人物，伟大思想，伟大使命，等等。用这种方法生成的词语很多，可以帮助我们识记大量的词语。

最后，积累词语还要善于记忆。听了、读了、联想了，知道了许多词语，还要善于记忆。善记就是要有意识地记住听、读、联想过程中接触到的那些生动活泼、新鲜有力的词语，进而了解它们的意义，掌握它们的用法，弄清它们经常和哪些词语相搭配，最终能够理解或使用。有了这样的功夫，才算真正积累了丰富的语汇。如果只满足于单纯地记住汉语中有这样一些词语，那就只能是一个死的东西，使用时派不上用场。当代文学家秦牧说："由于词语是这样的多，要运用它们曲折尽意，不仅要靠大量积累，在脑子里建立一个丰富的仓库，而且对这个仓库里的珍藏不能搁置不理，要培养对于词语性能高度的敏感，要能够精确地掌握它们的涵义。"这是我们在积累语汇时要特别注意的。

词语的理解

听别人讲话或阅读一篇文章，首先要理解他所使用的每一个词语。理解词语，主要是理解词语的意义以及词语所蕴含的感情。

一、理解词语的意义

语言中的任何一个词语都有它的固定的意义，也就是词典中所注释的意义，我们也叫它概念意义或者静态的意义。把这些词语组织起来，组织成短语或者句子，它们就有了具体意义，也就是语境所赋予的词语的动态意义。所谓理解词语的意义，主要是指理解它在一定语境中的具体意义。词语的具体意义，很多时候就是它的固定意义，即概念意义；有时则是语境临时赋予的意义，即临时意义。

1. 概念意义

理解词语的概念意义，需要联系上下文，依据词语之间的意义关系进行。一般词语的理解都不难，难在对多义词语的理解，也就是从多义中选择出准确的义项。汉语中存在着大量的多义词，这些词在字典中不止一个意义，但是用在一定的语言环境中则只显示一个意义，这就需要结合上下文认真加以辨别。1996年全国高考语文试卷中有这样一题。

①阅读下列文字，回答后面的问题。

甲：听说现在中学语文课本里的文言文还有增多的趋势，我持反对意见。文言文可以学一点，但不要太多，因为我们是反对写文言文的。为什么要反对写文言文呢？首先，现代人要说现代话；其次，文言文不易写好。为什么要做这吃力不讨好的事情呢？我说可以教点文言文，但是目的不在于此。我也赞成教点古诗文，因为现在的文风不大好。古人是很讲究文字①简洁、干净、利落的，这种文章很可以治治我们现在的文风……

乙：我是主张学习文言文的……我们不能成为民族虚无主义者，全部否定传统的语言文字②、文学。文言文中的词汇和文字③表现力等还在不断丰富现代汉语……

甲和乙的发言中多处使用了"文字"一词，其中三处加了横线，对它们的正确理解是：

A. 语言运用的风格　　　　B. 写作运用的语言
C. 记录语言的符号　　　　D. 连缀成篇的文章

答:"文字①"指————
　　"文字②"指————
　　"文字③"指————

这道题考查的就是根据语境选择义项、理解词语的意义的能力。这几个"文字"用的都是它的固定意义,但是由于所处的上下文不同,使用的具体含义也有所不同。"文字①"用"简洁、干净、利落"来形容,应理解为"写作运用的语言"或"连缀成篇的文章",这样才能与下一句"这种文章"相衔接;"文字②"与"语言"相并列,应理解为"记录语言的符号"才合理。"文字③"与"词汇"并列,共同修饰"表现力",应理解为"写作运用的语言"。

2. 临时意义

理解词语的临时意义更离不开语言环境。我们知道,词语的意义本来是固定的,但是用在一定的上下文中,有些词语可能会产生一种语境所赋予的新的临时意义,离开这个语境,这种临时的意义就不存在了。临时意义往往是从这些词语的固定意义引申出来的。

例如:　②长虹飞架之处,昔日的交通梗塞长蛇阵不见了,红绿灯偃旗息鼓了。人流、汽车流、自行车流自成体系,互不干扰……（刘宗明《北京立交桥》）

　　　　③我还想指出,阴山一带在民族关系紧张的时期是一个战场,在民族关系缓和时期则是一个重要的文化交流的驿站。（翦伯赞《内蒙访古》）

例②"偃旗息鼓",字典上有两种解释:①放倒军旗,停打军鼓,指秘密行军,不暴露目标,也指停止战斗;②比喻停止批评、攻击等。但是,这两种解释用在这句话中都不合适,因为它的主语是"红绿灯"。结合上下文,这里用的大致是"没有""停止"的意思:因为有了立交桥,南来北往的人和车各走各的路,不再需要红绿灯来指挥交通了,所以说"红绿灯偃旗息鼓了"。这里用的是它的临时的比喻义。例③的"驿站"本义是指古代供传递政府文书的人中途更换马匹或休息、住宿的地方,这里则引申为文化交流的场所,是语境所赋予的临时意义。

二、理解词语所蕴含的感情

语言中有许多词语都带有不同的色彩,包括褒贬不同的感情色彩、语体色彩等。这里主要讲感情色彩,如"优秀、美丽、善良、伟大"等带有肯定、赞扬的感情,"丑陋、渺小、庸俗、凶残"等带有否定、贬斥的色彩等。甚至很多中性词语用在一定的语境中也常常带有褒贬不同的色彩。因此,我们在理解一个词语时,不光要理解它本身的意义,还要理解其中蕴含的作者的感情。

1. 褒义词和贬义词所蕴含的感情

汉语中有很多褒义词和贬义词。在实际语言运用中,这些词往往能够表达作者强烈的爱憎感情。这样的词语一般不难理解,但要特别注意那些在不同的语境中带有不同的感情色彩的词语。例如：

④我们以我们的祖国有这样的英雄而<u>骄傲</u>，我们以生在这个英雄的国度而自豪。（魏巍《谁是最可爱的人》）

⑤虚心使人进步，<u>骄傲</u>使人落后。

同样是"骄傲"，例④受"我们的祖国有这样的英雄"修饰，又与"自豪"对称使用，前后两句意思相近，因此"骄傲"也是自豪的意思，用的是褒义；例⑤与"虚心"对称使用，前后两句意思相反，因此"骄傲"是自以为了不起的意思，用的是贬义。

有时，作者利用一定的语境条件，故意把褒义词用作贬义或把贬义词用作褒义。这时，就要结合语境，认真体会，不要误解。例如：

⑥有几个"慈祥"的老板到菜场去收集一些菜叶，用盐一浸，这就是她们难得的佳肴。（夏衍《包身工》）

到菜场上去收集菜叶，用盐一浸就成了包身工们的饭菜，这样的老板怎么能够"慈祥"，这样的饭菜怎么能是"佳肴"？这里，"慈祥"实际是"凶狠、残忍"，"佳肴"实际指"猪狗不吃的食物"。阅读时，要注意理解作者在这两个褒义反用的词语中所蕴含的愤慨之情。

2. 中性词语所蕴含的感情

汉语中大量存在的是不带褒贬色彩的中性词语，如走、跑、跳、思想、品质、研究等等。但是，说它们是中性词语，只是就静止状态而言的。在具体的语言活动中，由于有了一定的语境，很多中性词语也往往蕴含强烈的感情。例如：

⑦看着这种<u>饲养</u>小姑娘谋利的制度，我不禁想起孩子时候看到过的船户养墨鸭捕鱼的事了。（夏衍《包身工》）

⑧在农村，看到一个老农<u>捧</u>起一把泥土，仔细<u>端详</u>，想鉴定它究竟适宜于种植什么谷物或蔬菜的时候……（秦牧《土地》）

例⑦"饲养"本来是个中性词语，一般用于某种动物，这里用来说小姑娘，其"制度"的不合理就可想而知了。这里实际上寄托着作者无情的讽刺和鞭挞。例⑧的"捧""端详"也都是中性词语，但用在这句话中却充分表达了老农对土地的深厚感情。如果改成同义的"抓""拿"或"看"等，就表达不出这种感情了。

词语的选用（上）

词语是语言的建筑材料，也是语言表达的基础。要想把语言表达得准确、简明、连贯、得体，不仅要积累丰富的语汇，而且要善于正确地选用词语。

汉语的语汇十分丰富。从语音形式看，有单音词和多音词；从词的构成看，有单纯词和合成词；从词的意义看，有单义词和多义词，还有同义词和反义词；从语汇包含的成分看，有通用词语、文言词语、方言词语和外来词语，等等。要从这浩瀚的语汇海洋中，选取最切合我们的语言表达所需的词语，要下一番苦功夫。

古往今来，我国许多有大成就的文学家，都十分重视"炼字"，也就是注重对词语的比较、选择、推敲，如贾岛对"僧敲月下门"中"敲"字的斟酌，王安石对"春风又绿江南岸"中"绿"字的选定，宋祁对"红杏枝头春意闹"中"闹"字的妙用，等等，已成为千古流传的佳话。他们这种刻意追求用词准确传神的精神，值得我们学习。

为了准确、恰当地选用词语，在选择过程中要注意以下几点。

一、要确切地了解词语的含义

不论是说话还是写文章，都必须确切地了解自己的话中或文章中使用的每个词语的含义。特别是对那些意义相近而又有细微差别的同义词，尤其要注意分辨。例如"亲密、亲切、亲热"是一组同义词，但用法不同，请看下面的例子：

①他同周围的群众休戚与共，亲密无间。

②孩子们亲切地叫他李爷爷。

③母女俩在一起，别提多亲热了。

例①的"亲密"着重指关系、感情密切，没有隔阂。例②的"亲切"着重指感情真挚、恳切。例③的"亲热"着重指亲切而热情。类似这样的同义词很多，只有把它们的细微差别搞清楚，才能用得准确。

二、要注意词语的色彩

对词语的选择，不仅要准确地把握词语的意义，还要注意词语的色彩，包括感情色彩和语体色彩。

有些词语含有褒义或贬义，这是词语的感情色彩，它表达了人们对事物的爱或憎、好或恶、褒扬或贬斥、肯定或否定。恰当地选用带有感情色彩的词语，可以把自己对事物的立场、态度表达得鲜明、强烈。如果不注意这一点，选用了不合适的词语，就不能恰当地表达自己的思想感情，甚至会引起误解。例如：

④"听听看，今年什么价钱。"

"比去年都不如，只有五块钱！"伴着一副懊丧到无可奈何的嘴脸。

⑤"吓！"声音很严厉，左手的食指坚强地指着，

"这是中央银行的，你们不要，可是要想吃官司？"

这是叶圣陶先生的小说《多收了三五斗》在30年代的版本中的两个句子。④句是用来描写贫苦农民的，其中"嘴脸"一词含贬义，有损贫苦农民的形象，因此作者在后来修订时把"嘴脸"改为"神色"。⑤句是用来描写米行里的账房先生的，其中用了褒义词"坚强"，也不恰当，因此作者在修订时改为"强硬"。

语体色彩是指词语适用于不同语体的风格色彩。口头语言用词通俗易懂，生动活泼；书面语言用词庄重典雅，讲究分寸。有些专用词语只适用于某一类文体。如果不注意词语的语体色彩，用得不合适，会使人感到很不协调。例如：

⑥这位六十多岁的农村妇女兴奋地对我说："不瞒您说，俺闺女都劝俺出去旅游，见识见识祖国的山水风光，俺也不负她们的一片孝顺之心，打算在近期启程呢！"

"孝顺之心""近期启程"这类文言色彩很浓的词语,由一个六十多岁的农村妇女说出来,显然是与她的身份不相符的;与其他的口语词放在一起,也显得很不协调。应该把"孝顺之心"改为"孝心",把"近期启程"改为"最近就动身"。

三、要注意词语音节的配合

高尔基说:"语言的真正的美,是由于言辞的准确、明朗和响亮动听而产生出来的。"因此,选用词语不仅要把握它的意义,注意它的色彩,使语言表达准确、明朗,还要注意词语音节的配合,发挥汉语的声韵之美,使人听起来和谐悦耳,读起来朗朗上口,这样才能提高语言的表达效果。

在一个句子内部,要注意词语音节的均匀。词与词之间,一般要单音节与单音节配合,双音节与双音节配合,使音节整齐对称,这样可以增强语言的节奏感。例如"互助""停用"都是两个单音节的配合;也可以说"互相帮助""停止使用",这是两个双音节的配合。如果说成"互相帮""停止用",让双音节与单音节配合,就缺少节奏感,听起来不和谐,读起来不顺口。

不仅词语与词语的音节配合要注意整齐匀称,句与句之间也要注意音节的对应。特别是排比句和对偶句,尤其要注意句与句之间音节的整齐匀称,使语言具有节奏感和声韵之美。例如:

⑦他们的品质是那样的纯洁和高尚,他们的意志是那样的坚韧和刚强,他们的气质是那样的淳朴和谦逊,他们的胸怀是那样的美丽和宽广!(魏巍《谁是最可爱的人》)

⑧无实事求是之意,有哗众取宠之心。华而不实,脆而不坚。(毛泽东《改造我们的学习》)

例⑦是一个排比句,每个分句除了有相同的词语"他们的""是那样的"外,都有一个双音节名词与两个双音节形容词配合,四个分句结构形式相同,音节对应整齐,而且有三个分句结尾押 ang 韵,读起来声音高亢响亮,具有诗歌的音韵美。例⑧前后两句都是对偶句,音节配合匀称工整,读起来抑扬顿挫,节奏鲜明,给人以美感,从而提高语言的表达效果。

词语的选用(下)

在现代汉语的语汇中,大部分是长期沿用下来的通用词语,此外还有一部分文言词语、方言词语和外来词语。与大量的通用词语相比,后几类词语的使用频率不那么高,但在特定的语言环境中,它们具有特殊的表达作用,如果运用得好,可以提高语言的表达效果。但是,要防止对文言词语、方言词语和外来词语的滥用。

一、要慎用文言词语

文言词语来源于古代的文言著作,在现代汉语中,它们多见于书面,很少用在口语中。恰当地使用文言词语,可以使语言简练匀称,表达生动有力。例如"须眉皓白",如果把"须眉"改为白话"胡须""眉毛",就不能和"皓白"配合,构成四字句。另外,在"巾帼不让须眉"中,"须眉"指代男子汉,表达得很生动,在这里更不能换成"胡须"和"眉毛"。又如"精神矍铄","矍铄"是形容老年人精神好,现代汉语中还没有与它相对应的口语词,使用这个文言词就很有表现力。使用文言词语,还可以表达严肃、庄重的感情色彩。例如"诞辰""铭记""教诲""瞻仰""拜谒""吊唁"等词语,用在适当的语言环境中,就显得很庄重、严肃。还有某些词语,如"不亦乐乎""呜乎哀哉""之乎者也"等,用得好可以表达幽默或讽刺的意义。

文言词语虽然有上述这些表达作用,但使用时必须十分慎重。一般情况下,凡是一个意思可以用白话词语来表达的,就尽量不要使用文言词语,不要把文章写成半文半白,更不要为了炫耀自己语汇丰富而任意堆砌文言词语。在某些特定的语言环境中,如果有必要使用某个文言词语,也必须先了解这个词语的意义和感情色彩,弄清楚它所适用的场合和对象,否则会闹出笑话。例如:

①惊悉你们两人考上大学,非常高兴,谨向你们致以衷心的祝贺!

②请先生不吝赐教,足下不胜感激!

③在我五十华诞之际,承蒙送蛋糕一盒,不胜感激之至云尔。

例①"惊悉"一般用于突如其来的不好的事情,而考上大学是好消息,用"惊悉"不合适。例②"足下"本是对别人的敬称,在这里却用作对自己的谦称,完全是张冠李戴。例③"华诞"本是称别人生日的敬辞,在这里却用在自己身上,显得太不自谦了;"云尔"在这里纯粹是文言虚词的堆砌,毫无意义。

二、不要滥用方言词语

我国是一个方言众多的国家,各方言之间的主要差别之一,表现在语汇的不同。为了大力推广普通话,消除方言地区之间的语言隔阂,我们说话或写文章要以普通话的语汇为规范,尽量少用或不用方言土语。一般说来,凡是方言词语在普通话中可以用相应的词语来表达的,就要尽量使用普通话的词语。例如普通话里有"肮脏"一词,就不要用东北方言中的"埋汰";普通话里有"妻子",就不必用湖南方言中的"堂客"。因为使用这些方言词语,徒然增加听者或读者理解的困难,起不到什么好的表达作用。在特定的语言环境(如在文学作品)中,出于某种特殊的表达需要,可以适当用一点方言词语。对于必须用而又比较冷僻的方言词语,要作适当的注解,或在上下文中作适当交代,使读者能够看得懂。例如:

④杨二嫂发现了这件事,自己很以为功,便拿了那狗气杀(这是我们这里养鸡的器具,木盘上面有着栅栏,内盛食料,鸡可以伸进颈子去啄,狗却不能,只能看着气死),飞也似的跑了,……(鲁迅《故乡》)

"狗气杀"是浙江绍兴方言词,作者怕其他地方的人不理解,加了一个详细的注解。同一篇小说里,作者对另一个绍兴方言词"忙月"也作了详细的注解。这种慎用方言词的做法,值得我们学习。

三、要正确对待和使用外来词语

外来词语是按照汉语的要求，从别的民族语言中吸收过来的词语。汉语吸收外来词语的方式是先音译，然后再按汉语的构词规则造出新词来代替，也就是通常所说的意译词。例如"水泥"起初音译为"士敏土"，"烟草"起初音译成"淡巴菰"，"最后通牒"音译成"哀的美敦（书）"或"哀的美顿（书）"，后来才渐渐造出汉语词来代替。有些外来词难以造出比较贴切的相应的汉语词，只好保留音译词，其中主要有两种类型：一种是纯音译的，如"扑克""坦克""沙发""咖啡""模特儿"等；一种是半音译半意译的，如"芭蕾舞""冰淇淋""卡车"等。

随着我国改革开放和社会主义现代化建设事业的发展，国际交往越来越频繁，大量反映新事物的外来词语进入汉语中。对于这些外来词语，要正确对待，使用时要特别注意。

第一，同一个外来词语，如果意译词、音译词或音译兼意译词并存，应尽量采用意译词而少用或不用音译词。例如"公共汽车"与"巴士"，"飞碟"与"幽浮"，"动画"与"卡通"等，应采用前者而不用或少用后者。滥用音译词，不仅会给社会，特别是给青少年带来不必要的负担，而且会助长一些人在文化上以洋为荣的不健康心理，给青少年造成不良影响。

第二，有些没有汉语词可代替的外来音译词，来自不同的方言，有多个不同的译音，选用时要注意规范。例如"凡士林"（一种石蜡和重油的半透明混合物），又译作"华摄林"，应以前一种译法为准；"可卡因"（一种从古柯叶中提取的毒品）又译作"古柯碱、柯卡因、可加音、科加因、加哥因、高加印"，应以前一种译法为准。

词语的搭配

一个词语，当它独立存在，没有进入一个句子中，去完成一定的交际任务时，它只是语言的一个静态的备用单位，本身并无正误、优劣之分。只有把它放在一定的语言环境（书面上是一定的上下文）中，才能看出它用得对不对，或者用得好不好。因为在一定的语言环境中，这个词语与其他词语之间发生了意义的搭配关系。如果这种搭配合乎事理，或者合乎约定俗成的语言习惯，我们就说这个词语用得恰当，反之就是用词不当。

词与词组合起来构成短语或句子，这些词也就成为短语或句子的构成成分，彼此之间就形成一定的结构关系，如并列关系、偏正关系、动宾关系、主谓关系等。这些关系实质上就是词语之间的意义搭配关系。因此，这里所讲的词语的搭配，与初中阶段讲过的短语或句子成分的搭配是一致的。下面着重谈一谈在上述几种结构关系中，词语的搭配应注意的一些问题。

一、并列关系的词语搭配

并列关系的词语之间是平等的，没有主次之分。但是这些词语之间也有意义的配合问题，有些词语可以并列，有些词语不能并列，后者大体有下列几种情况。

一种是表示不同等级概念的词语不能并列，因为它们之间有包含和被包含的关系，不是平等的关系。例如：

　　①解放军战士奋不顾身地抢救<u>粮食、棉花和人民的生命财产</u>。

"人民的生命财产"中的"财产"是一个大概念，它包含了"粮食"和"棉花"，因此不能把它们并列在一起。

一种是表示同一个大概念下面有交叉关系的小概念的词语，不能并列，因为它们在意义上有一部分重合。例如：

　　②<u>几百名青年和妇女</u>在防洪大堤上连续奋战了三天三夜。

"青年"和"妇女"表示"人"这个大概念下面的两个小概念，它们是按照不同的标准划分出来的，"青年"是按年龄划分的，"妇女"是按性别划分的，它们在意义上有交叉，"青年"中有"妇女"，"妇女"中也有"青年"，因此不能把它们并列在一起。

还有一种，几个词语表示的不是同一个大概念所包含的几个小概念，它们在意义上没有联系，因此也不能并列。例如：

　　③晚会上，他们表演了<u>音乐、舞蹈、曲艺、武术、体操等文艺节目</u>。

"武术""体操"不属于"文艺节目"，而属于"体育项目"，不能与"音乐、舞蹈、曲艺"并列。如果把"文艺节目"改为"文体节目"或"节目"，把大概念的外延扩大，这些词语就可以并列在一起了。

二、偏正关系的词语搭配

从语义的搭配上看，偏正关系就是修饰与被修饰的关系。前一个词语是修饰语（定语或状语），后一个词语是中心语，修饰语对中心语起形容或限制作用。修饰语在意义上必须与中心语能够配合，否则就不合事理。例如：

　　④绵绵的春雨，<u>灼人的仲夏</u>，萧瑟的秋风，漫天的大雪。

从意义上看，这句话中的四个短语应该是分别说明一年四季的四种景物，而"灼人的仲夏"说的是季节，不是景物，而且用"灼人"修饰"仲夏"也不合适，因为"灼人"表示像火一样烫人，它和"仲夏"在意义上不搭配。把"仲夏"改为"夏日"，就可以和"灼人"搭配，而且在意义上也与前后短语协调一致了。

　　⑤我<u>从小出生</u>在一个教师家庭。

"出生"是指胎儿从母体中分离出来的过程，不能用"从小"修饰。应该把"从小"删去，或把"出生"改为"生长"。

当两个或两个以上的词语同时修饰一个中心语，或一个修饰语同时修饰两个或两个以上的中心语时，要注意每个词语之间的意义搭配。如果照顾不周，顾此失彼，就会出现搭配不当的语病。例如：

　　⑥随着<u>时间与太阳的西斜</u>，这色彩就开始变化了。

"西斜"前头的修饰语"时间与太阳"中，只有"太阳"可以和"西斜"搭配，"时间"是不能"西斜"的。这句话可以改为"随着时间的推移，太阳西斜，这色彩就开始变化了。"

⑦看见了纪念碑，我仿佛看见英雄们把第一面红旗和<u>胜利</u>插上了敌人阵地的主峰。

动词"插"的前头有介宾短语作状语，介词宾语"第一面红旗和胜利"中，只有"第一面红旗"可以和"插"搭配。这个介宾状语可以改为"把第一面胜利的红旗"。

三、动宾关系的词语搭配

从语义的搭配上看，动宾关系是一种支配和被支配的关系。其中动词是起支配作用的，后一个词语表示受动作、行为支配的对象。

有动宾关系的词语，要注意动词表示的动作、行为能不能支配后一个词语表示的事物，避免出现意义不搭配的语病。例如：

⑧GQ系列管道清理机能协助你<u>疏通各种管道的堵塞问题</u>。

"疏通各种管道的堵塞问题"的说法不通，因为"疏通"的对象应该是"堵塞的管道"，而不是"问题"。如果要保留"各种管道的堵塞问题"，可以把"疏通"改为"解决"。

⑨在本世纪末我国将相继在香港和澳门恢复行使主权，<u>结束西方列强在我国神圣领土上最后的殖民统治的痕迹</u>。

"结束"表示某件事情发展或进行到最后阶段，不再继续，它与"痕迹"在意义上不搭配。可以把"结束"改为"彻底清除"。

当多个动词同时支配一个宾语，或一个动词同时支配多项宾语时，要注意动词与宾语之间的一一搭配，不要出现顾此失彼的毛病。例如：

⑩任何公民都平等地<u>享有宪法和法律规定的权利和义务</u>。

"权利和义务"同受"享有"的支配，但只有"权利"可以和"享有"搭配，"义务"不能"享有"，而是要"履行"。

四、主谓关系的词语搭配

从语义的搭配上看，主谓关系就是陈述与被陈述的关系。主语是陈述的对象，谓语表示陈述的内容。陈述的内容必须与陈述的对象相符，否则主语和谓语就不搭配。例如：

⑪发展副业后，<u>村民生活水平从人均三百多元增加到六百多元</u>。

陈述对象是"质量"或"水平"时，陈述的内容应该用"提高"或"降低"，不能用"增加"或"减少"。这句话的主语"村民生活水平"可改为"村民收入"，这样就可以和"增加"搭配了。

这种简单的词语搭配，一般不容易出错，一旦出了毛病，也容易看出来。如果主语和谓语都由比较复杂的短语充当，特别是当主语或谓语包含两项以上的意思时，常常会因照应不周而产生搭配不当的毛病。例如：

⑫每当回忆起和他朝夕相处的一段生活，他那和蔼可亲的音容笑貌，<u>循循善诱的教导</u>，又重新出现在我面前。

⑬凡属地方性的问题，由地方机关自主安排和处理。

例⑫的陈述对象包括"音容笑貌"和"教导"，而陈述的内容"重新出现在我面前"只能陈述"音容笑貌",与"教导"不能搭配。这句话可以改为"每当回忆起和他朝夕相处的一段生活,他那和蔼可亲的音容笑貌又重新出现在我面前,他那循循善诱的教导又在我耳边回响。"例⑬的陈述内容有"安排""处理"两项,其中只有"处理"可以和陈述对象"问题"搭配,"安排"是多余的,应删去。

在判断句中,要注意主语和宾语在意义上能不能配合,特别是当主语或宾语包含多项时,要防止因照应不周而出现搭配不当的毛病。例如:

⑭报晓的雄鸡是集合的信号。

⑮有没有坚定的意志是你能够取得成功的关键。

例⑭主语"报晓的雄鸡"与宾语"集合的信号"不搭配,应该把主语改为"雄鸡的报晓声"。例⑮主语包含"有坚定的意志"和"没有坚定的意志"两方面,而宾语只有肯定的一面,不能与主语全面搭配。应把"能够"改为"能否",使宾语也包含肯定、否定两方面,就可以和主语呼应了。

词语的顺序

语序是指各级语言单位在组合排列中的顺序。任何一种语言,其单位的组合都有一定的顺序,而汉语的语序显得尤为重要。因为汉语以语序和虚词为主要的语法手段,而别的语言(主要指西方语言,如英语)还往往有形态变化。我们这里主要讲词语的顺序,实际上也涉及短语以至分句的顺序。

语序是汉语重要的语法手段之一。同样的词语,排列的顺序不同,表达的意思也往往不同。比如"语文"和"学习",可以说"语文学习",是有关语文的学习;也可以说"学习语文",语文是学习的对象。又比如"老张"和"张老",语序的不同,表达的含义、附带的感情也不尽相同:"老张"是对年龄大于自己或与自己差不多的人的一般称呼;"张老"不只是对年长者的称呼,还含有对被称呼者的某种敬重、钦佩的意味。

句子里如果有两个或两个以上的词语,就应当考虑它们排列的顺序。汉语的习惯,主谓关系的短语或句子,应该是主语在前,谓语在后;动宾关系的应该是动词在前,宾语在后;偏正关系的应该是修饰语在前,被修饰语在后;补充关系的应该是被补充的词语在前,起补充作用的词语在后。简单的句子,前后词语的顺序一般不会搞错;但是复杂一些的句子,比如包括多项并列成分、多项修饰语等的句子,有时可能会出现语序不合理的毛病,需要特别注意。

一、多项并列成分的顺序

并列使用的成分往往属于同一类别,如"桃树、杏树、梨树",都是果树,都是名词;"发现问题、讨论问题、研究问题、解决问题",都是就问题而言,都属于动宾关系的短语。有人说,并列成分之间的关系是平等的,没有主次轻重的分别,可以随意排列。这话不完全对,因为所谓并列成分之间的关系是平等的是指语法关系的平等而言,它们在语意上往往有主次轻重之别，在时间上往往有先后之分，在语用上则可以根据需要有所侧重。即如上边两例，前一例好像是完全平等的，但也不是随意安排的，而是按照果树开花结果的先后顺序排列；后一例就更不用说了。又比如："桌子上放着书、纸、笔、计算机等办公用品"，其中的并列成分是平等的，但如果把"计算机"放在开头或者中间任何位置，表达的意思虽然不变，但念起来就不那么顺畅了，这是语用表达的需要在起作用。因此，多项并列成分组织在一起，要注意按照成分所表示的事物之间的时间、空间、性质、程序，以至于音节多少等顺序合理排列。例如：

①他经常为青年们<u>改稿，作序，介绍出书，资助金钱</u>，甚至一些生活上琐碎的事情，也乐于代劳。(唐弢《琐忆》)

②对于<u>国内外、省内外、县内外、区内外</u>的具体情况，不愿作<u>系统的、周密的调查和研究</u>……(毛泽东《改造我们的学习》)

③在纱厂，活儿做得不好，罚规大抵是<u>殴打、罚工钱和"停生意"</u>三种。(夏衍《包身工》)

④人们首先必须<u>吃、喝、住、穿</u>，然后才能从事<u>政治、科学、艺术、宗教</u>等等。(恩格斯《在马克思墓前的讲话》)

例①是按时间的先后排列的；例②前一个是按范围的大小排列的，后一个是按时间先后排列的；例③是按罚规的轻重程度排列的；例④前后两个并列成分分别按对人类生存和对社会发展的重要程度排列。下边这个例子并列成分的排列顺序就比较混乱：

⑤他<u>努力学习功课，重视锻炼身体，注意提高政治思想水平，成绩优秀，上进心强，热心学校社会工作</u>，是我们班上的"三好"学生。

这个句子有六个短语并列，但德、智、体三个方面互相穿插，顺序混乱；应该把它们作归类排列。

二、多项修饰语的顺序

修饰语包括定语和状语，是对中心语所表示的事物、行为或性质等起修饰、限制作用的词或短语。为了把一个事物或行为、性质等说得详尽、细致或者准确、生动，常常需要使用一定的修饰语，有时甚至需要同时使用几个修饰语，从不同的方面对中心语加以修饰或限制，这时就要特别注意它们的前后顺序。一般来说，多项定语的排列，由远及近的顺序大致是：领属、数量、特点、性质、性别等；多项状语的顺序大致是：原因、目的或条件，时间或处所，语气，范围或否定，对象或性质等。先看复杂定语的顺序，例如：

⑥当<u>骆驼队中领队驼所掌的那一杆长方形猩红大</u>旗耀入你眼帘……(茅盾《风景谈》)

⑦赵武灵王击败了那些顽固分子的反抗，终于使他们脱下了<u>那套用以标志他们身份的祖传的宽大的</u>衣服，并且把过了时的战车扔到历史的垃圾堆里去。(翦伯赞《内蒙访古》)

例⑥的中心语"大旗"前有六个定语，按处所、所属、指代、数量、特点、性质的顺序排列；例⑦的中心语"衣服"前有四个定语，按指代、用途、来源、性质的顺序排列。下面再看多项状语的顺序，例如：

⑧这样，早晨五点钟由打杂的或者老板把她们送进工厂，晚上六点钟接领回来，她们就永远没有和外头人接触的机会。(夏衍《包身工》)

例⑧有三个状语，按时间、方式、对象的顺序排列。下边这个句子状语的顺序就不合理：

⑨这件事，对我们当时教育很大。

这两个状语应该按时间、对象的顺序排列。

有些状语，既可以放在所修饰的动词的前边，也可以放在句首，使用哪一种语序，要考虑表达的效果。例如：

⑩早几年，在延安城墙上，曾经看见过这样一个标语：……(毛泽东《反对党八股》)

⑪去年六月二十二日，苏联进行那么大的反侵略战争，斯大林在七月三日发表了一篇演说，还只有我们《解放日报》一篇社论那样长。(同上)

例⑩可以看作省略了主语的主谓句，其中表示时间和处所的两个状语放在这句话的开头，语言很顺畅。例⑪有两个时间状语，第一个放在句首，第二个放在所修饰的动词前，都很恰当。

合理安排词语的顺序，除了要注意以上两个方面外，重要的还要从表达的实际需要出发。有的时候，同样的词语，排列的顺序不同，表达的意思也很不同，这时就要注意适合表达的需要。比如下边这句话的空白部分，使用括号中的哪个短语更切合这里的表达需要呢？

不求甚解这句话最早是陶渊明说的。他在《五柳先生传》这篇短文中写道："好读书，不求甚解；每有会意，便欣然忘食。"人们往往只抓住他说的前一句话，而丢了他说的后一句话，因此，就对陶渊明的读书态度＿＿＿＿＿＿＿＿（很不满意，不很满意）。这是何苦来呢？他说的前后两句话，交互阐明，紧紧相连，意思非常清楚。这是古人读书的正确态度，我们应该虚心学习，完全不应该对他滥加粗暴的不讲道理的非议。

"很不满意"语气较强，有不容置疑的味道；"不很满意"语气则较轻，有回旋的余地。结合上下文，这里应该用"很不满意"，清楚地表明断章取义的人对陶渊明的不满。